중고생·공무원 한문 학습 기본서

역사·철학·문화를

스토리텔링으로 엮은

1800자 한자漢字

송영일 지음

明文堂

서문

그간 기존 한문 학습 교재가 무의미 철자를 인식하고 암기하는 방법인 그 음훈(音訓) 전달에 급급하였다고 한다면, 본서는 기출 한자 및 성어를 참고로 하여 한자의 자원+부수+성어 학습이 통합적으로 이루질 수 있도록 유의미(有意味)한 '자원한자의 구조적 분석'을 근간으로, 역사·철학·문화를 스토리텔링으로 융합한 일석오조(一石五鳥)의 한문 학습 기본서이다.

이 책은 허신(許愼)의『설문해자(說文解字)』, 단옥재(段玉裁)의『설문해자주(說文解字注)』, 청(淸) 강희제(康熙帝)의 칙명(勅命)으로 만든『강희자전(康熙字典)』, 사광휘(謝光輝)의『한어자원자전(漢語字源字典)』, 인터넷 중국 자료〔漢典 http://www.zdic.net/〕 등을 참조하여 2013년 출간한『3500자 자원한자의 정석』중 교육용 기초 한자에 해당하는 1800자 한자를 발췌하여 중고생·공무원 수험생들이 한자를 보다 알기 쉽게 익혀 경제적 학습 효과를 얻을 수 있도록 접근하였다.

특히, 21세기 지식 사회를 살아갈 미래 인재들이 수험용 1회성 미봉책이 아닌 장기기억의 학습 효과를 얻어 실생활에서도 그 활용이 가능하도록 구안한 것이다. 본서는 214개 부수의 의미론적(意味論的) 접근과 시각적, 구조적 체계화〔인간, 문화, 생물, 무생물 등〕를 통한 문(文)·사(史)·철(哲) 융합을 그 특징으로 하였으며, 한자 및 한자 어휘를 문장 속에 적용하여 그 바른 이해를 기반으로 학습 효과를 극대화 하고자 하였다.

일신우일신(日新又日新) 정신을 토대로 만든 이 책은 독자의 따뜻한 질책(叱責)과 정성어린 충고(忠告)를 겸허히 수용하여 보다 값진 보고(寶庫)로 거듭날 것이다.

2019. 1.

일러두기

첫째, 부수의 배열은 『설문해자』의 내용을 근간으로 인간, 문화, 동물, 식물, 무생물, 부호 부수 순으로 배열하였다.

頃 

頁, 총 11획

잠시 경, 요사이 경 | '匕+頁'로, 머리[頁]가 한쪽으로 잠시 기울어짐[匕].

頃刻(경각), 頃者(경자), 食頃(식경), 萬頃蒼波(만경창파)

傾 

人, 총 13획

기울 경 | '亻+頃(경)'으로, 사람[亻]의 머리 부분이 한쪽으로 기울어짐[頃].

傾斜(경사), 傾聽(경청), 傾向(경향), 左傾(좌경), 傾國之色(경국지색)

둘째, 頃자의 경우처럼 진한 표기 한자는 부수자이며, 그 밑에 배열된 한자는 관련 자원 한자를 중심으로 묶은 것이다.

예 頃 ← 頁 부수

傾 ← 頃자 자원

셋째, 傾자의 경우처럼 '( )'의 음을 쓴 것은 형성 한자이다. 즉 人은 '뜻', 頃은 '음' 부분이며, 풀이는 뜻 부분인 人자를 중심으로 자원을 풀이하였다.

넷째, 자원의 설명은 『설문해자』, 『설문해자주』, 『강희자전』 등을 근거로 하였다.

다섯째, 한자 옆에 병기한 서체는 전서체이며, 전서체 한자가 없는 경우 해서체 한자를 쓴 것도 있다.

여섯째, 매 한자마다 기출 한자 어휘와 성어를 반영하여 한자의 활용 폭을 넓혔다.

일곱째, 부록은 시험에 자주 출제되는 한자와 각 한자의 주요 성어를 풀이하였다.

차례

I 인간

머리

首 頁

首	頁	頃	項	顧	顏	類	須	頻	頭
道	煩	傾							
導									

귀

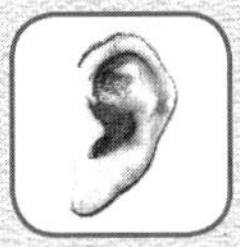

耳

耳	聲	聘	聖	職	聽	耶
			程	織	總	
				識		

눈

目 見 艮 臣

目	省	看	睦	直	相	眞	眉	盾	見	親
				値	想	鎭		循	現	
				植		愼			硯	
				置						

覺	規	視	觀	艮	良	臣	臨	臥
			權	眼	娘			
			歡	恨	浪			
			勸	根	朗			
				銀				
				限				

首부수

이 책의 첫 머리〔首〕에 스토리텔링 한자 공부법의 길〔道〕 안내〔導〕를 시작한다.

首

首, 총 9획

머리 수, 우두머리 수, 자백할 수 | '巛+百'로, 헝클어진 머리카락[巛]을 땋아 올린 머리[百] 모양.

首腦(수뇌), 首都(수도), 首尾(수미), 首席(수석), 自首(자수), 首丘初心(수구초심), 首尾相接(수미상접)

道

辵, 총13획

길 도, 도리 도 | '辶+首'로, 사람[首]이 다니는[辶] 길. 하나로 통하는 길.

道路(도로), 道理(도리), 步道(보도), 師道(사도), 大道無門(대도무문), 征明假道(정명가도)

導

寸, 총16획

인도할 도, 통할 도 | '寸+道(도)'로, 법도[寸]에 따라 인도함.

導入(도입), 先導(선도), 誘導(유도), 導出(도출), 矯導所(교도소), 導火線(도화선), 半導體(반도체), 領導者(영도자), 誘導彈(유도탄), 導迎和氣(도영화기)

征明假道(정명가도) : 명을 정벌하기 위해 길을 빌려달라는 뜻. 임진왜란의 발발 원인이 됨.

임진왜란이 일어나기 전 토요토미 히데요시〔豊臣秀吉(풍신수길)〕가 사신을 조선에 보내어 명나라를 칠 길을 빌려〔征明假道〕달라고 하였다. 조정에서 이 문제에 대해 어찌할 줄을 모르고 있을 때 조헌은 옥천에서 상경하여 "일본 사신의 목을 베고 일본의 침략에 대비하여 국방력을 강화하라."며 도끼를 앞에 두고 상소〔持斧上疏(지부상소)〕를 올렸다.

대궐 밖에서 사흘이 지나도록 비답이 내려지지 않자 주춧돌에 이마를 찧어 피가 흘렀다. 이를 본 어떤 사람이 자신을 괴롭게만 하는 것이라고 조롱하자, "내년에 산골짜기로 피난을 가게 되어서는 반드시 내가 한 말을 떠올릴 것이다." 라며 탄식하였다.

임진왜란이 발발하자 조헌은 옥천에서 칠백여 명의 의병을 모아 영규대사와 합세해 청주성을 수복하였다. 금산 전투에서 별장이 "적은 수만 명의 정예군입니다. 어찌 오합지졸로 대결하려 하십니까?"라고 말하자, 조헌은 "지금 임금이 어디에 계시는가? 임금이 욕을 당하면 신하는 죽는 것이다. 나는 한 번의 죽음이 있는 것만 알 뿐이다." 라 하고 왜적들과 싸우다 의병들과 함께 장렬히 전사했다.

별장이 "적은 수만 명의 정예군입니다. 어찌 오합지졸로 대결하려 하십니까?"라고 말하자, 조헌은 "지금 임금이 어디에 계시는가? 임금이 욕을 당하면 신하는 죽는 것이다. 나는 한 번의 죽음이 있는 것만 알 뿐이다."라 하고 왜적들과 싸우다 의병들과 함께 장렬히 전사했다.

– 청음집, 조헌선생 신도비명

頁부수

머리〔頁〕, 얼굴〔顔〕, 목〔項〕 주위까지 열이나 괴로워하〔煩〕던 사람이 잠시〔頃〕 고개를 기울이〔傾〕더니 생각〔顧〕하는 로댕의 자세로 있었다.

頁
頁, 총 9획

머리 혈 | '百+儿'으로, 머리카락을 자연스럽게 늘어뜨린 사람[儿]의 머리[百] 모양.

油頁巖(유혈암)

煩
火, 총 13획

괴로워할 번, 번민할 번 | '火+頁'로, 머리[頁]에 열[火]이 나 아픔.

煩惱(번뇌), 煩悶(번민), 煩雜(번잡), 頻煩(빈번), 百八煩惱(백팔번뇌)

頃
頁, 총 11획

잠시 경, 요사이 경 | '匕+頁'로, 머리[頁]가 한쪽으로 잠시 기울어짐[匕].

頃刻(경각), 頃者(경자), 食頃(식경), 萬頃蒼波(만경창파)

傾
人, 총 13획

기울 경 | '亻+頃(경)'으로, 사람[亻]의 머리 부분이 한쪽으로 잠시[頃] 기울어짐.

傾斜(경사), 傾聽(경청), 傾向(경향), 左傾(좌경), 傾國之色(경국지색)

項
頁, 총 12획

목 항 | '頁+工(공)'으로, 척추동물의 머리와 몸통을 잇는 잘록한 부분 중 머리[頁] 뒤쪽.

事項(사항), 條項(조항), 項領(항령), 項目(항목), 猫項懸鈴(묘항현령)

顧
頁, 총 21획

돌아볼 고, 생각할 고 | '頁+雇(고)'로, 철새[雇]가 돌아오면 농부는 머릿[頁]속으로 할 일을 생각해 봄.

顧慮(고려), 顧見(고견), 顧問(고문), 顧客(고객), 顧復(고복), 回顧(회고), 伯樂一顧(백락일고), 四顧無親(사고무친), 三顧草廬(삼고초려)

顔
頁, 총 18획

얼굴 안 | '頁+彦(언)'으로, 눈썹과 눈 사이 등 머리[頁] 부위.

顔料(안료), 顔面(안면), 顔貌(안모), 顔色(안색), 童顔(동안), 笑顔(소안), 强顔女子(강안여자), 厚顔無恥(후안무치)

쌍둥이 형제는 머리〔頭〕와 수염〔須〕, 그리고 찡그린〔頻〕 모습까지도 서로 비슷하여〔類〕 누가 형이고 동생인지 구분하기 어렵다.

類 𩔁

頁, 총 19획

비슷할 류, 무리 류 | '犬+頪(뢰)'로, 종류가 서로 비슷한 것은 오직 개[犬]임.

種類(종류), 同類(동류), 類似(유사), 類別(유별), 類萬不同(유만부동), 類類相從(유유상종)

須

頁, 총 12획

수염 수, 모름지기 수, 반드시 수 | '彡+頁'로, 머리[頁] 밑 부분인 턱에 난 턱수염[彡].

必須(필수), 須眉(수미), 急須(급수), 須知(수지), 亂者須斬(난자수참), 男兒須讀五車書(남아수독오거서)

頻

頁, 총 16획

물가 빈, 찡그릴 빈, 자주 빈, 급할 빈 | '頁+步(보)'로, '瀕, 顰'과 통용. 물가에 이르러 얼굴[頁]을 자주 찡그림.

頻度(빈도), 頻發(빈발), 頻繁(빈번), 頻數(빈삭), 迦陵頻迦(가릉빈가)

頭

頁, 총 16획

머리 두 | '頁+豆(두)'로, 사람의 머리[頁] 모양.

街頭(가두), 頭角(두각), 頭巾(두건), 頭腦(두뇌), 頭領(두령), 頭緖(두서), 頭痛(두통), 年頭(연두), 陣頭(진두), 龍頭蛇尾(용두사미), 黑頭宰相(흑두재상)

지식 샘터 **비정한 세태**

甘呑苦吐(감탄고토) / 得魚忘筌(득어망전) / 勢利之交(세리지교) / 炎凉世態(염량세태) / 兎死狗烹(토사구팽)

黑頭宰相(흑두재상) : 검은 머리 재상이란 뜻으로, 나이가 젊어서 삼공의 자리에 오른 사람.

이준(李浚) 영정

우리나라의 흑두재상으로는 잘 알려진 인물은 세종의 4남 이구(李璆)의 아들인 이준(李浚)이다. 어릴 때부터 문무를 겸전하였으며, 세조의 총애를 받아 구성군(龜城君)에 봉해졌다. 1467년 이시애 난이 일어나자 27세의 나이에 함경 · 강원 · 평안 · 황해 사도병마도총사(四道兵馬都摠使)에 임명되어 이를 토평한 공로로 적개공신(敵愾功臣) 1등에 훈봉되고, 오위도총부도총관에 임명되었다가 이듬해 우리나라 최연소 28세에 영의정에 올랐다.

耳부수

요리사 출신으로 명성(名聲)이 높았던 이윤(伊尹)은 성스러운 임금〔聖王(성왕)〕 탕의 초빙〔聘〕을 받아 은(殷)나라의 기틀을 세울 때, 어려운 정사 문제를 요리 과정(過程)으로 설명하여 임금이 귀〔耳〕로 들으면 곧 알 수 있도록 하였다.

耳

耳, 총 6획

귀 이 | 듣는 것을 주로 하는 귀 모양.

耳順(이순), 耳鳴(이명), 口耳之學(구이지학), 馬耳東風(마이동풍), 耳懸鈴鼻懸鈴(이현령비현령)

聲

耳, 총 17획

소리 성 | '耳+殸(성)'으로 귀[耳]로, 경쇠 소리[殸]를 들음. 殸. 声 = 古同磬. 경쇠 : 옥이나 돌, 또는 놋쇠로 만든 타악기.

發聲(발성), 音聲(음성), 歎聲(탄성), 聲調(성조), 異口同聲(이구동성), 呱呱之聲(고고지성)

聘

耳, 총 13획

안부를 물을 빙, 폐백 보낼 빙, 장가들 빙, 부를 빙, 청할 빙 |

'耳+甹(빙)'으로, 예를 갖추어 방문하여 안부를 묻고 들음[耳]. 甹 : 亟詞也. 从丂从由.

招聘(초빙), 聘問(빙문), 聘母(빙모), 聘丈(빙장)

※ 어버이날에 聘母(빙모)를 招聘(초빙)하였다.

聖

耳, 총 13획

성인 성, 성스러울 성 | '耳+呈(정)'으로, 말하는 소리를 듣고[耳] 그 실정을 통하여 아는 사람.

※ 呈 : 드리다. 윗사람에 드리다. 나타나다. 드러내 보이다.

聖人(성인), 聖經(성경), 聖誕(성탄), 聖職(성직), 聖人君子(성인군자), 太平聖代(태평성대)

程

禾, 총 12획

단위 정, 한도 정, 법 정, 길 정 | '禾+呈(정)'으로, 벼[禾]의 단위에서 십발(十髮)은 일정(一程), 십정은 일분(一分), 십분은 일촌(一寸).

程品(정품), 日程(일정), 科程(과정), 過程(과정), 程度(정도), 路程(노정), 里程標(이정표), 鵬程萬里(붕정만리), 前程萬里(전정만리)

太平聖代(태평성대) : 어질고 착한 임금이 다스리는 태평한 세상.

요순시대(堯舜時代)를 태평성대라 지칭한다. 부족국가 시기였던 당시, 요임금이 세운 나라는 당(唐)이었고, 순임금은 우(虞)이다. 두 임금 시기에는 모두 이상적인 정치가 베풀어져 백성들이 평화롭게 살았던 때로 군주의 존재조차 잊고 사는 세상이었다. 또 왕위 계승도 선양(禪讓)으로 이루어져 후대의 혈연에 따라 하는 세습과 다른 가장 도덕적인 사람을 왕으로 추대하는 방식을 따랐다.

모든 사람이 다 그렇지〔耶〕는 않지만, 대부분 직장에서 직책(職責)을 맡게 되면 사소한 일이라도 잘 식별(識別)하여 조직적(組織的)으로 묶어〔總〕 사용할 줄 아는 총명(聰明)한 사람이 된다.

職 耳, 총 18획

직분 직, 벼슬 직 | ‘耳+戠(치/식)’으로, 작고 은미한 일도 귀[耳]로 잘 듣고 기억함. 戠 : 古同‘埴’, 黏土. 聚合.

職業(직업), 職務(직무), 職責(직책), 職制(직제), 封庫罷職(봉고파직)

織 糸, 총 18획

짤 직, 조직할 직 | ‘糸+戠(치/식)’으로, 실[糸]로 짠 직물의 총칭.

織機(직기), 織物(직물), 織造(직조), 紡織(방직), 綿織物(면직물), 織女星(직녀성), 編織物(편직물), 織女渡河(직녀도하)

識 言, 총 19획

알 식, 기록할 지 | ‘言+戠(치/식)’으로, 기록한 말[言]의 뜻을 앎.

識見(식견), 識別(식별), 鑑識(감식), 標識(표지), 標識燈(표지등), 標識板(표지판), 目不識丁(목불식정), 博學多識(박학다식), 一字無識(일자무식)

聰 耳, 총 17획

귀 밝을 총, 총명할 총 | ‘耳+悤(총)’으로, 귀[耳]로 듣고 그 실상을 살펴 앎이 남보다 빠름.

※ 悤 : 多遽悤悤也. 从心囱, 囱亦聲 囱 : 在牆日牖. 片部日 牖, 穿壁以木爲交窗也. 在屋日囱. 屋在上者也.

聰氣(총기), 聰明(총명), 聰敏(총민), 聖聰(성총), 聰明叡智(총명예지), 聰明之寄(총명지기)

總 糸, 총 17획

합할 총, 묶을 총, 거느릴 총 | ‘糸+悤(총)’으로, 물체를 한 곳에 모아서 실[糸]로 묶음.

總角(총각), 總計(총계), 總括(총괄), 總長(총장), 總監督(총감독), 總動員(총동원), 總網羅(총망라), 總罷業(총파업), 國務總理(국무총리), 總角之好(총각지호)

耶 耳, 총 9획

어조사 야, 의문사 야, 그런가 야, 아버지 야[=爺], 간사할 사[=邪] |

‘耳+邑’으로, 동자는 ‘邪’, ‘爺’. 마을[邑]에 떠돌아 들리는[耳] 소문.

耶蘇敎(야소교 : 기독교, 예수교)

目 부수

눈매가 고운〔睦〕 그의 눈동자〔目〕는 자세히 살펴〔省〕볼〔看〕수록 사람의 마음을 끄는 마력을 지니고 있다.

目

目, 총 5획

눈 목 | 사람의 눈을 옆으로 세운 모양.

科目(과목), 品目(품목), 條目(조목), 目擊(목격), 面目(면목), 刮目相看(괄목상간), 貴耳賤目(귀이천목), 飛耳長目(비이장목), 西施矉目(서시빈목), 式目都監(식목도감), 一目瞭然(일목요연)

省

目, 총 9획

볼 성, 살필 성, 밝을 성, 줄일 생, 인색할 생 | '眉+屮', '少+目←囧'으로, 눈썹처럼 작은 것[眉, 少]까지도 잘 살펴 밝게[囧] 통하여 앎[屮].

省察(성찰), 反省(반성), 省墓(성묘), 省略(생략), 人事不省(인사불성)

看

目, 총 9획

볼 간 | '手+目'으로, 눈[目] 위에 손[手]을 대고 바라봄.

看病(간병), 看過(간과), 看護(간호), 看做(간주), 矮者看戲(왜자간희)

睦

目, 총 13획

눈매 고울 목, 화목할 목 | '目+坴(륙)'으로, 순(順)한 눈[目]으로 바라보는 고운 눈매.

親睦(친목), 和睦(화목), 敦睦(돈목), 上下和睦(상하화목), 親睦圖謀(친목도모)

刮目相對(괄목상대) : 눈을 비비고 다시 보며 상대를 대면한다는 뜻으로, 다른 사람의 학식이나 업적이 크게 진보함을 말함.

삼국(三國)이 서로 대립하고 있을 당시 오(吳)나라 손권(孫權)의 부하 중에 여몽(呂蒙)이라는 장수가 있었다. 졸병에서 전쟁의 공으로 장군까지 된 여몽(呂蒙)이었으므로 무식했다. 이에 손권이 훌륭한 장수가 되기 위해서는 문무를 겸비해야 함으로 그에게 충고했다. 이때부터 그는 전장(戰場)에서도 손에서 책을 놓지 않고 공부했다. 얼마 후 뛰어난 학식을 가진 노숙(魯肅)이 여몽과 의논할 일이 있어 만났다. 노숙은 여몽과 막역한 친구여서 여몽을 누구보다도 잘 알고 있었다. 그와 얘기를 나누는 사이 그의 박식(博識)함에 깜짝 놀라면서 "이 사람 언제 그렇게 공부했나? 이제 오(吳)나라 있을 때 여몽이 아닐세 그려. ……." 그러자 여몽은 이렇게 대꾸했다. "선비가 헤어진 지 사흘이 지나서 다시 만날 땐 눈을 비비고 대면할 정도로 달라져야 하는 법이라네."

송시열이 임종에 이르러 문인에게 말했다.

"천지가 서로〔相〕 만물을 낳는 까닭과 성인이 만사에 응하는 근원은 정직〔直〕일 뿐이다."

모든 사물은 정성이 없으면 이루지는 것이 없다〔誠者 物之終始 不誠無物〕. 그러므로 생각〔想〕에 사심(私心)을 내려놓고〔置〕 끊임없이 정직〔直〕을 실천할 때, 가치로운〔値〕 삶이 하루하루 채워져 심은〔植〕 묘목이 거목으로 자라듯 성인이 된다.

直 直

目, 총 8획

바로 직, 곧을 직 | '十+目+乚'으로, 지금 열 눈[十目]으로 주시(注視)하니, 그 숨겨진[乚] 진상(眞相)이 바로 보임.

直角(직각), 直線(직선), 直面(직면), 直射(직사), 單刀直入(단도직입), 董狐直筆(동호직필), 以實直告(이실직고), 直木先伐(직목선벌)

値 値

人, 총 10획

만날 치, 마땅할 치, 값 치, 심을 치 | '亻+直(직)'으로, 피차간[人]에 서로 적당함을 얻음.

價値(가치), 數値(수치), 平均値(평균치), 下方値換(하방치환)

植 植

木, 총 12획

심을 식 | '木+直(직)'으로, 문을 반듯하게 세우듯 나무[木]를 곧게[直] 심음.

植木(식목), 植物(식물), 植民(식민), 移植(이식), 孤根弱植(고근약식)

置 置

网, 총 13획

둘 치, 베풀 치 | '网+直'으로, 법망[网]에서 풀어줌.

置重(치중), 置換(치환), 置簿(치부), 備置(비치), 置之度外(치지도외), 置錐之地(치추지지)

相 相

目, 총 9획

살펴볼 상, 서로 상, 볼 상, 모양 상 | '木+目'으로, 서로 눈[目]으로 물체[木]를 자세히 살펴봄.

相面(상면), 相對(상대), 相應(상응), 相逢(상봉), 眞相(진상), 刮目相對(괄목상대)

想 想

心, 총 13획

생각할 상 | '心+相(상)'으로, 마음속[心]으로 바라는 일을 생각함.

想起(상기), 想念(상념), 假想(가상), 感想(감상), 一心思想(일심사상)

임진왜란을 진압(鎭壓)한 이순신 장군의 초상화를 보면 눈썹〔眉〕은 위로 치켜져 있으나 눈꼬리는 하향한 부드러운 인상이다. 이는 물이 소리 없이 돌아〔循〕 흐르듯 참으로〔眞〕 그 전략과 전술을 치밀히 하고 신중(愼重)하게 처리하는 방패〔盾〕형 지장의 상임을 알 수 있다.

眞

目, 총 10획

참 진 | '匕+目+乚+八'로, 사람이 지극 정성으로 도를 닦아 눈[目]에 보이지 않는[乚] 신선이 되어[匕] 수레를 타고[八] 하늘에 올라감.

純眞(순진), 眞理(진리), 眞率(진솔), 眞談(진담), 天眞爛漫(천진난만)

鎭

金, 총 18획

진압할 진, 누를 진 | '金+眞(진)'으로, 무거운 쇠[金]로 누름. 또는 돈[金]을 걸고 도박함.

鎭壓(진압), 鎭靜(진정), 書鎭(서진), 鎭痛(진통), 鎭靜劑(진정제), 鎭痛劑(진통제), 鎭魂鬼神(진혼귀신)

愼

心, 총 13획

삼갈 신 | '忄+眞(진)'으로, 일에 임해서 삼가는 마음[忄]을 가짐.

愼重(신중), 謹愼(근신), 愼言(신언), 恭愼(공신), 愼終追遠(신종추원)

眉

目, 총 9획

눈썹 미 | 눈[目] 위의 털인 눈썹 모양.

眉間(미간), 眉毛(미모), 蛾眉(아미), 眉目秀麗(미목수려)

盾

目, 총 9획

방패 순 | 눈[目]을 가리고 몸을 막을 수 있는 방패.

甲盾(갑순), 矛盾(모순), 自己矛盾(자기모순), 矛盾撞着(모순당착), 前後矛盾(전후모순)

循

彳, 총 12획

돌 순, 좇을 순 | '彳+盾(순)'으로, 물이 위에서 아래로 흐르듯, 일이 순서에 따라 자연스럽게 진행됨.

循環(순환), 循俗(순속), 惡循環(악순환), 血液循環(혈액순환), 循環無端(순환무단)

지식 샘터 **훌륭한 글**

洛陽紙價(낙양지가) / 一字千金(일자천금) / 七步之才(칠보지재)

見부수

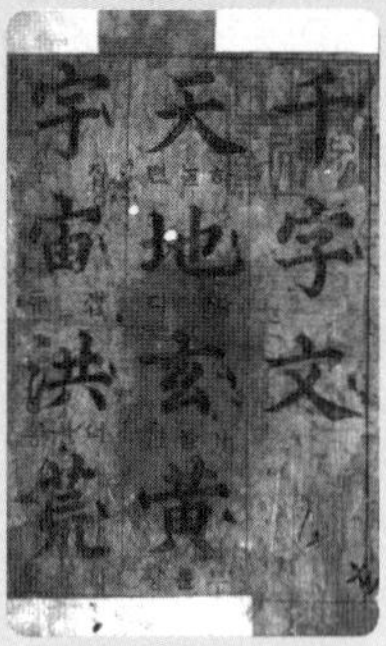

한석봉 천자문

어머니와의 글씨 대결에서 깨달음〔覺〕을 얻은 한석봉은 열심히 공부하여 과거시험에 급제했을 뿐 아니라, 그가 남긴 친필(親筆)은 현재(現在)도 볼〔見〕 수 있으며, 가평 군수를 지내고 떠날 때 그가 벼루〔硯〕와 보물을 묻어 두었다는 경기도 가평의 보납산(寶納山)은 아직도 그의 전설이 남아있다.

見 見

見, 총 7획

볼 견, 뵐 현 | '目+儿'으로, 사람[儿]이 눈[目]으로 봄.

謁見(알현), 見聞(견문), 見學(견학), 接見(접견), 見物生心(견물생심), 讀書百遍義自見(독서백편의자현), 百聞不如一見(백문불여일견)

現 現

玉, 총 11획

나타날 현, 현재 현 | '玉+見(견/현)'으로, 옥[玉]에 광채가 남.

現象(현상), 再現(재현), 現在(현재), 現職(현직), 究竟現觀(구경현관)

硯 硯

石, 총 12획

벼루 연 | '石+見(견)'으로, 매우 매끄럽고 부드러운 돌[石]로 만든 물건.

硯石(연석), 硯滴(연적), 硯池(연지), 硯水(연수), 紙筆硯墨(지필연묵), 筆耕硯田(필경연전)

親 親

見, 총 16획

친할 친 | '見+亲(친)'으로, 부모가 자식을 돌보며[見] 정(情)이 들어 친숙함에 이름.

親權(친권), 親眷(친권), 親睦(친목), 親密(친밀), 親戚故舊(친척고구)

覺 覺

見, 총 20획

깨달을 각 | '見+學(학)'으로, 사물을 보고[見] 그 이치를 깨달음.

覺悟(각오), 警覺(경각), 味覺(미각), 觸覺(촉각), 大悟覺醒(대오각성), 覺跌千里(각질천리)

지식 샘터 **원수(怨讐)지간**

犬猫之間(견묘지간) / 犬猿之間(견원지간) / 不俱戴天之讎(불구대천지수) / 相剋之間(상극지간) / 吳越同舟(오월동주)

권불십년(權不十年)이라 했듯이, 역사의 수레바퀴를 통해 우리는 막강한 권력(權力)의 기쁨〔歡〕을 누리기 위해 국민들에게 법규(法規) 개혁을 강요하고 권(勸)했던 수많은 지도자들의 말로와 그 폐해를 한 눈에 볼〔觀, 視〕 수 있다.

規

見, 총 11획

법 규 | '夫+見'으로, 장부[夫]가 법도(法度)에 맞은 행동을 보여줌[見].

規定(규정), 規約(규약), 規範(규범), 規則(규칙), 過失相規(과실상규), 蕭規曹隨(소규조수)

視

見, 총 12획

볼 시 | '見+示(시)'로, 목적을 가지고 자세히 쳐다봄[見].

視覺(시각), 視野(시야), 視線(시선), 視察(시찰), 一視同仁(일시동인), 虎視眈眈(호시탐탐)

觀

見, 총 25획

볼 관 | '見+雚(관)'으로, 황새가 먹잇감을 자세히 살펴봄[見].

傍觀(방관), 參觀(참관), 觀望(관망), 達觀(달관), 悲觀(비관), 敎觀兼修(교관겸수), 明若觀火(명약관화), 袖手傍觀(수수방관), 坐井觀天(좌정관천)

權

木, 총 22획

저울질할 권, 권세 권 | '木+雚(관)'으로, 노란 꽃이 피는 황화목(黃華木)[木]으로 만든 저울추.

政權(정권), 利權(이권), 執權(집권), 權勢(권세), 權輿(권여), 權不十年(권불십년), 權在足下(권재족하)

歡

欠, 총 22획

기뻐할 환 | '欠+雚(관)'으로, 사람이 입을 벌려[欠] 소리를 내며 기뻐함.

歡迎(환영), 歡談(환담), 歡呼(환호), 歡待(환대), 歡呼雀躍(환호작약)

勸

力, 총 20획

권할 권 | '力+雚(관)'으로, 어떤 일에 부지런히 힘써[力] 잘하기를 권장함.

勸告(권고), 勸誘(권유), 勸學(권학), 勸奬(권장), 勸上搖木(권상요목), 勸善懲惡(권선징악), 德業相勸(덕업상권)

지식 샘터 **운명을 건 승부**

乾坤一擲(건곤일척) / 背水之陣〔배수지진 ; 背水陣(배수진)〕 / 必死則生(필사즉생)

艮부수

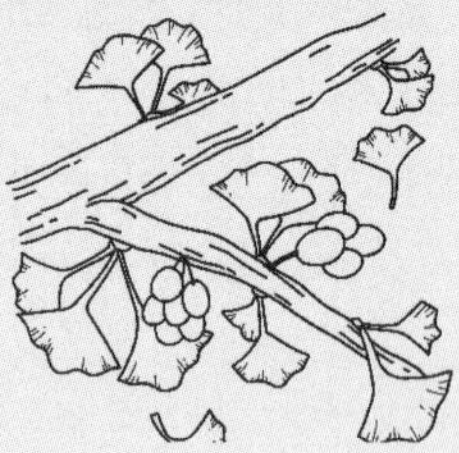

은행나무는 수명이 길어 천년수로 알려져 있다. 실내공기 정화와 벌레 퇴치용 나무로 인기가 높다. 또 뿌리〔根〕가 깊어 태풍에 잘 견디어 오래 전부터 가로수로 애용되었다. 그러나 가을에 은〔銀〕빛을 띤 은행(銀杏)에서 잠시 불쾌한 냄새가 난다고 하여 나무를 마구 베어 없애니, 이는 근시안(近視眼)적 한계(限界)를 보여주는 것 같아 한탄(恨歎)이 절로 나온다.

艮 

艮, 총 6획

그칠 간, 눈동자 간, 괘 이름 간 | '匕+目'으로, 눈동자[目]를 돌려[匕] 물체를 보려 하지만 보이지 않음.

艮卦(간괘), 艮方(간방)

眼 

目, 총 11획

눈 안, 볼 안 | '目+艮(간)'으로, 사물을 보는 눈[目].

眼鏡(안경), 眼目(안목), 眼界(안계), 血眼(혈안), 白眼視(백안시), 眼下無人(안하무인)

恨 

心, 총 9획

한할 한, 원통할 한 | '忄+艮(간)'으로, 마음속[忄]에 원망이 가득 차 있음.

恨歎(한탄), 怨恨(원한), 痛恨(통한), 餘恨(여한), 徹天之恨(철천지한)

根 

木, 총 10획

뿌리 근 | '木+艮(간)'으로, 식물[木]의 몸이 쓰러지지 않도록 지탱하고 땅속의 수분이나 양분을 빨아들이는 기관 가운데 하나.

根絶(근절), 根幹(근간), 根本(근본), 根性(근성), 事實無根(사실무근), 根問葉問(근문엽문)

銀 

金, 총 14획

은 은, 돈 은 | '金+艮(간)'으로, 돈·장식품·도량형기 등에 쓰는 백금.

金銀(금은), 銀盤(은반), 銀行(은행), 銀錢(은전), 銀河鵲橋(은하작교)

限 

阜, 총 9획

한계 한, 지경 한, 구역 한 | '阝+艮(간)'으로, 높은 언덕[阜]에 막혀 보이는 데 한계[艮]가 있음. 또는 출입문의 문설주.

限界(한계), 限定(한정), 期限(기한), 無限(무한), 山情無限(산정무한), 限死決斷(한사결단)

선조 26년 6월 남편 최경회를 따라 2차 진주성 싸움에 참가하였다가 성이 함락되자 최경회가 스스로 목숨을 끊고 순국하니, 논개는 슬픔을 이기지 못하고 날을 지새우고 있었다. 마침 왜병들이 7월 7일 촉석루에서 승전잔치를 연다는 낭보(朗報 : 기쁜 소식)를 듣고 그는 기생으로 가장하고, 잔치에 참석하여 왜장 게야무라 로꾸스케를 투신하기에 좋은〔良好(양호)〕 의암으로 유인해 그의 허리를 껴안은 채 푸른 물결〔浪〕이 넘실거리는 남강에 몸을 던진다. 당시 그녀〔娘〕의 나이는 꽃다운 19세였다.

良 

艮, 총 7획

좋을 량, 어질 량 | '畗+亡(망)'으로, '廊'의 본자. 집[屋]에는 큰 집과 행랑[廡廊]이 있는데, 집과 집 사이를 연결하는 회랑(回廊). 후에 좋은 복[畗]을 주는 곳.

良好(양호), 善良(선량), 改良(개량), 良藥(양약), 良藥苦口(양약고구), 美風良俗(미풍양속)

娘 

女, 총 10획

아가씨 낭(랑), 어미 낭(랑) | '女+良'으로, 孃과 동자. 착하고 좋은[良] 젊은 여자[女].

娘子(낭자), 村娘(촌낭), 織娘(직낭), 娘子軍(낭자군), 娘細胞(낭세포)

浪 

水, 총 10획

물 이름 랑, 물결 랑, 방랑할 랑 | '氵+良(량)'으로, 한수(漢水)의 하류 창랑강[水].

滄浪(창랑), 流浪(유랑), 激浪(격랑), 浪說(낭설), 虛無孟浪(허무맹랑), 浪得虛名(낭득허명)

朗 

月, 총 11획

밝을 랑, 소리 높일 랑 | '月+良(량)'으로, 달[月]이 매우 밝음.

明朗(명랑), 朗讀(낭독), 朗誦(낭송), 朗朗(낭랑), 內潤外朗(내윤외랑)

良藥苦口(양약고구) : 좋은 약은 입에 쓰다는 뜻으로, 충언(忠言)은 귀에 거슬린다는 말.

진시황이 죽은 뒤에 항우(項羽)를 물리친 유방(劉邦)은 진(秦)나라 황궁으로 입성했다. 그 후 호화로운 궁실에 홀려 왕궁에 그대로 머물러 있으려 했다. 이에 용장 번쾌(樊噲)가 아직 천하가 통일되지 않았으니, 속히 이곳을 떠나 항우(項羽)의 공격에 대비해야 한다고 간했으나, 그는 듣지 않았다. 이번에는 장량(張良)이 나섰다. "진(秦)나라의 무도한 학정(虐政)으로 말미암아 시달린 백성을 조상하고 위로하여야 합니다. 그런데도 금은보화와 여색에 눈이 어두워 진나라 왕의 음락(淫樂)을 본받으려 하니, 이는 포악한 군주의 표본인 하(夏)나라의 걸왕(桀王)과 다를 바가 없습니다. 충언(忠言)은 귀에 거슬리나 행실에는 이롭고, 양약은 입에 쓰나 병에는 효력(效力)이 있습니다. 부디 번쾌의 충언(忠言)에 따르도록 하소서." 이 말에 유방은 크게 뉘우치고 왕궁을 떠나 패상(霸上)에 진을 친다.

臣부수

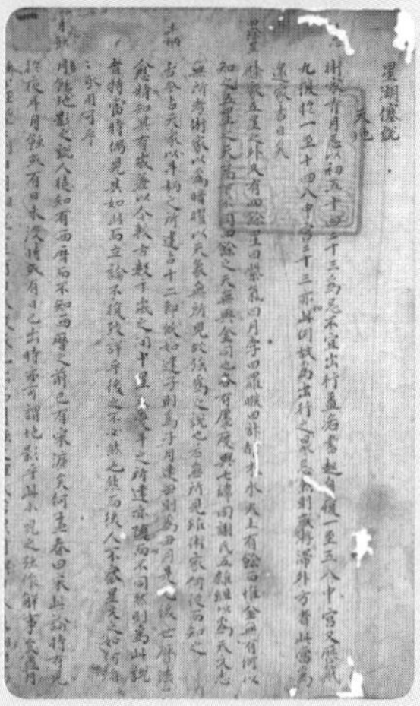

〈임금님께 바치는 말〉

한 나라를 다스리는 임금은 남녀노소를 막론하고 나라 안의 온 백성들이 우러러봅니다. 그러므로 임금의 말은 입 밖으로 나오자마자 천둥이 치고 바람이 일 듯 점점 보태어지고 더욱 커집니다.

와병(臥病) 중에 우연히 한 실수라도 민심이 등을 돌리고 하늘의 재앙이 뒤따르게 되니, 일의 조짐은 미약하게 나타나지만 형세는 천하를 뒤엎을 수도 있습니다. 특히, 나라의 일에 임(臨)해서 신료(臣僚)를 대하실 적에는 먼 길을 가는 나그네가 길을 헤맬 때처럼 신중해야 합니다.

- 이익 『성호사설』 -

臣

臣, 총 6획

신하 신 | 복종하는 신하가 임금을 섬기는 모습.

功臣(공신), 君臣(군신), 使臣(사신), 臣僚(신료), 股肱之臣(고굉지신), 君臣有義(군신유의), 社稷之臣(사직지신), 君爲臣綱(군위신강), 亂臣賊子(난신적자)

臨

臣, 총 17획

내려다 볼 림, 임할 림 | '臥+品(품)'으로, 엎드려[臥] 여러 물품[品]을 자세히 살펴봄.

臨檢(임검), 臨迫(임박), 臨終(임종), 臨席(임석), 臨戰(임전), 降臨(강림), 背山臨水(배산임수), 臨戰無退(임전무퇴)

臥

臣, 총 8획

누울 와, 엎드릴 와 | '人+臣'으로, 신하[臣]가 엎드려 윗사람[人]을 올려 봄.

臥病(와병), 臥席(와석), 臥龍(와룡), 臥床(와상), 東山高臥(동산고와), 臥薪嘗膽(와신상담)

臥薪嘗膽(와신상담) : 섶에 눕고 쓸개를 맛본다는 뜻으로, 원수를 갚으려고 온갖 괴로움을 참고 견딤을 이르는 말.

춘추시대, 월왕(越王) 구천(句踐 · 勾踐)과 싸워 크게 패한 오왕(吳王) 합려(闔閭)는 적의 화살에 부상한 손가락의 상처가 악화되는 바람에 목숨을 잃었다. 임종에 임해 합려는 태자인 부차(夫差)에게 반드시 구천을 쳐서 원수를 갚으라고 유명(遺命)한다. 오왕(吳王)이 된 부차(夫差)는 부왕의 유명을 잊지 않으려고 '섶 위에서 잠을 자고' 자기 방을 드나드는 신하들에게는 방문 앞에서 부왕의 유명을 외치게 했다. "부차(夫差)야, 월왕 구천이 너의 아버지를 죽였다는 것을 잊어서는 안 된다!" 몇 년이 지난 뒤 월왕 구천이 오나라를 선제 공격하였으나 오히려 오(吳)나라 군사에게 대패하여 회계산(會稽山)으로 도망간다. 이에 월왕 구천은 신하가 되겠다며 항복을 청원했다. 구천은 오나라의 속령이 된 고국으로 돌아오자 항상 곁에다 쓸개를 놔두고 앉으나 서나 그 쓴맛을 맛보며 회계의 치욕을 상기했다. 그리고 부부가 함께 밭 갈고 길쌈하는 농군이 되어 은밀히 군사를 훈련하며 복수의 기회를 노렸다. 이로부터 20년이 흐른 뒷날 월나라 왕 구천이 오를 쳐 이겨 오왕 부차를 굴복시키고 마침내 회계의 굴욕을 씻었다.

입·혀

凵口曰舌言音甘欠

- 出: 拙 屈
- 凶
- 口
- 名: 銘
- 右
- 吉: 結
- 哀
- 同: 洞 銅 桐
- 善
- 古: 苦 姑 枯
- 君: 郡
- 嚴: 巖
- 只
- 史
- 吏: 使
- 合: 給 答
- 告: 造 浩
- 各: 洛 落 格 略 絡 閣
- 喜
- 吐
- 可: 河 阿
- 向
- 器
- 和
- 商
- 咸: 感 減
- 吾: 語 悟 梧
- 品: 操 燥
- 句: 狗 拘 苟
- 員: 圓 損
- 單: 彈 戰 禪
- 周: 週 調
- 啓
- 哭
- 喪
- 司: 詞
- 召: 招 超
- 唐: 糖
- 曰
- 書
- 曲
- 會
- 最
- 曾: 僧 增 憎 層 贈
- 更: 硬
- 舌: 話 憩 活
- 言
- 說: 悅 稅 脫 銳
- 誇
- 謁
- 誕
- 變: 戀 蠻
- 音: 暗
- 韻
- 響
- 甘
- 甚: 堪
- 欠
- 歌
- 歎: 漢
- 欲: 慾
- 次: 資 姿 恣
- 欺: 吹 軟

이

牙 齒

牙 齒

芽
邪

코

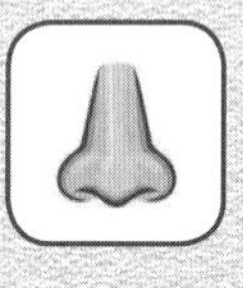

自 鼻

自 臭 鼻

얼굴

面

面

凵부수

《삼국지연의》에서는 조조를 난세의 옹졸하고[拙] 비굴(卑屈)한 간웅으로 노출(露出)시켜 흉악(凶惡)하게 묘사되었다. 그러나 역사를 통찰해 볼 때, 그를 따르는 수많은 무장과 관료들은 그를 죽음의 함정에 빠뜨릴[凶]지라도 임금을 위해 목숨을 바친 충신이 많았다.

出 

凵, 총 5획

날 출, 낳을 출 | 초목이 점차 자라 위로 나온 모양.

出口(출구), 出產(출산), 出勤(출근), 出家(출가), 如出一口(여출일구)

拙 

手, 총 8획

졸할 졸, 서투를 졸 | '扌+出(출)'로, 손[手] 솜씨가 정교하지 못하여 작품이 졸렬함.

拙作(졸작), 拙速(졸속), 拙筆(졸필), 拙劣(졸렬), 拙稿(졸고), 稚拙(치졸), 大巧若拙(대교약졸), 弄巧成拙(농교성졸)

屈 

尸, 총 8획

굴복할 굴, 굽을 굴 | '尸←尾+出(출)'로, 주(翢)라는 새는 머리가 무겁고 짧은 꽁지[尾]를 가지고 있어 강에서 물을 마시려면 자주 꼬꾸라짐.

屈服(굴복), 屈辱(굴욕), 屈曲(굴곡), 屈折(굴절), 屈臣制天下(굴신제천하), 不撓不屈(불요불굴)

凶 

凵, 총 4획

흉할 흉 | '凵+㐅'로, 움푹 파인 곳[凵]에 빠지는[㐅] 좋지 않은 사고를 당함.

凶惡(흉악), 凶器(흉기), 凶年(흉년), 凶作(흉작), 吉凶禍福(길흉화복), 凶惡無道(흉악무도)

지식 샘터 **앞뒤가 서로 어긋남**

矛盾(모순) / 自家撞着(자가당착)

吉凶禍福(길흉화복) : 길흉(吉凶)과 화복(禍福)이라는 뜻으로, 즉 사람의 운수(運數)를 이름.

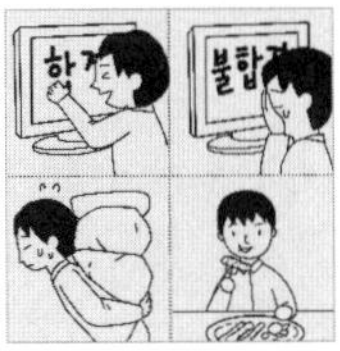

인간 세상에 존재하는 좋은 일과 나쁜 일, 재앙과 복을 모두 모아 이르는 표현이다. 인간이 이 세상을 살면서 겪게 되는 기쁨과 슬픔, 즐거움과 고통 등을 모두 포괄하는 뜻이다. 사람들은 그 운명은 이미 정해져 있으며, 이에 따른 길흉화복은 누구나 받기 마련이나 인간의 힘으로는 어쩔 수 없는 천운(天運)과 기수(氣數)가 존재한다고 믿는다.

口부수

맞선을 볼 때, 많은 사람들은 이목구비(耳目口鼻), 직장 명(名), 경제적 부, 편안하게 도와줄〔右=佑〕지 등 외적 길조(吉兆)만을 따진다. 그러나 가장 중요한 것은 마음으로, 이것이 서로 맞지 않으면 그 결과(結果)는 곧 행복이 아닌 애통(哀痛)의 연속이라는 사실을 명심(銘心)할 필요가 있다.

口

口, 총 3획

입 구, 식구 구, 말 구 | 사람이 먹거나 말을 하는 데 사용하는 입 모양.

口臭(구취), 口令(구령), 人口(인구), 戶口(호구), 口中雌黃(구중자황), 口血未乾(구혈미건), 萬口成碑(만구성비), 生口不網(생구불망), 口是心非(구시심비)

名

口, 총 6획

이름 명 | '口+夕'으로, 저녁[夕]에는 어두워서 보이지 않기 때문에 자기 이름을 대어 밝힘[口].

本名(본명), 兒名(아명), 實名(실명), 名簿(명부), 有名無實(유명무실), 名門巨族(명문거족), 名不虛傳(명불허전), 名實相符(명실상부)

銘

金, 총 14획

새길 명 | '金+名(명)'으로, 쇠[金]로 만든 종이나 가마솥 따위에 새긴 글자.

感銘(감명), 銘心(명심), 座右銘(좌우명), 刻骨銘心(각골명심), 銘心不忘(명심불망)

右

口, 총 5획

도울 우, 오른 우, 숭상할 우 | '又+口'로, 손[又]과 입[口]이 서로 도움[手口相助 從又從口].

右側(우측), 右方(우방), 右翼(우익), 右派(우파), 右往左往(우왕좌왕), 左顧右眄(좌고우면)

吉

口, 총 6획

길할 길 | '士+口'로, 착한 말[口]을 하는 선비[士].

吉報(길보), 吉祥(길상), 吉日(길일), 吉兆(길조), 吉祥善事(길상선사), 吉人天相(길인천상), 立春大吉(입춘대길)

結

糸, 총 12획

맺을 결 | '糸+吉(길)'로, 노끈[糸] 따위를 얽어 매듭을 잘 지어 묶음.

結果(결과), 結論(결론), 結實(결실), 結晶(결정), 結者解之(결자해지), 大同團結(대동단결)

哀

口, 총 9획

복 애, 슬플 애 | '口+衣(의)'로, 상중(喪中)인 집에서 나오는 애절한 소리[口].

擧哀(거애), 哀願(애원), 哀切(애절), 哀調(애조), 哀乞伏乞(애걸복걸), 樂極哀生(낙극애생)

오금동

《동국여지승람》을 보면 고을〔洞〕 이름을 지을 때 그 지역의 특징을 잘〔善〕 반영하여 동일(同一)하게 사용한 경우가 많다. 일례로 오동나무〔桐〕가 많아서 거문고를 만드는 사람이 모여 살았다는 오금동(梧琴洞), 구릿〔銅〕빛 돌이 많다는 동작동(銅雀洞) 등이다.

同 冋

口, 총 6획

같을 동, 한 가지 동 | '冃+口'로, 서로 중복(重覆)되는[冃] 말[口].

同等(동등), 同門(동문), 同族(동족), 同胞(동포), 黨同伐異(당동벌이), 同價紅裳(동가홍상), 和而不同(화이부동), 表裏不同(표리부동)

洞 㓊

水, 총 9획

물 빨리 흐를 동, 마을 동, 통할 통 | '氵+同(동)'으로, 빨리 흘러 내려가는 물[水]줄기.

洞里(동리), 洞長(동장), 洞口(동구), 洞察(통찰), 洞房華燭(동방화촉), 乾坤洞然(건곤통연)

銅 銅

金, 총 14획

구리 동 | '金+同(동)'으로, 붉은색의 금속[金].

銅鏡(동경), 銅像(동상), 銅賞(동상), 銅版(동판), 銅頭鐵身(동두철신)

桐 桐

木, 총 10획

오동나무 동 | '木+同(동)'으로, 거문고 등 악기를 만드는 재료로 쓰이는 나무[木].

梧桐(오동), 碧梧桐(벽오동), 梧桐斷角(오동단각)

善 譱

口, 총 12획

착할 선, 좋을 선, 잘할 선 | '羊+誩'으로, 성질이 온순한 양[羊]들이 다투어 하는 말[誩].

善導(선도), 善良(선량), 善策(선책), 善處(선처), 勸善(권선), 積善(적선), 多多益善(다다익선), 積善之家 必有餘慶(적선지가 필유여경)

多多益善(다다익선) : 많으면 많을수록 더욱 좋다는 뜻으로, 많이 보태지면 좋은 일이 더욱 많음.

한(漢)나라 유방(劉邦)이 천하통일을 한 후 한신(韓信)을 초(楚)왕으로 임명하였으나, 언제나 그를 위험한 존재로 여겼다. 계략을 써서 그를 포박한 후 회음후로 좌천시키고, 어느 날 고조는 그에게 물었다. "나는 얼마쯤의 군사를 거느릴 수 있느냐?" "폐하께서는 10만의 군사를 거느릴 수 있습니다." "그대는 얼마쯤인가?" "신은 많으면 많을수록 더욱 좋습니다〔多多益善〕." "많으면 많을수록 좋다고 하는 사람이 어찌하여 10만의 장수감인 나에게 포로가 되었느냐?" "폐하께서는 병사의 장수가 아니오라 장수의 장수이옵니다. 이것이 신이 폐하의 포로가 된 전부이옵니다."

옛적〔古〕 위나라 임금〔君〕 조조(曹操)는 계륵(鷄肋)의 암호를 푼 양수가 자기 심중을 귀신처럼 꿰뚫자, 누구보다 자존심이 강한 그였으므로 비록 이것이 사소한 일이었지만 그를 매우 화나게 했다. 전쟁 중 뛰어난 장수를 죽이는 것은 자기의 수족을 자르듯 고통(苦痛)스러운 일이었을 것이다. 그럼에도 잠시〔姑〕도 그 화기를 누그러트리지 않고 양수를 끌어내 고목(枯木)을 자르듯 단칼에 목을 치게 하니, 한중 땅 온 고을〔郡〕이 곡하는 듯했다.

古

口, 총 획

옛 고, 오래 고 | '十+口'로, 입[口]으로 서로 전함이 열[十]에 이르면 옛일이 됨.

古來(고래), 古都(고도), 古典(고전), 古跡(고적), 古稀(고희), 東西古今(동서고금), 萬古不變(만고불변), 萬古風霜(만고풍상), 法古創新(법고창신)

苦

艸, 총 9획

쓸 고, 괴로울 고 | '艸+古(고)'로, 맛이 매우 쓴 씀바귀 풀[艸].

辛苦(신고), 苦難(고난), 苦悶(고민), 苦杯(고배), 苦肉之策(고육지책), 苦盡甘來(고진감래), 樂生於苦(낙생어고), 塗炭之苦(도탄지고), 同苦同樂(동고동락), 樂是苦因(낙시고인), 千辛萬苦(천신만고)

姑

女, 총 8획

시어머니 고, 잠시 고 | '女+古(고)'로, 남편의 어머니[女].

姑婦(고부), 姑且(고차), 麻姑搔痒(마고소양), 麻姑爬痒(마고파양), 藐姑射山(막고야산), 因循姑息(인순고식)

枯

木, 총 9획

마를 고, 말라 죽을 고 | '木+古(고)'로, 나무[木]가 말라 죽음.

枯木(고목), 枯卉(고훼), 枯渴(고갈), 榮枯(영고), 枯木生花(고목생화)

君

口, 총 7획

임금 군, 그대 군 | '尹+口'로, 국정을 다스리며[尹] 명령[口]을 내리는 존귀한 사람.

名君(명군), 聖君(성군), 暴君(폭군), 郎君(낭군), 細君(세군), 諸君(제군), 四君子(사군자), 君子不器(군자불기), 君子三樂(군자삼락), 欺君罔上(기군망상), 梁上君子(양상군자), 君子大路行(군자대로행), 君子三畏(군자삼외), 檀君王儉(단군왕검)

郡

邑, 총 10획

고을 군 | '邑+君(군)'으로, 임금의 명령을 받아 다스리는 땅[邑].

郡守(군수), 郡縣(군현), 郡民(군민), 郡廳(군청), 屢典郡邑(누전군읍)

조선시대 폭군의 대명사 연산군! 그로 하여금〔使〕 우리는 지금 무엇을 배울 수 있는가? 역사〔史〕는 단지〔只〕 우리에게 엄중히〔嚴〕 말해 준다. 선왕에 대한 열등감과 친모를 사사(賜死)한 아버지에 대한 적개심이 그 내면에 바윗〔巖〕덩어리처럼 응어리졌다지만 그 시절 고통을 당한 관리〔吏〕와 백성들에게는 변명이 되지 않는다. 진정한 리더는 자신의 고통을 긍정적으로 승화시켜야 하며, 자신의 내면적 아픔을 표면화하는 졸부가 되어서는 안 된다는 점이다.

嚴

口, 총 획

엄할 엄, 혹독할 엄 | '吅+厰(감)'으로, 화급(火急)하게 내린 교령(敎令)[吅].

嚴格(엄격), 嚴父(엄부), 嚴冬(엄동), 森嚴(삼엄), 嚴冬雪寒(엄동설한)

巖

山, 총 23획

언덕 암, 바위 암, 험할 암 | '山+嚴(엄)'으로, 사람이 살 수 있는 산[山]기슭.

巖窟(암굴), 巖壁(암벽), 巖穴(암혈), 巖石(암석), 巖牆之下(엄장지하)

只

口, 총 5획

다만 지 | '口+八'로, 말[口]하는 기가 아래로 흩어지는 모양[八].

但只(단지), 只今(지금), 狗逐鷄屋只睇(구축계옥지제)

史

口, 총 5획

역사 사 | '中+又'로, 바른 마음[中]을 가지고[又] 일을 기록하는 사람.

史官(사관), 史記(사기), 史話(사화), 史實(사실), 經史百子(경사백자), 史有三長(사유삼장)

吏

口, 총 6획

관리 리, 아전 리 | '一+史(사)'로, 한결[一]같이 바른 마음으로 남을 다스리는 사람[史].

吏屬(이속), 官吏(관리), 汚吏(오리), 獄吏(옥리), 刻木爲吏(각목위리)

使

人, 총 8획

사신 사, 사신 보낼 사, 하여금 사, 부릴 사 | '亻+吏(리)'로, 명령을 내거나 받는 사람[亻] 모두를 총칭.

使役(사역), 使臣(사신), 密使(밀사), 特使(특사), 使人大慚(사인대참), 賀冬至使(하동지사)

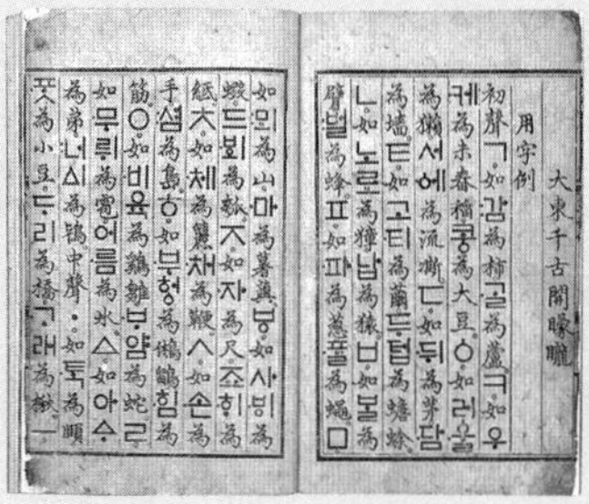

세종대왕의 훈민정음 창제〔造〕 동기는 무엇이었을까? 그 답〔答〕은 당시 역병으로 죽어가는 무지한 백성들 때문이었다. 훈민정음 창제는 널리〔浩〕 글자를 알려〔告〕 백성들에게 보다 풍족한〔給〕 삶을 누리게 하려는 대왕의 지혜와 애민정신이 담긴 종합(綜合) 선물 세트였다.

合

口, 총 6획

같을 합, 합할 합, 맞을 합, 홉 홉 | '亼+口'로, 여러 사람이 모여[亼] 같은 소리로 말함[口].

合成(합성), 交合(교합), 合同(합동), 合當(합당), 野合(야합), 一合(일홉 : 되〔升〕의 1/10), 離合集散(이합집산), 合縱連橫(합종연횡)

給

糸, 총 12획

줄 급, 넉넉할 급 | '糸+合(합)'으로, 실[糸]이 서로 이어져 있는 것처럼 끊임없이 주어 넉넉함.

給食(급식), 給油(급유), 供給(공급), 給足(급족), 家給人足(가급인족), 自給自足(자급자족)

答

竹, 총 12획

대배 밧줄 답, 막을 답, 대답할 답 | '竹+合(합)'으로, 대나무[竹]로 만든 배를 매는 밧줄.

答辯(답변), 答辭(답사), 問答(문답), 應答(응답), 東問西答(동문서답), 自問自答(자문자답), 愚問賢答(우문현답)

告

口, 총 7획

아뢸 고, 하소연할 고, 뵙고 청할 곡 | '⺧←牛+口'로, 소[牛]는 비록 말[口]은 못하나 뿔로 대신하여 말함.

告發(고발), 告白(고백), 告訴(고소), 警告(경고), 以實直告(이실직고), 出告反面(출곡반면)

造

辵, 총 11획

벼슬 이름 조, 만들 조, 지을 조 | '辶+告(고)'로, 예법이나 예식(禮式)을 익히[辶]면 상사(上士)가 됨.

造成(조성), 造花(조화), 建造(건조), 造作(조작), 再造之恩(재조지은)

浩

水, 총 10획

물 질펀한 모양 호, 넓을 호 | '氵+告(고)'로, 물[氵]이 아주 많아 질펀한 모양.

浩然(호연), 浩蕩(호탕), 浩然之氣(호연지기)

낙동강 3대 누각 관수루

《동국여지승람》에 낙수(洛水)인 낙동강은 함백산 줄기 따라 제각각〔各〕 흩어진 촌락〔落〕에서 발원하여 영남지방을 휘돌아 남해로 흘러간다. 임진왜란과 6·25전쟁의 전략적(戰略的) 요충지였던 이 강은 가야와 신라의 긴 역사와 함께 이어져〔絡〕있으며, 관수루 누각(樓閣)에서 바라본 풍경은 영남인의 품격(品格)을 대변하는 듯했다.

各

口, 총 6획

각각 각 | '口+夂'로, 늦게 와서[夂] 각각 그 하는 말[口]이 다름.

各國(각국), 各其(각기), 各處(각처), 各別(각별), 各其所長(각기소장), 各自爲政(각자위정), 各自圖生(각자도생)

洛

水, 총 9획

물 이름 락/낙 | '氵+各(각)'으로, 합수현(合水縣) 백어산(白於山)에서 발원하여 위수로 들어가는 강 이름.

洛陽(낙양 : 중국 하남성의 도시 이름), 洛水(낙수), 洛陽紙貴(낙양지귀)

落

艸, 총 13획

떨어질 락, 마을 락 | '艸+洛(락)'으로, 나무[艸]의 지엽(枝葉)이 조쇠(凋衰)하여 떨어짐.

落淚(낙루), 落葉(낙엽), 落第(낙제), 落膽(낙담), 落魄(낙백), 破落戶(파락호), 平沙落雁(평사낙안)

格

木, 총 10획

나무 기다란 모양 격, 이를 격, 격식 격, 다툴 격 | '木+各(각)'으로, 나무[木]의 가지와 줄기가 길게 뻗어 자란 모양.

格式(격식), 同格(동격), 格鬪(격투), 格物致知(격물치지)

略

田, 총 11획

세상을 경영하고 다스릴 략, 대략 략, 꾀 략 | '田+各(각)'으로, 천하[田]를 소유하고 경영하여 다스림.

略歷(약력), 略式(약식), 智略(지략), 策略(책략), 中傷謀略(중상모략)

絡

糸, 총 12획

솜 락, 날삼 락, 이을 락, 맥락 락 | '糸+各(각)'으로, 목화씨에 달라붙은 털 모양의 흰 섬유질[糸].

連絡(연락), 脈絡(맥락), 經絡(경락), 連絡不絶(연락부절), 人馬絡繹(인마낙역)

閣

門, 총 14획

문설주 각, 대궐 각, 집 각 | '門+各(각)'으로, 문짝[門]을 끼워 달기 위해 문의 양쪽에 세운 기둥.

閣僚(각료), 內閣(내각), 閣議(각의), 樓閣(누각), 沙上樓閣(사상누각)

가쁜 숨을 토해〔吐〕내며 가파른 언덕〔阿〕을 올라가니, 고진감래(苦盡甘來)라 했듯이, 언덕 위에서 바라본 하해(河海)는 가히〔可〕 탄식과 함께 희열〔喜〕을 맛보게 했다.

喜

口, 총 12획

기뻐할 희 | '壴+口'로, 큰북을 세워놓고[壴] 두드리며 즐겁게 노래 부름[口].

喜怒(희로), 喜悲(희비), 喜色(희색), 喜悅(희열), 喜壽(희수), 喜喜樂樂(희희낙락), 懿公喜鶴(의공희학)

吐

口, 총 6획

토할 토 | '口+土(토)'로, 입[口]으로 먹은 것을 밖으로 토함.

實吐(실토), 吐露(토로), 吐情(토정), 苦吐(고토), 吐哺握髮(토포악발)

可

口, 총 5획

옳을 가, 가할 가 | '口+丂(교)'로, 격식에 맞아 탓하거나 흠잡아 말할 것[口]이 없음.

可否(가부), 可知(가지), 許可(허가), 可決(가결), 可信之人(가신지인)

河

水, 총 8획

물 하, 강 하 | '氵+可(가)'로, 황하(黃河), 돈황군(敦煌郡) 곤륜산(昆侖山)에서 발원한 강[氵] 이름.

大河(대하), 江河(강하), 運河(운하), 銀河(은하), 百年河淸(백년하청), 暴虎馮河(포호빙하), 國破山河在(국파산하재), 河圖洛書(하도낙서), 懸河之辯(현하지변)

阿

阜, 총 8획

언덕 아, 산비탈 아, 구석 아, 아첨할 아 | '阝+可(가)'로, 구불구불한 큰 언덕[阜]이 길게 7~8리에 펼쳐져 있어 곡부(曲阜)라 함.

阿丘(아구), 阿黨(아당), 阿諂(아첨), 阿附(아부), 曲學阿世(곡학아세)

吐哺握發(토포악발) : 입속에 먹던 것을 뱉고, 감던 머리를 잡은 채 인재를 맞이함이란 뜻으로, 손님에 대한 극진한 대우. 군주가 어진 인재를 예의를 갖추어 맞이함. 편안함이 없이 몹시 바쁜 모양.

주(周)나라 무왕(武王)이 질병으로 죽고, 나이 어린 성왕(成王)이 제위(帝位)에 올라 주공이 섭정(攝政)하며 주왕조의 기반을 굳건히 다질 때이다. 아들 백금이 노(魯)나라 땅에 봉해져 떠나게 되자, 주공은 다음과 같이 말을 했다. "나는 한 번 머리 감을 때 세 번이나 머리카락을 거머쥐고, 한 번 밥을 먹을 때 세 번 음식을 뱉으면서 천하의 현명한 사람들을 놓치지 않으려고 했다." 주공은 아들에게 나라를 위해 정무(政務)를 잘 보살피려면 잠시도 편히 쉴 틈이 없다는 것과 훌륭한 인재를 얻기 위해서는 정성을 기울여야 한다는 것을 말해주고 싶었던 것이다.

전 세계를 누비는 기업인들은 과거 해상과 육로를 통해 물건〔器〕을 나르던 실크로드 상인(商人)과 먹잇감이 줄어〔減〕 금강하구 방향〔向〕으로 이동하는 겨울철새들의 장관을 보고, 그 모두〔咸〕를 또 다른 영감(靈感)과 조화〔和〕의 통찰력을 얻는 도구로 활용하였다.

向 口, 총 6획

북창 향, 향할 향, 나아갈 향, 이전 향 | '宀+口'로, 집[宀]의 북쪽으로 난 창문[口].

傾向(경향), 動向(동향), 意向(의향), 趣向(취향), 所向無敵(소향무적), 向陽花木(향양화목)

器 口, 총 16획

그릇 기 | '㗊+犬'으로, 그릇[㗊]을 개[犬]가 지킴.

器皿(기명), 器具(기구), 器物(기물), 器樂(기악), 大器晩成(대기만성)

和 口, 총 8획

화답할 화, 곡조 화, 화할 화, 온화할 화 | '口+禾(화)'로, 시(詩)나 노래에 응하여 대답함[口].

和親(화친), 和合(화합), 和睦(화목), 和樂(화락), 壎篪相和(훈지상화), 和氏之璧(화씨지벽)

商 口, 총 11획

헤아릴 상, 장사할 상 | '冏←㕯+章(장)'으로, 어눌하게 말하지만[㕯, 訥於言辭] 밖을 관찰하여 내실을 살핌.

商業(상업), 商品(상품), 協商(협상), 商量(상량), 無本大商(무본대상), 爛商討論(난상토론)

咸 口, 총 9획

다 함 | '口+戌'로, 모두[戌] 같이 말함[口].

咸集(함집), 咸與維新(함여유신)

感 心, 총 13획

느낄 감 | '心+咸(함)'으로, 마음[心]속으로 어떤 감정 따위를 체험하고 맛을 봄.

感慨(감개), 感激(감격), 感動(감동), 感謝(감사), 感之德之(감지덕지), 北山之感(북산지감), 今昔之感(금석지감)

減 水, 총 12획

덜 감 | '氵+咸(함)'으로, 물[氵]이 점차 줄어듦.

減價(감가), 減量(감량), 減員(감원), 減刑(감형), 減死島配(감사도배), 十年減壽(십년감수)

탄금(彈琴)은 요순시절 순(舜)임금이 '오현금'을 만든 데서 유래한다. 순임금은 탄금으로 '남풍가(南風歌)'를 불렀다. "남풍의 훈훈함이여, 우리 백성의 근심을 풀어줄 수 있기를. 남풍이 제때 불어옴이여, 우리 백성의 재산을 늘려주기를!"

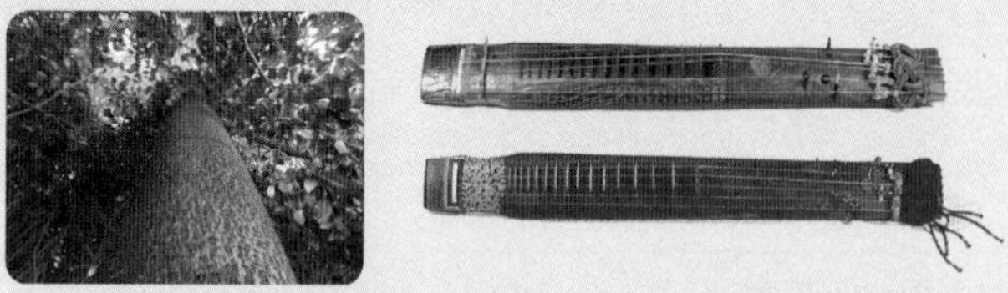

오동나무는 거문고의 재료로, 태평성대를 위해 일할 인물의 탄생을 기원하는 나무기도 하다.

조선시대 4대 문장가로 손꼽히는 신흠은 시에서 "오동나무〔梧〕는 천년이 지나도 항상 그 곡조를 간직하고, 매화는 일생을 춥게 살아도 그 향기를 팔지 않는다."고 노래했다. 이 말〔語〕은 우리들〔吾等(오등)〕에게 오동과 매화가 지조를 지키듯, 자기만의 독특한 세계를 지조있게 영원히 간직해야 한다는 깨우침〔悟〕의 울림이다.

吾

口, 총 7획

나 오 | '口+五(오)'로, 나를 자칭하는 말[口].

吾等(오등), 吾兄(오형), 三省吾身(삼성오신)

語

言, 총 14획

말씀 어 | '言+吾(오)'로, 서로 말[言]하여 시비(是非)를 변론함.

語感(어감), 語源(어원), 語助辭(어조사), 語不成說(어불성설)

悟

心, 총 10획

깨달을 오 | '忄+吾(오)'로, 마음[忄]속에서 깨달음을 얻음.

悟道(오도), 悟性(오성), 悟悅(오열), 大悟覺醒(대오각성)

梧

木, 총 11획

오동나무 오 | '木+吾(오)'로, 오월에 입술 모양의 보라색 통꽃이 피는 오동나무[木].

梧桐(오동), 梧桐一葉(오동일엽), 蒼梧之望(창오지망)

지식 샘터 **무작정 모방의 경계**

效顰〔효빈 ; 東施效矉(동시효빈), 西施捧心(서시봉심), 西施矉目(서시빈목), 西施顰目(서시빈목)〕/ 邯鄲之步(한단지보)

의견비(義犬碑)

최자의 《보한집》에 김개인의 개〔狗〕를 노래한 '견분곡'의 시구(詩句)가 전한다.

"사람은 짐승이라고 불리면 수치로 알면서도, 버젓이 큰 은혜를 저버리곤 한다. 임금과 나라가 위태로울 때 목숨에 구속〔拘〕된다면, 개보다 나을 것이 무엇이 있겠는가?"

그는 참으로〔苟〕 개〔狗〕를 사랑하여 어딜 가든 데리고 다녔다. 어느 날 술에 취해 집에 오는 도중 그만 길에서 잠이 들었다. 산불이 삽시간에 마른〔燥〕 나무를 태우며 주인 근처까지 오자, 개는 그를 깨웠으나 술에 취해 일어나지 못했다. 개는 냇가에 들어가 온몸에 물을 적셔 수백 번을 반복하여 겨우 불길은 잡았으나 그만 지쳐 쓰러져 죽으니, 그의 주인을 위한 충정은 가히 인품(人品)을 지녔다 할 만하다.

品

口, 총 획

무리 품, 물건 품, 품수 품, 벼슬 품 | '口+口+口'로, 사람이 많음[口+口+口].

品格(품격), 品行(품행), 物品(물품), 藥品(약품), 天下一品(천하일품), 品行方正(품행방정)

操

手, 총 16획

잡을 조 | '扌+喿(조)'로, 손[扌]으로 물체를 잡음.

※ '喿'는 뭇 새가 나무 위에 모여 지저귐.

操心(조심), 操作(조작), 操業(조업), 操行(조행), 栢舟之操(백주지조)

燥

火, 총 17획

마를 조 | '火+喿(조)'로, 불[火]에 물건을 말림.

乾燥(건조), 焦燥(초조), 燥渴(조갈), 無味乾燥(무미건조)

句

口, 총 5획

굽을 구, 글귀 구 | '口+丩(구)'로, 본자는 '勾', '鉤'. 물체[口]를 걸어 끄는 굽은 갈고리. ※ 갑골문, 금문에는 굽은 갈고리[勾]를 물체[口]에 걸어 끌어당김을 나타냄.

句節(구절), 驚句(경구), 句讀(구두), 句法(구법), 句句節節(구구절절)

狗

犬, 총 8획

개 구 | '犭+句(구)'로, 집을 지키는 작은개[犬]. ※ 큰 개는 '犬', 작은개는 '狗'.

走狗(주구), 桀狗吠堯(걸구폐요), 狗猛酒酸(구맹주산), 喪家之狗(상가지구), 羊頭狗肉(양두구육), 跖狗吠堯(척구폐요) 畵虎類狗(화호유구), 堂狗風月(당구풍월)

拘

手, 총 8획

잡을 구, 거리낄 구 | '扌+句(구)'로, 갈고리[句]로 손[扌]을 움직이지 못하도록 함.

拘禁(구금), 拘留(구류), 拘引(구인), 拘置(구치), 拘束令狀(구속영장)

苟

艸, 총 9획

풀이름 구, 구차할 구, 진실로 구 | '艸+句(구)'로, 구문(苟吻)이라는 풀[艸] 이름.

지식 샘터 **어려움 극복**

堅忍不拔(견인불발) / 百折不屈(백절불굴 ; 百折不撓(백절불요), 不撓不屈(불요불굴)) / 四顚五起(사전오기) / 七顚八起(칠전팔기)

喪家之狗(상가지구) : 상갓집의 개란 뜻으로, 여위고 지칠 대로 지친 수척한 사람을 비유한 말.

공자(孔子)가 노(魯)나라의 재상으로 국정개혁에 실패한 후 여러 나라를 여행을 하였으나 아무도 공자를 받아주지 않았다. 공자가 56세 때 정(鄭)나라에 갔을 때 정나라 사람 중에 어떤 사람이 자공에게 말했다. "동문에 사람이 있는데 그의 이마는 요(堯)임금과 같고, 그의 목은 고요(皐陶)와 같고, 그의 어깨는 자산(子産)과 같다. 그러나 허리 아래로는 우(禹)에 미치지 못하기를 세치요, 지친 모습은 상갓집의 개와 같았다." 자공이 공자에게 이 말을 이실직고(以實直告)하니, 공자가 웃으면서 말했다. "모습은 훌륭한 사람들에게 미치지 못하지만 상가의 개와 같다는 말은 그렇도다."

狗猛酒酸(구맹주산) : 사나운 개 때문에 술을 사러 오는 사람이 없어 술맛이 초맛이 되었다는 뜻으로, 간신이 있으면 어진 신하가 모이지 않아 나라가 쇠퇴함의 비유.

《한비자(韓非子)》〈외저설우(外儲說右)〉에서 유래한 성어다. 송(宋)나라 때 술 장사꾼이 있었는데, 술을 빚는 재주가 좋고 친절하며 정직하게 장사를 하였음에도 술이 잘 팔리지 않았다. 이상하게 여긴 그가 마을 어른 양천을 찾아가 이유를 묻자, 양천이 되물었다. "자네 집의 개가 사나운가?" 술을 파는 자가 "그렇습니다"라고 답했다. 양천이 말하길, "어른들이 아이를 시켜 술을 사오게 하는데, 당신네 개가 사나우면 들어갈 수가 없으니, 술이 팔리지 않고 시어가는 것이네."라고 하였다.

가부좌를 하고 선승(禪僧)처럼 나 자신과 홀로〔單〕 싸움〔戰〕을 시작해 본다. 그간 감원(減員)에서 살아남기 위해 총부리를 겨누며 탄알〔彈〕을 쏘아대던 온갖 망상과 잡념을 덜어〔損〕버리고, 한결 원만(圓滿)해진 나 자신의 본 모습을 찾기 위함이다.

員

口, 총 10획

수효 원, 사람 원, 관원 원 | '貝+口(구)'로, 사람이나 패물[貝]의 수를 셈.

員外(원외), 定員(정원), 滿員(만원), 充員(충원), 構成員(구성원), 委員會(위원회), 審査委員(심사위원)

圓

囗, 총 13획

둥글 원, 둘레 원, 원만할 원 | '囗+員(원)'으로, 둥근 패물의 모형[囗]. ※ '圓滑(원활)'에서 '滑'자는 '미끄러울 활'로 사용되었으나 '滑稽(골계)'로 쓰일 때는 '익살스러울 골'로 음과 뜻이 바뀜.

圓盤(원반), 圓板(원판), 圓滿(원만), 圓滑(원활), 方底圓蓋(방저원개), 天圓地方(천원지방)

損

手, 총 13획

덜 손, 상할 손 | '扌+員(원)'으로, 일정한 수량이나 정도에서 손[扌]으로 얼마를 떼어 줄이거나 적게 함.

損害(손해), 損傷(손상), 毁損(훼손), 損益(손익), 損者三友(손자삼우)

單

口, 총 12획

클 단, 엷을 단, 홑 단, 모두 단 | '甲+吅(훤)'으로, 곡식 따위를 까부는 크고 엷은 키[甲←箕]. ※ 甲 : 華와 동자. 箕屬『說文』弃糞器也『玉篇』-『康熙』 ※ 갑골, 금문에 끝이 두 가닥으로 갈라진 나뭇가지 모양의 사냥 도구.

單一(단일), 單純(단순), 單獨(단독), 單身(단신), 單調(단조), 單價(단가), 孑孑單身(혈혈단신)

彈

弓, 총 15획

탄알 탄, 튕길 탄 | '弓+單(단)'으로, 활[弓]로 탄알이나 화살을 쏘아 날아가게 함.

實彈(실탄), 銃彈(총탄), 流彈(유탄), 彈道(탄도), 彈琴(탄금), 彈壓(탄압), 對牛彈琴(대우탄금)

戰

戈, 총 16획

싸울 전, 두려울 전 | '戈+單(단)'으로, 창[戈]을 들고 적과 싸움.

戰線(전선), 戰勝(전승), 鯨戰蝦死(경전하사), 骨肉相戰(골육상전), 速戰速決(속전속결), 戰戰兢兢(전전긍긍), 山戰水戰(산전수전)

禪

示, 총 17획

터 닦을 선, 봉선(封禪) 선, 선위할 선, 좌선할 선 | '示+單(단)'으로, 천자가 흙으로 단(壇)을 만들어 하늘에 제사[示] 지내고 땅을 정(淨)하게 하여 산천에 제사 지내던 일.

禪位(선위), 禪讓(선양), 禪師(선사), 坐禪(좌선), 禪讓放伐(선양방벌)

심우장(尋牛莊)은 독립운동가 겸 승려인 만해 한용운이 일제강점기인 1933년에 지은 집이다. 심우라는 이름은 '자기의 본성인 소를 찾는다'라는 의미가 담긴 불교 용어로, 한용운 선생에게는 마음에 이르는 길이 곧 독립에 이르는 길이라는 의미가 담겨있다.

만해 한용운은 일제의 회유에 변절자가 된 계몽기(啓蒙期)의 작가 최남선과 이광수를 거리에서 만나면 시선을 주변(周邊)으로 돌려 모른 체했고, 혹 그들이 먼저 인사를 하면 초상〔喪〕집의 곡〔哭〕하는 소리로 울며 "내가 아는 육당과 춘원은 이미 죽은 지 오래다. 당신들은 그 귀신이냐?"며 변절한 옛 동지를 안타까워했다. 2016년 그의 옛 곡조〔調〕와 함께 그를 위한 72주기(週期) 추모제가 조촐히 열렸다.

周 口, 총 8획

두루 주, 둘레 주 | '用+口'로, 두루 빠짐없이 골고루 말[口]을 씀.

周知(주지), 周年(주년), 周邊(주변), 周圍(주위), 周公三笞(주공삼태)

週 辵, 총 획

돌 주, 주일 주 | '辶+周(주)'로, 여기저기 두루 돌아다님[辶].

週期(주기), 週年(주년), 週刊(주간), 隔週(격주), 週期的(주기적)

調 言, 총 15획

고를 조, 가락 조, 뽑힐 조, 아침 조 | '言+周(주)'로, 서로 대화[言]를 통해 적절히 조절하여 화합함.

調理(조리), 調節(조절), 調劑(조제), 調査(조사), 雨順風調(우순풍조)

啓 口, 총 11획

열 계 | '攵+启(계)'로, 두드려[攵] 문을 열듯이, 가르쳐 지혜가 열림.

啓導(계도), 啓發(계발), 啓蒙(계몽), 啓示(계시), 徑先啓下(경선계하)

哭 口, 총 10획

울다 곡 | '吅+犬←獄(옥)'으로, 억울하게 감옥에 갇히어 슬프게 소리 내어[吅] 욺.

痛哭(통곡), 哀哭(애곡), 哭聲(곡성), 哭泣(곡읍), 窮途之哭(궁도지곡)

喪 口, 총 12획

죽을 상, 초상 상 | '哭+亡(망)'으로, 사람이 죽어[亡] 곡[哭]을 함.

喪家(상가), 喪禮(상례), 喪服(상복), 喪制(상제), 喪家之狗(상가지구)

당태종

645년 당(唐)태종은 직접 수십만 대군을 불러〔招〕 모아 안시성 공격을 명한다. 이에 맞서 싸운 안시 성주 양만춘(楊萬春)은 성 안의 병사와 주민들을 소집(召集)하여 각자 맡은〔司〕 바 임무에 초인적(超人的) 힘으로 힘써 싸울 것을 당부한다. 방어는 성공적이었으며, 드디어 겨울이 되자 식량은 떨어지고 병사들의 사기 또한 땅에 떨어지니 당태종은 퇴각 명령을 내린다. 당군이 철수하던 날 안시 성주가 직접 성 위에 올라가 작별 인사를 고하자, 당태종은 답례로 비단 1백 필을 남기고 떠났다. 이는 그 어떤 말〔詞〕로도 표현할 수 없는 달콤한〔糖〕 선물이었다.

司 口, 총 5획

맡을 사, 벼슬 사 | '反+后'로, 임금[后]의 반대[反] 위치에 있는 신하[臣, 司]로, 임금을 위해 밖에서 정사를 맡아 다스림.

司法(사법), 司直(사직), 司會(사회), 公司(공사), 閒司漫職(한사만직)

詞 言, 총 12획

말 사, 글 사, 품사 사 | '言+司(사)'로, 마음속에 있는 생각을 밖으로 말[言]함.

歌詞(가사), 詞章(사장), 詞賦(사부), 動詞(동사), 名詞(명사), 金縢之詞(금등지사)

召 口, 총 5획

부를 소, 오게 할 소 | '口+刀(도)'로, 큰 소리[口]로 불러 오게 함.

召集(소집), 召命(소명), 應召(응소), 徵召(징소), 遠禍召福(원화소복)

招 手, 총 8획

부를 초 | '扌+召(소)'로, 사람을 손짓[扌]하여 불러 오게 함.

招待(초대), 招請(초청), 招聘(초빙), 招魂(초혼), 招搖過市(초요과시)

超 走, 총 12획

뛰어 넘을 초 | '走+召(소)'로, 몸이 솟구쳐 물건이나 장소 등을 뛰어[走] 넘음.

超過(초과), 超越(초월), 超然(초연), 超脫(초탈), 超自然的(초자연적), 駭躍超驤(해약초양)

唐

口, 총 10획

황당할 당, 갑자기 당, 당나라 당 | '口+庚(경)'으로, 갑자기 실제보다 과장하여 크게 말함[口].

唐突(당돌), 唐詩(당시), 唐體(당체), 荒唐(황당), 荒唐無稽(황당무계)

糖

米, 총 16획

엿 당, 사탕 당 | '米+唐(당)'으로, 쌀[米]을 재료로 하여 만든 엿.

糖分(당분), 糖質(당질), 製糖(제당), 砂糖(사탕), 葡萄糖(포도당)

지식 샘터 **환경의 영향과 중요성**

橘化爲枳(귤화위지) / 近墨者黑(근묵자흑) / 近朱者赤(근주자적) / 南橘北枳(남귤북지) / 堂狗風月(당구풍월) / 同聲異俗(동성이속) / 麻中之蓬(마중지봉) / 孟母三遷(맹모삼천) / 三遷之敎(삼천지교) / 染絲之變(염사지변) / 鄭家奴歌詩(정가노가시) / 芝蘭之室(지란지실)

招搖過市(초요과시) : 남의 이목(耳目)을 끌도록 요란스럽게 하며 저잣거리를 지나간다는 뜻으로, 허풍(虛風)을 떨며 요란하게 사람의 이목을 끄는 것을 비유하는 말.

공자가 위나라에 가서 거백옥의 집에 머물 때, 위나라의 군주 영공(靈公)의 부인인 남자(南子)가 사람을 보내 뵙기를 청하였다. 공자는 처음에는 사양하였으나, 남자가 거듭 사람을 보내 요청하자 하는 수 없이 만나러 갔다. 남자는 휘장을 드리우고 공자를 만났는데, 패옥(佩玉)이 부딪치는 소리가 요란스럽게 들렸다.

이러한 행동은 예에 맞지 않는 것이었다. 그래서 공자는 자로에게 "나는 그녀를 만나고 싶지 않았으나, 기왕에 만났으니 예로써 대해 주어야겠다."라고 말하였는데, 자로는 좋아하지 않았다. 공자는 "내가 잘못이라면 하늘이 나를 미워할 것이다."라고 말하였다.

위나라에 머문 지 한 달이 지났을 무렵, 영공과 부인 남자는 함께 수레를 타고 행차하였다. 그런데 환관인 옹거는 수레에 함께 태우고, 공자에게는 뒷 수레를 타고 따라오게 하면서 요란스레 저잣거리를 지나갔다.

공자는 이를 두고 "나는 덕(德)을 좋아하기를 색(色)을 좋아하는 것과 같이 하는 자를 보지 못하였다."라고 말하였다. 그리고는 영공이 자신을 이와 같이 대하는 것을 치욕으로 여기고 위나라를 떠나 조(曹)나라로 갔다.

이 고사는 《사기(史記)》 〈공자세가(孔子世家)〉에 나온다. 이 요란스러운 행차처럼 허장성세(虛張聲勢)로 떠들썩하게 남의 이목을 끄는 것을 초요과시라 한다.

曰부수

옛적 훈장들은 서당에 모여〔會〕 학동들이 공자 왈, 맹자 왈(曰) 곡조(曲調)처럼 책〔書〕 읽는 모습에서 최고(最高)의 기쁨을 누렸다.

曰

曰, 총 4획

가로 왈, 말할 왈 | 'ㅁ+ㄴ'으로 입[ㅁ]으로, 말할 때 기[ㄴ]가 밖으로 나오는 모양.

孔子曰孟子曰(공자왈맹자왈), 曰可曰否(왈가왈부), 曰梨曰柿(왈리왈시)

書

曰, 총 10획

글 서, 책 서 | '聿+者(자)'로, 대나무 조각[竹簡]과 베나 비단[布帛]에 붓[聿←筆]으로 글씨를 씀.

圖書(도서), 讀書(독서), 書堂(서당), 書翰(서한), 雁書(안서), 焚書坑儒(분서갱유), 身言書判(신언서판), 五車之書(오거지서), 讀書三昧(독서삼매), 能書不擇筆(능서불택필)

曲

曰, 총 6획

잠박(蠶箔) 박, 굽을 곡, 가락 곡 | 누에를 치는 데 쓰는 채반 모양. ※ 갑골은 굽은 자의 모양.

曲流(곡류), 曲線(곡선), 曲調(곡조), 歌曲(가곡), 曲肱之樂(곡굉지락), 九曲肝腸(구곡간장), 同工異曲(동공이곡), 坊坊曲曲(방방곡곡), 迂餘曲折(우여곡절), 必有曲折(필유곡절), 不問曲直(불문곡직), 曲突徙薪(곡돌사신)

會

曰, 총 13획

모일 회, 기회 회 | '亼+曾'으로, 사람들이 더욱[曾] 많이 모임[亼].

會見(회견), 會合(회합), 集會(집회), 機會(기회), 鳩首會議(구수회의), 宰樞會議(재추회의), 諸加會議(제가회의), 會者定離(회자정리)

最

曰, 총 12획

가장 최 | '冃+取'로, 검은 천으로 만든 관모[冃]를 쓰고 목적 달성을 위해 위험을 무릅쓰고 취함[取].

最先(최선), 最善(최선), 最高(최고), 最惡(최악), 爲善最樂(위선최락), 最後一刻(최후일각)

身言書判(신언서판) : 사람됨을 판단하는 네 가지 기준. 곧 신수·말씨·문필·판단력.

《당서(唐書)》 〈선거지(選擧志)〉에 의하면, 신(身)은 풍채가 늠름하게 생겨야 하고, 언(言)은 말을 정직하게 해야 하며, 서(書)는 글을 잘 써야 하고, 판(判)은 문리가 통해 판단력이 있어야 한다고 했다. 이는 중국 당(唐)나라 때 관리를 등용하는 네 가지 방법으로 인물을 선택하는 데 표준으로 삼았던 네 가지 조건이 되었다.

연말에 일찍이〔曾〕 한 스님〔僧〕이 시주를 위해 새로 증축(增築)한 주택의 각 층(層)마다 돌아다니며 적선을 권했다. 그런데 이번에는 자선 모금 단체 회원들이 또다시〔更〕 불우이웃에게 줄〔贈〕 기부금을 강경(强硬)하게 요구하자 불황 때문인지 사람들의 미움〔憎〕을 산 듯했다.

曾 (日, 총 12획)

말 첫마디 증, 거듭 증, 포갤 증, 일찍 증 | '八+日+囪(창)'으로, 말할[日] 때 입에서 기(氣)가 분산됨[八].

曾祖(증조), 曾孫(증손), 曾往(증왕), 曾徑(증경), 未曾有(미증유), 曾子殺人(증자살인)

僧 (人, 총 14획)

중 승 | '亻+曾(증)'으로, 부처님[浮屠 : 佛佗]의 도를 닦는 사람[亻].

僧侶(승려), 僧舞(승무), 僧俗(승속), 禪僧(선승), 落髮爲僧(낙발위승), 半僧半俗(반승반속)

增 (土, 총 15획)

더할 증 | '土+曾(증)'으로, 흙[土]을 더 보태어 쌓음. ※ 曾益其所不能『孟子』: 曾 → 增 : 불어남.

增減(증감), 增產(증산), 增殖(증식), 增築(증축), 歲加月增(세가월증), 日加月增(일가월증)

憎 (心, 총 15획)

미워할 증 | '忄+曾(증)'으로, 마음[忄]속으로 혐오감을 느껴 꺼림.

憎惡(증오), 可憎(가증), 愛憎(애증), 怨憎(원증), 盜憎主人(도증주인), 面目可憎(면목가증)

層 (尸, 총 15획)

층 층, 층계 층 | '尸+曾(증)'으로, 집 위에 또 집[尸]을 지음.

層臺(층대), 層雲(층운), 層層(층층), 層階(층계), 層層侍下(층층시하)

贈 (貝, 총 19획)

줄 증, 선사할 증 | '貝+曾(증)'으로, 관계가 서로 좋아 재물[貝]을 자주 보냄.

贈與(증여), 贈答(증답), 寄贈(기증), 追贈(추증), 勺藥之贈(작약지증)

更 (曰, 총 7획)

고칠 경, 바꿀 경, 다시 갱 | '攴+丙(병)'으로, 잘못을 고쳐[攴] 바꿈.

更張(경장), 變更(변경), 更生(갱생), 更新(갱신), 更無道理(갱무도리), 自力更生(자력갱생)

硬 (石, 총 12획)

단단할 경, 강할 경, 가로막을 경 | '石+更(경)'으로, 돌[石]로 만든 튼튼한 우리.

硬度(경도), 硬直(경직), 硬骨(경골), 强硬(강경), 硬直性(경직성), 肝硬變症(간경변증)

舌부수

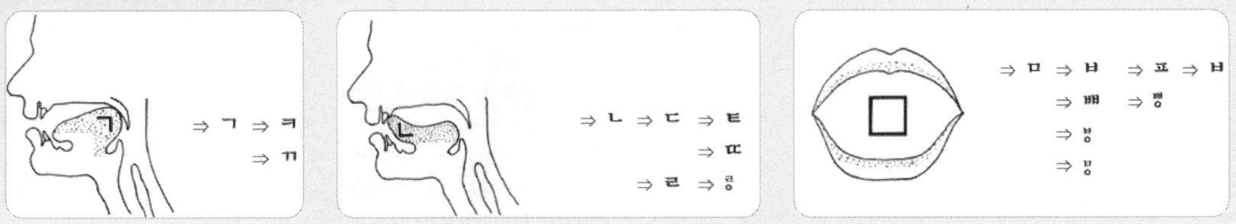

말할〔話〕 때 혀〔舌〕는 살아〔活〕 움직이며, 쉬고〔憩〕 있으면 침묵이 된다.

舌

舌, 총 6획

혀 설 | '口+干(간)'으로, 입[口]에 있는 것으로 맛을 분별하는 것.

舌根(설근), 舌端(설단), 舌戰(설전), 毒舌(독설), 視吾舌(시오설), 齒亡舌存(치망설존)

話

言, 총 13획

말할 화, 이야기 화 | '言+昏(활)'로, 사람들이 모여서 어떤 사물이나 사실, 현상에 대하여 일정한 줄거리를 가지고 말함[言].

話題(화제), 話頭(화두), 話術(화술), 談話(담화), 閑談說話(한담설화)

憩

心, 총 16획

쉴 게 | '舌+息'으로, 동자는 '愒, 憇, 憩, 憇'. 혀[舌], 코, 귀, 마음 등의 활동을 중지함[息].

憩泊(게박), 休憩所(휴게소), 休憩室(휴게실)

活

水, 총 9획

물 콸콸 흐르는 소리 괄, 살 활 | '氵+舌←昏(괄)'로, 물[氵]이 콸콸 흐르는 소리.

活氣(활기), 活劇(활극), 活動(활동), 活潑(활발), 流浪生活(유랑생활), 死中求活(사중구활)

視吾舌(시오설) : "내 혀를 보라."는 말로, 말로 먹고 사는 사람에게는 다른 것이 다 망가져도 세 치 혀만은 다치지 않아야 한다는 뜻.

장의(張儀)가 초나라의 재상 소양(昭陽) 집에서 식객 노릇을 할 때의 일이다. 어느 날 소양은 연회를 열어 왕에게서 하사받은 보석 '화씨(和氏)의 구슬'을 보여 주었는데, 도중에 그게 사라져버렸다.

"누가 훔쳐 갔는가?" "이 자리에 누가 그럴 만한 사람인가?" 얼마간 웅성거리더니 장의에게 시선이 집중되었다. 장의의 행색이며 모습이 보잘것없었기 때문이다. "자백하라. 그러면 용서하마." 드디어 소양도 장의를 매질하며 다그쳤다. "제가 훔치지 않았습니다." 나중에 혐의는 벗었지만, 그 과정에서 만신창이가 되도록 맞았다. 장의의 아내가 그를 보자 눈물을 흘렸다. "기껏 공부해서 유세한답시고 그러더니 이런 변을 당했구려." 그러자 장의는 불숙 혀를 내밀었다. "내 혀를 봐. 아직 있소, 없소?" 아내는 어처구니없는 표정을 지으며, "혀야 있지요." "그럼 됐군." 대답한 장의는 아내에게 설명해 주었다.

"다른 곳은 다 망가지더라도 혀만 안전하면 되는 것이오. 혀가 있는 한 나는 입신양명할 수 있는 거요." 그 말대로 뒷날 진나라 재상의 자리에 올랐다. 그는 세 치의 혀로 천하를 움직였던 것이다. 그가 주장한 연횡책은 중국 역사상 청사에 길이 남는 정책이었다.

言부수

탈세(脫稅)하는 사람은 예리한〔銳〕 세무조사에도 교묘하게 잘 벗어나〔脫〕 아무렇지도 않게 평소처럼 자연스럽게 말하며〔言, 說〕 기쁘게〔悅〕 산다.

言
言, 총 7획

말씀 언 | '口+辛(건)'으로, 자기 생각을 직접 말함[口]. ※ 語 : 여러 사람이 서로 자기의 의견을 말하며 논란함.

言及(언급), 言論(언론), 言辯(언변), 言爭(언쟁), 有口無言(유구무언), 一口二言(일구이언), 緘口無言(함구무언), 流言蜚語(유언비어), 忠言逆耳(충언역이)

說
言, 총 14획

말씀 설, 달랠 세, 기쁠 열 | '言+兌(태)'로, 자기의 생각을 남이 알기 쉽게 풀어서 말함[言].

說話(설화), 遊說(유세), 說客(세객), 說樂(열락), 夢中說夢(몽중설몽), 痴人說夢(치인설몽)

悅
心, 총 10획

기쁠 열 | '忄+兌(태)'로, 마음[忄]으로 즐거워 복종하여 따름.

悅樂(열락), 悅服(열복), 法悅(법열), 喜悅(희열), 松茂栢悅(송무백열)

稅
禾, 총 12획

세금 세 | '禾+兌(태)'로, 국가가 필요한 경비로 사용하기 위하여 국민이나 주민으로부터 강제로 거두어들이는 조세[禾].

稅金(세금), 稅務(세무), 稅收(세수), 課稅(과세), 稅熟貢新(세숙공신)

脫
肉, 총 11획

여윌 탈, 살 빠질 탈, 벗을 탈 | '月+兌(태)'로, 살[肉]이 빠져 여윔.

脫黨(탈당), 脫毛(탈모), 脫色(탈색), 脫落(탈락), 足脫不及(족탈불급)

銳
金, 총 15획

날카로울 예 | '金+兌(태)'로, 까끄라기나 바늘처럼 날카로운 쇠붙이[金].

銳利(예리), 銳敏(예민), 銳鋒(예봉), 銳角(예각), 小壯氣銳(소장기예)

齒亡舌存(치망설존) : "이는 빠져도 혀는 남아 있다."라는 뜻으로, 강한 자는 망하기 쉽고 유연(柔軟)한 자는 오래 존속됨을 비유하는 말.

한(漢)의 유향(劉向)이 지은 《설원(說苑)》〈경신(敬愼)편〉에 노자(老子)와 상종(常樅)의 고사가 실려 있다. 노자가 와병 중인 스승에게 가르침을 구하자, 상종이 말했다. "내 혀는 있느냐?", "내 이는 있느냐?" "이는 없고 혀만 있습니다."라 말하자, 그 이유를 물었다. 노자는 "혀가 남아 있는 것은 부드럽기 때문이고, 이가 다 빠진 것은 강하기 때문입니다〔夫舌之存也, 豈非以其柔耶, 齒之亡也, 豈非以其剛耶〕."라 답한다.

옛적 사제지간은 군사부일체라 하여 그 섬김을 동일시하였다. 때문에 그 연모(戀慕)하는 마음은 늘 변(變)치 말아야 하며, 직접 배알(拜謁)에 임해서는 만용(蠻勇)과 탄망(誕妄), 그리고 과장(誇張)된 말을 삼가야 한다.

誇

言, 총 13획

자랑할 과, 과장할 과 | '言+夸(과)'로, 실제보다 부풀려 자랑하여 말함[言].

誇大(과대), 誇示(과시), 誇張(과장), 自誇(자과), 自誇自尊(자과자존)

謁

言, 총 16획

아뢸 알, 뵐 알 | '言+曷(갈)'로, 직접 대면하여 자기의 생각을 말함[言].

謁廟(알묘), 謁聖(알성), 謁見(알현), 拜謁(배알), 謁聖及第(알성급제)

誕

言, 총 14획

거짓 탄, 방종할 탄, 날 탄 | '言+延(연)'으로, 실제보다 과장하여 하는 말[言].

誕生(탄생), 聖誕(성탄), 荒誕無稽(황탄무계)

變

言, 총 23획

변할 변, 재앙 변 | '攵+䜌(련)'으로, 있던 것을 고쳐[攵] 없게 함.

變貌(변모), 變節(변절), 變換(변환), 變遷(변천), 有爲變轉(유위변전), 臨機應變(임기응변), 雲蒸龍變(운증용변), 朝變夕改(조변석개)

戀

心, 총 23획

사모할 련, 그리워할 련 | '心+䜌(련)'으로, 형제가 서로 사모하듯, 그 사모하는 마음[心]이 계속 이어짐.

戀愛(연애), 戀慕(연모), 戀情(연정), 悲戀(비련), 失戀(실연), 哀戀(애련), 籠鳥戀雲(농조연운), 戀君之情(연군지정), 戀戀不忘(연연불망)

蠻

虫, 총 25획

오랑캐 만, 함부로 만 | '虫+䜌(련)'으로, 중국 남쪽 오랑캐[虫].

野蠻(야만), 蠻行(만행), 蠻勇(만용), 蠻夷(만이), 蠻觸之爭(만촉지쟁), 南蠻北狄(남만북적)

지식 샘터 **사람이 많음**

門前成市(문전성시) / 人山人海(인산인해) / 長蛇陣(장사진)

音부수

뛰어난 음악〔音〕적 재능을 가진 베토벤의 운치〔韻〕 있는 대작은 대부분 청력 손상 이후 침울하고 어두운〔暗〕 현실 극복 과정에서 탄생된 것이며, 지금도 그 여운이 남아 사람들의 심금을 울린다〔響〕.

音

音, 총 9획

소리 음 | '言+一'로, 사람의 마음속 생각이 발음기관을 통해 일정하게 조절되어[一] 나오는 구체적이고 물리적인 소리[言].

音聲(음성), 音韻(음운), 福音(복음), 騷音(소음), 亡國之音(망국지음)

暗

日, 총 13획

어두울 암, 남몰래 암, 외울 암 | '日+音(음)'으로, 햇빛[日]이 없어 어두워 아무것도 보이지 않음.

暗室(암실), 暗賣(암매), 暗殺(암살), 暗誦(암송), 暗中摸索(암중모색)

韻

音, 총 19획

운율 운, 운치 운 | '音+員(원)'으로, 여러 소리[音]가 조화를 이루어 고상하고 우아한 멋을 이룸.

脚韻(각운), 韻文(운문), 韻致(운치), 押韻(압운), 風流韻事(풍류운사)

響

音, 총 22획

울릴 향 | '音+鄕(향)'으로, 큰 소리[音]가 서로 반향되어 울림.

響應(향응), 交響(교향), 反響(반향), 餘響(여향), 四方響應(사방향응), 言中有響(언중유향)

亡國之音(망국지음) : 나라를 망치는 음악이란 뜻으로, '저속(低俗)하고 난잡(亂雜)한 음악'을 일컫는 말.

춘추시대 위(衛)나라의 영공(靈公)이 진(晉)나라로 가는 도중 복수(濮水) 근방에 이르렀을 때였다. 이제까지 들어보지 못했던 현묘한 음악 소리가 들려왔는데, 그 음률이 너무나 절묘하여 마치 천상의 소리인 듯했다. 한참을 넋을 잃고 듣던 영공은 수행하던 악사에게 그 가사를 베끼고 악보까지도 채록하라 명했다. 진(秦)나라에 도착하자, 영공은 그 신묘한 음악을 진(秦)나라의 평공(平公)에게 손수 연주하여 들려주었다. 평공은 다시 진(秦)나라에서 유명한 음악가였던 사광(師曠)을 불러들여 함께 듣도록 했는데, 영공의 음악을 듣고 있던 사광은 깜짝 놀라 영공의 손을 잡으며, "그것은 망국의 음악입니다."라고 말했다. 놀란 영공과 평공에게 사광은 다음과 같은 이야기를 들려주었다. "옛날 사연(師延)이라는 유명한 음악가 신성백리(新聲百里)라는 음탕한 음악을 지어 은(殷)나라의 주왕(紂王)에게 바쳤다. 주왕은 이 음악을 즐기며 주지육림에 빠져 무왕에게 망했고, 사연은 복수(濮水)에 빠져 죽었습니다." 이에 사람들은 이 노래를 망국의 음악이라 했다고 합니다.

甘부수

고생 끝에 낙이 온다고 했듯이, 심히〔甚〕 어려운 관문일지라도 인내와 끈기로 잘 견뎌〔堪〕내면 달콤한〔甘〕 성공의 열쇠가 반겨줄 날이 찾아올 것이다.

甘 

甘, 총 5획

달 감, 맛 좋을 감 | '口+一'로, 입안[口]에 음식을 넣고 감미(甘美)를 맛보는[一] 형상.
※ '一'은 味道

甘受(감수), 甘草(감초), 甘棠愛(감당애), 甘言利說(감언이설), 甘呑苦吐(감탄고토), 苦盡甘來(고진감래), 飢者甘食(기자감식), 藥房甘草(약방감초), 紅不甘醬(홍불감장)

甚 

甘, 총 9획

더욱 안락할 심, 심할 심, 더욱 심 | '甘+匹'로, 짝[匹]을 만나 더욱 편안하고 즐거움[甘].

甚難(심난), 甚急(심급), 甚至於(심지어), 去去益甚(거거익심), 恩甚怨生(은심원생)

堪 

土, 총 12획

감실 감, 굴 가운데 내밀 감, 견딜 감, 맡을 감 | '土+甚(심)'으로, 땅[土] 위로 돌출하여 나온 부분.

堪耐(감내), 堪當(감당), 難堪(난감), 狼狽不堪(낭패불감), 可堪之人(가감지인)

甘言利說(감언이설) : 입에 발린 말과 이익을 약속하는 말. 상대방을 현혹시키기 위해서 꾸민 달콤한 말과 이득을 내세워 속이는 말.

《토끼전》은 우리 인간 생활을 동물 활동에 빗댄 우화(寓話)이다. 오늘날 우리가 보는 《토끼전》의 주인공은 토끼와 자라지만, 근원 설화인 《삼국사기》 권41에 실린 '귀토지설(龜兎之說)'에는 토끼와 거북이로, 근원 설화와 소설은 밀접하게 연관되어 있다. 이 설화는 후대 《토끼전》의 핵심 줄거리를 거의 갖추고 있다. 토끼 간을 용궁 세계의 병 치료로 이용한다는 점과, 그 약을 얻기 위해 자라와 형상이 유사한 거북이 충성심을 발휘해 육지로 나와서 토끼를 만나고, 행복한 삶을 누릴 수 있는 이상세계가 바다 가운데 있다는 거짓말로 유혹하여 토끼를 업고 간다는 핵심 내용이 동일하다. 그리고 허황된 감언이설(甘言利說)에 속은 사실을 안 토끼가 죽음에 직면하여 기민하게 거북을 다시 속여 육지로 돌아와 달아난다는 희학적(戱謔的)인 계책 내용이 공통적으로 나타나 있다.

欠부수

한(漢)나라의 명장 한신에게 포위당한 항우는 병사는 줄어들고 군량미도 얼마 남지 않았는데, 어느 날 밤 사방에서 초나라 노래〔歌〕 소리가 들려왔다. 가뜩이나 고달픈 초나라 병사로 하여금 고향을 가고 싶게 하는〔欲〕 구슬픈 노래〔歌〕였다. 항우는 깜짝 놀라서 "한(漢)나라가 이미 초나라를 빼앗았단 말인가? 어찌 초나라 사람이 저렇게도 많은가?"라 탄식〔歎〕하며, 800기의 잔병을 이끌고 오강까지 갔으나 결국 강을 건너지 못하고 그곳에서 자결하니, 황제가 되고자 했던 욕망〔慾〕은 31세의 나이로 마감되었다.

歌

欠, 총 14획

노래 부를 가 | '欠+哥(가)'로, 입을 벌려[欠] 소리를 길게 내어 노래 부름.

歌謠(가요), 歌手(가수), 四面楚歌(사면초가), 輓歌(만가)

歎

欠, 총 15획

탄식할 탄, 감탄할 탄 | '欠+堇 ← 鸛(난)'으로, 감동(感動)하여 칭찬하며 읊조림[欠].

歎息(탄식), 歎聲(탄성), 歎服(탄복), 哀歎(애탄), 亡羊之歎(망양지탄), 風樹之歎(풍수지탄)

漢

水, 총 14획

한수 한, 한나라 한 | '氵+堇 ← 難(난)'으로, 섬서성(陝西省) 영강현(寧羌縣)에서 발원한 창랑수(滄浪水)[氵]가 광대한 모양.

漢水(한수), 漢文(한문), 漢詩(한시), 漢語(한어), 破廉恥漢(파렴치한), 漢江投石(한강투석)

欲

欠, 총 11획

탐낼 욕, 욕심낼 욕, 하고자 할 욕 | '欠+谷(곡)'으로, 부족[欠]을 채우기 위해 지나치게 탐내는 욕심.

欲求(욕구), 欲情(욕정), 欲速不達(욕속부달), 騎馬欲率奴(기마욕솔노)

慾

心, 총 15획

욕심 욕, 탐낼 욕 | '心+欲(욕)'으로, 마음[心]속으로 좋아하는 것을 탐냄.

寡慾(과욕), 過慾(과욕), 物慾(물욕), 貪慾(탐욕), 克伐怨慾(극벌원욕)

지식 샘터 **타지에서 부모의 그리움**

望雲之情(망운지정) / 白雲孤飛(백운고비)

다이어트에 투자(投資)해 한동안 방자(放恣)하게 몸맵시〔姿〕를 뽐내고 돌아다니던 그가 얼마 전 부는〔吹〕 바람에 쓰러져 병원에 입원했다. 그 원인은 다이어트 식품으로 속인〔欺〕 독약에 버금〔次〕가는 약품을 먹고 몸이 연약(軟弱)해졌기 때문이란다.

次

欠, 총 6획

버금 차, 차례 차 | '欠+二(이)'로, 치밀하지 못하여[欠] 더 앞으로 나가지 못하고 두 번째에 머무름.

次席(차석), 次男(차남), 次點(차점), 次例(차례), 造次不離(조차불이)

資

貝, 총 13획

재물 자, 신분 자 | '貝+次(차)'로, 돈[貝]이나 그 밖의 여러 값나가는 물건.

資金(자금), 資本(자본), 資産(자산), 資格(자격), 負薪之資(부신지자), 師資相承(사자상승)

姿

女, 총 9획

맵시 자, 모양 자 | '女+次(차)'로, 사람[女]이 곱게 매만져 모양새를 냄.

姿色(자색), 姿勢(자세), 姿容(자용), 蒲柳之姿(포류지자)

恣

心, 총 10획

방자할 자, 멋대로 자 | '心+次(차)'로, 삼가는 마음[心]이나 태도가 없이 건방지게 행동함.

放恣(방자), 恣意(자의), 恣行(자행), 放恣無忌(방자무기)

欺

欠, 총 12획

속일 기, 거짓 기 | '欠+其(기)'로, 부족함[欠]을 속여 거짓으로 말하거나 행동함.

詐欺(사기), 欺弄(기롱), 欺世(기세), 自欺(자기), 可欺以方(가기이방), 自欺欺人(자기기인)

吹

口, 총 7획

불 취 | '口+欠'으로, 입[口]을 오므리고 날숨을 내어 보내어 입김을 내거나[欠] 바람을 일으킴.

鼓吹(고취), 吹笛(취적), 吹雪(취설), 吹管(취관), 南郭濫吹(남곽남취)

軟

車, 총 11획

부드러울 연, 연약할 연 | '車+欠←耎(연)'으로, 輭의 속자. 상여차[車]가 부드럽게 잘 나감.

軟骨(연골), 軟弱(연약), 柔軟(유연), 硬軟(경연), 柔軟性(유연성), 軟着陸(연착륙), 軟體動物(연체동물)

牙부수

2018년부터 중국 정부는 자국 내의 상아(象牙) 거래와 가공 상품 판매를 전면 금지키로 했다. 그 이유는 사악(邪惡)한 사람들이 풀싹〔芽〕, 나뭇잎, 열매 등을 먹고 사는 코끼리를 마구 잡아 동물 보호 차원에서라 한다.

牙 

牙, 총 4획

어금니 아, 대장기 아 | 위아래 어금니가 서로 맞물린 모양. ※ 牡齒 : 어금니

牙音(아음), 犬牙(견아), 象牙(상아), 牙旗(아기), 牙城(아성), 象牙婚式(상아혼식), 伯牙絶絃(백아절현)

芽 

艸, 총 8획

싹 아 | '艸+牙(아)'에서, 초목[艹]의 씨앗에서 처음 나오는 어린잎이나 줄기.

發芽(발아), 新芽(신아), 芽椄(아접), 竹筍黃犢角蕨芽小兒拳(죽순황독각궐아소아권)

邪 

邑, 총 7획

땅이름 야, 간사할 사 | '邑+牙(아)'로, 진(秦)나라 때 낭야군(瑯琊郡)의 땅[阝]이름.

邪心(사심), 邪惡(사악), 邪術(사술), 邪念(사념), 闢邪進慶(벽사진경), 邪不犯正(사불범정)

지식 샘터 **호의적 눈길**

青眼(청안) / 眉去眼來(미거안래)

伯牙絶絃(백아절현) : 백아가 거문고 줄을 끊어버렸다는 뜻으로, 자기를 알아주는 절친한 벗, 즉 지기지우(知己之友)의 죽음을 슬퍼함을 이르는 말.

춘추시대에 백아(伯牙)라는 거문고의 명인이 있었다. 그에게는 그의 거문고 소리를 듣고 악상(樂想)을 잘 이해해 준 종자기(鐘子期)라는 친구가 있었다. 어느 날 백아가 높은 산에 오르는 장면을 생각하면서 거문고를 켜자, 종자기가 그 소리를 듣고 이렇게 말했다. "정말 굉장하네. 태산이 눈앞에 우뚝 솟아 있는 느낌일세." 또 한 번은 백아가 도도히 흐르는 강을 떠올리면서 거문고를 켜자, 종자기가 말했다. "정말 대단해. 양양한 큰 강이 눈앞에 흐르고 있는 것 같군 그래." 이처럼 종자기는 백아의 생각을 거문고 소리를 통해 척척 알아 맞혔다. 그 후 불행히도 종자기가 병으로 죽었다. 그러자 백아는 거문고를 부수고, 줄을 끊어버리고는 두 번 다시 거문고에 손을 대지 않았다. 이 세상에 자기 거문고 소리를 알아주는 사람은 이제 없다고 생각했기 때문이었다.

齒, 自, 鼻, 面부수

사자의 얼굴〔面〕 중 날카로운 눈동자와 냄새〔臭〕를 잘 맡는 코〔自, 鼻〕, 사냥하기에 적합한 날카로운 이〔齒〕가 한눈에 들어온다.

齒 

齒, 총 15획

이 치 | 윗니, 아랫니의 주변을 그린 것.

齒科(치과), 齒牙(치아), 齒音(치음), 齒列(치열), 脣亡齒寒(순망치한), 亡子計齒(망자계치)

自 

自, 총 6획

코 비, 스스로 자, 자기 자, 저절로 자 | 사람의 코 모양.

自治(자치), 自己(자기), 自然(자연), 自覺(자각), 自繩自縛(자승자박), 茫然自失(망연자실), 毛遂自薦(모수자천), 自由自在(자유자재), 自初至終(자초지종)

臭 

自, 총 10획

냄새 취 | '自+犬'으로, 짐승 중에 개[犬]는 코[自←鼻]로 냄새를 맡아 전에 왔던 길을 앎.

惡臭(악취), 乳臭(유취), 臭氣(취기), 銅臭(동취), 黃口乳臭(황구유취), 遺臭萬年(유취만년)

鼻 

鼻, 총 14획

코 비, 처음 비 | '自+畀'로, 공기가 코부터 처음 사람의 몸에 들어감. 또는 사람이 태아 때 코부터 만들어진다고 생각함.

鼻笑(비소), 鼻孔(비공), 鼻音(비음), 鼻祖(비조), 阿鼻叫喚(아비규환), 耳懸鈴鼻懸鈴(이현령비현령), 宿虎衝鼻(숙호충비)

面 

面, 총 9획

얼굴 면, 겉 면, 행정구역 면 | 사람 얼굴의 앞면 모양.

面談(면담), 面識(면식), 當面(당면), 對面(대면), 鐵面皮(철면피), 得意滿面(득의만면), 鬼面佛心(귀면불심), 面壁九年(면벽구년), 面張牛皮(면장우피)

脣亡齒寒(순망치한) : 입술을 잃으면 이가 시리다는 뜻으로, 가까운 사이의 한쪽이 망하면 다른 한쪽도 그 영향을 받아 온전하기 어려움을 비유하여 이르는 말. 또는 서로 도우며 떨어질 수 없는 밀접한 관계. 서로 도움으로써 성립되는 관계를 비유하여 이르는 말.

춘추시대 말엽, 진(晉)나라 헌공(獻公)이 괵(虢), 우(虞) 두 나라를 공략할 때의 일이다. 괵(虢)나라를 치기로 결심한 헌공은 통과국인 우(虞)나라의 우공(愚公)에게 길을 빌려주면 많은 재보를 주겠다고 제의했다. 우공이 이 제의를 수락하려 하자, 중신 궁지기가 극구 간했다. "전하, 괵나라와 우나라는 한 몸이나 다름없는 사이오라, 괵나라가 망하면 우나라도 망할 것이옵니다. 옛 속담에, '입술이 없어지면 이가 시리다〔脣亡齒寒〕.'란 말이 있사온데, 이는 곧 괵나라와 우나라를 두고 한 말이라고 생각되옵니다."

한 사람

人 儿 大 立 身 尢 走 勹

人	仁	信	仙	休	來	今	代	伐	作	傲
						吟 含 念 貪	貸		昨 詐	

件	何	以	似	令	便	伏	侵	侯	候	仰
牧	荷			領 嶺 命 冷 零			浸 寢	喉		迎 抑

儉	介	付	余	倉	保	催	俊	傍	傷	價
劍 驗 檢 險	界	附 符	徐 餘 敍 除 斜 塗	創 蒼 滄			酸			

儒	儿	克	光	兒	兄	先	元	充	免	兆
					祝 況	洗		統 銃	勉 晩	挑 跳 桃 逃

兎	大	太	天	奔	夫	失	奉	契	奇	央
逸					扶 替	秩		潔	寄 騎	映 殃

奏	奚	立	竟	童	章	竝	競	端	身	尤
	溪 鷄	位 泣	境 鏡	鐘	障				射 謝	

走	赴	越	勿	包
徒			物	胞 飽 抱 砲

두 사람

比 鬥

比	鬥
批	鬪

人부수

사람〔人〕들은 평소 어진〔仁〕 일을 많이 하면 내세(來世)에 천상에서 늘 휴식〔休〕을 취하며 행복하게 사는 신선〔仙〕으로 다시 태어난다 믿어〔信〕 왔다.

人

人, 총 2획

사람 인 | 세상의 만물 중 가장 존귀한 사람의 모습.

人間(인간), 人權(인권), 犯人(범인), 偉人(위인), 人質(인질), 未亡人(미망인), 推己及人(추기급인), 傍若無人(방약무인), 先則制人(선즉제인)

仁

人, 총 4획

어질 인 | '亻+二'로, 두[二] 사람[亻]이 서로 친함, 또는 자타(自他)나 친소(親疎)를 가리지 아니하고 모든 세상 사람을 똑같이 사랑함.

仁道(인도), 仁德(인덕), 仁術(인술), 仁義(인의), 仁者無敵(인자무적)

信

人, 총 9획

정성 신, 믿을 신, 편지 신 | '亻+言'으로, 사람[亻]이 말[言]을 성실하게 함.

信義(신의), 信念(신념), 信用(신용), 書信(서신), 信賞必罰(신상필벌), 韓信出袴下(한신출과하)

仙

人, 총 5획

신선 선 | '人+山'으로, 본자는 '僊'. 늙었어도 죽지 않고 산[山]에서 신선처럼 사는 사람[亻].

仙女(선녀), 仙境(선경), 仙藥(선약), 仙風(선풍), 仙風道骨(선풍도골), 玉骨仙風(옥골선풍)

休

人, 총 6획

쉴 휴 | '亻+木'에서, 사람[亻]이 나무[木] 그늘에서 쉼.

休暇(휴가), 休講(휴강), 休養(휴양), 休戰(휴전), 萬事休矣(만사휴의)

來

人, 총 8획

올 래 | 주나라가 하늘로부터 받은 상서로운 보리[來麰].

來臨(내림), 來歷(내력), 來訪(내방), 到來(도래), 興盡悲來(흥진비래), 說往說來(설왕설래), 眉去眼來(미거안래)

지식 샘터 **부족한 효행의 탄식**

伯兪之孝(백유지효) / 鴇羽之嘆(보우지탄) / 風樹之嘆(풍수지탄) / 昊天罔極(호천망극)

지금〔今〕 가게에 들어가서 피자와 치킨을 선택하여 먹을 경우, 어떤 이는 음식점에 온 것만으로도 기뻐 흥겨운 노랫가락을 절로 읊조리〔吟〕지만, 식탐(食貪)가는 자기의 할당분을 입에 머금고〔含〕 또 다른 먹을 대상을 생각한다〔念〕.

今 人, 총 4획

이제 금 | '亼+乛'으로, 지금 모임[亼]에 있음[乛].

今日(금일), 今週(금주), 今時初聞(금시초문)

吟 口, 총 7획

신음할 음, 탄식할 음, 읊을 음 | '口+今(금)'으로, 입[口]으로 앓는 소리를 냄.

吟味(음미), 吟誦(음송), 吟詠(음영), 吟客(음객), 吟風弄月(음풍농월)

含 口, 총 7획

머금을 함, 용납할 함 | '口+今(금)'에서, 입[口]속에 음식을 머금고 있음.

含有(함유), 含蓄(함축), 包含(포함), 含量(함량), 含哺鼓腹(함포고복)

念 心, 총 8획

생각할 념 | '心+今(금)'에서, 마음[心]속으로 항상 생각함.

想念(상념), 紀念(기념), 斷念(단념), 通念(통념), 强迫觀念(강박관념), 無念無想(무념무상)

貪 貝, 총 11획

탐할 탐 | '貝+今(금)'으로, 어떤 물건[貝]을 가지거나 차지하고 싶어 지나치게 욕심을 냄.

貪心(탐심), 貪慾(탐욕), 貪官(탐관), 貪食(탐식), 小貪大失(소탐대실)

지식 샘터 **기분 좋음, 기쁨**

呵呵大笑(가가대소) / 錦上添花(금상첨화) / 弄瓦之慶(농와지경) / 弄璋之慶(농장지경) / 多多益善(다다익선) / 得意揚揚(득의양양) / 無我之境(무아지경) / 拍掌大笑(박장대소) / 松茂柏悅(송무백열) / 手舞足蹈(수무족도) / 食前方丈(식전방장) / 破顔大笑(파안대소) / 抱腹絶倒(포복절도) / 歡呼雀躍(환호작약) / 喜喜樂樂(희희낙락)

나는 어제〔昨〕 도서관에서 조선시대(時代) 역사 왜곡을 바로잡기 위해 쓴〔作〕 '조선의 거짓말〔詐〕'이라는 책을 대출〔貸〕을 받아 '대마도 정벌〔伐〕에 대한 문제'를 감명 깊게 읽었다.

代

人, 총 5획

대신할 대, 시대 대 | '亻+弋(익)'으로, 이 사람[亻]을 저 사람으로 바꿈.

代價(대가), 代替(대체), 時代(시대), 現代(현대), 代代孫孫(대대손손), 前代未聞(전대미문)

貸

貝, 총 12획

베풀 대, 빌릴 대 | '貝+代(대)'로, 남에게 재물[貝]을 주어서 혜택을 받게 함.

貸付(대부), 貸與(대여), 貸借(대차), 賃貸(임대), 斷不容貸(단불용대)

伐

人, 총 6획

칠 벌 | '亻+戈'로, 상대편[亻]에게 피해를 주기 위하여 창[戈]을 들고 공격을 함.

※ 伐과 대조되는 자는 戍

伐木(벌목), 征伐(정벌), 伐採(벌채), 伐草(벌초), 十伐之木(십벌지목), 十伐之木罔不顚覆(십벌지목망부전복)

作

人, 총 7획

일어날 작, 지을 작 | '亻+乍(사)'로, 어떤 사람[亻]의 힘이나 세력이 왕성해짐.

作業(작업), 作詞(작사), 作詩(작시), 作動(작동), 作心三日(작심삼일)

昨

日, 총 9획

엊그제 작, 어제 작 | '日+乍(사)'로, 하룻밤이 지난 날[日], 또는 며칠 전.

昨日(작일), 昨今(작금), 再昨年(재작년), 今是昨非(금시작비)

詐

言, 총 12획

속일 사, 거짓 사 | '言+乍(사)'로, 남을 속이는 거짓말[言].

詐欺(사기), 詐稱(사칭), 詐取(사취), 奸詐(간사), 兵不厭詐(병불염사)

지식 샘터 **보통 사람들**

甲男乙女(갑남을녀) / 凡夫凡婦(범부범부) / 善男善女(선남선녀) / 愚夫愚婦(우부우부) / 張三李四(장삼이사) / 樵童汲婦(초동급부 ; 樵童牧豎(초동목수)) / 匹夫匹婦(필부필부)

명품 가방을 메고〔荷〕 오만(傲慢)한 태도로 돌아다니는 사람들을 가끔 본다. 물건(物件)이 유사(類似)하여 명품과 짝퉁을 구분하기는 쉽지 않지만, 어떻게〔何以〕 이를 구분할 수 있을까? 신발을 한 예로 들면, 목동(牧童)이 비 올 때 신으면 짝퉁, 남이 볼 때 신으면 명품이 아닐까?

傲 傲 (人, 총 13획)

거만할 오 | '亻+敖(오)'로, 뽐내고 난 체하며 남에게 불손하게 대하는 사람[亻].

傲氣(오기), 傲慢(오만), 傲霜(오상), 傲視(오시), 傲霜孤節(오상고절)

件 件 (人, 총 6획)

물건 건, 사건 건 | '亻+牛'로, 소[牛]는 큰 동물[大物]이므로 여러 사람[亻]이 나누어 가질 수 있음.

物件(물건), 事件(사건), 案件(안건), 要件(요건), 事事件件(사사건건)

牧 牧 (牛, 총 8획)

목동 목, 기를 목, 다스릴 목 | '牛+攵'으로, 소[牛]를 회초리로 치며[攵] 기르는 사람.

牧童(목동), 牧場(목장), 牧師(목사), 遊牧(유목), 牧民之官(목민지관)

何 何 (人, 총 7획)

멜 하, 어찌 하, 어떻게 하 | '亻+可(가)'로, 사람[亻]이 어깨에 짐을 메고 감.

何故(하고), 何如(하여), 何等(하등), 何必(하필), 不知何歲月(부지하세월)

荷 荷 (艸, 총 11획)

연꽃 하, 짊어질 하, 번거로울 하 | '艸+何(하)'로, 연의 잎[艸]을 짊어짐.

荷擔(하담), 荷物(하물), 負荷(부하), 荷船(하선), 賊反荷杖(적반하장)

以 以 (人, 총 5획)

써 이 | 어떤 곳에 쓰이거나 또 일을 하는 것이나 그 이유 등.

以上(이상), 以熱治熱(이열치열)

似 似 (人, 총 7획)

비슷할 사 | 형 '亻+以(이)'로, 사람[人]의 실제 모습과 비슷함.

近似(근사), 類似(유사), 似而非(사이비), 非夢似夢(비몽사몽)

삼국시대 조조의 '망매지갈'에 대한 이야기가 있다. 병사들을 거느리고〔領〕 남양의 험준한 산 고개〔嶺〕를 넘어갈 때 병사들의 갈증이 심하여 어떤 명령(命令)을 내려도 비지땀만 떨어뜨릴〔零〕뿐 한 걸음도 전진하지 못하고 있었다. 이때 조조는 냉정(冷情)하게 큰소리로 "저 산 너머에 매실나무 숲이 있다."고 외쳐대니, 드디어 병사들의 입안에 침이 돌기 시작하여 목적지에 도달할 수 있었다 한다.

令 人, 총 5획

명령 령, 법령 령 | '亼+卪'로, 신표[卪]를 가진 사람이 대중을 모아 놓고[亼] 명령함.

發令(발령), 指令(지령), 號令(호령), 法令(법령), 律令(율령), 令狀(영장), 巧言令色(교언영색)

領 頁, 총 14획

목 령, 우두머리 령, 거느릴 령, 다스릴 령 | '頁+令(령)'으로, 사람의 머리[頁]와 몸을 연결하는 목.

首領(수령), 領相(영상), 大統領(대통령), 領袖(영수), 要領不得(요령부득), 項領之功(항령지공)

命 口, 총 8획

명령 명, 목숨 명 | '口+令'으로, 입[口]으로 호령[令]하며 사람을 부림.

命令(명령), 壽命(수명), 使命(사명), 特命(특명), 美人薄命(미인박명)

嶺 山, 총 17획

산길 령, 재 령, 봉우리 령 | '山+領(령)'으로, 산[山]에 길이 있어 사람이 다닐 수 있는 곳.

分水嶺(분수령), 大關嶺(대관령), 高峰峻嶺(고봉준령)

冷 冫, 총 9획

찰 랭 | '仌+令(령)'으로, 날씨가 차가워 물이 얾[冫].

冷凍(냉동), 冷情(냉정), 冷徹(냉철), 冷淡(냉담), 殘杯冷炙(잔배냉적)

零 雨, 총 13획

천천히 떨어지는 비 령, 떨어질 령, 시들 령, 작을 령, 영 령 | '雨+令(령)'으로, 하늘에서 서서히 떨어지는 작은 빗방울[雨].

零淚(영루), 零落(영락), 零細民(영세민), 零雨(영우), 零點(영점), 孤苦零丁(고고영정)

사람이라면 누구나 태어나 3년 동안 먹고, 잠〔寢〕자고, 엎드리고〔伏〕, 똥오줌〔便〕 등 부모님의 절대적 도움이 필요하다. 그 이후에도 이부자리를 적시〔浸〕거나, 혹 동물의 습격〔侵〕을 받기도 한다. 이것이 부모님이 돌아가시면 3년 복을 입어야 하는 이유 중 하나이다.

伏 人, 총 6획

엎드릴 복, 따를 복, 숨을 복, 알품을 부 | '亻+犬'으로, 개[犬]가 사람[人] 곁에 엎드려 외인(外人)을 살핌.

伏乞(복걸), 伏拜(복배), 屈伏(굴복), 伏兵(복병), 伏鷄(부계), 伏地不動(복지부동)

便 人, 총 9획

편할 편, 소식 편, 오줌 편, 똥 변 | '亻+更'으로, 사람들[亻]은 불편함이 있으면 이를 고쳐[更] 편안히 함.

便利(편리), 便法(편법), 便紙(편지), 便器(변기), 便同一室(변동일실)

侵 人, 총 9획

침범할 침, 습격할 침 | '人+又+帚'로, 사람[亻]이 손[又]으로 비[帚]를 잡고 쓸어 나가듯 점차 침범하여 들어감.

侵攻(침공), 侵略(침략), 侵犯(침범), 侵害(침해), 冷語侵人(냉어침인)

浸 水, 총 10획

물 이름 침, 적실 침, 번질 침 | '氵+寖(침)'으로, 무안에서 나와 호타강으로 흐르는 강[氵] 이름.

浸水(침수), 浸透(침투), 浸蝕(침식), 浸染(침염), 浸潤之譖(침윤지참)

寢 宀, 총 14획

잠잘 침 | '宀+侵(침)'으로, 집[宀] 안에 편안히 누워 잠을 잚.

寢具(침구), 寢牀(침상), 寢室(침실), 寢臺(침대), 寢牛起馬(침우기마)

浸潤之譖(침윤지참) : 물이 차츰 스며듦과 같이 깊이 믿도록 서서히 하는 참소의 말이라는 뜻으로, 아주 교묘한 중상모략을 말함.

《論語(논어)》〈顔淵篇(안연편)〉에, 자장(子張)이 공자에게 "어떤 것을 가리켜 밝다고 합니까?"라 묻자, 공자는 "물이 스며들듯 하는 참소와 피부로 직접 느끼는 호소가 행해지지 않는다면 마음이 밝고, 생각 또한 원대하다고 말할 수 있다."라 했다. '침윤지참(浸潤之譖)'은 물이 차츰차츰 배어 들어가듯이 남에게 여러 번 차츰차츰 헐뜯어 곧이듣게 하는 참소이다. 물이 서서히 표가 나지 않게 스며들 듯 어떤 상대를 중상 · 모략하면 주술(呪術)과 비슷한 결과를 낳는다.

옛적 임금〔侯〕들은 기후〔候〕 변화에 매우 민감하여, 오랜 가뭄에도 목욕재계를 하고 기우제를 올렸다. 또 목〔喉〕청껏 성현의 글을 읽으며 사심을 누르고〔抑〕 훌륭한 스승을 맞이하여〔迎〕 설법을 배우는 등 하늘을 우러러〔仰〕 한 점 부끄러움 없는 생활을 실천하고자 하였다.

侯

人, 총 9획

과녁 후, 제후 후, 임금 후 | '亻+厂+矢'로, 고대 춘제(春祭) 때 사람들[人]이 언덕[厂] 밑에 설치한 과녁에 활[矢] 쏘는 일을 함.

侯鵠(후곡), 侯爵(후작), 列侯(열후), 王侯(왕후), 諸侯(제후), 隋侯之珠(수후지주)

喉

口, 총 12획

목구멍 후, 목 후 | '口+侯(후)'로, 입[口]안의 목구멍.

喉頭(후두), 喉門(후문), 喉舌(후설), 咽喉(인후), 喉舌之臣(후설지신)

候

人, 총 10획

물을 후, 시중들 후, 살필 후, 기후 후, 철 후, 조짐 후 | '亻+侯(후)'로, 빈객(賓客)의 업무를 맡은 관리[亻]가 손님의 안부를 묻고 살펴 시중을 듦.

候樓(후루), 候兵(후병), 候補(후보), 氣候(기후), 患候平復(환후평복), 侍奉體候(시봉체후)

仰

人, 총 6획

우러를 앙, 따를 앙 | '亻+卬(앙)'으로, 높이 받들어 우러러[卬]볼만한 사람[人].

仰望(앙망), 仰祝(앙축), 仰天(앙천), 推仰(추앙), 仰天大笑(앙천대소), 仰天而唾(앙천이타)

迎

辵, 총 8획

맞이할 영 | '辶+卬(앙)'으로, 앞으로 나아가[辶] 사람을 마중함.

迎接(영접), 迎賓(영빈), 迎合(영합), 迎新(영신), 阿附迎合(아부영합)

抑

手, 총 7획

누를 억 | '扌+卬'으로, '印'자를 뒤집은 모양. 높이 올라가는 것[卬]을 손[扌]으로 눌러 다스림.
※ 인장(印章) : 위에서 눌러 찍으므로 안인(按印)이라 함.

抑壓(억압), 抑留(억류), 抑鬱(억울), 抑制(억제), 抑何心思(억하심사), 抑弱扶强(억약부강)

지식 샘터 **멈출 수 없는 기세**

騎虎之勢(기호지세) / 乘勝長驅(승승장구) / 破竹之勢(파죽지세)

단군상

• 단군왕검(檀君王儉)은 한민족의 시조로 받드는 고조선의 첫 임금으로, '단군'은 하늘에 제사를 지내는 제사장의 뜻이고, '왕검'은 정치적 지배자이다. 여기의 검은 칼〔劍〕이나 검사하다〔檢〕, 검증하다〔驗〕의 뜻이 아니라 '검소하다〔儉〕'의 한자이다.

• 무학대사의 소개(紹介)로 알려진 태조 이성계의 왕검(王劍)은 진짜 칼로 군왕이 나올 험산(險山)의 지경〔界〕에서 출토된 것이라 전한다.

儉 人, 총 15획

검소할 검 | '亻+僉(첨)'으로, 감히 마음대로 사치하지 못하도록 사람[亻]을 구속함.

儉朴(검박), 儉素(검소), 恭儉(공검), 勤儉(근검), 季札掛劍(계찰괘검), 口蜜腹劍(구밀복검), 舌芒於劍(설망어검)

劍 刀, 총 15획

칼 검 | '刃+僉(첨)'으로, 사람들이 누구나 소지하고 다닌 병기[刃].

劍客(검객), 劍舞(검무), 劍術(검술), 寶劍(보검), 笑中有劍(소중유검)

驗 馬, 총 23획

말 이름 험, 시험할 험, 증험 험 | '馬+僉(첨)'으로, 본자는 '譣'. 말[馬] 이름.

驗問(험문), 經驗(경험), 試驗(시험), 證驗(증험), 面接試驗(면접시험), 實驗實習(실험실습)

檢 木, 총 17획

봉할 검, 검사할 검 | '木+僉(첨)'으로, 관가에서 검사한 문서를 나무[木] 상자에 담아 글을 써 봉함.

檢擧(검거), 檢問(검문), 檢索(검색), 檢疫(검역), 不審檢問(불심검문)

險 阜, 총 16획

험할 험 | '阝+僉(첨)'으로, 높고 험하여 오르기 어려운 언덕[阜].

險難(험난), 險談(험담), 險路(험로), 險惡(험악), 危險千萬(위험천만)

지식 샘터 **싫은 눈길**

白眼視(백안시) / 度外視(도외시)

介 

人, 총 4획

홀로 개, 절개 개, 소개할 개, 낄 개, 도울 개 | '人+八'로 사람[人]에게는 각 개인에게 정해진[八] 분수가 있음.

介入(개입), 介意(개의), 媒介(매개), 紹介(소개), 一介之士(일개지사), 一介書生(일개서생)

界 

田, 총 9획

경계 계, 지경 계, 세계 계 | '田+介(개)'로, 밭과 밭[田]의 경계 또는 그 영역.

境界(경계), 世界(세계), 法曹界(법조계), 蓮花世界(연화세계)

지식 샘터 **임시방편(臨時方便)**

姑息之計(고식지계 ; 姑息之策(고식지책)) / 窮餘之策(궁여지책) / 凍足放尿(동족방뇨) / 望梅止渴(망매지갈) / 彌縫策(미봉책) / 上下撑石(상하탱석) / 掩耳盜鈴(엄이도령 ; 掩耳偸鈴(엄이투령), 掩耳盜鐘(엄이도종), 掩目捕雀(엄목포작)) / 因循姑息(인순고식) / 臨機應變(임기응변) / 臨時變通(임시변통) / 下石上臺(하석상대)

季札掛劍(계찰괘검) : "계찰(季札)이 검을 걸어 놓다."는 뜻으로, 신의를 소중히 여김.

오(吳)나라 계찰(季札)이 상국(上國)으로 사신 가는 길에 서국(徐國)을 들렀는데, 그 나라의 임금이 계찰의 칼을 매우 부러워했다. 계찰은 지금 사신을 가기 때문에 칼을 줄 수 없었으므로 마음속으로 돌아올 때 주기로 마음먹었다. 그러나 사신 갔다가 돌아오는 길에 서국을 들렀으나 임금은 이미 죽은 뒤였다. 계찰은 마음속 약속을 지키기 위해 임금의 묘에 칼을 걸어 놓고 왔다는 이야기에서 나온 고사이다.

태조 이성계

자기의 적(敵)은 먼 이웃나라에 있지 않고 바로 곁〔傍〕에 있다는 말이 있다. 조선시대 왕자의 난이 바로 그 증거〔符〕를 보여 주는〔付〕 값진〔價〕 예이다. 태조가 둘째 부인의 아들인 방석을 당시 선비〔儒〕이자 정승인 정도전에 의지하여〔附〕 세자로 책봉하자, 첫째 부인의 아들 방원이 이복동생 방번과 방석을 죽이는 1차 왕자의 난이 발생한다. 이에 이성계는 큰 충격에 빠져 맏아들 방과에게 왕위를 물려주고 함흥으로 갔지만, 또 그 후계 구도를 놓고 방간과 방원 간 서로 해치〔傷〕는 2차 왕자의 난이 일어난다.

傍

人, 총 12획

곁 방 | '亻+旁(방)'에서, 서로 거리상으로 가까이에 있는 사람[亻].

傍系(방계), 傍觀(방관), 傍人(방인), 傍點(방점), 袖手傍觀(수수방관), 作舍道傍(작사도방)

傷

人, 총 13획

다칠 상, 해칠 상, 애태울 상 | '亻+𥏫(상)'으로, 사람[亻]이 상처를 입음.

傷害(상해), 輕傷(경상), 落傷(낙상), 凍傷(동상), 傷哉之歎(상재지탄)

價

人, 총 15획

값 가, 가치 가 | '亻+賈(가/고)'로, 물건의 값은 장사하는 사람[人]이 매김.

價格(가격), 價値(가치), 廉價(염가), 原價(원가), 無價之寶(무가지보), 洛陽紙價貴(낙약지가귀)

儒

人, 총 16획

약할 유, 선비 유, 유교 유 | '亻+需(수)'로, 육예(六藝)로 향리 사람들을 가르치는 사람[亻].

儒家(유가), 儒教(유교), 儒林(유림), 儒生(유생), 老士宿儒(노사숙유), 崇儒抑佛(숭유억불)

付

人, 총 5획

줄 부, 청할 부 | '亻+寸'으로, 법도[寸]에 맞는 물건을 사람[人]에게 주며 대함.

交付(교부), 付託(부탁), 送付(송부), 還付(환부), 申申當付(신신당부)

附

阜, 총 8획

작은 토산 부, 붙을 부, 의지할 부 | '阝+付(부)'로, 사람이 정착하여 살기 좋은 작은 흙산[阜].

附加(부가), 附屬(부속), 附着(부착), 阿附(아부), 附和雷同(부화뇌동)

符

竹, 총 11획

부신 부, 증거 부, 부적 부 | '竹+付(부)'로, 한나라 때 대나무[竹]로 만든 부절(符節).

符信(부신), 符節(부절), 符合(부합), 符號(부호), 名實相符(명실상부)

지식 샘터 **효행(孝行)**

冬溫夏淸(동온하청) / 斑衣之戲(반의지희) / 反哺報恩(반포보은) / 反哺之孝(반포지효) / 百里負米(백리부미) / 陸績懷橘(육적회귤) / 出告反面(출곡반면) / 昊天罔極(호천망극) / 昏定晨省(혼정신성)

洛陽紙價貴(낙양지가귀) : 낙양의 종이 값이 올라가 품귀현상이 발생했다란 뜻으로, 곧 저서가 호평을 받아 베스트셀러가 됨.

제(齊)나라의 도읍 임치(臨淄) 출신의 시인에 좌사(左思)라는 사람이 있었다. 그는 추남에다 말까지 더듬었지만 일단 붓을 잡으면 장려(壯麗)한 시를 썼다. 그는 임치에서 집필 1년 만에 '제도부(齊都賦)'를 탈고하고, 도읍 낙양(洛陽)으로 이사한 뒤 '삼도부(三都賦)'를 10년 만에 완성했다. 그러나 이를 알아주는 사람은 없었다. 그러던 어느 날, 장화(張華)라는 유명한 시인이 삼도부를 읽고 극찬했다. 그러자 삼도부는 일약 낙양의 화제작이 되었고, 고관대작은 물론 귀족, 문인들까지 앞다투어 베껴 썼다. 그 바람에 낙양의 종이 값이 올라갔다〔於是 豪貴之家, 競相傳寫 洛陽爲紙貴〕는 것이다.

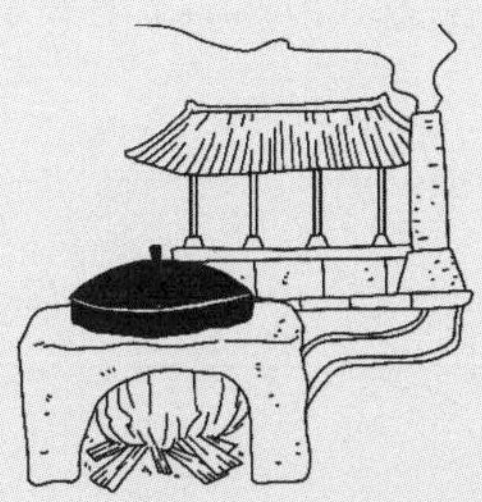

지난 余月(여월)에 전통가옥 체험학습장에서 옛사람들이 여유롭고〔餘〕 경제적으로 생활하는 온돌방에 대해 배웠다. 온돌방 만드는 순서〔敍〕는 방고래를 만들고 그 위에 구들장을 놓기 위한 흙, 또는 돌로 쌓아올린 두덩을 한다. 그 위에 두께 5~8 cm의 판판한 화강암을 돌로 받쳐가며 일정한 높이로 놓고 그 위에 진흙을 바르고〔塗〕 아궁이에 불을 때서 만든 부분을 건조시킨다. 그 후 새 벽을 바른 다음 초배를 하고 다시 천천히〔徐〕 습기를 제거〔除〕시킨 후 장판지를 바른다. 아궁이에서 굴뚝에 이르는 연기가 방고래 전체에 골고루 지나가도록 하고, 바닥은 아궁이에서 굴뚝 쪽으로 경사〔斜〕지게 하여 높게 만든다.

余

人, 총 7획

말 느릴 여, 나 여, 사월 여, 나머지 여 | '八+舍(사)'로, 대답하는 말이 퍼져[八] 나감.

余等(여등), 余輩(여배), 余月(여월)
※ 余月(여월) : 음력 4월.

徐

彳, 총 10획

천천히 서, 더딜 서 | '彳+余(여)'로, 서두르지 않고 천천히 편안히 걸어감[彳].

徐行(서행), 徐步(서보), 徐徐(서서), 徐那伐(서나벌), 徐波睡眠(서파수면)

餘

食, 총 16획

넉넉할 여, 남을 여 | '食+余(여)'로, 먹을 것[食]이 풍족하여 남음.

餘暇(여가), 餘裕(여유), 餘談(여담), 餘震(여진), 餘桃之罪(여도지죄)

敍

攴, 총 11획

실 끝 서, 순서 서, 차례 서, 펼 서, 서술 서 | '攴+余(여)'로, 실의 끝을 잘 찾아[攴] 그 푸는 순서를 얻음.

秩敍(질서), 位敍(위서), 敍景(서경), 敍述(서술), 永不敍用(영불서용)

除

阜, 총 10획

섬돌 제, 궁전의 계단 제, 층계 제, 뜰 제, 덜 제, 버릴 제, 나눗셈 제 | '阝+余(여)'로, 건물 등 높은 곳[阜]에 오르기 위해 만든 계단.

除去(제거), 除名(제명), 除隊(제대), 除夜(제야), 剪草除根(전초제근), 除暴救民(제폭구민)

斜 

斗, 총 11획

기울 사, 비스듬히 사 | '斗+余(여)'로, 북두칠성 모양의 자루가 달린 말[斗]이나 베틀의 북[杼]처럼 비스듬히 기움.

斜陽(사양), 傾斜(경사), 斜路(사로), 斜風細雨(사풍세우)

塗 

土, 총 13획

진흙 도, 길 도, 칠할 도 | '土+涂(도)'로, 질척질척한 진흙[土] 땅.

蔭塗(음도), 堊塗(악도), 塗抹(도말), 曠塗(광도), 肝腦塗地(간뇌도지)

지식 샘터 **덧없는 부귀영화 – 인생무상(人生無常)**

南柯一夢(남가일몽) / 白駒過隙(백구과극) / 白日夢(백일몽) / 雪泥鴻爪(설니홍조) / 一場春夢(일장춘몽) / 草露人生〔초로인생 ; 人生朝露(인생조로)〕 / 邯鄲之夢〔한단지몽 ; 老生之夢(노생지몽), 呂翁之枕(여옹지침), 一炊之夢(일취지몽), 黃粱一炊夢(황량일취몽), 邯鄲枕(한단침), 黃粱夢(황량몽)〕

餘桃之罪(여도지죄) : 먹다 남은 복숭아를 먹인 죄란 뜻으로, 애정과 증오의 변화가 심함을 이르는 말.

전국시대 위(衛)나라에 왕의 총애를 받은 미자하(彌子瑕)라는 미동(美童)이 있었다. 어느 날 어머니가 병이 났다는 전갈을 받은 미자하는 왕의 허락도 없이 임금의 수레를 타고 집으로 달려갔다. 당시 허락 없이 임금의 수레를 타는 사람은 월형(刖刑: 발뒤꿈치를 자르는 형벌)이라는 중벌을 받게 되어있었다. 그런데 미자하의 이야기를 들은 왕은 오히려 효심을 칭찬하고 용서하였다. "진실로 효자로다. 어미를 위해 월형도 두려워하지 않다니…" 또 한 번은 미자하가 왕과 과수원을 거닐다가 복숭아를 따서 한 입 먹어보더니 아주 달고 맛이 있었다. 그래서 왕에게 바쳤다. 왕은 기뻐하며 말했다. "제가 먹을 것도 잊고 과인에게 먹이다니…" 흐르는 세월과 더불어 미자하의 자태는 점점 빛을 잃었고, 왕의 총애도 엷어졌다. 그러던 어느 날 미자하가 처벌을 받게 되자, 왕은 지난 일을 상기하며 이렇게 말했다.

"이놈은 언젠가 몰래 과인의 수레를 탔고, 게다가 '먹다 남은 복숭아'를 과인에게 먹인 일도 있다." 이처럼 한번 애정을 잃으면 이전에 칭찬을 받았던 일도 오히려 화가 되어 벌을 받게 되는 것이다.

우리 일행은 발걸음을 재촉〔催〕하여 푸른〔蒼〕 바다〔滄〕가 보이는 강릉에 처음〔創〕 세워졌다는 매실 식초 공장을 갔다. 공장에 도착하여 창고〔倉〕 안으로 들어가니, 입구에는 103살 할머니가 즐겨 먹었다는 매실 식초가 놓여있었다. 맛은 약간 시었으며〔酸〕, 사장님은 뛰어난〔俊〕 언변으로 그 생산 과정과 보존(保存) 방법에 대해 설명해주었다.

倉

人, 총 10획

곳집 창 | '食+口'로, 누렇게 익은 곡식[食]을 저장하는 창고[口].

倉庫(창고), 義倉(의창), 穀倉(곡창), 官倉(관창), 倉卒之間(창졸지간)

創

刀, 총 12획

다칠 창, 비롯할 창, 처음 만들 창 | '刂+倉(창)'으로, 칼[刂]로 상처를 입음.

創刊(창간), 創立(창립), 創業(창업), 創作(창작), 法古創新(법고창신)

蒼

艸, 총 14획

푸를 창, 무성할 창 | '艸+倉(창)'으로, 무성하게 자란 풀[艸]의 색이 푸름.

蒼空(창공), 蒼白(창백), 蒼生(창생), 鬱蒼(울창), 鬱鬱蒼蒼(울울창창)

滄

水, 총 13획

찰 창, 푸른 바다 창, 큰 바다 창 | '氵+倉(창)'으로, 넓은 바다의 차가운 물[氵].

滄波(창파), 滄茫(창망), 滄海(창해), 滄桑之變(창상지변)

俊

人, 총 9획

준걸 준, 뛰어날 준 | '亻+夋(준)'으로, 재주가 천 사람을 당해낼 만큼 뛰어난 사람[亻].

俊傑(준걸), 俊秀(준수), 峻德(준덕), 俊逸(준일), 俊乂密勿(준예밀물)

酸

酉, 총 14획

실 산, 초 산 | '酉+夋(준)'으로, 술[酉]에 신맛이 나 초가 됨.

酸性(산성), 酸化(산화), 乳酸(유산), 黃酸(황산), 淫者好酸(음자호산)

保 人, 총 9획

보전할 보 | '人+呆←孚'로, 새가 새집에서 알을 품고 부화시키기 위해 발톱으로 알을 반복하여 움직이듯[孚] 갓난아기[人]를 기름.

保健(보건), 保溫(보온), 保險(보험), 保養(보양), 民保於信(민보어신), 明哲保身(명철보신)

催 人, 총 13획

핍박할 최, 재촉할 최, 개최할 최 | '亻+崔(최)'로, 바싹 죄어서 사람[亻]을 몹시 괴롭게 함.

催告(최고), 催眠(최면), 催淚(최루), 催促(최촉), 年矢每催(연시매최)

지식 샘터 **무용함**

錦衣夜行〔금의야행；夜行被繡(야행피수), 衣錦夜行(의금야행)〕 / 勞而無功(노이무공) / 對牛彈琴〔대우탄금；牛前彈琴(우전탄금)〕 / 屠龍之技(도룡지기) / 亡子計齒(망자계치) / 牛耳讀經(우이독경) / 卓上空論(탁상공론) / 漢江投石(한강투석) / 畵中之餠(화중지병)

法古創新(법고창신) : 옛것을 본받아 새로운 것을 창조(創造)한다는 뜻으로, 옛것에 토대를 두되 그것을 변화시킬 줄 알고 새것을 만들어 가되 근본을 잃지 않아야 한다는 뜻.

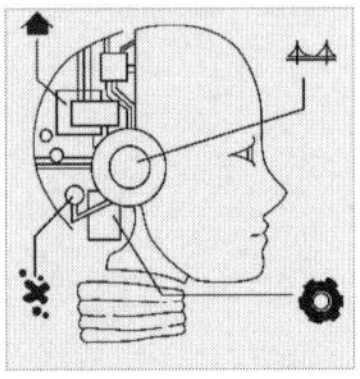

인류의 삶은 시행착오의 연속선상에서 전개되고 있다. 같은 실수를 되풀이하지 않기 위해서는 지나간 일을 제대로 알아야 할 필요성이 제기된다. 여기에서 강조된 것이 경경위사(經經緯史)의 정신이다. 경전의 진리를 영원히 불변하는 것으로 전제하여 날줄로 인식하고, 시대에 따라 그 양상이 변화하는 역사를 씨줄로 인식함으로써 경전과 역사를 날줄과 씨줄의 관계로 엮은 정신이다. 예컨대, 진선미(眞善美)라든가 효도와 같은 인류 보편적인 진리는 아무리 세상이 바뀌어도 변함이 없는 것이지만 그것을 추구하는 방법은 시대에 따라 달라질 수밖에 없다는 것이다.

경학과 역사를 상호 보완하여 인간사를 파악하는 경경위사의 정신은 동양 사회가 면면하게 지켜 온 인문 정신이며 동양의 정신문화를 고양시킨 토대가 된다. 새로운 시대가 열릴 때마다 이 정신은 조금씩 논리를 보강하면서 새 시대의 대응 논리로서 그 역할을 수행하였다. 조선의 경우만 살펴보더라도 18세기 박지원에 의해 제창된 법고창신(法古創新)의 논리라든가, 19세기 동도서기론(東道西器論), 1894년 갑오경장 후 제기된 구본신참(舊本新參)의 논리가 모두 그러한 인식에 근거한다.

儿부수

사마광(司馬光)은 형(兄) 강과 우애가 돈독하였다. 강의 나이가 장차 80세가 되려 하는데, 그는 형 받들기를 엄한 아버지와 같이 했고, 돌보기를 마치 어린아이〔兒〕처럼 했다. 매양 밥을 먹고 조금 지나면, "배고프지 않으십니까?"라 했고, 하물며〔況〕 날씨가 조금만 추워도 등을 두드려드리며, "옷이 얇지 않습니까?"라 했다. 또 형 집안의 어려운 일도 도맡아 이겨〔克〕내며, 만수무강을 축원(祝願)하였다.

克

儿, 총 7획

멜 극, 이길 극, 능할 극 | 지붕의 밑을 괴는 각목처럼, 어깨 위에 올린 무거운 짐을 이겨냄.

克己(극기), 克服(극복), 超克(초극), 克明(극명), 克世拓道(극세척도)

光

儿, 총 6획

빛 광, 밝을 광, 영화로울 광 | '火+儿'로, 사람[儿]이 불[火]을 높이 들고 밝게 비춤.

光線(광선), 光明(광명), 榮光(영광), 觀光(관광), 光風霽月(광풍제월), 九十春光(구십춘광), 眼光紙背徹(안광지배철), 一寸光陰(일촌광음), 和光同塵(화광동진), 電光石火(전광석화)

兒

儿, 총 8획

아이 아, 사람 아 | 정수리[囟]가 아직 굳지 않은 갓난아이[儿]의 머리 모양.

兒童(아동), 小兒(소아), 健兒(건아), 迷兒(미아), 乞兒得錦(걸아득금)

兄

儿, 총 5획

어른 형, 맏 형 | '口+儿'으로, 좋은 말[口]로 길러 줌이 있는 사람[儿].

兄弟(형제), 父兄(부형), 大兄(대형), 妹兄(매형), 呼兄呼弟(호형호제), 難兄難弟(난형난제), 四海兄弟(사해형제), 呼父呼兄(호부호형)

祝

示, 총 10획

축문 축, 빌 축, 축하할 축 | '示+儿+口'로, 제주[儿]가 하늘이나 신[示]에게 축문을 읽음[口].

祝官(축관), 祝辭(축사), 祝願(축원), 祝賀(축하), 無祝單獻(무축단헌)

況

水, 총 8획

찬물 황, 하물 황, 형편 황, 모양 황 | '氵+兄(형)'으로, 물[氵]이 차가움.

近況(근황), 不況(불황), 盛況(성황), 情況(정황), 好況(호황), 況且(황차)

국가원수〔元〕인 대통령(大統領)의 경호는 근접 수행 경호뿐 아니라 특정지역과 행사장, 이동 경로 등의 경호경비 및 안전 활동이 모두 포함되며, 때로는 총기〔銃〕 등의 검색을 위해 군과 경찰의 지원을 받기도 한다. 경내(境內)에서는 경우에 따라 음식을 먼저〔先〕 먹거나 씻어서〔洗〕 검식하는 일을 충당(充當)하기도 한다.

先 儿, 총 6획

먼저 선 | '之+儿'으로, 남보다 앞서 간[之] 사람[儿].

先生(선생), 先輩(선배), 先頭(선두), 先約(선약), 先始於隗(선시어외)

洗 水, 총 9획

씻을 세 | '氵+先(선)'으로, 물[氵]로 씻음.

洗手(세수), 洗面(세면), 洗濯(세탁), 洗禮(세례), 刮腸洗胃(괄장세위), 赤貧如洗(적빈여세)

元 儿, 총 4획

처음 원, 으뜸 원, 우두머리 원 | '一+兀(올)'로, 만물의 처음[一] 시작.

元祖(원조), 元首(원수), 元旦(원단), 還元(환원), 元亨利貞(원형이정), 鼻元料簡(비원요간)

充 儿, 총 5획

기를 충, 클 충, 채울 충, 가득할 충 | '儿+育(육)'으로, 어린아이[儿]가 성장하여 키가 큼.

充當(충당), 充滿(충만), 充實(충실), 補充(보충), 濫竽充數(남우충수), 割股充腹(할고충복)

統 糸, 총 12획

큰 줄기 통, 실마리 통, 처음 통, 거느릴 통, 계통 통 | '糸+充(충)'으로, 누에의 입에서 나온 실[糸]로 고치[繭]가 완성됨.

統率(통솔), 統制(통제), 統括(통괄), 統治(통치), 創業垂統(창업수통)

銃 金, 총 14획

도끼 구멍 총, 총 총 '金+充(충)'으로, 쇠[金]로 만든 구멍 뚫린 도낏자루.

銃彈(총탄), 銃劍(총검), 銃擊(총격), 拳銃(권총), 盲管銃創(맹관총창)

《삼국사기》에 토끼와 거북의 이야기가 있다. 거북은 토끼〔兎〕가 간을 잠시 바위 밑에 놓아두고 왔다는 말에 부지런히〔勉〕 그를 등에 업고 육지로 되돌아온다. 토끼는 육지에 닿자마자 풀숲으로 달아나며〔逸〕 말했다. "이 어리석은 거북아! 어찌 간 없이 죽음을 면하는〔免〕 놈이 있겠느냐?" 거북은 이미 때 늦음〔晩〕을 탄식했으나 아무 말도 할 수 없었다.

兎

儿, 총 7획

토끼 토, 달 토 | 토끼가 쪼그리고 앉아 있는 모양.

狡兎三窟(교토삼굴), 守株待兎(수주대토), 烏飛兎走(오비토주), 脫兎之勢(탈토지세), 兎角龜毛(토각귀모), 兎死狗烹(토사구팽), 兎死狐悲(토사호비), 狡兎死走狗烹(교토사주구팽)

逸

辵, 총 12획

달아날 일, 뛰어날 일, 편안할 일, 숨을 일 | '辶+兎'로 토끼[兎]는 꾀가 많아 잘 달아남[辶].

逸居(일거), 逸走(일주), 逸民(일민), 逸品(일품), 論點逸脫(논점일탈), 性靜情逸(성정정일)

免

儿, 총 7획

면할 면, 벗어날 면, 허가할 면 | '兎-丶'로, 토끼[兎]가 빨리 달아나 발[丶]이 보이지 않음.

免除(면제), 免職(면직), 免責(면책), 免許(면허), 不免鼎俎(불면정조), 倖而得免(행이득면)

勉

力, 총 9획

힘쓸 면, 부지런할 면 | '力+免(면)'으로, 힘써[力] 부지런히 노력함.

勤勉(근면), 勉學(면학), 勸勉(권면), 勉勵(면려), 刻苦勉勵(각고면려)

晩

日, 총 11획

늦을 만, 저물 만 | '日+免(면)'으로, 해[日]가 잡풀 우거진[茻] 사이로 지면 점차 어두워짐.

晩年(만년), 晩時(만시), 晩成(만성), 晩鐘(만종), 晩時之歎(만시지탄), 晩秋佳景(만추가경)

지식 샘터 **변화의 심함**

變化無雙〔변화무쌍 ; 變化難測(변화난측), 變化無常(변화무상)〕 / 反覆無常(반복무상)

어린 시절 복숭아〔桃〕 서리를 했다. 주모자가 주변 사람들에게 서리의 호기심을 자꾸 돋우어〔挑〕 농장의 담장을 뛰어〔跳〕넘게 만든다. 주인은 사람들의 이상한 조짐〔兆〕을 알고 연신 호각을 불어 댄다. 이에 놀라 도망〔逃〕했던 일들이 아련히 떠오른다.

兆

儿, 총 6획

조짐 조, 점괘 조 | 거북이 등이나 쇠뼈를 불에 구워 갈라진 모양.

吉兆(길조), 徵兆(징조), 凶兆(흉조), 前兆(전조), 億兆蒼生(억조창생), 五日京兆(오일경조)

挑

手, 총 9획

혼란스러울 조, 어지러울 조, 돋울 도 | '扌+兆(조)'로, 혼란스럽고 번뇌에 빠져 있을 때 손[扌]을 씀.

挑發(도발), 挑戰(도전), 挑出(도출), 挑禍(도화), 以琴心挑(이금심도), 投桃報李(투도보리)

跳

足, 총 13획

뛸 도 | '足+兆(조)'로, 발[足]힘을 이용하여 높이 뛰어오름.

跳躍(도약), 高跳(고도), 棒高跳(봉고도), 肉跳風月(육도풍월), 千里一跳(천리일도)

桃

木, 총 10획

복숭아 도 | '木+兆(조)'로, 신선이 즐겨먹는다는 복숭아나무[木].

桃花(도화), 桃仁(도인), 仙桃(선도), 桃李(도리), 桃源境(도원경), 武陵桃源(무릉도원)

逃

辵, 총 10획

달아날 도, 도망할 도 | '辶+兆(조)'로, 재앙이나 그 조짐을 피해 감[辶].

逃亡(도망), 逃走(도주), 逃避(도피), 逃散(도산), 夜半逃走(야반도주)

지식 샘터 **서로 마음이 통함**

敎外別傳(교외별전) / 拈華微笑(염화미소) / 拈華示衆(염화시중) / 不立文字(불립문자) / 心心相印(심심상인) / 以心傳心(이심전심)

大부수

맹자는 “하늘〔天〕같은 임금도 큰〔大, 太〕 잘못을 하면 바꿔야〔替〕 하며, 백성이 가장 귀하고, 국가는 그 다음이며, 임금은 가볍다.”고 했다. 이는 한 지아비〔夫〕는 마땅히 임금을 도와〔扶〕 잘섬겨야 하지만, 임금이 그 역할을 다하지 못할 경우 언제든 한 지아비의 힘으로 그 자리를 빼앗아〔奪〕 바꿀〔替〕 수 있음을 경계한 말이다.

大
大, 총 3획

큰 대 | 두 팔과 다리를 벌리고 선 사람의 모습.

大事(대사), 大陸(대륙), 巨大(거대), 廣大(광대), 大團圓(대단원), 針小棒大(침소봉대)

太
大, 총 4획

미끄러울 태, 클 태 | ‘大+丶’으로, 크기가 매우[丶] 커서[大] 막히지 않고 원활히 잘 통함.

太平(태평), 太古(태고), 太極旗(태극기), 天下太平(천하태평), 旱時太出(한시태출)

天
大, 총 4획

하늘 천 | ‘一+大’로, 사람[大]의 머리 위로 끝없이 펼쳐진 하늘[一].

天文(천문), 天罰(천벌), 天賦(천부), 天壽(천수), 知天命(지천명), 不俱戴天(불구대천), 天道是非(천도시비), 天壤之差(천양지차)

奪
大, 총 14획

떠날 탈, 빼앗을 탈, 잃을 탈 | 금문은 ‘衣+雀+寸’이었으나 전서에 ‘又+奞’으로 바뀜. 손[又]에 가지고 있던 새가 날개 치며[奞] 빠져나감.

奪取(탈취), 奪還(탈환), 掠奪(약탈), 强奪(강탈), 削奪官職(삭탈관직)

夫
大, 총 4획

사내 부, 남편 부, 지아비 부 | ‘大+一’로, 남자가 스무 살에 속발대관(束髮戴冠)[一]하고 성인[大]이 됨.

夫婦(부부), 鑛夫(광부), 大丈夫(대장부), 匹夫匹婦(필부필부), 夫唱婦隨(부창부수), 軒軒丈夫(헌헌장부)

扶
手, 총 7획

도울 부, 부축할 부, 길 포 | ‘扌+夫(부)’로, 남이 하는 일이 잘되도록 거들거나 힘을 보태거나 위험한 처지나 어려운 상황에서 벗어나도록 손[扌]을 씀.

扶養(부양), 扶助(부조), 扶服〔포복 : 배를 땅에 대고 김. = 匍匐(포복)〕, 相扶相助(상부상조), 扶老携幼(부로휴유)

替
曰, 총 12획

폐할 체, 바꿀 체, 버릴 체 | ‘竝+曰←白(백)’으로, 두 사람이 함께 서 있을[竝] 때, 한쪽으로 치우치지 않도록 함.

交替(교체), 代替(대체), 替番(체번), 替送(체송), 馬好替乘(마호체승), 世代交替(세대교체)

실직(失職)하고 얼마간 놀다가 깨끗하게〔潔〕 드라이한 옷을 입고 면접장에 갔다. 면접자들은 질서(秩序)있게 앉아 있었고, 순서가 되어 들어가니 면접관은 계약(契約) 조건과 고객을 받들어〔奉〕 모실 방안 등 난처한 질문을 하였다.

失

大, 총 5획

놓을 실, 잃을 실 | '手+乙(을)'로, 손[手]으로 무엇을 쥐거나 잡거나 누르고 있는 상태에서 손을 펴거나 힘을 빼서 잡고 있던 물건이 손 밖으로 빠져나가게 함.

失明(실명), 失職(실직), 失機(실기), 失格(실격), 利害得失(이해득실)

秩

禾, 총 10획

차례 질, 녹봉 질 | '禾+失(실)'로, 볏단[禾]을 차곡차곡 질서 있게 쌓음.

秩序(질서), 秩米(질미), 秩然(질연), 無秩序(무질서), 秩序整然(질서정연)

奉

大, 총 8획

받들 봉, 봉양할 봉 | '手+廾+丰(봉)'으로, 양손으로 공손히 받들어[手+廾] 모심.

奉仕(봉사), 奉養(봉양), 奉職(봉직), 奉命(봉명), 滅私奉公(멸사봉공), 陽奉陰違(양봉음위)

契

大, 총 9획

계약할 계, 맺을 계, 신표 계, 나라 이름 글, 소원할 결 | '大+㓞(계/갈)'로, 사람[大]이 부서(符書)나 문계(文契) 등에 쓴 약속[㓞].

契約(계약), 契員(계원), 契丹(글단 〉 글안), 殷契(은글 : 갑골문), 契闊(결활 : 오랫동안 만나지 못함), 親睦契(친목계), 鴛鴦契(원앙계), 金石之契(금석지계), 隨意契約(수의계약)

潔

水, 총 15획

깨끗할 결 | '氵+絜(혈)'로, 물[氵]이 맑고 깨끗함.

潔白(결백), 簡潔(간결), 純潔(순결), 淸潔(청결), 氷淸玉潔(빙청옥결), 純潔無垢(순결무구)

金石之契(금석지계) : 금이나 돌과 같이 굳은 사귐을 이르는 말로, 친구 사이의 굳은 우정을 이르는 말.

《역경(易經)》〈계사상전(繫辭上傳)〉에 나오는 말이다. "군자의 도는 나가 벼슬하고, 물러나 집에 있으며, 침묵을 지키지만 말하기도 한다. 두 사람이 마음을 하나로 하면 그 날카로움이 쇠를 끊고, 마음을 하나로 하여 말하면 그 향기가 난초와 같다." 군자는 도가 있는 세상에서는 출사(出仕)하여 뜻을 펴지만, 도가 없는 세상에는 재야(在野)에서 수신(修身)하며 학문을 닦는다. 이 과정에서 뜻이 맞는 두 사람의 우정이 굳세어 쇠나 돌처럼 단단하게 되면 아무리 힘든 일도 가능하게 할 수 있으며, 또 마음을 같이 하는 말은 그 향기가 난초처럼 좋은 결과를 낳게 함을 표현한 것이다.

장애물에 의지하여〔寄〕 기이한〔奇〕 상황을 연출하는 말 타기〔騎〕 묘기는 요란한 악기 연주〔奏〕나 강한 카메라 불빛이 말의 눈 중앙〔央〕에 비치〔映〕는 경우 큰 재앙〔殃〕을 불러오기도 한다.

奇

大, 총 8획

기이할 기 | '大+可'로, 사물이 보통보다 크고[大] 달라[異也] 가히[可] 짝할 게 없음.

怪奇(기괴), 奇拔(기발), 奇異(기이), 奇蹟(기적), 奇蹟(기적), 奇想天外(기상천외), 奇貨可居(기화가거)

寄

宀, 총 11획

부탁할 기, 부칠 기, 의지할 기 | '宀+奇(기)'로, 남의 집[宀]에서 생활하기를 부탁함.

寄居(기거), 寄宿(기숙), 寄生(기생), 寄附(기부), 寄贈(기증), 寄託(기탁), 寄與補裨(기여보비), 生寄死歸(생기사귀)

騎

馬, 총 18획

말탈 기 | '馬+奇(기)'로, 말[馬] 등에 걸터앉아 탐.

騎馬(기마), 騎兵(기병), 騎士(기사), 精騎(정기), 騎馬戰(기마전), 一騎當千(일기당천), 匹馬單騎(필마단기)

央

大, 총 5획

가운데 앙 | '大+冂'으로, 사람[大]이 문[冂] 가운데 있음.

年央(연앙), 扇央(선앙), 央屬(앙속), 中央(중앙), 震央(진앙), 中央政府(중앙정부), 中央組織(중앙조직)

映

日, 총 9획

비출 영 | '日+央(앙)'으로, 햇빛[日]이 은은히 비춤.

映射(영사), 映寫(영사), 映畫(영화), 映窓(영창), 孫康映雪(손강영설)

殃

歹, 총 9획

허물 앙, 재앙 앙 | '歹+央(앙)'으로, 불선(不善)으로 인해 하늘로부터 받는 모든 재앙[歹].

天殃(천앙), 殃禍(앙화), 百殃(백앙), 災殃(재앙), 反受其殃(반수기앙), 殃及子孫(앙급자손), 池魚之殃(지어지앙)

奏

大, 총 9획

아뢸 주, 상소할 주, 음악의 한 곡 주 | '屮+廾+夲'로, 양손[廾]을 공손히 하고 위로 올라[屮] 가까이 가서[夲] 아뢺.

奏歌(주가), 奏達(주달), 奏書(주서), 獨奏(독주), 先拿後奏(선나후주), 欣奏累遣(흔주누견)

우리 역사를 바로 보고자 하는 재야사학계에서는《환단고기》의 재조명을 통해 동이(東夷) 문명의 발상지인 홍산 문명이 한족의 기원이라고 주장한다. 특히, 황하문명보다 앞선 선진문명으로 중국이 동분서주(東奔西走)하며 동북공정을 왜〔奚〕 서두르는지 그 이유도 여기에 있다고 했다. 또 홍산문화의 취락지나 주거지, 묘장법 등은 현대와 별다를 바 없이 잘 발달되어 강이나 시내〔溪〕를 중심으로 닭〔鷄〕 등 가축을 기르며 비교적 평등한 사회 문화 구조를 가지고 있다고 했다.

奔 

大, 총 9획

분주할 분, 달아날 분 | '夭+賁(분)'으로, 분주히 뛰어 돌아다님[夭]. ※ 금문에는 '夭+止+止+止'로, 사람이 달려가며 생긴 발자국으로 표현함.

奔走(분주), 狂奔(광분), 東奔西走(동분서주)

夷 

大, 총 6획

오랑캐 이 | '大+弓'으로, 평소 활[弓]을 많이 사용하는 동쪽 사람[大]. ※ 금문에는 사람을 올가미로 묶은 모양. ※ 동북맥(東北貊), 서남강(西南羌)

東夷(동이), 西戎(서융), 南蠻(남만), 北狄(북적), 夷狄(이적), 以夷制夷(이이제이), 尊王攘夷(존왕양이)

奚 

大, 총 10획

큰 배 해, 어찌 해, 종 해, 계집 관비 해 | '大+系(계)'로, 돼지 새끼의 큰[大] 배.

奚琴(해금), 奚奴(해노), 奚童(해동), 奚兒(해아), 奚琴散調(해금산조)

溪 

水, 총 13획

시내 계 | '氵+奚(해)'로, '谿'와 동자. 산골짜기 사이로 흐르는 시냇물[水].

溪水(계수), 溪谷(계곡), 溪流(계류), 盤溪曲徑(반계곡경)

鷄 

鳥, 총 21획

닭 계 | '鳥[隹]+奚(해)'로, 날이 밝았음을 알려 주는 가축[鳥].

鷄口(계구), 養鷄(양계), 鷄肋(계륵), 家鷄野雉(가계야치), 鷄口牛後(계구우후), 鷄鳴狗盜(계명구도), 群鷄一鶴(군계일학), 牝鷄之晨(빈계지신), 割鷄焉用牛刀(할계언용우도)

지식 샘터 **화합할 수 없는 불편(不便)한 관계**

氷炭不相容(빙탄불상용) / 氷炭之間(빙탄지간) / 水上油(수상유) / 水火不相容(수화불상용)

立부수

우리나라는 반도에 위치(位置)하여 예로부터 잦은 외침으로 국가적 파경(破鏡)을 맞이한 경우가 많았다. 그러나 이를 슬기롭게 잘 극복하고 우뚝 선〔立〕 위대한 민족이다. 또 국토의 지경(地境)이 남북으로 분단된 상황에서도 마침내〔竟〕 경제 대국으로서 확고한 자리를 유지하고 있다. 뿐만 아니라 재난을 당할 때면 서로 웃고 울〔泣〕 줄 아는 인간미 넘친 성숙한 문화 민족이다.

立 (立, 총 5획)

설 립 | '大+一'로, 사람[大]이 땅[一] 위에 서 있음. ※ '跛'자는 '절름발이 파'자로 많이 쓰이며, '跛立'에서처럼 '비스듬하다'의 의미로 쓰일 때는 '비스듬할 피'로 뜻과 음이 바뀜.

立身(입신), 立志(입지), 立證(입증), 創立(창립), 跛立(피립), 孤立無援(고립무원), 立錐之地(입추지지)

位 (人, 총 7획)

자리 위, 위치 위 | '亻+立'으로, 조정의 벼슬 반열에서 사람[人]이 서[立]야 할 위치.

位置(위치), 位相(위상), 位置(위치), 職位(직위), 尸位素餐(시위소찬)

泣 (水, 총 8획)

울 읍 | '氵+立(립)'으로, 소리 없이 눈에서 나오는 눈물[氵].

泣血(읍혈), 泣諫(읍간), 泣訴(읍소), 號泣(호읍), 泣斬馬謖(읍참마속)

竟 (立, 총11획)

끝날 경, 마침내 경 | '音+儿'으로, 연주자[儿]가 한 악곡(樂曲)[音]의 연주를 끝냄.

畢竟(필경), 竟夜(경야), 究竟(구경), 有志竟成(유지경성)

境 (土, 총 14획)

지경 경, 형편 경, 경우 경 | '土+竟(경)'으로, 밭두둑 지경[土]이 구분되는 끝.

境界(경계), 境外(경외), 佳境(가경), 境遇(경우), 無我之境(무아지경)

鏡 (金, 총 19획)

거울 경, 안경 경 | '金+竟(경)'으로, 얼굴을 환히 비춰볼 수 있는 쇠[金]로 만든 거울.

銅鏡(동경), 眼鏡(안경), 望遠鏡(망원경), 鏡中美人(경중미인), 破鏡不照(파경부조)

조선시대 문과 과거는 그야말로 경쟁(競爭)이 치열하여 목숨을 걸고 치러야 하는 시험이었다. 때문에 각종 부정행위도 많았다. 시험 중 막히〔障〕면 볼 글〔章〕 종이 준비하기, 나란히〔竝〕 단정(端正)히 앉아 옆 학동(學童) 답안지 엿보기, 사람을 사서 좋은 자리 잡기, 종(鐘)이 나기 전에 미리 시험장에 들어가 대신 시험 봐주기 등 여러 유형이 있었다.

童 (立, 총 12획)

종 동, 어리석을 동, 아이 동 | '辛+里←重(중)'으로, 남자 중 죄[辛]를 범하여 노역에 종사하는 사람. ※ '奴'는 童을 뜻함. 현재는 '僮'의 뜻으로 가차됨.

童顔(동안), 童謠(동요), 神童(신동), 童畵(동화), 樵童汲婦(초동급부)

鐘 (金, 총 20획)

쇠북 종, 인경 종 | '金+童(동)'으로, 가을에 만물을 수확하듯, 음악을 마무리하는 쇠[金]로 만든 종.

警鐘(경종), 卦鐘(괘종), 鐘閣(종각), 鐘路(종로), 聞鐘爲日(문종위일)

章 (立, 총 11획)

악장 장, 글월 장, 단락 장 | '音+十'으로, 음악[音]의 일장(一章)을 마침[十].

章句(장구), 序章(서장), 章節(장절), 典章(전장), 斷章取義(단장취의)

障 (阜, 총 14획)

막힐 장, 거리낄 장 | '阜+章(장)'으로, 산이나 언덕[阜]으로 인해 앞이 가로막힘.

障壁(장벽), 障碍(장애), 障害(장해), 保障(보장), 一葉障目(일엽장목)

竝 (立, 총 10획)

나란히 할 병, 아우를 병, 함께 병 | '立+立'으로, 땅 위에 두 사람[立]이 함께 서 있음.

竝列(병렬), 竝立(병립), 竝稱(병칭), 竝進(병진), 竝州故鄕(병주고향)

競 (立, 총 20획)

다툴 경 | '誩+儿+儿'으로, 두 사람[二人]이 소리 높여 말다툼[誩]을 함.
※ 甲骨, 金文 : 互相角逐而行

競技(경기), 競爭(경쟁), 競走(경주), 競賣(경매), 南風不競(남풍불경), 寸陰是競(촌음시경)

端 (立, 총 14획)

끝 단, 단서 단, 바를 단 | '立+耑(단)'으로, 물건의 처음 나오는 맨 앞머리를 바로 함[立].

端正(단정), 端坐(단좌), 端雅(단아), 極端(극단), 端緖(단서), 鼠首兩端(서수양단), 複雜多端(복잡다단)

身, 尤부수

궁례를 보면, 활을 쏠[射] 때는 몸[身]을 굽혀 상대에게 정중히 사례[謝]한 후 시위대에 올라 더욱[尤] 바른 자세로 마음을 가다듬어 활시위를 당겼다.

身

身, 총 7획

몸 신, 신체 신 | '人+申(신)'으로, 사람[人]의 몸, 특히 배가 불룩하게 나온 사람 모양.

心身(심신), 身體(신체), 修身(수신), 獻身(헌신), 滿身瘡痍(만신창이), 四大六身(사대육신), 以身役物(이신역물), 立身揚名(입신양명)

射

寸, 총 10획

쏠 사 | '身+寸'으로, '躲'와 동자. 활 쏘는 사람[身]은 먼 곳의 표적을 법도[寸]에 맞게 행동하여 맞춤.

射手(사수), 射擊(사격), 發射(발사), 亂射(난사), 射石爲虎(사석위호), 射魚指天(사어지천)

謝

言, 총 17획

사절할 사, 사례할 사, 사죄할 사 | '言+射(사)'로, 요구나 제의[言]를 받아들이지 않고 사양하여 물리침.

謝禮(사례), 謝絶(사절), 謝罪(사죄), 厚謝(후사), 新陳代謝(신진대사)

尤

尢, 총 4획

허물 우, 더욱 우 | '乙+又(우)'로, 땅을 뚫고 나오는 초목(草木)이 장애물을 만나 그 모양[乙]이 전과 다름.

尤人(우인), 尤妙(우묘), 尤甚(우심), 怨天尤人(원천우인)

射石爲虎(사석위호) : "범인 줄 알고 활을 쏘고 보니, 화살이 돌에 꽂혔다."는 뜻으로, 정신을 집중해 마음을 다하면 이루지 못할 것은 없다는 말.

《사기(史記)》 <이광열전(李廣列傳)>에 실린 일화로, 이광이라는 장군은 좋은 집안의 자제로서 집안 대대로 전해 내려오는 궁술에 남다른 재능을 보였다. 그의 활 쏘는 법은 적이 가까이 다가오는 것을 보고 수십 보 이내라도 명중시킬 수 없다는 판단이 서면 쏘지 않았다. 그러나 일단 쏘았다 하면 활 소리와 동시에 적을 명중시켰다. 이처럼 그는 일생의 낙을 활쏘기로 삼았다. 하루는 그가 명산(冥山)으로 사냥을 하러 갔는데 풀숲에 호랑이가 자고 있는 것을 보고 급히 화살을 쏘아 맞혔다. 그런데 호랑이는 꼼짝도 하지 않는 것이었다. 이상하게 생각되어 가까이 가 보니 호랑이 모양으로 생긴 바위에 화살이 깊숙이 박혀 있었다. 이에 놀란 그는 다시 바위를 향해 화살을 쏴 보았으나 화살이 튕겨져 나왔다. 그는 부임한 지역에 호랑이가 나타났다는 말을 들으면 늘 친히 나가 쏘아 잡았다고 한다.

이밖에 <한시외전(韓詩外傳)>에 초(楚) 나라의 웅거자(熊渠子)는 활로 호랑이를 쏘았는데, 알고 보니 화살이 바위에 깊게 박혀 있었다는 일화가 전해진다.

走부수

조선 최고의 갑부 우당 이회영과 그 6형제는 국경을 넘어〔越〕 만주 들판에 나아가〔赴〕 독립운동을 위해 전 재산을 바쳤다. 천리 먼 길도 도보(徒步)로 동분서주(東奔西走)했으며, 소금죽 한 그릇으로 연명하거나 수시로 굶어 자식과 손주들이 죽어나가는 모습을 보기도 했다.

走 

走, 총 7획

달릴 주 | '夭+止'로, 몸을 구부리고[夭] 발걸음[止]을 빨리하는 모양.

競走(경주), 疾走(질주), 走破(주파), 逃走(도주), 走馬燈(주마등), 走爲上策(주위상책)

徒 

彳, 총 10획

걸을 도, 무리 도 | '辵+走←土(토)'로, 본자는 '辻'. 목적지에 이르기 위해 길을 걸어감[辵].

徒步(도보), 徒黨(도당), 徒輩(도배), 徒食(도식), 無爲徒食(무위도식)

赴 

走, 총 9획

나아갈 부, 부임할 부 | '走+卜←仆(부)'로, 목적지에 이르기 위해 빨리 달려감[走].

赴任(부임), 赴役(부역), 赴召(부소), 赴湯蹈火(부탕도화)

越 

走, 총 12획

넘을 월 | '走+戉(월)'로, 시간이나 규칙 등을 뛰어[走]넘음.

越權(월권), 越境(월경), 越冬(월동), 越牆(월장), 肝膽楚越(간담초월), 吳越同舟(오월동주)

吳越同舟(오월동주) : "오(吳)나라 사람과 월(越)나라 사람이 한 배에 타고 있다."라는 뜻으로, 어려운 상황에서는 원수라도 협력하게 됨. 또는 뜻이 전혀 다른 사람들이 한자리에 있게 됨임.

오(吳)의 합려(闔閭)와 越(월)의 윤상(允常)이 서로 원한이 있었고, 윤상이 죽자 그의 아들 구천(句踐·勾踐)이 오나라를 침략(侵略)하여 합려를 죽이고, 합려의 아들 부차(夫差)에게 구천이 회계산(會稽山)에서 항복 당하여 서로 물리고 무는 관계로 오나라와 월나라는 견원지간(犬猿之間)이 되었다. 손자(孫子)가 말했다. "오나라와 월나라는 원수처럼 미워하는 사이지만 그들이 한 배를 타고 바다를 건너다가 풍랑을 만났다고 가정한다면 원수처럼 맞붙어 싸우지는 않을 것이다. 오히려 양쪽 어깨에 붙은 오른손과 왼손의 관계처럼 도울 것이다."

勹부수

동포(同胞) 간의 비극인 6·25전쟁이 발발하자 여기저기서 포화〔砲〕와 총성이 난무하였고, 주요 물건〔物〕만을 싸서〔包〕 고향을 등지고 길을 떠나는 피난민들이 줄을 이었다. 또 배부른〔飽〕 아낙네도 서로 헤어지지 말자〔勿〕며 아이를 등에 업고 가슴에 안은〔抱〕 채 피곤함도 모르고 길 걸음을 재촉했다.

勿

勹, 총 4획

동네 기 물, 말 물, 아닐 물 | 마을에 세운 깃발이 나부끼는 모양.

勿警(물경), 勿禁(물금), 勿論(물론), 勿施(물시), 勿失好機(물실호기)

物

牛, 총 8획

물건 물 | '牛+勿(물)'로, 만물 중 소[牛]는 큰 물건에 해당함. ※갑골문에는 '牛+刀'로, 칼로 소를 잡음의 뜻. 『字源字典』

物理(물리), 物望(물망), 物色(물색), 物情(물정), 物議(물의), 物外閒人(물외한인)

包

勹, 총 5획

쌀 포 | 사람이 임신하여 태(胎)가 아이를 감싸고 있음〔妊也〕.

包括(포괄), 包攝(포섭), 包容(포용), 包圍(포위), 八包大商(팔포대상), 包藏禍心(포장화심)

胞

肉, 총 9획

태보 포 | '月+包'로, 태아[肉]를 싸고[包] 있는 포.

胞宮(포궁), 胞衣(포의), 同胞(동포), 細胞(세포), 白衣同胞(백의동포), 四海同胞(사해동포)

飽

食, 총 14획

배부를 포 | '食+包(포)'로, 배불리 많이 먹어[食] 더 먹기 싫음.

飽滿(포만), 飽聞(포문), 飽食(포식), 飽和(포화), 暖衣飽食(난의포식)

抱

手, 총 8획

안을 포 | '扌+包(포)'로, '褢, 捊'자와 통용. 두 팔[扌]을 벌려 가슴 쪽으로 끌어당기거나 그렇게 하여 품 안에 있게 함.

抱腹(포복), 抱負(포부), 抱懷(포회), 懷抱(회포), 抱腹絶倒(포복절도), 抱薪救火(포신구화)

砲

石, 총 10획

돌쇠뇌 포, 대포 포 | '石+包(포)'로, 본자는 礮. 돌[石]을 퉁겨 적을 공격하는 무기.

砲手(포수), 砲煙(포연), 砲彈(포탄), 砲火(포화), 砲煙彈雨(포연탄우)

比, 鬥부수

삼국지 3대 전투(戰鬪)는 첫째로 원소와 서로 전투력을 견주〔比〕며 싸운 유비, 조조의 싸움인 관도대전이며, 둘째는 적벽대전으로 조조와 한실의 정통을 비판〔批〕하며 맞서 싸운 손권과 제갈량의 싸움이고, 셋째는 이릉대전으로 유비와 육손의 싸움이다.

比 

比, 총 4획

빽빽할 비, 따를 비, 친밀할 비, 견줄 비 | '人+人'으로, 두 사람이 서로 밀착하여 따름.

比較(비교), 比例(비례), 比喩(비유), 比率(비율), 連理比翼(연리비익)

批 

手, 총 7획

칠 비, 비평할 비 | '扌+比(비)'로, 사물의 옳고 그름을 가리어 공격함[手].

批判(비판), 批評(비평), 批難(비난), 批准(비준), 批判的觀念論(비판적관념론)

鬪 

鬥, 총 20획

싸울 투 | '鬥+斲(착)'으로, '鬭'과 동자. 두 사람이 서로 다툼[鬥].

決鬪(결투), 鬪技(투기), 鬪爭(투쟁), 鬪魂(투혼), 惡戰苦鬪(악전고투), 鬪而鑄兵(투이주병)

지식 샘터 **학문의 진전**

刮目相對(괄목상대) / 日進月步(일진월보) / 日就月將(일취월장)

連理比翼(연리비익) : '비익조(比翼鳥)와 연리지(連理枝)'란 뜻으로, '부부의 사이가 썩 화목함'의 비유.

암수가 각각 눈 하나에 날개가 하나씩이라서 짝을 짓지 않으면 날지 못한다는 전설상의 새 비익조(比翼鳥)와 한 나무의 가지가 다른 나무의 가지와 맞붙어서 서로 결이 통한 연리지(連理枝)에서 연유하였다.

〈당나라의 유명한 시인 백락천이 당 현종과 양귀비의 사랑을 노래한 '장한가(長恨歌)'의 한 구절〉

7월 7일 장생전에서〔七月七日長生殿〕
깊은 밤 사람들 모르게 한 맹세〔夜半無人和語時〕
하늘에서는 비익조 되기를 원하고〔在天願作比翼鳥〕
땅에서는 연리지 되기를 원하네〔在地願爲連理枝〕.
높은 하늘 넓은 땅도 다할 때 있는데〔天長地久有時盡〕
이 가슴속 한은 끝없이 계속되네〔此恨綿綿無絶期〕.

꿇어앉음

卩 女 毋

卷	印	卽	卯	卵	卿	危	却	女	姦	如
			柳				脚	汝		恕
委	好	奴	妥	妻	妾	始	娛	姪	毋	母
		努 怒			接	治 怠 殆	誤			
毒	每									
	海 悔 梅 敏 繁									

누움

幺 子 疒 尸

幺	幼	幽	幾	子	存	孝	字	孔	學	孰
		斷 繼	機 譏		在					熟
季	孤	孫	孟	病	疾	尺	尾	局	展	屋
			猛							
居	屬	屛								

卩 부수

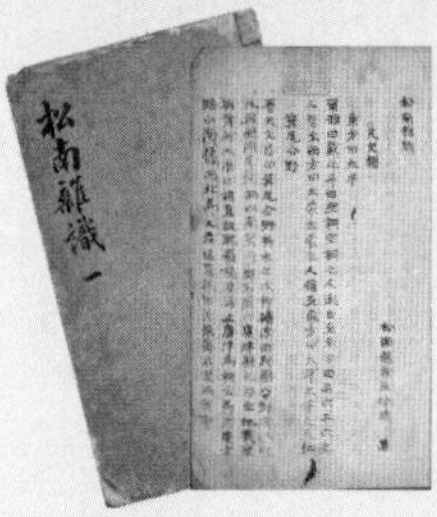

계란유골(鷄卵有骨)은 세종 즉위(卽位) 후 영의정 벼슬〔卿〕을 가장 오래 한 황희가 어렵게 생활하는 줄을 안 대왕께서 임금의 도장〔印〕이 찍힌 교지를 내려 하루 동안 남대문으로 들어오는 모든 물건을 사주도록 명한 이야기다.

종일 비가 내려 아무 물건도 안 들어오다가, 저녁 무렵 비가 그치자 달걀〔卵〕 한 꾸러미가 들어와 이를 사주었으나 모두 곯아서 먹을 수가 없었다는 데서 나온 고사이다. 이글은 《송남잡지》라는 책〔卷〕에 전한다.

卷

卩, 총 8획

두루마리 권, 책 권 | '卩+釆(변)'으로, 무릎을 구부린 것[㔾]처럼, 폈다 말았다 할 수 있는 것.

卷數(권수), 卷雲(권운), 卷頭言(권두언), 卷舌(권설), 手不釋卷(수불석권)

印

卩, 총 6획

도장 인, 도장 찍을 인 | '爪+卩'로, 정권을 잡은 사람의 손[爪]에 있는 신부(信符)[卩].
※ 갑골, 금문에는 손으로 사람의 머리를 누르고 있는 모양.

印鑑(인감), 印刷(인쇄), 官印(관인), 封印(봉인), 心心相印(심심상인), 印上加書(인상가서)

卽

卩, 총 9획

먹을 즉, 곧 즉, 나아갈 즉 | '皀+卩(절)'로, 고소한 냄새[皀]가 나도록 때를 잘 맞춰 밥을 지음.

卽刻(즉각), 卽時(즉시), 卽殺(즉살), 卽位(즉위), 色卽是空(색즉시공)

卵

卩, 총 7획

알 란 | 젖이 없는 동물이 낳은 알 모양.

鷄卵(계란), 產卵(산란), 卵子(난자), 卵巢(난소), 鷄卵有骨(계란유골), 危如累卵(위여누란)

卿

卩, 총 12획

밝힐 경, 벼슬 경 | '卯+皀(급)'으로, 작위(爵位)에 대한 글을 잘 밝혀[卯] 놓음.

公卿(공경), 卿宰(경재), 卿士大夫(경사대부), 名公巨卿(명공거경)

지식 샘터 **면학의 권계(勸戒)**

斷機之戒〔단기지계 ; 斷機之交(단기지교), 孟母斷機(맹모단기)〕/ 孟母三遷〔맹모삼천 ; 三遷之敎(삼천지교)〕

버드나무〔柳〕와 관련된 이순신 장군의 이야기가 있다. 무과 과거시험을 보던 중 낙마사고로 다리〔脚〕가 부러지는 위태로운〔危〕 일이 발생하자 버드나무〔柳〕로 응급처치를 했으며, 임진왜란 때는 병사들이 적과 전투에서 다쳐 심한〔卯〕 통증을 호소하면 버드나무로 진통제를 삼아 적을 물리쳤다〔却〕고 한다.

危 — 卩, 총 6획

위태할 위 | '⺈+㔾'로, 절벽[厂] 위에 위험스럽게 앉아[㔾] 있는 사람[人].

危機(위기), 危急(위급), 危險(위험), 危篤(위독), 濟危寶(제위보), 天下有三危(천하유삼위)

却 — 卩, 총 7획

물리칠 각, 물러날 각 | '卩+谷(곡)'으로, 하고 싶은 것을 절제[卩]하여 물리침.

却說(각설), 棄却(기각), 忘却(망각), 賣却(매각), 却之不恭(각지불공)

脚 — 肉, 총 11획

다리 각, 정강이 각 | '肉+却(각)'으로, 정강이 부근의 하지(下肢)[肉]나 정강이.

脚線美(각선미), 健脚(건각), 馬脚(마각), 二人三脚(이인삼각), 脚下照顧(각하조고)

卯 — 卩, 총 5획

무성할 묘, 넷째 지지 묘 | 만물이 땅을 뚫고 나옴이나, 문을 여는 모양.

卯時(묘시), 卯方(묘방), 己卯(기묘), 寅葬卯發(인장묘발)

柳 — 木, 총 9획

버드나무 류 | '木+丣(유)'로, 본자는 '桺'. 무성히 빨리 자라는 작은 버드나무[木].

楊柳(양류), 柳器(유기), 柳腰(유요), 細柳(세류), 柳綠花紅(유록화홍)

鷄卵有骨(계란유골) : 계란에도 뼈가 있다는 뜻으로, 운수가 나쁜 사람은 모처럼 좋은 기회를 만나도 일이 뜻대로 잘 되지 않음. 《송남잡지(松南雜識)》

세종 때 영의정을 지낸 황희는 마음이 착하고 검소하게 살았다. 이에 상감(上監)께서는 그를 긍휼히 여기시고 황희를 도와줄 방도를 생각하시었다. 한 묘안을 얻어 명하시되, "내일 아침 남대문을 통하여 들어오는 모든 물건을 황 정승에게 사주어라." 하셨다. 그러나 그날은 뜻밖에도 새벽부터 폭풍우가 몰아쳐 종일토록 멎지 않아 문을 드나드는 상인이 한 사람도 없었다. 겨우 날이 저물어 시장이 파할 무렵 한 시골 영감이 달걀 한 꾸러미를 들고 들어왔으므로, 이를 사 주었으나 이 알 또한 곯아서 먹을 수가 없었다.

윗사람이 아랫사람을 대하는 가장 기본적인 태도는 관대와 사랑이다. 일례로, 아랫사람에게 어떤 일을 맡겨〔委〕 추진하려 할 때 우선 먼저 그가 편안한〔妥〕 마음으로 그 일에 힘쓸〔努〕 수 있도록 환경을 조성해 주어야 한다. 만일 인격적 존중이 아닌 수단적 노예〔奴〕로 명령한다면 은근히 화〔怒〕가 치밀어 누가 최선을 다하겠는가?

妥

女, 총 7획

편안할 타, 타협할 타, 타당할 타 | '爪+女'로, 여자[女]가 집에서 손[爪]으로 일처리를 잘 하니 편안함.

妥結(타결), 妥協(타협), 妥當(타당), 未妥未妥(미타미타)

委

女, 총 8획

굽힐 위, 굽히어 따를 위, 맡길 위, 내버려 둘 위 | '禾+女'로, 벼[禾]가 익어 고개를 숙이듯 여자[女]는 아버지나 지아비를 따름.

委任(위임), 委託(위탁), 委棄(위기), 委員(위원), 陳根委翳(진근위예)

奴

女, 총 5획

종 노 | '女+又'로, 죄인[女]이 손[又]으로 일을 함. ※ 舂 : 부인의 형벌. 쌀을 찧어 도역자(徒役者)들에게 공급함.

奴僕(노복), 奴婢(노비), 守錢奴(수전노), 耕當問奴(경당문노)

努

力, 총 7획

힘쓸 노 | '力+奴(노)'로, 목적을 위해서 힘[力]을 다해 애를 씀.

努力(노력), 努肉(노육), 奮鬪努力(분투노력)

怒

心, 총 9획

성낼 노 | '心+奴(노)'로, 성난 마음[心]이 밖으로 드러남.

怒氣(노기), 怒號(노호), 怒髮(노발), 怒甲移乙(노갑이을), 怒蠅拔劍(노승발검)

지식 샘터 **겉과 속이 다름**

敬而遠之(경이원지) / 口蜜腹劍(구밀복검) / 勸上搖木(권상요목) / 同床異夢(동상이몽) / 面從腹背〔면종복배 ; 面從後言(면종후언)〕 / 似而非(사이비) / 笑中有刀〔소중유도 ; 笑中有劍(소중유검), 笑裏藏刀(소리장도)〕 / 羊頭狗肉(양두구육) / 羊質虎皮(양질호피) / 朝三暮四(조삼모사) / 表裏不同(표리부동)

女부수

사과는 사실을 전함이니, 너〔汝〕는 그녀〔女〕에게 어머니 같은〔如〕 이해와 용서〔恕〕를 구하지 마라. 또 사과는 자기 모순을 전함이니 간사〔姦〕하게 변명하지 마라. 사과하는 데 눈치 보지 말고, 때와 장소에 구애 받지 마라.

女 

女, 총 3획

여자 녀 | 두 손을 깍지 끼고 무릎을 꿇고 바르게 앉아 있는 부인의 모습.

美女(미녀), 女史(여사), 仙女(선녀), 宮女(궁녀), 窈窕淑女(요조숙녀)

汝 

水, 총 6획

너 여 | '氵+女(여)'로, 중국 회수(淮水) 상류 삼각주를 싸고 흐르는 물[氵] 이름.

汝等(여등), 汝輩(여배), 吾心卽汝心(오심즉여심), 壞汝萬里長城(괴여만리장성)

姦 

女, 총 9획

간사할 간 | '女+女+女'로, 고자는 '𡡄'. 사사로운 꾀가 많은 사람[女].

姦通(간통), 姦淫(간음), 强姦(강간), 姦詐(간사), 近親相姦(근친상간), 大姦似忠(대간사충)

如 

女, 총 6획

따를 여, 갈 여, 같을 여, 만일 여 | '女+口'로, 여자[女]는 아버지나 지아비의 가르침[口]을 따라야 함.

如前(여전), 如實(여실), 如反掌(여반장), 如坐針席(여좌침석), 危如朝露(위여조로), 應對如流(응대여류)

恕 

心, 총 10획

어질 서, 용서할 서 | '心+如(여)'에서, 사람이 본래 간직한 어진 마음[心].

容恕(용서), 忠恕(충서), 寬恕(관서), 情恕理遣(정서이견)

— 窈窕淑女(요조숙녀) : 정숙하고 얌전한 여자.

《시경》〈관저장〉에 "요조숙녀는 금슬로써 벗한다〔窈窕淑女 琴瑟友之〕."라는 구절이 있다. 여기의 요조숙녀란 거문고와 비파를 켤 줄 알아야 한다. 왜냐하면 장래 지아비와 거문고를 뜯으면서 사이좋게 지내기 위해서이다. 사이좋은 부부 사이를 뜻하는 '금슬'이란 말이 여기에서 유래되었다. 그러나 현대 요조숙녀란 말은 과거 여성이 철저하게 외부와 격리되어 살아온 시대적 산물로 인식하는 경향이 있다. 즉 사회성이 없고 소극적이거나 수동적이면서 남성에게 의존적인 여자를 비꼬고 싶을 때나, 예쁘지만 주관이 없어 부리기 좋은 착한 여자를 미화하는 뜻으로 파악될 때가 많다.

성공의 해를 만들기 위해서는 연초(年初)부터 게으른〔怠〕 행동을 잘 다스려〔治〕 의욕적으로 도전하라. 과거 위태한〔殆〕 일도 그냥 스쳐버리지 말고 재도약을 위한 경험으로 비축하라. 애첩(愛妾)처럼 남이 나를 대접(待接)해 주기를 기다리지 말고 내가 먼저 필요한 사람이 되라.

妾

女, 총 8획

첩 첩, 하녀 첩, 아내 겸칭 첩 | '辛+女'로, 허물이나 죄[辛]가 있는 여자[女].

愛妾(애첩), 小妾(소첩), 妻妾(처첩), 妾室(첩실), 妾御紡績(첩어방적), 花房作妾(화방작첩)

接

手, 총 11획

교제할 접, 대접할 접, 이를 접 | '扌+妾(첩)'으로, 손[扌]을 잡고 서로 사귐.

待接(대접), 接客(접객), 接續(접속), 交接(교접), 破器相接(파기상접), 皮骨相接(피골상접)

始

女, 총 8획

처음 시, 시작할 시 | '女+台(이)'로, 여자[女]가 옷을 만들기 위해 베를 처음 자름.

始發(시발), 始動(시동), 始終(시종), 創始(창시), 始終一貫(시종일관)

治

水, 총 8획

다스릴 치, 병 고칠 치 | '氵+台(태)'로, 산동성(山東省) 양구산(陽丘山)에서 발원한 강[氵] 이름.

治國(치국), 治療(치료), 治山治水(치산치수)

怠

心, 총 9획

게으를 태, 거만할 태 | '心+台(태)'로, 마음[心]씀이 거만하고 행동이 게으름.

怠慢(태만), 怠惰(태타), 勤怠(근태), 怠傲(태오), 始勤終怠(시근종태)

殆

歹, 총 9획

위태할 태, 해칠 태, 거의 태 | '歹+台(태)'로, 목숨이 위태하여 거의 죽음[歹]에 이름.

危殆(위태), 殆半(태반), 百戰不殆(백전불태)

지식 샘터 실속 없는 과장

誇大妄想(과대망상) / 針小棒大(침소봉대) / 虛禮虛飾(허례허식) / 虛張聲勢(허장성세)

황희 정승의 두 여종 간 싸움이 있었다. 한 여종이 상대의 잘못〔誤〕을 하소연하자, 황희는 "네 말이 옳다."고 하고, 잠시 후 다른 종이 와서 똑같이 하소연을 하자, "네 말이 옳다."고 했다. 이 모습을 지켜보던 조카〔姪〕 여가 "두 사람의 시비를 가려주지 않고 둘 다 옳다고 하시니 현명치 못한 행동입니다."라 말하자, "네 말도 역시 옳다."라 하여, 황희는 모두가 기뻐하고〔娛〕 좋아〔好〕하는 편견 없는 태도를 보여주었다. 어떤 책에는 여기에 등장하는 조카 여를 아내〔妻〕라 말한 것도 있다.

姪 (女, 총 9획)

조카 질 | '女+至(지)'로, 형제자매의 자녀[女].

堂姪(당질), 叔姪(숙질), 姪婦(질부), 姪女(질녀)

妻 (女, 총 8획)

아내 처 | '女+又+屮'로, 집안의 가구들[屮]을 손[又]으로 잡고 자기와 함께 생활하며 일하는 사람[女].

妻家(처가), 妻弟(처제), 愛妻(애처), 良妻(양처), 結髮夫妻(결발부처), 梅妻鶴子(매처학자)

好 (女, 총 6획)

아름다울 호, 좋을 호, 옳을 호 | '女+子'로, 남자[子]가 아름다운 여자[女]를 좋아함.

好感(호감), 好色(호색), 好機(호기), 好轉(호전), 無骨好人(무골호인), 好事多魔(호사다마), 好衣好食(호의호식)

娛 (女, 총 10획)

기뻐할 오, 즐거워할 오 | '女+吳(오)'로, 즐기며 기쁘게 사는 사람[女].

娛樂(오락), 娛遊(오유), 歡娛(환오), 綵衣以娛親(채의이오친)

誤 (言, 총 14획)

그르칠 오, 잘못 오 | '言+吳(오)'로, 예의와 절차에 어긋나게 하는 말[言].

誤答(오답), 誤認(오인), 誤差(오차), 誤解(오해), 試行錯誤(시행착오)

지식 샘터 **스승보다 뛰어남**

靑出於藍(청출어람) / 後生可畏(후생가외) / 後生角高(후생각고)

정승 홍서봉의 어머니〔母〕는 집이 매우 가난하여 거친 밥과 나물국도 매양〔每〕거를 때가 많았다. 하루는 여종을 시켜 고기를 사오도록 하였는데, 고기 빛깔을 보니 독(毒)이 있는 것 같았다. 이에 여종에게 "팔고 있는 고기가 몇 덩이 있더냐?"라 묻고, 곧 머리 장식품을 팔아 돈을 마련하여, 그 고기를 모두 사오도록 하여 담장 밑에 묻게 하였으니, 이는 다른 사람들이 그 고기를 사서 먹고 병이 나지 않도록〔毋〕하기 위함이었다.

毋 

毋, 총 4획

말 무 | '女+一'로, 여자[女]를 함부로 간범하지 못하도록 함[一]. ※ 방패 모양을 그렸다는 설도 있음.

毋論(무론), 毋望之福(무망지복)

母 

毋, 총 5획

어머니 모 | '女+、、'로, 어머니[女]가 어린아이를 품고 젖[、、]을 먹이는 모양.

母國(모국), 母胎(모태), 母型(모형), 繼母(계모), 賢母良妻(현모양처)

毒 

毋, 총 8획

독 독 | '屮+毐'로, 사람을 심하게 해치는 독[毐]이 있는 풀[屮].

毒殺(독살), 毒藥(독약), 酷毒(혹독), 制毒(제독), 以毒制毒(이독제독)

지식 샘터 **불행의 강조**

鷄卵有骨(계란유골) / 雪上加霜(설상가상) / 七顚八倒(칠전팔도)

梅妻鶴子(매처학자) : 매화 아내에 학 아들이라는 뜻으로, 속세를 떠나 유유자적하는 생활을 가리키는 말.

송나라의 완열(阮閱)이 편집한 시화집 《시화총귀(詩話總龜)》에 나오는 말이다. 송(宋)나라 때 임포(林浦)라는 사람이 있었다. 그는 평생을 홀아비로 살면서 세속의 영리를 버리고 고적한 가운데 유유자적하며 사는 시인이었다. 그래서 그의 시는 유정(幽靜)하면서도 청고(淸高)하였는데, 시로써 이름이 나는 것을 싫어하여 많은 시를 버리고, 후세에 전하여질 것이 두려워 시를 읊되 기록하지 않기도 하였다.

그가 은둔 생활을 한 곳은 서호(西湖) 근처의 고산(孤山)이란 곳이었다. 자주 호수에 나가 조각배를 띄우고, 간혹 절을 찾아 유한한 정취를 즐겼는데, 임포는 처자가 없는 대신 자신이 머물고 있는 초당 주위에 수많은 매화나무를 심어 놓고 학을 기르며 살았으며, 학이 나는 것을 보고 손님이 찾아온다는 것을 알았다. 그래서 사람들은 임포를 두고, '매화 아내에 학 아들을 가지고 있다〔梅妻鶴子〕.'고 하였다. 그 후 사람들은 풍류를 즐기며 초야에서 정한(靜閑)하게 사는 사람을 가리켜 매처학자라 부르게 되었다.

毋부수

부산광역시 동래구(東萊區)는 바다〔海〕의 맑은 공기를 늘〔每〕 먹고 무성히〔繁〕 잘 자라는 매실나무를 구화(區花)로 정했다. 매화〔梅〕가 엄동설한을 잘 극복하고 은은한 향기를 담은 꽃을 피우듯, 아무리 힘든 일을 만나도 후회〔悔〕하지 않고 이를 민첩〔敏〕하게 극복하는 해맑은 동래구민의 마음가짐을 잘 말해주기 때문이다.

每
毋, 총 7획

풀 무성할 매, 매양 매 | '屮+母(모)'로, 풀이 끊임없이 무성하게 돋아남[屮].

每戶(매호), 每號(매호), 每樣(매양), 每卷(매권), 每事不成(매사불성), 駿馬每馱痴漢走(준마매타치한주)

海
水, 총 10획

바다 해 | '氵+每(매)'로, 모든 물[氵]을 자연스럽게 수용하여 만들어진 바다.

海洋(해양), 海流(해류), 海諒(해량), 領海(영해), 海翁好鷗(해옹호구)

梅
木, 총 11획

매화나무 매 | '木+每(매)'로, 이른 봄에 백색 또는 연분홍색 꽃이 피며, 과실은 식용이나 약용으로 쓰는 나무[木].

梅花(매화), 梅畵(매화), 梅實(매실), 寒梅(한매), 梅林止渴(매림지갈)

悔
心, 총 10획

뉘우칠 회 | '忄+每(매)'로, 제 잘못을 스스로 마음[心]속으로 깨닫고 가책을 느낌.

後悔(후회), 悔恨(회한), 痛悔(통회), 悔改(회개), 葦巢悔(위소회), 後悔莫及(후회막급)

敏
攴, 총 11획

민첩할 민, 빠를 민 | '攵+每(매)'로, 빨리 하도록 채찍을 가함[攵].

敏感(민감), 英敏(영민), 機敏(기민), 銳敏(예민), 訥言敏行(눌언민행)

繁
糸, 총 17획

말갈기 꾸밀 반, 많을 반, 성할 반 | '糸+每'로, 緐과 동자. 제후 말의 다팔머리 털[糸]을 성대히 꾸밈[每].

繁盛(번성), 繁榮(번영), 繁昌(번창), 繁華(번화), 繁文縟禮(번문욕례)

幺 부수

제자 자공이 계기(契機)를 만들어 공자에게 정치를 묻자, "먹는 것을 풍족하게 하고, 국방을 튼튼하게 하며, 백성이 신뢰롭게 하는 것이다."라 했다. 여기에서 강조한 신뢰는 기내(畿內)의 유아(幼兒)로부터 노인에 이르기까지 모두를 사랑하고, 그윽한〔幽〕 암실 속에서도 신의가 끊어지지〔斷〕 않고 계속 이어지〔繼〕도록 늘 자신의 잘못된 기미〔幾〕를 살펴야 한다는 말이기도 하다.

幺

幺, 총 9획

작을 요 | 갓 태어난 아이의 작은 모양.

幼

幺, 총 5획

어릴 유, 사랑할 유 | '力+幺'로, 힘[力]이 유약함[幺].

幼年(유년), 幼兒(유아), 幼弱(유약), 老幼(노유), 蒙幼未知(몽유미지)

幽

幺, 총 9획

숨을 유, 그윽할 유, 어두울 유, 가둘 유 | '山+丝(유)'로, 깊은 산[山]속에 있어 가려져 은폐됨.

幽客(유객), 幽界(유계), 幽谷(유곡), 幽明(유명), 深山幽谷(심산유곡)

斷

斤, 총 18획

끊을 단, 결단할 단 | '㡭+斤'은, 길게 이어진 물체를 도끼[斤]로 잘게 자름[㡭].

斷念(단념), 斷食(단식), 斷案(단안), 斷腸(단장), 壟斷(농단), 斷末魔(단말마), 斷機之戒(단기지계), 孟母斷機(맹모단기), 言語道斷(언어도단), 優柔不斷(우유부단), 一刀兩斷(일도양단), 橫斷步道(횡단보도)

繼

糸, 총 20획

이을 계, 맬 계 | '糸+㡭'로, 끊어진[㡭] 실[糸]을 다시 이음.

繼母(계모), 繼父(계부), 繼續(계속), 繼承(계승), 夜以繼晝(야이계주), 引受引繼(인수인계)

幾

幺, 총 12획

기미 기, 몇 기, 어찌 기 | '丝+戍'로, 은미한[丝] 곳에 병기를 들고 지킴[戍]

幾微(기미), 幾何(기하), 景幾體歌(경기체가), 幾死之境(기사지경), 庶幾之望(서기지망)

機 𣛳

木, 총 16획

베틀 기, 틀 기 | '木+幾(기)'로, 명주·무명·삼베 등의 피륙을 짜는 나무[木]로 만든 틀.

契機(계기), 機械(기계), 機敏(기민), 臨機(임기), 自販機(자판기), 鷗鷺忘機(구로망기), 機械體操(기계체조), 孟母斷機(맹모단기), 心機一轉(심기일전), 運搬機械(운반기계)

畿

田, 총 15획

경기 기, 서울 기 | '田+幾(기)'로, 천자가 다스리는 500리 이내의 땅[田].

京畿(경기), 近畿(근기), 畿內(기내), 畿湖(기호), 京畿道(경기도)

지식 샘터 **이룰 수 없는 무모한 행동**

鷄卵投石(계란투석) / 螳螂拒轍(당랑거철) / 猫項懸鈴(묘항현령) / 百年河淸(백년하청 ; 千年一淸(천년일청), 河淸難俟(하청난사)) / 使蚊負山(사문부산) / 上山求魚(상산구어) / 緣木求魚(연목구어) / 陸地行船(육지행선) / 指天射魚(지천사어) / 漢江投石(한강투석) / 紅爐點雪(홍로점설)

孟母斷機(맹모단기) : 맹자의 어머니가 베를 끊었다는 뜻으로, 학업을 중도에서 그만둠을 훈계하는 말.

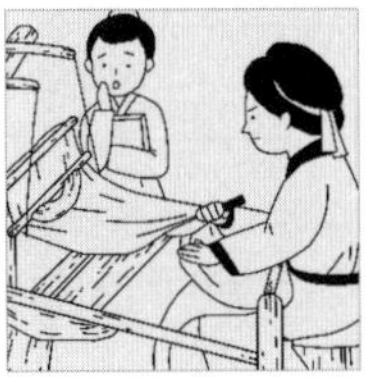

맹자(孟子)가 어린 시절에 멀리 공부하러 갔다가 이미 다 배웠다고 돌아오니, 그때 마침 맹자의 어머니가 베틀에서 베를 짜고 있다가 물었습니다.

"너의 학문은 어느 경지에 이르렀느냐?" "그저 그렇습니다." 이에 맹자의 어머니는 그 짜던 베를 칼로 잘라버렸다. "네가 잘 알지도 못하면서 배움을 그만두는 것은 내가 이 베를 칼로 자르는 것과 같다." 맹자는 어머니의 이 말을 듣고 다시 열심히 공부하여 천하의 이름난 선비가 되었다.

子부수

노나라 군주인 정공이 공자(孔子)의 명성을 듣고 벼슬을 주려 공자에게 배운〔學〕 좌구명을 불러 삼공의 의견에 대해 물으니, 좌구명이 말했다. "계손(季孫)씨 등 삼공은 공자의 유학을 배척하고 있고, 공자를 인재로 여기지 않고 있습니다."라 답하며, 한 가지 우화를 예로 들어 정공에게 아뢰었다.

"주나라 시절에 여우 모피는 천금의 값어치가 나가는 귀한 옷이었습니다. 어느 날 여우 모피를 만드는 직공이 혼자 외로이〔孤〕 있는 여우의 우두머리를 찾아가 말했다. '너희들의 가죽을 나에게 주어라. 그러면 천하 누구보다 내가 귀한 여우 모피를 만들어 낼 것이다.' 여우들이 그 말을 듣자, 모두 발길을 돌려 산속으로 도망치고 말았습니다. 또 주나라의 음식 중에 양고기는 아주 맛난 음식이었습니다. 어느 날 양고기로 음식을 조리하는 자가 양의 우두머리를 찾아 갔으나 만나지 못하자, 다음과 같이 몇 글자〔字〕를 적어서 옆에 있는 양에게 주었다. '너희들의 고기를 내게 주어라. 그러면 천하 누구보다 맛있는 양고기 요리를 만들 것이다.' 이 글을 본 양들이 모두 산속으로 도망치고 말았습니다. 그 후로 10년 동안 주나라에는 여우 모피와 양고기를 구경하기 어려웠습니다. 왜 그랬을까요? 이는 일을 논의할 상대를 잘못 찾았기 때문입니다. 지금 군주께서 공자의 벼슬 임명에 관해 삼공을 불러 그들과 의논하시려는 것은 마치 여우를 불러 여우 모피를 만들 일을 논의하시는 것이고, 양을 불러 양고기 요리를 만들려 하시는 것과 마찬가지입니다."

子 

子, 총 3획

아들 자 | 어린아이의 모습.

子息(자식), 子孫(자손), 孔子(공자), 子爵(자작), 獅子吼(사자후), 晏子御(안자어), 梅妻鶴子(매처학자), 墨子悲染(묵자비염), 墨子泣絲(묵자읍사), 半子之情(반자지정), 父傳子傳(부전자전), 易子敎之(역자교지), 慈母敗子(자모패자), 子子孫孫(자자손손), 才子佳人(재자가인)

孔 

子, 총 4획

통할 공, 구멍 공, 클 공, 성씨 공 | '子+乚'로, 아이[子]가 엄마의 젖[乚]과 통함.

孔穴(공혈), 鼻孔(비공), 孔子(공자), 孔門(공문), 孔子穿珠(공자천주), 孔席不暇暖(공석불가난)

季 

子, 총 8획

끝 계 | '子+禾←稚(치)'로, 나이가 가장 어린 사람[子].

季節(계절), 四季(사계), 秋季(추계), 季子(계자), 季布一諾(계포일낙), 季札掛劍(계찰괘검), 伯仲叔季(백중숙계)

孫

子, 총 10획

손자 손 | '子+系'로, 자식[子]이 또 자식을 낳아 대를 이음[系].

孫女(손녀), 孫婦(손부), 曾孫(증손), 世孫(세손), 車螢孫雪(차형손설)

學

子, 총 16획

배울 학 | '敎+冂+臼(구)'로, 고자는 '斆'. 어리석은 사람[冂]이 스스로 깨우쳐 본받게 함[敎].

學業(학업), 獨學(독학), 留學(유학), 學校(학교), 敎學相長(교학상장), 口耳之學(구이지학), 同門受學(동문수학), 博學多識(박학다식), 形而上學(형이상학), 少年易老學難成(소년이로학난성), 記問之學(기문지학)

孤

子, 총 8획

고아 고, 외로울 고 | '子+瓜(과)'로, 어려서부터 어버이가 없이 자란 아이[子].

孤立(고립), 孤獨(고독), 孤兒(고아), 孤魂(고혼), 孤注一擲(고주일척), 德不孤必有隣(덕불고필유린)

字

子, 총 6획

젖 먹일 자, 낳을 자, 기를 자, 사랑 자, 글자 자, 암컷 자 | '宀+子(자)'로, 어머니가 집[宀]에서 자식[子]을 낳아 젖을 먹임.

文字(문자), 字解(자해), 字源(자원), 字典(자전), 識字憂患(식자우환), 一字無識(일자무식), 一字千金(일자천금)

車螢孫雪(차형손설) : 가난한 사람이 반딧불과 눈빛으로 글을 읽어가며 고생 속에서 공부함을 일컫는 말.

후진(後晉)의 이한(李瀚)이 지은《몽구(蒙求)》에 이야기가 전한다. 손강(孫康)은 집이 가난하여 기름을 살 돈이 없었다. 그래서 그는 늘 눈빛에 책을 비추어 글을 읽었다. 나중에 그는 어사대부(御史大夫)에까지 벼슬이 올랐다.

또 진(晉)나라의 차윤(車胤)이란 사람은 기름을 구할 수가 없어 여름이면 수십 마리의 반딧불을 주머니에 담아 그 빛으로 밤을 새우며 책을 읽어 마침내 이부상서(吏部尙書)가 되었다.

이 고사에서 어려운 처지에서 공부하는 것을 '차형손설', '형설지공' 또는 단순히 '형설'이라고 한다. 또 공부하는 서재를 형창설안(螢窓雪案)이라고도 한다.

季布一諾(계포일락) : 계포의 한 번 허락이라는 뜻으로, 한 번 한 약속은 반드시 지킴.

초나라 항우 밑에서 활약하던 계포는 뛰어난 용맹으로 이름을 날렸다. 그러나 항우가 유방에게 패해 죽자 졸지에 쫓기는 몸이 되었다. 결국 이리저리 숨어 지내던 계포는 주가라는 인물에 의해 누명을 벗고 다시 한나라에 등용될 수 있었다. 그 후 계포는 아첨꾼으로 이름이 난 조구생이란 자를 공개적으로 비판하였다. 이에 조구생이 그를 찾아와 "우리 고향 속담에 '황금 백 근보다 계포의 한 번 승낙이 더욱 값지다.'라는 말이 있습니다. 어떻게 하면 이런 명성을 지니게 되는지 알고 싶습니다. 나는 당신과 같은 초나라 출신입니다. 내가 천하를 다니며 당신의 명성을 널리 알린다면 그대 이름은 천하에 떨치게 될 것입니다. 그런데도 어찌하여 나를 그리 거절하시는 겁니까?"라 말한다. 이때부터 계포는 조구생을 상객으로 대하였고, 계포의 명성은 날로 높아만 갔다.

국립백두대간수목원은 경상북도 봉화 관광의 맏이〔孟〕 역할을 한다. 우리나라 자연 생태계의 축인 백두대간을 효율적으로 보존(保存)하고 풍부한 산림자원을 활용하여 백두대간의 맹수(猛獸)인 백두산 호랑이 방사장을 만들었기 때문이다. 이는 도내 소재(所在)의 사람뿐 아니라 국내의 그 누구〔孰〕도 익숙〔熟〕히 잘 아는 관광지로 만들어 인간과 자연이 상생하는 효자(孝子) 마을을 만들기 위함이다.

孝 

子, 총 7획

효도 효 | '老+子'로, 도리에 맞고 인륜에 거슬리지 않게 자식[子]이 부모[老]를 잘 섬기는 것.

孝道(효도), 孝誠(효성), 孝婦(효부), 孝孫(효손), 事親以孝(사친이효)

孟 

子, 총 8획

맏 맹, 맏이 맹 | '子+皿(명)'으로, 자녀[子] 중 장자인 맏아들 또는 맏딸.

孟春(맹춘), 孟夏(맹하), 孟秋(맹추), 孟冬(맹동), 孟母斷機(맹모단기), 孟母三遷之敎(맹모삼천지교)

猛 

犬, 총 11획

굳센 개 맹, 엄할 맹, 용맹스러울 맹, 사나울 맹 | '犭+孟(맹)'으로, 굳세고 튼튼하며 엄하고 용맹스러운 개[犬].

勇猛(용맹), 猛犬(맹견), 猛獸(맹수), 猛烈(맹렬), 苛政猛於虎(가정맹어호)

存 

子, 총 6획

물어볼 존, 있을 존 | '子+才(재)'로, 자식[子]처럼 생각하여 근심하고 물어보며 살핌.

存續(존속), 存立(존립), 存廢(존폐), 存亡(존망), 存亡之秋(존망지추)

在 

土, 총 6획

살필 재, 찾을 재, 곳 재, 있을 재 | '土+才(재)'로, 보살펴줄 곳[土]을 살핌.

存在(존재), 在野(재야), 在職(재직), 在鄕(재향), 芒刺在背(망자재배), 命在頃刻(명재경각), 富貴在天(부귀재천), 謀事在人成事在天(모사재인성사재천)

지식 샘터 **박식(博識)**

無不通知(무불통지) / 無所不知(무소부지) / 博物君子(박물군자)

孰

子, 총 11획

익을 숙, 익힐 숙, 도타울 숙, 누구 숙 | 어느 숙 '享+丸←丮'으로, 음식을 잘 익혀 손으로 잡고[丮] 먹음[享].

孰若(숙약), 孰與(숙여), 誰怨孰尤(숙원숙우)

熟

火, 총 15획

익을 숙, 익힐 숙, 무를 숙, 익히 숙 | '灬+孰(숙)'으로, 음식을 불[火]로 익혀서 먹음.

熟考(숙고), 熟果(숙과), 熟達(숙달), 熟卵(숙란), 輕車熟路(경거숙로)

지식 샘터 **일관성이나 주관이 없음**

高麗公事三日(고려공사삼일) / 無骨好人(무골호인) / 附和雷同(부화뇌동) / 西施嚬目(서시빈목) / 餘桃之罪(여도지죄) / 作心三日(작심삼일) / 朝令暮改〔조령모개 ; 朝變夕改(조변석개)〕 / 追友江南(추우강남) / 行雲流水(행운유수)

孟母三遷之敎(맹모삼천지교) : 맹자의 어머니가 자식을 위해 세 번 이사했다는 뜻으로, 인간의 성장에 있어서 그 환경이 중요함을 가리키는 말.

전한(前漢) 말의 학자 유향(劉向)이 지은《열녀전(列女傳)》에 전한다. 맹자가 어머니와 처음 살았던 곳은 공동묘지 근처였다. 놀 만한 벗이 없던 맹자는 늘 보던 것을 따라 곡(哭)을 하는 등 장사지내는 놀이를 하며 놀았다. 이 광경을 목격한 맹자의 어머니는 안 되겠다 싶어서 시장 근처로 이사를 했다. 그랬더니 이번에는 맹자가 시장에서 물건을 사고파는 장사꾼들의 흉내를 내면서 노는 것이었다. 맹자의 어머니는 이곳도 아이와 함께 살 곳이 아니구나 하여 이번에는 서당 근처로 이사를 하였다. 그랬더니 맹자가 제사 때 쓰는 기구를 늘어놓고 절하는 법이며, 나아가고 물러나는 법 등 예법에 관한 놀이를 하는 것이었다. 맹자 어머니는 이곳이야말로 아들과 함께 살 만한 곳이구나 하고 마침내 그곳에 머물러 살았다고 한다. 이러한 어머니의 노력으로 맹자는 유가(儒家)의 뛰어난 학자가 되어 아성(亞聖)이라고 불리게 되었으며, 맹자 어머니는 고금에 현모양처(賢母良妻)의 으뜸으로 꼽히게 되었다.

疒, 尸수

조선시대 사람들의 질병(疾病)을 관리하는 기관으로는 내의원·전의감·혜민서가 있었다. 내의원은 임금의 약 조제와 건강 등을 살피는 역할을 하는 기관으로서 고려의 상약국이 발전(發展)한 것이다. 전의감은 고려의 태의감으로서 관리의 치료, 민질의 치료, 약재의 재배와 채취, 외국 약재의 구입 등 국가의 의료사업을 모두 관장하였으며, 혜민서는 선초의 혜민국(惠民局)을 말하는 것으로 약을 전매하고 서민을 구료하기 위해 설치된 기관으로 그 집〔屋〕에서 백성들의 병을 치료하기도 했다.

病

疒, 총 10획

병 병 | '疒+丙(병)'으로, 질병(疾病)[疒]이 더욱 심해진 것.

病者(병자), 病症(병증), 病院(병원), 病菌(병균), 同病相憐(동병상련), 無病自灸(무병자구), 病入膏肓(병입고황)

疾

疒, 총 10획

병 질, 미워할 질, 빠를 질 | '疒+矢(시)'로, 갑자기 병[疒]에 걸려 침상에 누워 있음.

疾苦(질고), 疾故(질고), 疾病(질병), 疾視(질시), 疾走(질주), 疾風怒濤(질풍노도), 煙霞痼疾(연하고질)

局

尸, 총 7획

판 국, 재간 국, 방 국, 관서(官署) 국 | '尺+口'로, 가로 세로 1자[尺] 안에 네모[口]가 그려진 판.

局面(국면), 局限(국한), 結局(결국), 當局(당국), 結局原因(결국원인)

展

尸, 총 10획

구를 전, 살필 전, 펼 전, 전시할 전, 가지런히 할 전, 나아갈 전 | '尸+㠭(전)'으로, 사람[尸]이 몸을 엎치락뒤치락 굴림.

展開(전개), 展示(전시), 發展(발전), 展覽(전람), 個人展(개인전), 生生發展(생생발전)

屋

尸, 총 9획

집 옥 | '尸+至'로, 사람이 머물러[至] 사는 집[尸].

屋內(옥내), 屋上(옥상), 屋外(옥외), 家屋(가옥), 三間草屋(삼간초옥), 愛及屋烏(애급옥오)

尸부수

꼬리곰탕 끓이는 법을 알아보자. 한 자〔尺〕쯤 되는 쇠꼬리〔尾〕는 짤막하게 마디를 끊고, 무는 통째로 다듬어 물을 넉넉히 부은 솥에 넣어 5~6시간 푹 끓인다. 국물이 뽀얗고 꼬리에 있는 고기가 흐물흐물하게 익으면 고기와 무는 건져 내고 국물은 차게 식힌다. 건져낸 무는 납작납작하게 썰어 고기와 함께 소금·후춧가루, 다진 파와 마늘 등〔屬〕으로 양념해 놓는다. 국물이 식으면서 엉긴 기름기 등을 모두 병거(屛去)하고, 양념한 고기와 무를 국에 넣은 다음 다시 끓여서 그릇에 담고 지단채를 얹는다. 국물이 끓어오르면 불려놓은 당면, 송송 썬 파를 넣고 소금, 후춧가루로 간한 뒤 잠시 끓인 후 깨를 뿌려 꼬리곰탕을 기다리고 있는 사람들의 거처(居處)로 옮긴다.

尺 

尸, 총 3획

열 치 척, 자 척 | '尸+乙'로, 사람[尸]이 손으로 1척의 길이를 헤아려 앎[乙]. ※ 중국인들은 寸口에서 팔꿈치까지의 길이를 一尺으로 계산함.

尺度(척도), 指尺(지척), 長尺(장척), 尺貫法(척관법), 三尺童子(삼척동자), 吾鼻三尺(오비삼척)

尾 

尸, 총 7획

꼬리 미 | '尸+毛'로, 사람[尸]이 엉덩이 부근에 짐승의 가는 꼬리털[毛]로 장식함.

末尾(말미), 尾行(미행), 後尾(후미), 尾聯(미련), 首尾一貫(수미일관), 魚頭肉尾(어두육미)

居 

尸, 총 8획

살 거, 있을 거 | '尸+古(고)'로, 여러 사람[尸]이 한 곳에 모여 생활함. ※ 금문과 전서에는 '尸+几'로, 사람이 안석에 앉아 있는 모습.

居住(거주), 居處(거처), 隱居(은거), 居喪(거상), 居安思危(거안사위), 足反居上(족반거상)

屬 

尸, 총 21획

붙을 속, 무리 속, 부탁할 촉 | '尾+蜀(촉)'으로, 모든 동물은 꼬리[尾]가 등뼈에 붙어 있음.

屬國(속국), 屬性(속성), 附屬(부속), 隷屬(예속), 屬望(촉망), 耳屬于垣(이속우원)

屛 

尸, 총 11획

가릴 병, 병풍 병, 물리칠 병 | '尸+幷(병)으로, 병풍 등으로 가리어[尸] 막음.

屛去(병거), 屛棄(병기), 屛風(병풍), 畵屛(화병), 金日月屛(금일월병)

지식 샘터 **꾀로 남을 일시적으로 속임**

望梅止渴(망매지갈) / 聲東擊西(성동격서)

한 손

又 屮 爪 手

又	友	反	取	及	受	叔	爪	爭	爵	爲
		返 飯 板 版 販	趣	級 吸 急	授	淑 督 寂		靜 淨		僞

手	才	拜	投	指	換	擔	捨	掛	承	探
	材 財		暖 緩							深

拔	折	擊	搖	携
	哲 逝		謠 遙	

한 손+추가

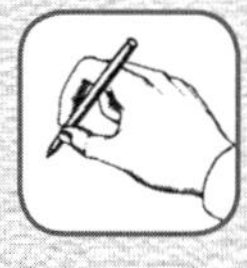

父 寸 攴 支 殳 隶

- 父
- 寸: 村 討
- 寺: 侍 詩 時 待 等 持 特
- 對
- 尋
- 封
- 將: 奬
- 尊: 遵
- 專: 傳 轉 團
- 攴
- 敎

- 散
- 敬: 警 驚
- 故
- 敢
- 數: 樓 屢
- 放: 倣
- 支: 枝 技
- 殺
- 段
- 殿: 設 役 疫 投
- 毁

- 隶
- 隷

두 손

廾

- 廾
- 弄
- 弊: 蔽 幣

又부수

뜻을 같이하는 벗을 우(友)이라 하고, 스승을 같이 하는 벗을 붕(朋)이라 한다. 우(友)는 사람의 세 손가락 모양인 '又'가 2개 모인 것으로, 뜻이나 취미〔趣〕, 흥미 등 정신적 생각을 같이 하는 사람들이 서로 손〔又〕을 잡고 주고〔授〕 받으며〔受〕 사귀는 것을 말하는 것이다. 반면 붕은 스승을 중심으로 학문을 배우는 학교라는 제도적 의미가 강하다.

又

又, 총 2획

손 우, 또 우 | 사람의 세 손가락[又] 모양.

又況(우황), 又日新(우일신), 三年不飛又不鳴(삼년불비우불명)

友

又, 총 4획

벗 우 | '又+又'로, 뜻을 같이하는 사람이 서로 손[又]에 손[又]을 잡고 사귐.

友情(우정), 友好(우호), 友軍(우군), 友邦(우방), 交友以信(교우이신), 文房四友(문방사우)

取

又, 총 8획

가질 취 | '耳+又'로, 전쟁 때 포로의 귀[耳]를 베어 손[又]으로 취함.

取得(취득), 取材(취재), 取民有度(취민유도), 取捨選擇(취사선택)

趣

走, 총 15획

재촉할 취, 취미 취 | '走+取(취)'로, 말을 빨리 달려가게[走] 함.

趣味(취미), 趣向(취향), 興趣(흥취), 趣旨(취지), 異國情趣(이국정취)

受

又, 총 8획

받을 수 | '爫+冖←舟(주)'로, 서로 손[爪]으로 주고 손[又]으로 받음.

授受(수수), 受難(수난), 受信(수신), 受取(수취), 自作自受(자작자수)

授

扌, 총 11획

줄 수, 가르칠 수 | '扌+受'로, 받은 것[受]을 손[手]으로 주거나 가르쳐 줌.

敎授(교수), 傳授(전수), 授與(수여), 授業(수업), 口傳心授(구전심수)

식당 운영의 성공 조건으로는 흔히 음식 맛, 밥〔飯〕맛, 간판(看板), 돌아오기〔返〕 편한 지역, 광고 출판(出版) 등을 말한다. 그러나 잘되는 식당의 설문 반응(反應) 결과는 의외로 다름 아닌 '정직'이었다.

反

又, 총 4획

뒤집힐 반(번), 되돌아올 반 | '厂+又'로, 가파른 언덕[厂]을 손[又]으로 짚고 오르려다 뒤집힘.

反對(반대), 反應(반응), 反感(반감), 反共(반공), 反汗(반한), 反間(반간), 反畓(번답), 反哺之孝(반포지효), 二律背反(이율배반), 賊反荷杖(적반하장), 輾轉反側(전전반측)

返

辶, 총 8획

돌아올 반 | '辶+反(반)'으로, 간[辶] 길을 되돌아옴.

返送(반송), 返還(반환), 返納(반납), 返品(반품), 去者必返(거자필반), 回光返照(회광반조)

飯

食, 총 13획

밥 반 | '食+反(반)'으로, 밥[食]을 입에 넣고 되씹어 먹음.

白飯(백반), 飯酒(반주), 飯店(반점), 麥飯(맥반), 十匙一飯(십시일반)

板

木, 총 8획

널빤지 판 | '木+反(반)'으로, 나무[木]를 뒤집으며 켬.

板子(판자), 板書(판서), 看板(간판), 木板(목판), 如印一板(여인일판)

版

片, 총 8획

판자 판 | '片+反(반)'으로, 널조각[片]을 뒤집으며 켬.

木版(목판), 初版(초판), 出版(출판), 再版(재판), 番號版(번호판), 印刷版(인쇄판)

販

貝, 총 11획

장사할 판, 팔 판 | '貝+反(반)'으로, 재물[貝]을 싸게 사서 비싸게 팖.

販路(판로), 販賣(판매), 市販(시판), 總販(총판), 販賣量(판매량), 販路開拓(판로개척)

아파트 경비 아저씨〔叔〕가 모두가 잠든 고요한〔寂〕 새벽녘에 순찰을 하며 살피〔督〕던 중 놀이터 부근에 이르러〔及〕 쓰러져 있는 한 사람을 발견했다. 급히〔急〕 119에 연락하고, 응급차가 도착하기 전에 환자에게 흉부압박과 인공호흡(呼吸)을 실시했다. 조금 후 응급차가 도착하여 환자를 응급실로 이송하였는데, 의사가 말하길, 만약 경비원의 적절한 대처가 없었다면 생명을 잃었거나 뇌 손상으로 정상적 생활이 어려웠을 것이라 했다. 경비 아저씨의 착한〔淑〕 행실이 알려지자 회사에서는 그를 한 등급〔級〕 승진시켜 경비 대장으로 임명하였다.

及

又, 총 4획

미칠 급 | '人+又'로, 손[又]이 사람[人]의 몸에 미침.

言及(언급), 波及(파급), 及第(급제), 普及(보급), 學如不及(학여불급)

級

糸, 총 10획

등급 급 | '糸+及(급)'으로, 실[糸]로 만든 옷에 등급이 있음.

高級(고급), 階級(계급), 等級(등급), 進級(진급), 上流階級(상류계급), 一資半級(일자반급)

吸

口, 총 7획

마실 흡 | '口+及(급)'으로, 입[口]안으로 숨을 들이킴.

吸收(흡수), 吸煙(흡연), 吸入(흡입), 呼吸(호흡), 呼吸氣(호흡기)

急

心, 총 9획

급할 급 | '心+及(급)'으로, 몹시 서두르거나 다그침[心].

急求(급구), 急流(급류), 急迫(급박), 急報(급보), 轍鮒之急(철부지급), 焦眉之急(초미지급)

叔

又, 총 8획

주울 숙, 아저씨 숙 | '又+尗(숙)'으로, 손[又]으로 줍는 사람.

堂叔(당숙), 叔父(숙부), 外叔(외숙), 叔行(숙항), 伯夷叔齊(백이숙제)

지식 샘터 **성공**

錦衣還鄕(금의환향) / 立身揚名(입신양명) / 自手成家(자수성가) / 赤手成家(적수성가)

淑 

水, 총 11획

맑을 숙, 착할 숙 | '氵+叔(숙)'으로, 물[氵]이 맑고 깨끗함.

淑女(숙녀), 貞淑(정숙), 賢淑(현숙), 淑姿(숙자), 奇男淑女(기남숙녀)

督 

目, 총 13획

살필 독, 감독할 독, 재촉할 독 | '目+叔(숙)'으로, 눈[目]으로 자세히 잘 살펴봄.

寂 

宀, 총 11획

고요할 적, 쓸쓸할 적 | '宀+叔←尗(숙)'으로, 집[宀]에 사람 소리가 들리지 않음.

지식 샘터 **최초의 일**

空前絕後(공전절후) / 濫觴(남상) / 未曾有(미증유) / 鼻祖(비조) / 元祖(원조) / 前代未聞(전대미문) / 前無後無(전무후무) / 前人未踏(전인미답) / 破天荒(파천황) / 嚆矢(효시)

焦眉之急(초미지급) : 눈썹에 불이 붙음과 같이 일각의 여유도 둘 사이 없이 매우 다급함을 뜻함. 줄여서 초미(焦眉)라 함.

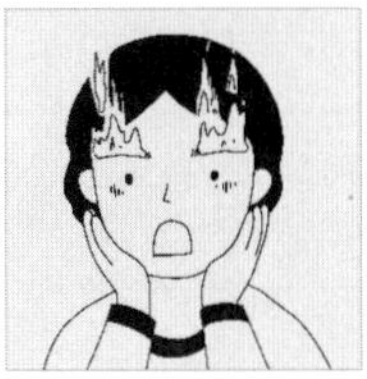

금릉(金陵 : 지금의 난징)에 있는 장산(莊山)의 불혜선사(佛慧禪師)는 만년에 붓을 들어 명리(名利)를 초탈한 경지를 게(偈)로 쓴 다음 앉은 채로 세상을 떠났다.

이 불혜선사가 살아 있을 때의 일이다. 중들로부터 "어느 것이 가장 급박한 글귀가 되겠느냐?"는 질문을 받았다. 이에 선사는 "불이 눈썹을 태우는 것(火燒眉毛)이다."라 답했다. 이 '화소미모(火燒眉毛)'가 '소미지급(燒眉之急)'이 되고, 소미지급이 변해서 '초미지급(焦眉之急)'이 되었다.

爪부수

조선시대 벼슬〔爵〕한 관리 중 청백리로 선발된 주요 인물을 살펴보면, 거짓〔僞〕 없는 정직한 행동과 근검·효행·공경·후덕·인의 등의 인품을 고루 갖춘 인물이었다. 특히, 성품이 어질고 정숙(靜肅)하여 녹봉 외에 국가나 개인에게 일체 폐를 끼치지 않으며, 깨끗하고〔淨〕 검소함을 생활 철학으로 삼되〔爲〕 사소한 일로 남과 다툼〔爭〕도 없었다.

爪

爪, 총 4획

손톱 조 | 손을 뒤집은 것으로, 손가락으로 아래쪽에 놓인 물건을 잡으려는 모양.

爭

爪, 총 8획

다툴 쟁 | '妥+亅←厂'로, 사람이 손[爪]과 손[又]으로 서로 끌어당기며[厂] 다툼.

爭取(쟁취), 戰爭(전쟁), 政爭(정쟁), 抗爭(항쟁), 蚌鷸之爭(방휼지쟁), 蝸角之爭(와각지쟁)

靜

靑, 총16획

고요할 정 | '靑+爭(쟁)'으로, 사람이 법도를 잘 살펴 마땅함을 얻게 되면[靑] 분란(紛亂)이 없음.

安靜(안정), 平靜(평정), 靜寂(정적), 靜肅(정숙), 四海波靜(사해파정)

淨

水, 총 11획

깨끗할 정, 맑을 정 | '氵+爭(쟁)'으로, 노나라 북성문의 연못물[氵].

淨水(정수), 淨潔(정결), 淸淨(청정), 淨財(정재), 西方淨土(서방정토)

爲

爪, 총 12획

할 위, 다스릴 위, 위할 위 | 어미 원숭이 모양에서 가차함. ※ 사람이 코끼리 코를 잡고 끌고 가는 모양으로 보는 경우도 있음.

爲人(위인), 爲主(위주), 爲政(위정), 爲國(위국), 爲礪磨刀(위려마도), 爲人設官(위인설관), 虛無無爲(허무무위), 爲鬼所笑(위귀소소)

僞

人, 총 14획

거짓 위, 속일 위 | '亻+爲(위)'로, 원숭이는 사람[人]과 비슷하나 실은 사람이 아님.

虛僞(허위), 眞僞(진위), 僞造(위조), 僞裝(위장), 從便僞之(종편위지)

爵

爪, 총 18획

잔 작, 벼슬 작, 참새 작 | 예식에 쓰는 참새 모양의 울창주가 담긴 술그릇을 손으로 잡고 있음.

爵位(작위), 男爵(남작), 伯爵(백작), 天爵(천작), 好爵自縻(호작자미)

手부수

지난해 성철스님 열반23주기 사리탑 3000배(拜) 기도회가 열렸다. 이 기도회는 스님께서 늘 강조하셨던 '자기를 바로 보는 삶', '남을 위해 기도하는 삶', '남의 힘든 일을 도맡는〔擔〕 삶', '느리지만〔緩〕 자기를 버리고〔捨〕 남을 보다 따뜻한〔暖〕 세상으로 끌어〔援〕주는 삶' 등을 구현하는 데 목적을 두었다.

拜 拜

手, 총 9획

절 배 | '手+手+下'로, 손을 맞잡고[手+手] 머리가 땅에 닿도록 인사함[下].

歲拜(세배), 參拜(참배), 崇拜(숭배), 拜謁(배알), 頓首再拜(돈수재배)

擔 擔

手, 총 16획

멜 담, 맡을 담 | '扌+詹(첨)'으로, 물체를 손[扌]으로 들어 어깨에 멤.

分擔(분담), 擔任(담임), 負擔(부담), 擔保(담보), 秋無擔石(추무담석)

捨 捨

手, 총 11획

버릴 사 | '扌+舍(사)'로, 손[扌]에서 풀어 놓음.

取捨(취사), 捨短取長(사단취장), 捨生取義(사생취의)

援 援

手, 총 12획

끌 원, 도울 원 | '扌+爰(원)'으로, 손[扌]으로 도구[干]를 이용하여 견인(牽引)함.

援助(원조), 後援(후원), 援護(원호), 應援(응원), 無援孤立(무원고립)

暖 暖

日, 총 13획

따뜻할 난 | '日+爰(원)'으로, '煖'과 동자. 햇빛[日]이 비춰 따뜻함.

暖房(난방), 暖流(난류), 溫暖(온난), 暖帶(난대), 暖衣飽食(난의포식)

緩 緩

糸, 총 15획

느릴 완, 늦출 완 | '糸+爰(원)'으로, 실[糸]을 느슨하게 풀어 놓음.

緩急(완급), 緩行(완행), 緩和(완화), 緩衝(완충), 微吟緩步(미음완보)

지식 샘터 **나라의 멸망 탄식**

亡國之歎(망국지탄) / 麥秀之嘆〔맥수지탄 ; 黍離之歎(서리지탄)〕

手부수 - 扌

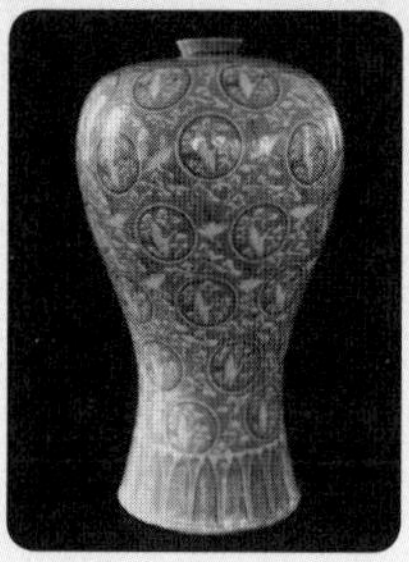

경기도 이천의 특산물 중 첫 손가락〔指〕으로 꼽는 도자기가 유명해진 데는 그 재료〔材〕인 흙이나 그를 굽기 위한 땔나무의 풍부함 등 외적 여건도 있지만, 그보다 더 본질적인 이유는 도공들이 재물〔財〕의 유혹에 빠지지 않고 늘 새롭게 바꾸려〔換〕는 손재주〔手才(수재)〕의 숭고한 장인정신이 살아 있었기 때문이었다.

手

手, 총 4획

손 수 | 사람의 다섯 손가락을 그림.

手工(수공), 手法(수법), 手記(수기), 投手(투수), 自手成家(자수성가)

才

手, 총 3획

재주 재, 바탕 재 | '丨+丿+一'로, 초목의 뿌리[丿]에서 새싹이 땅[一]을 뚫고 나옴[丨].

才能(재능), 英才(영재), 天才(천재), 秀才(수재), 淺學菲才(천학비재)

材

木, 총 7획

재목 재, 재료 재 | '木+才(재)'로, 가히 재목으로 쓸 만한 나무[木].

材木(재목), 材料(재료), 資材(자재), 取材(취재), 間世之材(간세지재), 適材適所(적재적소), 棟梁之材(동량지재)

財

貝, 총 10획

재물 재 | '貝+才(재)'로, 사람이 보배롭게 여기는 재화[貝].

財物(재물), 財産(재산), 財界(재계), 蓄財(축재), 德本財末(덕본재말), 以財發身(이재발신)

換

手, 총 12획

바꿀 환, 교역할 환 | '扌+奐(환)'으로, 손[扌]으로 물건과 물건을 서로 바꿈.

換氣(환기), 換算(환산), 換言(환언), 換形(환형), 換骨奪胎(환골탈태)

指

手, 총 9획

손가락 지, 가리킬 지 | '扌+旨(지)'로, 손가락[手]으로 가리킴.

指南(지남), 指令(지령), 指紋(지문), 指壓(지압), 指鹿爲馬(지록위마), 指呼之間(지호지간)

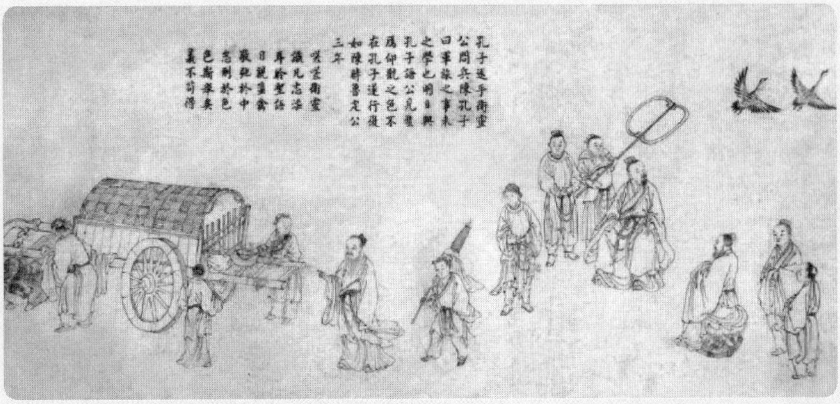

공자가 벼슬을 잃고 도탄에 빠진 세상을 구제하기 위해 제자들과 함께 천하를 돌아다니고 있을 때, 의봉 땅 사람이 "여러분은 어찌 선생님이 벼슬 잃은 것을 근심하는가? 하늘이 장차 선생님으로 하여금 목탁을 삼을 것이다."라 했다. 이 말은 어지러운 세상에 벼슬을 잃고 유랑하는 공자 일행이 마음에 걸리어〔掛〕 한 말이겠지만, 공자가 한 나라에 구속되어 그 정치적 역할만을 하기보다는 오히려 지금처럼 적극적으로 목탁을 치며〔擊〕 어지러운 세상을 찾아〔探〕 그 사회의 부정을 뿌리째 뽑고〔拔〕, 그 자리에 공자의 도를 깊이〔深〕 심어 세상의 변혁을 잇도록〔承〕 하는 편이 더 나을 것이라는 의미도 담겨있다.

拔

手, 총 8획

뽑을 발, 가릴 발 | '扌+犮(발)'로, 필요한 것을 손[扌]으로 가려 뽑음.

拔群(발군), 拔劍(발검), 選拔(선발), 拔本(발본), 見蚊拔劍(견문발검)

擊

手, 총 17획

칠 격 | '手+毄(격)'으로, 손[手]으로 쳐서 공격함. ※ 攴也 : 小擊也. 从又卜聲『說文』

攻擊(공격), 進擊(진격), 擊退(격퇴), 擊破(격파), 聲東擊西(성동격서)

掛

手, 총 11획

걸 괘, 마음에 걸릴 괘 | '扌+卦(괘)'로, 손[扌]으로 물건을 걸어 매달아 사람들에게 보임.

掛圖(괘도), 掛念(괘념), 卦鐘時計(괘종시계), 牛角掛書(우각괘서)

承 手, 총 8획

받들 승, 이을 승 | '卪+手+収'으로, 손[手]으로 부절[卪]을 주면 두 손[収]으로 공손히 받음.

繼承(계승), 承認(승인), 承諾(승낙), 承服(승복), 起承轉結(기승전결), 父傳子承(부전자승)

探 手, 총 11획

찾을 탐 | '扌+罙(미)'로, 본자는 '㨌'. 먼 곳까지 더 깊이 들어가 손[扌]으로 더듬어 취함.

※ 罙 : 깊이 들어갈 미

探究(탐구), 探査(탐사), 探險(탐험), 探訪(탐방), 探囊取物(탐낭취물), 探花好色(탐화호색)

深 水, 총 11획

깊을 심 | '氵+罙(미)'로, 호남성(湖南省), 남산현(藍山縣)의 강물[水] 이름.

※ 桂陽은 漢의 郡名. 南平은 縣名으로 지금의 호남성 남산현 동쪽에 있음.

深夜(심야), 深慮(심려), 深遠(심원), 深淺(심천), 日久月深(이구월심)

지식 샘터 **태평 시절**

康衢煙月(강구연월) / 鼓腹擊壤〔고복격양 ; 擊壤老人(격양노인), 含哺鼓腹(함포고복)〕 / 國泰民安(국태민안) / 道不拾遺(도불습유) / 比屋可封(비옥가봉) / 堯舜時代(요순시대) / 濟世安民(제세안민) / 太平聖代(태평성대) / 太平烟月(태평연월) / 飽食暖衣(포식난의) / 海不揚波(해불양파)

見蚊拔劍(견문발검) : 모기를 보고 칼을 뺀다는 뜻으로, 사소한 일에 크게 성내어 덤비는 것을 말함.

유사한 말로, 노승발검(怒蠅拔劍)이 있다. 귀찮게 구는 파리에게 노하여 칼을 뺀다는 뜻으로, 사소한 일에 화냄을 비유한다. 또 《논어》〈양화편〉에는 "할계언용우도〔割鷄焉用牛刀〕"라는 구절이 나온다. 이는 "닭을 잡는데, 어찌 소 잡는 칼을 쓸 수 있겠는가?"라는 의미로, 우리 주위에서 별것도 아닌 하찮은 일에 과민하게 반응하는 경우를 자주 볼 수 있는데, 견문발검과 유사하다.

"죽장에 삿갓 쓰고 방랑 삼천리 / 흰 구름 뜬 고개 가는〔逝〕객이 누구냐 / 열 두 대문 문간방에 걸식을 하며 / 술 한 잔에 시 한 수로 떠나가는 김삿갓"

흥이 나면 절로 흥얼거려지는 김삿갓 노래〔謠〕다. 그는 스스로 벼슬길의 꿈을 꺾어〔折〕버리고 험난한 인생의 먼〔遙〕길을 죽장 잡고〔把〕삿갓 쓰고 흔들〔搖〕림 없이 살며, 늘 지닌〔携〕붓 한 자루로 어두운 세태를 풍자한 철학자(哲學者)였다.

携 攜 (手, 총 13획)

가질 휴, 끌 휴 | '扌+巂(휴)'로, '攜'와 동자. 손[扌]에 어떤 것을 가지고 있음.

携帶(휴대), 提携(제휴), 携手(휴수), 必携(필휴), 携帶電話(휴대전화)

折 折 (手, 총 7획)

부러질 절, 꺾을 절, 타협할 절 | '手+斤'으로, '𣃔'와 동자. 손[手]으로 도끼[斤]를 잡고 풀[艸]이나 나무를 꺾음.

折價(절가), 折骨(절골), 折半(절반), 折傷(절상), 折腰(절요), 折衷(절충), 折角(절각), 折箭(절전), 折檻(절함), 萬折必東(만절필동), 方長不折(방장부절), 百折不屈(백절불굴)

哲 哲 (口, 총 10획)

밝을 철 | '口+折(절)'로, 시비(是非)를 알아 명백히 분별하여 말함[口].

哲理(철리), 哲人(철인), 哲學(철학), 聖哲(성철), 明哲保身(명철보신)

逝 逝 (辵, 총 11획)

갈 서, 죽을 서 | '辶+折(절)'로, 어느 곳을 향해 가거나[辶], 가서 영원히 돌아오지 않음.

逝去(서거), 逝景(서경), 逝世(서세), 逝者(서자), 逝川(서천), 永逝(영서), 騅不逝(추불서)

搖 搖 (手, 총 13획)

흔들 요, 움직일 요 | '扌+䍃(요)'로, 손[手]이 움직이듯, 마음이 쉽게 흔들림.

搖動(요동), 搖籃(요람), 動搖(동요), 搖之不動(요지부동), 搖尾乞憐(요미걸련)

謠 謠 (言, 총 17획)

노래 요 | '言+䍃(요)'로, 여러 사람이 함께 노래함[言].

童謠(동요), 民謠(민요), 俗謠(속요), 風謠(풍요), 歌謠舞臺(가요무대), 口傳童謠(구전동요)

遙 

辵, 총 14획

멀 요, 거닐 요 | '辶+䍃(요)'로, 멀리 슬슬 거닐며[辶] 돌아다님.

遙望(요망), 遙拜(요배), 遙遠(요원), 逍遙(소요)

把 

手, 총 7획

잡을 파 | '扌+巴(파)'로, 손[手]으로 물건이나 대상을 잡음.

把捉(파착), 把持(파지), 把握(파악), 把守(파수), 把手(파수), 肩把(견파), 拱把(공파)
把拱(파공), 把袂(파몌), 把撮(파촬)

지식 샘터 **학문에 전념함**

磨斧作針(마부작침) / 發憤忘食(발분망식) / 手不釋卷(수불석권) / 自强不息(자강불식) / 切磋琢磨〔절차탁마 ; 如切如磋(여절여차)〕 / 晝耕夜讀(주경야독) / 行常帶經(행상대경) / 螢雪之功〔형설지공 ; 孫康映雪(손강영설), 螢窓雪案(형창설안), 映雪讀書(영설독서), 囊螢照書(낭형조서)〕

萬折必東(만절필동) : 황하(黃河)가 수없이 꺾여 흘러가도 결국은 동쪽으로 흘러간다는 뜻으로, 결국은 본뜻대로 됨을 이르는 말. 충신(忠臣)의 절개는 꺾을 수 없다는 말.

《순자(荀子)》〈유좌(宥坐)편〉에 실린 공자(孔子)의 말에서 비롯된 성어이다. 동쪽으로 흐르는 황하[黃河]를 바라보고 있는 공자에게 제자인 자공(子貢)이 그 까닭을 물었다. 이에 공자는 물의 특성을 덕(德)·의(義)·도(道)·용(勇)·법(法)·정(正)·찰(察)·선(善)에 비유하고 "일만 번이나 꺾여 흐르지만 반드시 동쪽으로 흘러가니 의지가 있는 것과 같다〔化其萬折必東, 似志〕."고 설명하면서 군자가 큰 물을 볼 때 반드시 살펴야 할 점이라고 일렀다. 황하의 강줄기는 굴곡이 심하지만 서고동저(西高東低)인 중국 지형의 특성상 반드시 동쪽으로 흘러가는 것을 군자의 의지나 절개로 풀이한 것이다.

父, 寸부수

후한 말의 학자 진식은 덕망이 매우 높아, 그의 아들 진기, 진심과 더불어 세 군자로 불린다. 진기의 아들 진군도 역시 뛰어난 수재로 재상의 자리에 올랐는데, 그가 어렸을 때 어느 날 진심의 아들 진충과 놀다가 서로 자기 아버지〔父〕의 공적과 덕행에 대해 토론(討論)을 이어갔다. 사촌(四寸) 간인 이들은 서로 자기 아버지가 낫다고 다투어 결말을 짓지 못하자, 같은 마을〔村〕에 살고 계신 할아버지를 찾아가〔尋〕 물으니, "형이 낫다고 하기도 어렵고 아우가 낫다고 하기도 어렵구나."라 대답〔對〕하였다.

父 (父, 총 4획)

아버지 부, 남자 보 | '八←丨+又'로, 가장(家長)으로서 손[又]에 지팡이[丨←杖]를 들고 가족을 선도하는 사람.

父親(부친), 祖父(조부), 亞父(아보) 凡父(범보), 父子有親(부자유친), 殺父之讐(살부지수)

寸 (寸, 총 3획)

마디 촌 | '又+一'로, 손[又]에서 한 마디 떨어져 맥박[一]이 뛰는 곳.

寸陰(촌음), 寸刻(촌각), 寸數(촌수), 方寸(방촌), 寸鐵殺人(촌철살인)

村 (木, 총 7획)

마을 촌 | '邑+屯(둔)'으로, 원자는 '邨'. 사람들이 모여 사는 고을[邑] 이름.

村落(촌락), 農村(농촌), 僻村(벽촌), 寒村(한촌), 窮村僻地(궁촌벽지), 面面村村(면면촌촌), 自成一村(자성일촌)

討 (言, 총 10획)

토론할 토, 칠 토 | '言+寸'으로, 어지럽게 꼬인 실을 풀 듯, 규칙[寸]에 따라 서로 말[言]하여 논의함.

討伐(토벌), 討論(토론), 檢討(검토), 聲討(성토), 齊聲討罪(제성토죄)

對 (寸, 총 14획)

대답할 대, 마주볼 대 | '丵+口←士+寸'으로, 자연스럽게[丵] 규칙[寸] 없이 일로 인하여 대답함[口].

對答(대답), 對決(대결), 對策(대책), 對抗(대항), 角立對坐(각립대좌)

尋 (寸, 총 12획)

찾을 심 | '工+口+又+寸+彡(삼)'으로 '㝷'과 동자. 복잡하고 어지러운 문제[工+口]를 원리나 규칙[寸]에 따라 처리함[又].

尋思(심사), 探尋(탐심), 尋訪(심방), 尋常(심상), 枉尺直尋(왕척직심), 故尋事端(고심사단)

寸부수

봄꽃이 만개할 때〔時〕 음성 가섭사(寺)에서는 시(詩)의 향연이 있었다. 주지 스님과 인연으로 음성, 수원 등지(等地)에서 찾아온 문인 200여 명이 객석을 메웠는데, 주지 스님은 마음으로 통하는 시인 동지들을 모시고〔侍〕 시낭송회를 갖게 되어 감사함을 전했고, 특(特)히 멀리 임실에서 오신 목사 시인을 소개하면서는 마이크를 잡도록〔持〕 했다. "잠시 고개를 들어 하늘을 한번 보세요. 울타리가 있나요? 선이 있나요? 아무것도 없이 그냥 파랗습니다. 우리도 저렇게 하늘을 닮아야겠다는 생각을 해봅니다."

寺

寸, 총 6획

절 사, 내시 시 | '寸+之(지)'로, 규칙[寸]과 규범이 늘 존재하고 정사를 논의하는 곳.

寺院(사원), 寺塔(사탑), 寺刹(사찰), 本寺(본사), 寺人(시인), 太常寺(태상시), 塔寺堅固(탑사견고)

侍

人, 총 8획

모실 시 | '亻+寺(사)'로, 사람[人]을 공손히 받들어 모심.

內侍(내시), 侍女(시녀), 侍醫(시의), 近侍(근시), 老親侍下(노친시하)

詩

言, 총 13획

시 시 | '言+寺(사)'로, 마음속 생각을 말[言]로 표현함.

詩句(시구), 詩想(시상), 詩集(시집), 詩興(시흥), 刻燭爲詩(각촉위시)

時

日, 총 10획

때 시 | '日+寺(사)'로, 본래 춘하추동의 사계절을 지칭하는 말. 해[日]가 규칙적으로 뜨고 지는 세월과 시각.

時間(시간), 時俗(시속), 臨時(임시), 暫時(잠시), 晩時之歎(만시지탄), 四時春風(사시춘풍), 時宜適切(시의적절), 臨時方便(임시방편), 啐琢同時(줄탁동시)

待

彳, 총 9획

기다릴 대, 대접할 대 | '彳+寺(사)'로, 천천히 걸으며[彳] 어떤 사람이나 때가 오기를 기다림.

待接(대접), 待遇(대우), 歡待(환대), 優待(우대), 鶴首苦待(학수고대)

等 

竹, 총 12획

평등할 등, 가지런할 등, 등급 등 | '竹+寺'로, 관청[寺]의 관리들이 국사[竹]를 공평하게 잘 집행함.

等級(등급), 均等(균등), 等數(등수), 差等(차등), 等覺一轉(등각일전)

持 

手, 총 9획

가질 지 | '扌+寺(사)'로, 손[扌]으로 어떤 대상이나 물체를 잡음.

所持(소지), 持久(지구), 持論(지론), 持病(지병), 曠日持久(광일지구)

特 

牛, 총 10획

특별 특 | '牛+寺(사)'로, 매우 특별한 황소[牛].

特別(특별), 特徵(특징), 特殊(특수), 特異(특이), 大書特筆(대서특필)

지식 샘터 **뒤늦은 후회**

死後藥方文(사후약방문) / 亡羊補牢〔망양보뢰 ; 亡牛補牢(망우보뢰)〕 / 渴而穿井(갈이천정) / 臨渴掘井(임갈굴정) / 晩時之歎(만시지탄) / 噬臍莫及(서제막급) / 十日之菊(십일지국) / 雨後送傘(우후송산)

刻燭賦詩(각촉부시) : 촛불을 켜놓고 초가 타내려 가는 일정 부분에 금을 새겨 놓아 그 시간 안에 시를 짓게 하는 일종의 경시대회.

고려시대와 조선시대에 실시한 과거 종목인 명경과(明經科)와 제술과(製述科) 중, 제술과에서 부과한 시·부(賦)에 대한 작문 능력은 당시 지식인이라면 필수적으로 닦아 두어야 하는 기초교양이었다. 각촉부시는 고려시대 사학(私學)의 하나였던 최공도(崔公徒)에서 널리 사용한 것으로 알려져 있다. 최공도에서는 과거에도 우수한 성적을 거두었을 뿐 아니라, 매년 여름에는 귀법사(歸法寺) 승방(僧房)을 빌려 여름 공부〔夏科(하과)〕를 실시하였다.

이때 최공도 출신 선배 가운데 과거에 급제하고 미처 임관되지 않은 자가 와서 구경삼사(九經三史)를 주로 한 특별지도를 베풀었으며, 이들 선배들이 내방하였을 때는 시 짓기 경합인 각촉부시를 행하였다. 여기에서 우수한 작품을 낸 순서에 따라 방을 붙이고 조촐한 술자리도 마련하였다.

이때 나이 어린 소년들이 좌우에 열을 지어 앉았고 술과 안주를 바쳤는데, 모두 들어가고 물러남에 예의가 바르고 연장자와 연소자간의 서열이 분명하였다. 시를 짓고 서로 노래를 주고받으면서 해가 질 때까지 연회를 계속하였는데, 보는 사람들도 모두 한결 같이 칭찬하여 마지않았다.

이러한 시 짓기에 대한 관심은 조선시대 교학풍토(敎學風土)에도 그대로 이어져 시작(詩作)에 계속 높은 비중을 두었다. 1467년(세조 13) 경회루에서 친시(親試)를 보았는데 각촉으로 짓게 하여 4인을 뽑았으며, 1536년(중종 31)에도 역시 경회루에서 친시를 열어 각촉시로 허경(許坰) 등 4인을 선발하였다.

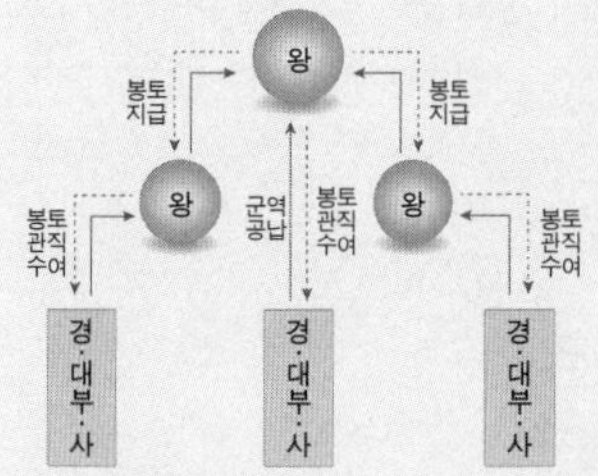

옛적 천자가 제후를 봉지(封地)에 보낼 때는 장차〔將〕 임금의 덕화가 만백성들을 감화시켜 모두가 행복한 세상 만들기를 장려(奬勵)하였다.

封

寸, 총 9획

봉지 봉, 봉할 봉 | '之+土+寸'으로, 천자가 제후를 봉지(封地)에 보낼[之] 때 제도[寸]에 따라 토지[土]를 줌.

封建(봉건), 封書(봉서), 封物(봉물), 封鎖(봉쇄), 封送(봉송), 封墳(봉분), 蟻封穴雨(의봉혈우), 封庫罷職(봉고파직)

將

寸, 총 11획

거느릴 장, 장차 장, 장수 장 | '寸+牆(장)'으로, 법도[寸]에 따라 먼저 솔선수범하는 사람.

將軍(장군), 將校(장교), 將來(장래), 將次(장차), 出將入相(출장입상)

奬

犬, 총 15획

권면할 장, 칭찬할 장 | '犬+將(장)'으로, 개[犬]를 교육시켜 말을 잘 듣도록 함.

勸奬(권장), 奬勵(장려), 奬學生(장학생), 奬勵賞(장려상), 奬學金(장학금)

出將入相(출장입상) : 대궐 밖을 나가서는 장수요, 대궐 안에 들어와서는 재상이라는 뜻으로, 난시(亂時)에는 싸움터에 나가서 장군이 되고, 평시(平時)에는 재상이 되어 정치를 함을 이르는 말.

출장입상으로 조선 세종 대 최윤덕을 들 수 있다. 그는 고려조 1376년 의창구 북면 내곡리에서 태어났다. 1410년 무과에 급제했고, 세종 1년(1419)에는 이종무와 함께 대마도를 정벌하고 공조판서, 병조판서를 거쳐 세종 15년(1433)에는 여진족을 대파한 파저강 작전 후 우의정에 올랐다. 이듬해 변방 여진족 무리들이 다시 침범하자, 우의정의 신분에 있으면서도 직접 전장에 나가 이들을 진압했기에 그를 출장입상(出將入相)이라 했다.

우리나라 국경선이 압록강과 두만강을 경계로 정해진 때가 세종 대이고, 당시 압록강 유역의 4군(여연, 자성, 무창, 우예)을 개척하여 온전한 우리 땅으로 확정짓는데 결정적 공헌을 한 인물이 바로 최윤덕이다. 문치를 중시했던 조선조에서, 더욱이 인물이 넘쳐나는 세종 대에 무관이 정승의 반열에 올랐다는 것은 그의 업적이 얼마나 위대했는지를 알 수 있다. 향년 70세의 나이로 세상을 떠나니 세종은 그의 죽음을 애도하고, 시호를 '정렬(貞烈)'이라 하였다.

맹자는 "성실한 사람은 모두 남에게 감동을 주어 그를 우러러〔尊〕 존경하고 따르게〔遵〕 한다."고 했다. 공동체〔團〕 삶을 사는 현대인에게 전해〔傳〕주는 이 메시지는 오로지〔專〕 묶은 때를 버리고 자기의 착한 본성으로 전환(轉換)하여 만인을 사랑하며 베푸는 삶이 곧 사람이 마땅히 해야 할 일임을 말해준다.

尊

寸, 총 12획

높을 존 | '酋+廾'으로, '𢍜'자와 동자. 법도에 따라 양손[廾]으로 술항아리[酋]를 받들어 올림.

尊敬(존경), 尊貴(존귀), 尊屬(존속), 尊顔(존안), 尊嚴(존엄), 尊長(존장), 天上天下唯我獨尊(천상천하유아독존)

遵

辵, 총 16획

좇을 준, 따를 준 | '辶+尊(존)'으로, 법도에 따라 움직임[辶].

遵據(준거), 遵範(준범), 遵守(준수), 遵行(준행), 何遵約法(하준약법), 因舊遵行(인구준행)

專

寸, 총 11획

오로지 전, 마음대로 할 전, 전문가 전 | '寸+叀(전)'으로, 6치 홀(笏)을 손[寸]에 가지고 있거나, 실패[專, 紡專=紡磚]에 실을 잘 돌려 감음[寸].

專念(전념), 專權(전권), 專賣(전매), 專攻(전공), 專對之才(전대지재)

傳

人, 총 13획

전할 전 | '亻+專(전)'으로, 사자(使者)[人]가 역마(驛馬)를 타고 빠르게 명을 전달함.

傳達(전달), 傳統(전통), 傳染(전염), 傳播(전파), 教外別傳(교외별전)

轉

車, 총 18획

구를 전, 옮길 전 | '車+專(전)'으로, 수레[車]바퀴가 굴러 돌아감.

運轉(운전), 移轉(이전), 轉換(전환), 回轉(회전), 輾轉不寐(전전불매)

團

囗, 총 14획

둥글 단, 모일 단 | '囗+專(전)'으로, 둥글게 빙 둘러 있는 모양[囗].

團結(단결), 團體(단체), 集團(집단), 劇團(극단), 一致團結(일치단결), 青衿團領(청금단령)

攴부수 – 攵

후한 말엽, 진식이 태구현 현령으로 있을 때의 일이다. 어느 날, 도둑이 밤에 그 집에 들어와 대들보 위에 숨었다. 진식이 이를 알고 일어나 자손들을 불러 가르쳐〔教〕 말하기를, "무릇 사람은 스스로 힘써 노력해야 한다. 착하지 않은 사람도 원래부터 악해서 그런 것은 아니다. 습관이 어느덧 성품이 되어 마침내 여기에 이르게 된다. 대들보 위에 있는 군자가 그렇다."라 말하니, 도둑이 크게 놀라서〔驚〕 스스로 바닥에 내려와서 머리를 조아리고 죄를 뉘우쳤다. 이에 진식이 깨우쳐〔警〕 말하기를, "그대의 모습을 보니 악인 같지가 않다. 이같이 된 것은 마땅히 빈곤에서 비롯된 것이다."라 하고, 비단 2필을 주도록 명하였다. 이 때문에〔故〕 온 고을에 그 덕행이 확산(擴散)되었으며 진식을 공경〔敬〕하지 않은 자가 없었다.

故 故

攴, 총 9획

연고 고, 옛일 고, 죽을 고 | '攵+古(고)'로, 어떤 일을 하도록 강요함[攵]은 반드시 그 까닭이 있음.

緣故(연고), 故友(고우), 古宅(고택), 故人(고인), 溫故知新(온고지신)

教 教

攴, 총 11획

가르칠 교 | '攵+孝'로, 윗사람이 바른 행실을 보여 아랫사람이 본받도록[孝] 가르침[攵].

教育(교육), 教師(교사), 教學相長(교학상장), 教子采薪(교자채신), 反面教師(반면교사), 教外別傳(교외별전)

散 散

攴, 총 12획

흩어질 산, 한가로울 산 | '攴+𣏟'으로, '㪔'과 통용. 삼[𣏟]을 두들겨[攴] 삼대와 껍질을 분리함.

散在(산재), 分散(분산), 閑散(한산), 散文(산문), 散漫(산만), 風飛雹散(풍비박산)

敬 敬

攴, 총 13획

삼가할 경, 공경할 경 | '攵+苟'로, 삼가고[苟] 조심하도록 다그침[攵].

敬天(경천), 敬畏(경외), 恭敬(공경), 敬意(경의), 敬而遠之(경이원지)

警 警

言, 총 20획

경계할 경, 깨우칠 경 | '言+敬(경)'으로, 어떤 일에 대해 경계하는 말[言].

警戒(경계), 警備(경비), 警察(경찰), 警覺(경각), 圓木警枕(원목경침), 以一警百(이일경백)

驚

馬, 총 23획

놀랄 경 | '馬+敬(경)'으로, 말[馬]이 깜짝 놀람.

驚異(경이), 驚歎(경탄), 驚動(경동), 驚風(경풍), 一鳴驚人(일명경인)

지식 샘터 **무지(無知)함의 비유**

盲者丹靑(맹자단청) / 目不識丁(목불식정) / 無知蒙昧(무지몽매) / 三尺童子(삼척동자) / 菽麥不辨(숙맥불변) / 魚魯不辨(어로불변) / 一字無識(일자무식)

一鳴驚人(일명경인) : 새가 한 번 울면 사람이 놀란다는 뜻으로, 평소에는 과묵하던 사람이 갑자기 사람을 놀라게 할 만한 일을 해내는 것을 비유하는 말.

《사기(史記)》〈골계열전(滑稽列傳)〉에 다음과 같이 전한다. 춘추전국시대 제(齊)나라의 위왕(威王)은 30세가 채 안 되는 젊은 나이에 즉위하였다. 그러나 그는 국사를 등한시하여 매일 주연을 벌였으며, 이로써 밤을 새는 일 또한 잦았다. 조정에 나갈 시각에야 겨우 잠자리에 들기도 하여 신하들도 왕을 깨우는 것을 삼갔다. 이렇게 3년이 지나자 자연히 국정은 혼란스러웠고, 국경 분쟁도 생겨 나라의 꼴이 안팎으로 엉망이 되어갔다. 뜻있는 신하들은 이대로 두면 나라가 망할 것을 염려했지만, 감히 왕에게 간(諫)할 엄두는 내지 못하였다.

이때 대부(大夫) 순우곤이 왕을 배알하여 이렇게 말하였다. "이 나라에는 큰 새가 한 마리 있습니다. 3년간 날지도 않고 울지도 않습니다. 무슨 새인지 아십니까?" 왕은 그 뜻을 알고, 이렇게 말하였다. "이 새가 비록 날지 않지만, 한 번 날면 하늘 높이 오른다. 또한 우는 법이 없지만, 한 번 울면 천하가 놀란다[此鳥不飛則已 一飛沖天 不鳴則已 一鳴驚人]." 순우곤이 물러나자, 왕은 술잔을 내던졌다.

다음날 왕은 신하들과 함께 국내를 순시하였다. 먼저 즉묵(卽墨)에 갔다. 논밭이 잘 경작되어 있었으며, 작황도 순조로워 백성의 얼굴이 여유로웠다. 왕은 즉묵의 대부를 불러, "이만큼 잘하는데 그대를 비난하는 소리가 높은 것은, 내 측근에게 뇌물을 보내지 않았기 때문일 것이다."라 하고, 1만 호의 봉토를 주었다. 다음에 간 아(阿)는 논밭이 황폐하고 백성의 얼굴 또한 어두웠다. 왕이 대부를 불러 꾸짖었다. "이런데도 그대를 칭찬하는 소리가 내 귀가 따갑도록 들리는 것은 내 측근에게 뇌물을 보내고 있기 때문임이 분명하다." 돌아온 왕은 전국 72현의 현령을 소집하여 신상필벌을 하였다. 특히 아의 대부는 그 죄를 물어 솥에 삶아 죽이는 팽형(烹刑)에 처하고, 그를 칭찬한 자도 같은 죄로 처단하였다. 그 뒤로 제나라는 잘 다스려져 백성의 생활도 안정되었다. 또 위(魏)나라를 공격해 토지를 할양받았다.

신기루(樓)는 밀도가 같지 않은 공기층을 광선이 통과하면서 자주〔屢〕 굴절이 일어나 먼 곳의 사물이 허공이나 지면 위로 내쳐져〔放〕 나타나는 현상이다. 이는 공중에 떠 있어 감히〔敢〕 아무도 올라갈 수 없는 성채와 같은 허상이다.

혹 젊은이들 중에는 있지도 않은 신기루를 실상으로 여겨 우연히 성공한 사례를 본떠〔倣〕, 노력하지도 않고 일확천금을 꿈꾸는 이도 있다. 또 실제로 사막에서 길 잃고 헤매던 여행자들 중에는 오아시스의 신기루에 속아 제자리를 수(數)없이 빙빙 돌다가 죽는 경우도 있다.

敢 敢

攴, 총 12획

감히 감, 용감할 감 | '叐+古(고)'로, 용감히 앞으로 나아가 주고받음[叐].

敢行(감행), 果敢(과감), 勇敢(용감), 敢鬪(감투), 焉敢生心(언감생심)

數 數

攴, 총 15획

셈할 수, 자주 삭 | '攵+婁(루)'로, 산술(筭術)의 바탕이 된 옛 계산법에 따라 헤아림[攵].

數學(수학), 數爻(수효), 實數(실수), 虛數(허수), 頻數(빈삭), 苟充其數(구충기수), 權謀術數(권모술수)

樓 樓

木, 총 15획

누각 루 | '木+婁(루)'로, 나무[木]로 쌓아 올려 지은 2층 집.

樓閣(누각), 望樓(망루), 空中樓閣(공중누각)

屢 屢

尸, 총 14획

자주 루 | '尸+婁(루)'로, 사람[尸]이 한 일을 여러 번 힘써 함.

屢次(누차), 屢屢(누누), 屢代(누대), 屢年(누년), 屢見不鮮(누견불선)

放 放

攴, 총 8획

놓을 방, 내칠 방 | '攵+方(방)'으로, 채찍질[攵]하여 먼 곳으로 내쫓음.

放歌(방가), 放棄(방기), 放念(방념), 放談(방담), 放浪(방랑), 放賣(방매), 凍足放尿(동족방뇨)

倣 倣

人, 총 10획

본뜰 방 | '亻+放(방)'으로, '仿'과 통용. 남[人]의 것을 본보기로 하여 그대로 따라함.

倣古(방고), 倣似(방사), 模倣(모방), 寫倣(사방), 餘皆倣此(여개방차)

支, 殳 부수

때죽나무 분재

분재는 화초나 나무를 화분에 심어 줄기와 가지〔枝〕를 보기 좋게 가꾸는 것이다. 어느 것은 버팀목으로 지탱하고〔支〕 모양을 훼손하여〔毁〕 구부리거나 바로잡기도 하는데, 그 기술〔技〕 여하에 따라 좋은 작품이 되기도 하고, 때론 잘못하여 죽이는〔殺〕 경우도 있다.

支

支, 총 4획

가지 지, 가를 지, 지탱할 지 | '十+又'로, 나뭇가지[十 : 半竹]를 손[又]으로 잡음.

支柱(지주), 支店(지점), 支配(지배), 支援(지원), 支離滅裂(지리멸렬)

枝

木, 총 8획

가지 지, 가지 칠 지 | '木+支(지)'로, 나무[木]의 줄기에서 새 가지가 남.

枝節(지절), 枝葉(지엽), 金枝玉葉(금지옥엽)

技

手, 총 7획

재주 기 | '扌+支(지)'로, 손[扌] 재예(才藝)가 뛰어남.

技巧(기교), 技能(기능), 技術(기술), 技藝(기예), 屠龍之技(도룡지기)

殺

殳, 총 11획

죽일 살, 감할 쇄 | '殳+杀(살)'로, 몽둥이나 창[殳]으로 죽임.

殺生(살생), 自殺(자살), 毒殺(독살), 殺到(쇄도), 相殺(상쇄), 殺身成仁(살신성인)

毁

殳, 총 13획

헐 훼, 비방할 훼 | '土+毇(훼)'로, 흙[土]을 구워 만든 그릇이 깨짐.

毁損(훼손), 毁傷(훼상), 破毁(파훼), 毁謗(훼방), 不敢毁傷(불감훼상)

屠龍之技(도룡지기) : 용을 죽이는 기술이라는 뜻으로, 용이 이 세상에 없는 동물이므로 세상에 쓸모없는 기술을 이르는 말.

전국(戰國) 시대(時代) 주평만(朱泙漫)이란 자는 지리익(支離益)에게서 용을 잡아서 요리하는 기술을 배우는데 천금이나 되는 가산을 탕진하여 3년 만에 그 재주를 이어받았지만 그 재주를 쓸 곳이 없었다는 데서 유래하였다.

殳 부수

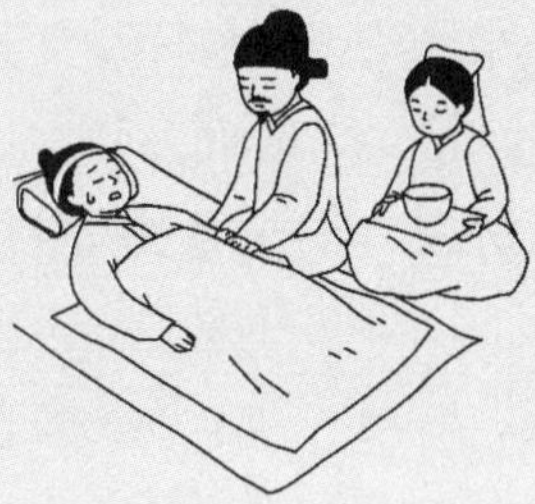

조선시대에 전염병〔疫〕이 유행하면 환자를 몇 단계(段階)로 구분하여 심한 자는 도성 밖으로 보내어 격리 투숙(投宿)케 했다. 도성 밖에는 역병 전담 일〔役〕을 하는 활인서를 설치(設置)하여 여기의 의원과 의무가 환자에게 의술 등을 베풀 수 있도록 하였다. 왕비가 역병에 걸리면 궁전(宮殿)에서 다른 곳으로 거처를 옮기는 등 왕실에도 격리 조치를 취했다.

段

殳, 총 9획

층계 단, 구분 단, 조각 단 | '殳+耑(단)'으로, 몽둥이나 망치[殳] 등(等)으로 절벽 두드려 조각냄.

段階(단계), 段落(단락), 段氏(단씨), 分段(분단), 分段同居(분단동거)

殿

殳, 총 13획

궁전 전, 큰 집 전 | '殳+屍(둔)'으로, 몽둥이나 창[殳] 등이 부딪쳐 나는 소리.

宮殿(궁전), 殿閣(전각), 殿堂(전당), 殿試(전시), 金殿玉樓(금전옥루)

設

言, 총 11획

베풀 설, 만들 설, 가령 설 | '言+殳'로, 병기[殳]를 펴 진열한 것을 말함[言].

設計(설계), 設立(설립), 設問(설문), 設備(설비), 設置(설치), 設令(설령), 醴酒不設(예주불설)

役

彳, 총 7획

부릴 역, 병역 역, 일 역 | '彳+殳'로, 창[殳]을 들고 변방을 순행(循行)하며[彳] 지킴.

使役(사역), 役事(역사), 兵役(병역), 軍役(군역), 役員(역원), 役割(역할), 犬馬之役(견마지역)

疫

疒, 총 9획

전염병 역, 돌림병 역 | '疒+殳←役(역)'으로, 백성 모두가 병[疒]에 걸리는 병.

疫疾(역질), 免疫(면역), 防疫(방역), 惡疫(악역), 口蹄疫(구제역)

投

手, 총 7획

던질 투, 보낼 투 | '扌+殳'로, 무기[殳]를 손으로[扌] 던져 다른 곳에 다다르게 함.

投稿(투고), 投機(투기), 投網(투망), 投賣(투매), 投降(투항), 投資(투자), 以蚓投魚(이인투어), 投鼠忌器(투서기기)

지식 샘터 **위태로운 형세**

竿頭之勢〔간두지세 ; 百尺竿頭(백척간두)〕 / 空中樓閣(공중누각) / 累卵之勢〔누란지세 ; 累卵之危(누란지위)〕 / 罔知所措(망지소조) / 命在頃刻(명재경각) / 釜中之魚(부중지어) / 四面楚歌(사면초가) / 砂上樓閣(사상누각) / 山窮水盡〔산궁수진 ; 山窮水盡(산궁수진), 山盡海渴(산진해갈)〕 / 束手無策(속수무책) / 如履薄氷(여리박빙) / 危機一髮(위기일발) / 游於釜中(유어부중) / 一觸卽發(일촉즉발) / 措火積薪(조화적신) / 存亡之秋(존망지추) / 進退兩難(진토양난) / 進退維谷(진퇴유곡) / 焦眉之急〔초미지급 ; 燒眉之急(소미지급)〕 / 風前燈火〔풍전등화 ; 風前燈燭(풍전등촉)〕 / 涸轍鮒魚(학철부어)

세상일의 흥망(興亡) 순환

强弩之末(강노지말) / 苦盡甘來(고진감래) / 樂極哀生(낙극애생) / 生者必滅(생자필멸) / 盛衰興廢(성쇠흥폐) / 衰殘零落(쇠잔영락) / 花無十日紅(화무십일홍) / 興亡盛衰(흥망성쇠) / 興盡悲來(흥진비래)

犬馬之勞(견마지로) : '개나 말의 하찮은 힘'이라는 뜻으로, 임금이나 나라에 충성을 다하는 노력. 윗사람에게 바치는 자기의 노력을 낮추어 말할 때 쓰는 말. 견마지역(犬馬之役)이라고도 함.

본래는 '개나 말 정도의 하찮은 힘 또는 수고'를 가리키는 말이었으나, 후에 임금이나 나라를 위해 바치는 자신의 노력을 겸손하게 이르거나, 또는 주인이나 나라를 위해 충성을 다하는 것을 비유하는 관용어로 굳어졌다. '견마'는 신분이 낮거나 미천한 사람을 가리키는 용어로, '개나 말 같은 비천한 사람'을 가리켜 '견마지류(犬馬之類)'라고 한다.

같은 뜻을 지닌 한자어에는 '견마지성(犬馬之誠)', '견마지심(犬馬之心)'이 있고, 유사한 표현에는 '한마공로(汗馬功勞)', '한마지로(汗馬之勞)'가 있다. '한마공로'나 '한마지로'는 모두 전쟁에서 세운 큰 공로나 탁월한 업적을 비유하는 말로, 나라를 위해 전장에서 땀을 흘리며 충성을 다한다는 뜻이다. 전자는 《사기(史記)》 〈소상국세가(蕭相國世家)〉에, 후자는 《한비자(韓非子)》 〈오두(五蠹)편〉에 나온다.

隶, 廾부수

대부분 마술은 마술사의 행동에 주의를 끌게 하여 관객의 시선을 한데 모아 그 재롱(才弄)을 눈치 채지 못하게 연기하면서 관객이 그 속에 종속되게〔隸〕 하는 방식을 많이 사용한다. 이 같은 마술을 속임술의 극치라 하여 그 폐단(弊端)을 지적하는 사람도 있지만, 눈에 띄지 않게 비단〔幣〕 등으로 잘 가리어〔蔽〕 쉽게 간파되지 않도록 하는 숙련된 기술에서 창조된 예술 중의 예술이라 찬사를 찬사를 보내는 이도 있다.

隶 (隶, 총 8획)

미칠 이 | '又+尾'로, 손[又]으로 뒤에서 짐승의 꼬리[尾]를 잡고 있는 것.

隸 (隶, 총 16획)

붙을 례, 따를 례, 살필 례, 부릴 례, 종 례 | '隶+柰(내)'로, 서로 마주 닿아 붙음[隶].

奴隸(노예), 隸屬(예속), 隸僕(예복), 隸人(예인)

弄 (廾, 총 7획)

희롱할 농, 가지고 놀 롱 | '玉+廾'으로, 옥구슬[玉]을 양손[廾]으로 가지고 노는 모양.

弄談(농담), 戲弄(희롱), 弄璋之慶(농장지경), 弄假成眞(농가성진)

弊 (廾, 총 15획)

넘어질 폐, 해질 폐, 나쁠 폐 | '犬+敝(폐)', 본자는 '獘'. 개[犬]를 만나 소리를 내며 쓰러짐.

弊家(폐가), 弊端(폐단), 弊習(폐습), 弊害(폐해), 弊帚千金(폐추천금)

※ 㡀 敗衣也 從巾 象衣敗之形

蔽 (艸, 총 16획)

가릴 폐, 덮을 폐 | '艸+敝(폐)'로, 작은 풀[艸]로 가리어 덮음.

掩蔽(엄폐), 隱蔽(은폐), 欺蔽(기폐), 蔽塞(폐색), 干雲蔽日(간운폐일), 一言以蔽之(일언이폐지)

幣 (巾, 총 15획)

비단 폐, 돈 폐 | '巾+敝(폐)'로, 실로 짠 비단[巾]을 총칭함.

幣帛(폐백), 幣物(폐물), 紙幣(지폐), 貨幣(화폐), 僞造紙幣(위조지폐)

한 발

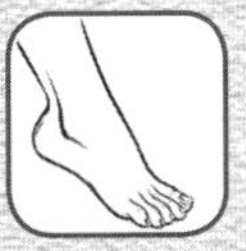

止 疋 足

- 止: 企 肯
- 歲
- 正: 政 征 整 症
- 步: 涉
- 此: 紫 雌
- 武: 賦
- 歷: 曆
- 歸: 婦 掃
- 疋
- 疑: 凝
- 足: 促 捉
- 路: 露
- 踏
- 踐: 賤 淺 殘 錢

한 발(두 발)+추가

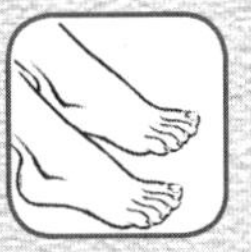

夊 夂 彳 廴 辶 行 癶 舛 韋

- 夊: 降
- 夂: 夏
- 彳
- 後
- 得
- 德: 聽 廳
- 復: 履
- 從: 縱
- 微
- 御
- 徹
- 彼: 破 疲 被 頗
- 廴
- 延
- 建: 健
- 廷: 庭
- 辵
- 通: 痛 誦 勇
- 邊
- 述: 術
- 還: 環
- 進
- 遇: 偶 愚
- 適: 敵 滴 摘
- 送
- 達
- 遣
- 退
- 追
- 逢
- 遞
- 逮
- 遷
- 選
- 遠: 園
- 遊
- 遲
- 行
- 衡
- 街
- 登: 燈 證
- 發: 廢
- 癸
- 舞: 傑 瞬
- 韋: 偉 衛 圍 緯 違
- 韓

止부수

1월 1일, 새해〔歲〕 첫 발〔止〕걸음〔步〕이 시작되면 웃어른이나 친지 및 지인들과 덕담을 나누며 행복한 한해의 출발을 바라는〔企〕 말이나 글을 주고받는다. 새해 인사말 중 좋은 관계〔涉〕를 맺기 위해 즐겨〔肯〕 사용한 문구들이다.

새해 늘 건강과 희망이 함께하시길 기원합니다.	하시는 일마다 성취하시길 기원합니다.	행운과 평안이 가득하길 바랍니다.	기쁨과 행복이 늘 함께 하길 기원합니다.

止 

止, 총 4획

발 지, 그칠 지 | 땅에 초목이 나오는 모양.

停止(정지), 禁止(금지), 廢止(폐지), 止血(지혈), 明鏡止水(명경지수)

企 

人, 총 6획

바랄 기, 꾀할 기 | '人+止(지)'로, 사람[人]이 발뒤꿈치[止]를 들고 멀리 바라봄.

企待(기대), 企劃(기획), 企業(기업), 企望(기망), 大企業(대기업), 中小企業(중소기업), 企業合竝(기업합병)

肯 

肉, 총 8획

즐길 긍, 긍정할 긍 | '月+止←冎'로, 뼈[骨]에 고기[月]가 붙어 있음.

首肯(수긍), 肯定(긍정), 肯諾(긍낙), 不肯底意(불긍저의)

步 

止, 총 7획

걸음 보 | '止+止'로, 두 발[止]로 번갈아 앞으로 걸어감.

步行(보행), 步幅(보폭), 散步(산보), 獨步(독보), 七步之才(칠보지재), 邯鄲之步(한단지보), 五十步百步(오십보백보)

涉 

水, 총 10획

건널 섭, 관계할 섭 | '氵+步'로, 걸어서[步] 강물[氵]을 건넘.

涉水(섭수), 交涉(교섭), 干涉(간섭), 涉外(섭외), 無不干涉(무불간섭)

歲 

止, 총 13획

해 세, 나이 세 | '步+戌(술)'로, 세성(歲星)[목성(木星)]이 운행하여[步] 제 위치로 돌아오는 데 1년이 걸림.

年歲(연세), 歲拜(세배), 歲暮(세모), 萬歲(만세), 歲寒孤節(세한고절)

노나라의 대부 계강자가 정치〔政〕에 대해서 공자에게 물었다. 공자는 대답하여 말하기를, "정치라는 것은 바른〔正〕 것이니, 그대가 바름으로써 솔선수범한다면 누가 감히 바르지 않겠는가?"라 답했다. 정치가는 바른 삶이 기본이다. 정치인이 자기의 병적〔症〕인 잘못은 감추고 남의 단점만을 공격하여 친다〔征〕면 모두가 평등한 가지런한〔整〕 세상을 어떻게 만들 수 있겠는가?

正

止, 총 5획

바를 정, 떳떳할 정 | '一+止'로, 자주 옮기지 않고 한[一] 곳에 적을 둠[止].

正道(정도), 正直(정직), 正統(정통), 正確(정확), 衛正斥邪(위정척사), 正正堂堂(정정당당), 破邪顯正(파사현정)

政

攴, 총 8획

정사 정 | '攵+正(정)'으로, 바르지 못한 것을 바르게[正] 하도록 채찍함[攵].

國政(국정), 政客(정객), 政黨(정당), 政策(정책), 垂簾聽政(수렴청정)

征

彳, 총 8획

칠 정 | '彳+正(정)'으로, 잘못이 있는 적이나 무리를 바로[正]잡기 위해 치러 감[彳].

征伐(정벌), 征服(정복), 遠征(원정), 長征(장정), 東征西伐(동정서벌)

整

攴, 총 16획

가지런할 정 | '束+攴+正(정)'으로, 바르게[正] 묶도록[束] 지도하여[攴] 가지런히 정돈함.

整頓(정돈), 整理(정리), 端整(단정), 調整(조정), 李下不整冠(이하부정관)

症

疒, 총 10획

증세 증, 병 증세 증 | '疒+正(정)'으로, 배에 병[疒]이 생김.

症狀(증상), 炎症(염증), 痛症(통증), 渴症(갈증), 對症下藥(대증하약)

垂簾聽政(수렴청정) : 조선시대 어린 왕이 즉위하였을 때 왕실의 가장 어른인 대비(大妃)가 국정 운영에 참여하는 정치제도.

수렴청정의 본래 명칭은 수렴동청정이다. 수렴은 '발을 드리운다.'는 뜻이고, 청정은 '정사를 듣는다.'는 것이다. 곧 수렴청정은 왕과 함께 발을 드리우고 정치하는 것을 뜻한다. 발을 치는 이유는 조선이 남녀 간의 내외(內外)를 엄격히 구분하였던 유교 국가였기 때문이다. 수렴청정은 즉위하는 왕이 성년이 되지 않은 어린 나이일 때 시행되었다. 최초 수렴청정은 세조비 정희왕후가 성종(成宗)이 13세의 어린 나이에 즉위하자 20세까지 수렴청정을 했으며, 중종 비 문정왕후(文定王后)는 명종(明宗)이 12세에 즉위하자 20세가 될 때까지 9년간 수렴청정하였고, 명종비 인순왕후(仁順王后)는 선조(宣祖)가 16세에 즉위하자 8개월간 수렴청정하였다.

원소를 물리치고 화북을 장악한 조조의 백만 대군이 천하통일의 꿈을 안고 형주를 향해 남하할 때, 공명은 손권과 연합하여 양자강 남안의 적벽에서 자웅(雌雄)을 겨루었다. 주유의 부장 황개는 조조병사의 무력(武力)에 위압당한 듯 거짓 항복을 구실〔賦〕로 삼아 깃발을 꽂고 조조의 진영으로 나아갔다. 그를 따르는 10척의 배에는 마른 섶과 갈대가 가득 실려 있었다. 이를 까맣게 모르는 조조의 군사가 환성을 지르는 순간, 조조의 진영에 가까이 접근한 황개는 재빨리 신호를 주었다〔賦〕. 때마침 세찬 동남풍이 불어대자 불붙은 선단은 조조의 함대에 돌입하여 대 선단(船團)을 모두 불태워버렸다. 온 천지가 자줏빛〔紫〕 불꽃을 내뿜으며 뒤덮이자 횡삭부시(橫槊賦詩)로 명성이 높았던 조조였지만 군대를 모두 잃고 겨우 목숨만을 건져 화북으로 도망쳤다. 이것〔此〕이 그 유명한 적벽대전 이다.

此 

止, 총 6획

이 차 | '止+匕'로, 멈춰[止] 있는 사람의 그 다음 사람[匕←人].

如此(여차), 彼此(피차), 彼日此日(피일차일)

紫 

糸, 총 11획

자줏빛 자 | '糸+此(차)'로, 적색과 청색이 혼합된 직물[糸].

紫色(자색), 紫煙(자연), 紫外線(자외선), 千紫萬紅(천자만홍), 山紫水明(산자수명)

雌 

隹, 총 13획

암컷 자, 약할 자 | '隹+此(차)'로, 알을 낳고 부화하기 위해 둥지에 머물러 있는 어미새[隹].

雌性(자성), 雌蜂(자봉), 雌花(자화), 雌伏(자복), 孤雌寡鶴(고자과학)

武 

止, 총 8획

무사 무, 굳셀 무 | '戈+止'로, 전쟁에 창[戈]을 들고 나아가[止] 용감히 싸움.

武士(무사), 武勇(무용), 武裝(무장), 武器(무기), 文武兼全(문무겸전)

賦 

貝, 총 14획

세금 거둘 부, 줄 부, 구실 부 | '貝+武(무)'로, 국가에서 세금[貝]을 거두고, 또 이를 백성들에게 나누어 줌.

賦課(부과), 賦稅(부세), 賦與(부여), 詩賦(시부), 登高能賦(등고능부)

그 부인〔婦〕은 달력〔曆〕에 쓸고〔掃〕 청소하는 날, 딸이 시집가〔歸〕는 날 등 한 달 동안 지낸〔歷〕 일들을 상세히 기록하였다.

歷 歷

止, 총 16획

역사 력, 지낼 력 | '止+厤(력)'으로, 지나간 발[止]자취를 기록함.
※ 厤 다스릴 력[治也]=曆의 古字.

歷史(역사), 經歷(경력), 學歷(학력), 歷任(역임), 山中歷日(산중역일)

曆 曆

日, 총 16획

책력 력 | '日+厤(력)'으로, 천체(天體) 중심의 해[日]와 달의 돌아다님과 절기를 다룬[厤] 책.

曆法(역법), 册曆(책력), 曆數(역수), 陰曆(음력), 夏扇冬曆(하선동력)

歸 歸

止, 총 18획

시집갈 귀, 돌아갈 귀 | '止+帚←婦+自(퇴)'로, 여자가 시집을 가면[止] 부인[婦]이 됨.

歸嫁(귀가), 歸國(귀국), 歸順(귀순), 歸鄕(귀향), 事必歸正(사필귀정)

婦 婦

女, 총 11획

아내 부, 며느리 부 | '女+帚'로, 비[帚]를 잡고 물 뿌리며 쓸고 복종하며 따르는 여자[女].

夫婦(부부), 寡婦(과부), 姙婦(임부), 賢婦(현부), 愚夫愚婦(우부우부)

掃 掃

手, 총 11획

쓸 소, 없앨 소 | '扌+帚(추)'로, 버려진 것을 손[手]으로 비를 잡고 쓸어냄.

淸掃(청소), 掃地(소지), 掃滅(소멸), 掃射(소사), 掃地無餘(소지무여)

事必歸正(사필귀정) : 무슨 일이든 결국 옳은 이치대로 돌아간다는 뜻.

올바르지 못한 것이 임시로 기승을 부리는 것 같지만 결국 오래가지 못하고, 마침내 올바른 것이 이기게 되어 있음을 가리키는 말이다. '사(事)'는 '이 세상의 모든 일'을 뜻하고, '정(正)'은 '이 세상의 올바른 법칙'을 뜻한다. 처음에는 옳고 그름을 가리지 못하여 올바르지 못한 일이 일시적으로 통용되거나 득세할 수는 있지만 오래가지 못하고, 모든 일은 결국에는 반드시 바른길로 돌아가게 되어 있음을 비유하는 말이다. 비슷한 의미의 사자성어로는 사불범정(邪不犯正), 인과응보(因果應報), 종두득두(種豆得豆) 등이 있다.

疋, 足부수

술 취한 사람이 발걸음을 재촉하며〔促〕 빨리 걸으려〔踏〕 안간힘을 다했다. 그러나 응시(凝視)한 곳으로 발걸음이 미치지 않자, 자기의 발〔足〕을 의심〔疑〕하며 무언가 뒤에서 붙잡는다〔捉〕는 듯 불평을 토해냈다.

疑 疋, 총 14획

의심할 의 | '子+止+匕+矢(시)'로, 어린아이[子]가 뜻을 이해하지 못하여[止] 머리를 들어 옆을 자주 보며 의심함[匕]. ※ 羅辰玉은 갑골문을 보면 '사람이 머리를 들어 옆을 자주 보는 것'이라 했음.『字源字典』.

疑心(의심), 疑問(의문), 半信半疑(반신반의), 疑心暗鬼(의심암귀)

凝 冫, 총 16획

엉길 응 | '冫+疑(의)'로, 물이 얼어서[冫] 단단해짐.

凝固(응고), 凝視(응시), 凝結(응결), 凝集(응집), 鳩首凝議(구수응의)

足 足, 총 7획

발 족, 넉넉할 족 | '口+止'로, 정강이[口] 아래에 있는 사람의 발[止]. ※'口'는 입이 아님.

手足(수족), 長足(장족), 滿足(만족), 豊足(풍족), 手足之愛(수족지애), 鼎足之勢(정족지세), 不足置齒牙間(부족치치아간), 豎者不足與謀(수자부족여모)

促 人, 총 9획

재촉할 촉 | '人+足(족)'으로, 가까이 또는 은밀히 사람[人]을 다그침.

督促(독촉), 促急(촉급), 促迫(촉박), 促進(촉진), 星火督促(성화독촉)

捉 手, 총 10획

잡을 착 | '扌+足(족)'으로, 손[手]으로 꽉 잡음.

捕捉(포착), 捉囚(착수), 捉送(착송), 捉來(착래), 吐哺捉髮(토포착발)

踏 足, 총 15획

밟을 답, 걸을 답 | '足+沓(답)'으로, 본자는 '蹋'. 발[足]로 땅을 밟거나 땅 위를 걸음.

踏步(답보), 踏査(답사), 踏襲(답습), 前人未踏(전인미답)

지식 샘터 **가까운 거리**

五十步百步(오십보백보) / 咫尺之間〔지척지간 ; 咫尺之地(지척지지)〕 / 指呼之間(지호지간)

足부수

얕은〔淺〕 개울 옆 작은 길〔路〕을 밟고〔踐〕 지나가면 근처에 텃밭이 있다. 천시(賤視)하듯 방치하여 잡목들로 무성하다. 밭에 농작물을 심기 위해 돈〔錢〕을 투자하여 큰 나무들도 잔인(殘忍)하게 베어내고, 이슬〔露〕 젖은 작은 덤불들도 모두 걷어내는 공사를 했다.

路

足, 총 13획

길 로 | '足+各'으로, 사람들이 길을 제각기[各] 발[足]로 걸어 다님.

道路(도로), 歸路(귀로), 旅路(여로), 進路(진로), 坦坦大路(탄탄대로)

露

雨, 총 20획

이슬 로, 드러낼 로 | '雨+路(로)'로, 공기가 식어서 이슬점(點) 이하로 내려갈 때, 수증기가 작은 물방울[雨]이 되어 물체의 표면에 부착한 것.

露宿(노숙), 露店(노점), 露出(노출), 露積(노적), 暴露(폭로), 人生朝露(인생조로)

踐

足, 총 15획

밟을 천, 행할 천 | '足+戔(전/잔)'으로 발[足]로 땅을 밟음.

實踐(실천), 踐歷(천력), 踐約(천약), 踐言(천언), 實踐躬行(실천궁행)

賤

貝, 총 15획

천할 천, 업신여길 천 | '貝+戔(전/잔)'으로, 물건의 값[貝]이 적게[戔] 나감.

賤待(천대), 賤視(천시), 賤業(천업), 賤妾(천첩), 貴鵠賤鷄(귀곡천계)

淺

水, 총 11획

얕을 천, 배움이 얕을 천 | '氵+戔(전/잔)'으로, 물[氵]이 깊지 않음[戔].

淺見(천견), 淺薄(천박), 淺學非才(천학비재), 淺見博識(천견박식)

殘

歹, 총 12획

해칠 잔, 잔인할 잔, 나머지 잔 | '歹+戔(잔/전)'으로, '戔'과 통용. 전쟁을 많이 하여 뼈만 앙상히 남음[歹].

相殘(상잔), 殘忍(잔인), 殘金(잔금), 殘額(잔액), 殘虐無道(잔학무도)

錢

金, 총 16획

돈 전 | '金+戔(전/잔)'으로, 쇠로 만든 농기구인 가래[鍤] 따위.

銅錢(동전), 金錢(금전), 葉錢(엽전), 換錢(환전), 守錢奴(수전노), 多錢善賈(다전선고)

夂, 夊, 彳 부수

여름〔夏〕 긴 가뭄 뒤〔後〕 간밤 내내 장대비가 내린〔降〕다. 비는 깜깜한 어둠을 가르며 흰 물방울로 어둠마저 삼켜버리고, 아침을 맞는 울창한 숲속은 마치 뜻 얻음〔得〕을 표현하듯 은미한〔微〕 향기로 넘쳐난다.

夂 (夂, 총 3획)

뒤져서 올 치 | 먼저 사람이 지나간 길을 뒤따라 이르는 모양.

降 (阜, 총 9획)

내릴 강, 항복할 항 | ‘阝+夅(강)’으로, ‘夅’은 고문. 높은 언덕[阜]에서 낮은 데로 내려옴.

降伏(항복), 投降(투항), 降雨(강우), 降臨(강림), 道有升降(도유승강)

夊 (夊, 총 3획)

천천히 걸을 쇠 | 사람의 두 정강이가 신발을 끌며 더디게 가는 모양.

夏 (夊, 총 10획)

중국 하, 여름 하 | ‘頁+臼+夊’로, 머리[頁], 양손[臼], 발[夊] 모두를 잘 사용하는 쌍수만능(雙手萬能)의 중국인.

中夏(중하), 孟夏(맹하), 冬蟲夏草(동충하초), 夏爐冬扇(하로동선)

彳 (彳, 총 3획)

작은 걸음 척 | 잔걸음으로 걸음.

後 (彳, 총 9획)

뒤 후 | ‘彳+幺+夊’로, 뒤처져[幺+夊] 잔걸음[彳]으로 감.

後見(후견), 背後(배후), 後援(후원), 落後(낙후), 前倨後恭(전거후공), 前無後無(전무후무), 螳螂在後(당랑재후), 後生可畏(후생가외), 後悔莫及(후회막급)

得 (彳, 총 11획)

얻을 득 | ‘彳+㝵←得(득)’으로, ‘㝵’과 동자. 잔걸음[彳]으로 가다가 얻은 바가 있음.

得勢(득세), 得失(득실), 得意(득의), 得票(득표), 萬不得已(만부득이), 舐痔得車(지치득거), 蛟龍得水(교룡득수), 不入虎穴不得虎子(불입호혈부득호자), 楚王失弓 楚人得之(초왕실궁 초인득지)

微 (彳, 총 13획)

은밀할 미, 정묘할 미, 작을 미 | ‘彳+敚(미)’로, 사람의 눈에 띄지 않게 은밀히 걸어감[彳].

微動(미동), 微力(미력), 微妙(미묘), 微物(미물), 拈華微笑(염화미소)

彳 부수

시청〔廳〕은 시민들의 소리에 귀 기울여 듣고〔聽〕, 그 지혜를 불러〔徵〕 모아 그 민의를 좇아〔從〕 실천하는 곳이다. 또 타고난 밝은 덕〔德〕을 회복(回復)한 명철한 관리자가 한 시대를 밟고〔履〕 살아가는 사람들이 마음 놓고〔縱〕 편안히 살 수 있는 세상을 창조해내는 공간이기도 하다.

德

彳, 총 15획

덕 덕, 큰 덕 | '彳+悳(덕)'으로, 도(道)[悳]를 조금씩 실천하여[彳] 깨달음의 단계로 올라감.

德量(덕량), 德望(덕망), 德業(덕업), 德澤(덕택), 怒者逆德(노자역덕), 背恩忘德(배은망덕), 報怨以德(보원이덕), 才勝德薄(재승덕박), 在德不在險(재덕부재험)

聽

耳, 총 22획

들을 청 | '耳+悳+壬(정)'으로, 귀[耳]를 통해 듣고 깨달음.

聽覺(청각), 聽講(청강), 聽訟(청송), 聽衆(청중), 道聽道說(도청도설)

廳

广, 총 25획

관청 청 | '广+聽(청)'으로, 백성의 소리를 듣는 큰 집[广].

廳舍(청사), 公廳(공청), 官廳(관청), 區廳(구청), 借廳借閨(차청차규)

復

彳, 총 12획

다시 부, 돌아올 복 | '彳+夏(복)'으로, 걸어서 간[彳] 길을 다시 돌아옴.

※ 夏 : 古文 㚆『說文』行故道也 -『康熙』.

復舊(복구), 復權(복권), 復習(복습), 復活(부활), 三復白圭(삼복백규)

履

尸, 총 15획

밟을 리, 신 리 | '尸+彳+夊+舟'로, 배[舟]처럼 생긴 신을 신고[尸] 천천히 걸어[彳] 다님[夊].

履歷(이력), 履行(이행), 履歷書(이력서), 如履薄氷(여리박빙)

從

彳, 총 11획

따를 종 | '辵+從(종)'으로 사람의 뒤를 따라감[辵].

從軍(종군), 從弟(종제), 盲從(맹종), 服從(복종), 白衣從軍(백의종군), 三從之道(삼종지도)

縱

糸, 총 17획

놓을 종, 세로 종 | '糸+從(종)'으로, 실[糸]을 풀어 느슨하게 놓음.

縱斷(종단), 縱覽(종람), 縱列(종렬), 縱書(종서)

徵

彳, 총 15획

부를 징, 음률이름 치 | '微+壬'으로, 선행[壬]을 은미하게[微] 행했지만 후에 이름이 세상에 알려져 부름을 받음.

徵募(징모), 徵發(징발), 徵兵(징병), 徵稅(징세), 宮商角徵羽(궁상각치우)

임금[御]의 용안은 저[彼] 하늘의 해가 구름에 가림과 같아서 자못[頗] 한 번 기뻐 웃고 피곤하여[疲] 찡그리는 행동까지도 그 은택 입음[被]과 깨짐[破]으로 통[徹]한다.

御

彳, 총 11획

짐승 길들일 어, 어거할 어, 임금 어 | '彳+卸'로, 수레를 멈추고 말을 풀어 놓았다가[卸] 다시 부리어 감[彳].

御駕(어가), 御命(어명), 御使(어사), 御用(어용), 御使出頭(어사출두), 御人如馬(어인여마)

徹

彳, 총 12획

통할 철, 뚫을 철 | '彳+攵+育'으로, 세상 사람 모두가 통하는 길로 채찍하고[攵] 길러[育] 감[彳].

徹底(철저), 透徹(투철), 徹頭徹尾(철두철미)

彼

彳, 총 8획

저 피 | '彳+皮(피)'로, 이것의 대가 되는 것으로, 말하는 이나 듣는 이로부터 멀리 떨어져 있는[彳] 사물.

彼岸(피안), 彼處(피처), 彼此(피차), 彼我(피아), 知彼知己(지피지기)

破

石, 총 10획

깨뜨릴 파, 깨질 파, 가를 파 | '石+皮(피)'로, 돌[石]을 깨뜨림.

破鏡(파경), 破壞(파괴), 破産(파산), 破損(파손), 破瓜(파과), 破顔大笑(파안대소), 敝袍破笠(폐포파립), 破釜沈船(파부침선)

疲

疒, 총 10획

피곤할 피, 지칠 피 | '疒+皮(피)'로, 일하여 지치고 피곤함[疒].

疲困(피곤), 疲勞(피로), 疲弊(피폐), 樂此不疲(요차불피)

被

衣, 총 10획

입을 피, 덮을 피, 이불 피, 당할 피 | '衤+皮(피)'로, 길이가 몸보다 큰 잠옷[衣]을 입거나 덮음.

被擊(피격), 被衾(피금), 被拉(피랍), 被殺(피살), 夜行被繡(야행피수), 被褐懷玉(피갈회옥)

頗

頁, 총 14획

치우칠 파, 자못 파 | '頁+皮(피)'로, 머리[頁]가 한쪽으로 기울어짐.

頗多(파다), 偏頗(편파), 阿諛偏頗(아유편파)

廴 부수

광화문 해치

경복궁 광화문 앞 좌우에 있는 '해치'는 중국의 순임금이 나라를 세워〔建〕 튼튼히〔健〕 잘 다스리던 태평성대 시절 세상에 나타났다고 하는 상상의 동물이다. 조선시대에는 선악을 가리는 신기한 재주가 있는 영물이라 여겨, 조정〔廷〕 뜰〔庭〕 입구에 '해치'를 두어 임금을 비롯하여 경복궁에 드나드는 뭇 관리들이 경건한 마음으로 국정에 임할 수 있도록 이끄는〔延〕 역할을 하였다.

廴 廴

廴, 총 3획

길게 걸을 인 | 긴 걸음으로 조금씩 걸어감[彳]. [長行也. 從彳引之] 从彳引之 : 引長之也『段注』.

延 延

廴, 총 7획

끌 연, 이끌 연, 인도할 연 | '㢟+丿(별)'로, 오래도록 인도하여 이끌고 감[㢟].

延期(연기), 延年(연년), 延長(연장), 延命(연명), 苟延歲月(구연세월), 延頸鶴望(연경학망)

建 建

廴, 총 9획

세울 건 | '廴+聿←律'로, 조정이 법도[聿]를 수립하여 백성을 끌고 감[廴].

建國(건국), 建立(건립), 建物(건물), 建設(건설), 建陽多慶(건양다경), 建德名立(건덕명립)

健 健

人, 총 11획

튼튼할 건 | '亻+建(건)'으로, 의지가 굳세고 강건한 사람[人].

健康(건강), 健剛(건강), 健鬪(건투), 健全(건전), 實質剛健(실질강건), 春寒老健(춘한노건)

廷 廷

廴, 총 7획

조정 정 | '廴+壬(정)'으로, 임금과 신하가 정사를 논의하기 위해 가는[廴] 곳.

廷論(정론), 法廷(법정), 廷辱(정욕), 廷爭(정쟁), 滿廷諸臣(만정제신), 面引廷爭(면인정쟁)

庭 庭

广, 총 10획

뜰 정 | '广+廷(정)'으로, 큰 집[广] 안의 넓은 뜰.

庭球(정구), 庭試(정시), 庭園(정원), 家庭(가정), 門庭若市(문정약시)

辵부수 – 辶

나는 버스를 타고 도시 변두리〔邊〕에 있는 학교에까지 통학(通學)을 했다. 몸이 허약하여 자주 아팠〔痛〕지만 버스 안에서 단어장도 외우〔誦〕며 용감〔勇〕히 공부한 덕분에 목표하는 대학에 진학(進學)할 수 있었다.

辵

쉬엄쉬엄 갈 착 | '彳+止'로, 잠시 가고, 잠시 쉬는 것.

通

辵, 총 11획

통할 통, 다닐 통 | '辶+甬(용)'으로, 가는[辶] 길이 막힘없이 통함. ※ 甬은 고대 중요 예기(禮器) 또는 악기(樂器)로, 통상 시령에 매달아 소리를 냄. 『字源字典』

通俗(통속), 通例(통례), 通路(통로), 開通(개통), 一脈相通(일맥상통)

痛

疒, 총 12획

아플 통 | '疒+甬(용)'으로, 병[疒]으로 몸이 아픔.

痛症(통증), 痛哭(통곡), 痛歎(통탄), 腹痛(복통), 叩盆之痛(고분지통), 崩城之痛(붕성지통)

誦

言, 총 14획

외울 송, 소리 내어 읽을 송 | '言+甬(용)'으로, 소리[言] 내어 읽으며 욈.

誦讀(송독), 誦經(송경), 暗誦(암송), 誦詠(송영), 記誦之學(기송지학)

勇

力, 총 9획

날랠 용, 용감할 용 | '力+甬(용)'으로, 씩씩하고 기운[力]참.

勇敢(용감), 勇氣(용기), 勇斷(용단), 勇猛(용맹), 兼人之勇(겸인지용), 匹夫之勇(필부지용), 敗軍將不可以言勇(패군장불가이언용)

邊

辵, 총 19획

가 변, 국경 변, 성 변 | '辶+臱(변)'으로, 가기[辶]에 먼 수(垂)와 애(崖)의 변경.

邊境(변경), 邊方(변방), 川邊(천변), 海邊(해변), 廣大無邊(광대무변)

進

辵, 총 12획

나아갈 진, 발전할 진, 오를 진 | '辶+隹←閵(린)'으로, 새가 나는 것을 연습하여[辶] 날아오름.

進步(진보), 進級(진급), 進路(진로), 進陟(진척), 與進與退(여진여퇴), 日進月步(일진월보)

친구를 전송(傳送)하러 가는〔適〕 기차역에 이르자〔達〕, 얼굴에서는 빗물인지 눈물인지 알 수 없는 물방울〔滴〕이 턱 밑으로 뚝뚝 떨어진다. 학창시절 서로 적수(敵手)라 여기고 경쟁하며 공부했지만, 이제는 서로 사랑하고 아끼며 옷맵시도 지적(指摘)하여 주는 절친한 사이가 되었다.

送

辵, 총 10획

보낼 송 | '辶+关←倂'으로, 시집가거[辶]나 돌아갈 때 예물을 함께 보냄[倂].

送別(송별), 送金(송금), 發送(발송), 送還(송환), 虛送歲月(허송세월)

達

辵, 총 13획

이를 달, 통달할 달 | '辶+幸(달)'로, 벼슬길에 나아가서[辶] 세상을 잘 다스림.

達辯(달변), 達成(달성), 到達(도달), 未達(미달), 下學上達(하학상달)

適

辵, 총 15획

갈 적, 맞을 적 | '辶+啇←啻(시)'로, 서로 생각이 같은 곳으로 감[辶].

適歸(적귀), 適當(적당), 適格(적격), 適量(적량), 悠然自適(유연자적)

敵

攴, 총 15획

대적할 적, 원수 적 | '攵+啇←啻(시)'로, 원수와 대적하며 다툼[攵].

敵對(적대), 敵手(적수), 輕敵必敗(경적필패), 衆寡不敵(중과부적)

滴

氵, 총 14획

물방울 적 | '氵+啇←啻(시)'로, 물방울[氵]이 아래로 뚝뚝 떨어짐.

滴露(적로), 餘滴(여적), 硯滴(연적), 滴水(적수), 大海一滴(대해일적), 水滴穿石(수적천석)

摘

手, 총 14획

딸 적, 요점만 가릴 적, 지적할 적 | '扌+啇←啻(시)'로, 손[手]으로 과일나무의 열매를 땀.

摘果(적과), 指摘(지적), 摘要(적요), 摘發(적발), 尋章摘句(심장적구), 發奸摘伏(발간적복)

지식 샘터 **공연한 의심**

瓜田不納履(과전불납리) / 李下不整冠(이하부정관)

어리석은〔愚〕 자 중에는 스스로 꾀〔術〕가 많다고 진술(陳述)하는 사람이 있다. 이 사람은 우물 안 습성에 젖어 성현의 글조차도 허수아비〔偶〕 말로 여기며, 어려운 일을 만나면 불편한 심경(心境)을 곧 드러내며 불평불만에서 돌아올〔還〕 줄을 모른다.

述 — 辵, 총 9획

설명할 술, 지을 술 | '辶+朮(출)'로, 사람의 일을 좇아[辶] 설명하고 기술함.

論述(논술), 述懷(술회), 述語(술어), 陳述(진술), 述而不作(술이부작)

術 — 行, 총 11획

꾀 술, 재주 술 | '行+朮(출)'로, 사람들이 다니는[行] 고을 안 길.

技術(기술), 術策(술책), 術數(술수), 術法(술법), 壟斷之術(농단지술)

還 — 辵, 총 17획

돌아갈 환, 돌아올 환 | '辶+瞏(환)'으로, 왔던 길로 다시 감.

還元(환원), 還給(환급), 還鄕(환향), 還甲(환갑), 借鷄騎還(차계기환)

環 — 玉, 총 17획

두를 환, 고리 환, 둥근 구슬 환 | '玉+瞏(환)'으로, 고리처럼 생긴 둥근 옥[玉]. [璧也 肉好若一謂之環 從玉瞏聲]

環境(환경), 循環(순환), 花環(화환), 環形(환형), 結草啣環(결초함환), 轍環天下(철환천하)

遇 — 辵, 총 13획

만날 우, 접대할 우 | '辶+禺(우)'로, 길을 가다[辶] 서로 만남.

不遇(불우), 待遇(대우), 禮遇(예우), 遇待(우대), 遇事生風(우사생풍)

偶 — 人, 총 11획

짝 우, 우연 우, 허수아비 우 | '亻+禺(우)'로, 죽은 사람과 함께 넣는 오동나무로 만든 인형[人].

偶發(우발), 偶然(우연), 偶像(우상), 對偶(대우), 沙中偶語(사중우어)

愚 — 心, 총 13획

어리석을 우 | '心+禺'로, 마음[心]씀이 긴꼬리원숭이[禺]처럼 우둔함.

愚鈍(우둔), 愚昧(우매), 愚劣(우열), 愚弄(우롱), 愚問愚答(우문우답)

지식 샘터 **완벽함의 강조**

狡兔三窟(교토삼굴) / 完璧(완벽) / 用意周到(용의주도) / 徹頭徹尾(철두철미)

태종은 세자에서 물러난〔退〕 양녕대군을 즉시 강화로 추방〔追〕하고, 얼마 후 경기도 이천으로 보내어〔遣〕 죄인 신분으로 생활하게 했다. 태종이 붕어하자 왕위에 오른 세종은 임금의 신분으로 죄인을 만날 수 없음에도 불구하고 1년에 한 번씩 형인 양녕대군을 만나〔逢〕 우애를 나눴으며, 1438년 1월에 미치어〔逮〕서는 서울에서 살도록 했다. 그러나 신하들의 반대로 뜻을 이루지 못하자 서울과 이천을 번갈아〔遞〕 오가며 만났다.

遣 

辵, 총 14획

보낼 견 | '辶+𠳋(견)'으로, 쫓아보내거나 가도록[辶] 놓아줌.

派遣(파견), 遣外(견외), 消遣(소견), 消遣歲月(소견세월)

退 

辵, 총 10획

물러날 퇴 | '彳+日+夂'으로, 하는 일[彳]이 날마다[日] 더디고 늦음.

退却(퇴각), 退治(퇴치), 退步(퇴보), 退場(퇴장), 進退維谷(진퇴유곡)

追 

辵, 총 10획

쫓을 추, 구할 추 | '辶+𠂤(퇴/추)'로, 뒤를 밟아 따라감[辶].

追放(추방), 追窮(추궁), 追悼(추도), 追慕(추모), 窮寇莫追(궁구막추)

逢 

辵, 총 11획

만날 봉 | '辶+夆(봉)'으로, 길을 가다가[辶] 우연히 만남.

逢變(봉변), 逢辱(봉욕), 逢着(봉착), 相逢(상봉), 雷逢電別(뇌봉전별), 賣鹽逢雨(매염봉우)

遞 

辵, 총 14획

갈마들 체, 번갈아 체, 교대로 체 | '辶+虒(사/치)'로, 서로 번갈아 들거[辶]나 역말[驛馬]을 바꾸어 타고 감[辶].

遞送(체송), 遞信(체신), 交遞(교체), 郵遞局(우체국), 郵遞筒(우체통)

逮 

辵, 총 12획

미칠 체, 잡을 체 | '辶+隶(이)'로, 천천히 뒤따라가[辶] 꼬리를 붙잡음.

逮捕(체포), 連逮(연체), 逮繫(체계), 未逮(미체), 逮捕令狀(체포영장)

지식 샘터 **동족, 혈육의 싸움**

骨肉相殘〔골육상잔 ; 骨肉相爭(골육상쟁)〕 / 同族相殘(동족상잔) / 割肉充腹(할육충복)

서울대공원(大公園)에 놀고〔遊〕 있는 나무늘보는 멀리〔遠〕 외국에서 옮겨〔遷〕온 것으로 행동이 매우 느리며〔遲〕 후각이 잘 발달되어 있지만 청각은 둔하고, 이동할 때는 주로 밤에 나무를 선택〔選〕한다.

遲

辵, 총 16획

더딜 지, 늦을 지 | '辶+犀(서)'로, 서둘지 않고 천천히 감[辶].

遲刻(지각), 遲明(지명), 遲延지연), 遲參(지참), 遲遲不進(지지부진)

遷

辵, 총 16획

옮길 천, 귀양 보낼 천 | '辶+䙴(선)'으로, '拪', '迁', '䙴'와 동자. 한 단계에서 다른 단계로 옮겨 감[辶].

遷善(천선), 遷都(천도), 左遷(좌천), 變遷(변천), 改過遷善(개과천선)

選

辵, 총 16획

가릴 선, 뽑을 선 | '辶+巽(손)'으로, 보낼[辶] 사람을 가리어 뽑음.

選擧(선거), 選拔(선발), 選別(선별), 選定(선정), 選民思想(선민사상)

遊

辵, 총 13획

일 없이 세월을 보낼 유, 놀 유, 즐겁게 지낼 유 | '辶+斿'로, 일이 없이 한가히 깃발[斿]을 들고 돌아다님[辶].

遊擊(유격), 遊覽(유람), 遊離(유리), 遊牧(유목), 魚遊釜中(어유부중)

遠

辵, 총 14획

멀 원 | '辶+袁(원)'으로, 일정한 거리를 두고 멀리 떨어져서 감[辶].

遠景(원경), 遠近(원근), 遠慮(원려), 遠流(원류), 遠族近隣(원족근린), 遠交近攻(원교근공)

園

口, 총 13획

동산 원 | '口+袁(원)'으로, 과일나무를 심어 놓은 지역[口].

園所(원소), 園藝(원예), 公園(공원), 庭園(정원), 桃園結義(도원결의)

지식 샘터 **무모한 용기**

暴虎馮河(포호빙하) / 匹夫之勇(필부지용)

行, 癶부수

촛불행진은 한 장소에 모여서 집회를 가지는 것이 아닌 촛불로 등(燈)을 밝히〔發〕며 길거리〔街〕를 줄지어 등행(登行)하는 것이다. 대통령 등 국가 기관이 부정의 증거〔證〕가 명확한데도 이를 시정, 또는 폐기〔廢〕하지 않고 저울질하며〔衡〕 머뭇거리고 있을 때 국민들이 대거 참여하여 그 결단을 촉구하는 일종의 민중 궐기대회이다.

行 𢓊

行, 총 6획

갈 행, 항렬 항 | '彳+亍'으로, 조금 걸어가고[彳] 그치고[亍] 또 성큼성큼 걸어감. ※ '行列'은 문장에 따라 '행렬'로 읽기도 함.

行樂(행락), 行路(행로), 行方(행방), 行商(행상), 雁行(안행), 行伍(항오), 行列字(항렬자), 三思而行(삼사이행), 諸行無常(제행무상), 至楚北行(지초북행), 禍不單行(화불단행), 陸地行船(육지행선), 征東行省(정동행성), 千里之行始於一步(천리지행시어일보)

衡 衡

行, 총 16획

저울 형, 저울대 형, 저울에 달 형 | '角+大+行(행)'으로, 소가 뿔[角]로 부딪치는 가로 놓인 큰[大] 나무.

均衡(균형), 衡平(형평), 銓衡(전형), 平衡(평형) ※ 금문에는 '大+卣+行(행)'.
合從連衡(합종연횡)

街 街

行, 총 12획

거리 가 | '行+圭(규)'로, 동서남북 사방으로 통[行]하는 길.

街道(가도), 街路(가로), 商街(상가), 市街(시가), 街談巷說(가담항설)

登 登

癶, 총 12획

오를 등, 나갈 등 | '癶+豆'로, 두 발[癶]로 수레에 오르는[豆] 모양.

登山(등산), 登極(등극), 登科(등과), 登校(등교), 登龍門(등용문), 登高自卑(등고자비), 登樓去梯(등루거제)

燈 燈

火, 총 16획

등불 등 | '火+登(등)'으로, 어둠을 밝히는 등불[火].

燈臺(등대), 電燈(전등), 街路燈(가로등), 風前燈火(풍전등화), 燈下不明(등하불명), 燈火可親(등화가친)

證 證

言, 총 19획

증거 증, 증험 증 | '言+登(등)'으로, 꾸미지 않고 있는 그대로 말함[言].

證明(증명), 證據(증거), 證驗(증험), 確證(확증), 單文孤證(단문고증), 直躬證父(직궁증부)

癸 

癶, 총 9획

열째 천간 계 | 사방의 물이 땅 안으로 흘러 들어가는 모양.

癸酉(계유), 癸丑(계축), 癸丑日記(계축일기)

發 

癶, 총 12획

쏠 발, 밝힐 발, 갈 발, 필 발 | '弓+癹(발)'로, 활[弓]을 당겨 화살을 쏨.

發砲(발포), 發射(발사), 發表(발표), 出發(출발), 始發(시발), 滿發(만발), 發見(발견), 枯木發榮(고목발영), 怒發大發(노발대발), 發憤忘食(발분망식), 百發百中(백발백중), 已發之矢(이발지시)

廢 

广, 총 15획

버릴 폐, 부서질 폐 | '广+發(발)'로, 부서져 폐가로 방치한 집[广].

廢棄(폐기), 廢刊(폐간), 廢業(폐업), 廢品(폐품), 半途而廢(반도이폐)

지식 샘터 **능력이 비슷하여 구별이 어려움**

難兄難弟(난형난제) / 大同小異(대동소이) / 莫上莫下(막상막하) / 伯仲之勢(백중지세) / 五十步百步(오십보백보) / 龍虎相搏(용호상박) / 優劣難分(우열난분) / 春蘭秋菊(춘란추국) / 互角之勢(호각지세)

直躬證父(직궁증부) : 직궁이 아비 잘못의 증인이 됨. 지나치게 정직함은 오히려 정도(正道)에 어긋남.

초(楚)나라의 너무 정직한 궁(躬)이란 사람[직궁이 이름이라고도 함]이 양(羊)을 훔친 제 아비를 고발하여 스스로 증인이 되었다는 이야기에서 나온 말이다. 반대말로는 자위부은(子爲父恩)이 있다. 자식은 다른 사람에게 아비의 나쁜 일을 숨긴다는 뜻이다. 부자(父子)간의 천륜(天倫)과 관련된다.

舛부수

그는 가창력이 뛰어난〔傑〕 가수였으며 눈 깜짝할〔瞬〕 새 보여준 춤〔舞〕 솜씨는 사람들을 환상의 도가니로 빠뜨렸다.

舛, 총 14획

춤출 무 | '舛+無(무)'로, 음악에 맞춰 두 발이 서로 어그러져[舛] 춤을 춤.

歌舞(가무), 舞踊(무용), 舞臺(무대), 舞姬(무희), 長袖善舞(장수선무), 商羊鼓舞(상양고무)

人, 총 12획

뛰어날 걸 | '亻+桀(걸)'로, 지혜가 십여 명을 능가하는 사람[人].

傑出(걸출), 豪傑(호걸), 傑作(걸작), 英傑(영걸), 綠林豪傑(녹림호걸)

目, 총 17획

눈 깜짝할 순 | '目+舜(순)'으로, 눈[目]이 자동으로 떴다 감기는 지극히 빠른 순간.

瞬間(순간), 瞬息間(순식간), 暗中瞬目(암중순목), 一瞬千里(일순천리)

지식 샘터 **소인의 행동**

曲學阿世(곡학아세) / 同而不和(동이불화) / 比而不周(비이부주) / 憑公營私(빙공영사)

綠林豪傑(녹림호걸) : 푸른 숲속에 사는 호걸(豪傑)이라는 뜻으로, 불한당(不汗黨)이나 화적(火賊) 따위를 달리 이르는 말.

《한서(漢書)》〈왕망전(王莽傳)〉에 나오는 말이다. 녹림(綠林)은 원래는 산 이름이었다. 형주(荊州) 녹림산(綠林山)이다. 이 산에는 화적(火賊), 산적(山賊), 불한당 패거리들이 많아서이다. '녹림당(綠林黨)'하면 도둑 떼를 뜻한다. '녹림호객(綠林豪客)'이라고도 한다.

전한(前漢)과 후한(後漢) 사이에 왕망(王莽)의 신(新)나라가 15년간 계속될 때 신시(新市) 사람 왕광과 왕봉(王鳳)이 난민들을 조종하여 녹림산에 근거지를 차렸고, 유수(劉秀)와 유현이 군사를 일으켰을 때 이에 합류하였다. 후일 유수는 후한을 건국하여 광무제(光武帝)가 된다.

韋부수

헌법 제3조를 보면, "대한민국의 영토는 한반도와 그 부속도서로 한다."고 했다. 이는 우리나라〔韓〕의 영토는 북위(北緯) 33°~43°, 경도 124°~132° 내의 한반도를 둘러〔韋, 圍〕싸고 있는 전역과 그에 부속된 여러 섬들로 이루어졌음을 대외에 선포한 것이다. 일본의 독도 영유권 주장은 우리 헌법상에도 위배〔違〕되는 행위로, 한일 간 감정만 악화시킬 뿐이다.

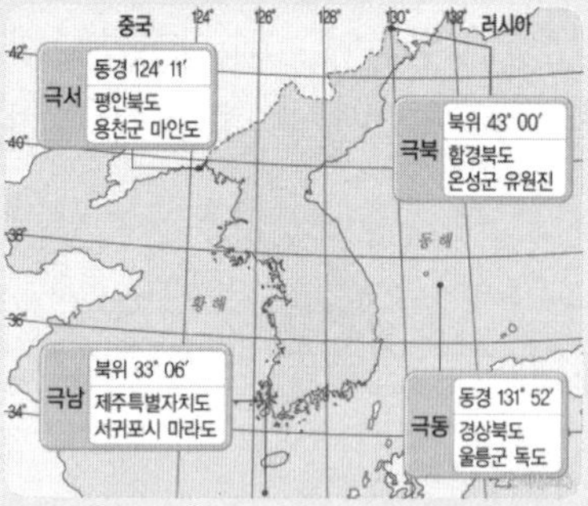

韋 (韋, 총 9획)

둘레 위, 어길 위, 다룬 가죽 위 | '舛+囗(위)'로, 발을 서로 엇갈리게[舛] 하여 주위를 돎.

韋衣(위의), 韋帶(위대), 韋編三絶(위편삼절), 韋弦之佩(위현지패)

偉 (人, 총 11획)

훌륭할 위 | '亻+韋(위)'로, 만물을 창조하듯 큰일을 이루는 사람[亻].

偉大(위대), 偉人(위인), 偉容(위용), 偉力(위력), 容貌魁偉(용모괴위)

衛 (行, 총 16획)

지킬 위 | '行+韋+帀'로, '衞'와 동자. '북두칠성'이 제자리에 있으면, 뭇별들이 열[行]을 지어 호위하며 그 둘레[韋]를 돎[帀].

護衛(호위), 衛星(위성), 衛生(위생), 防衛(방위), 鄭衛之音(정위지음)

圍 (囗, 총 12획)

두를 위, 둘레 위 | '囗+韋(위)'로, 외곽의 둘레[囗]를 지킴.

包圍(포위), 範圍(범위), 周圍(주위), 圍魏救趙(위위구조)

緯 (糸, 총 15획)

씨줄 위, 씨 위 | '糸+韋(위)'로, 베의 날실과 어긋난[韋] 씨실[糸].

緯度(위도), 緯經(위경), 緯世(위세), 緯書(위서), 天經地緯(천경지위)

違 (辵, 총 13획)

어길 위, 잘못 위 | '辶+韋(위)'로, 법도와 거리가 먼[법도를 어김][韋] 행위[辶]를 함.

違反(위반), 違法(위법), 非違(비위), 違和(위화), 大違所料(대위소료)

韓 (韋, 총 17획)

나라 한 | '韋+榦(간)'으로, 우물 위에 서로 엇갈려 놓여 있는[韋] 가름대 나무.

韓國(한국), 韓服(한복), 馬韓(마한), 弁韓(변한), 韓信匍匐(한신포복), 三韓甲族(삼한갑족)

털

毛 彡 而 髟 長 老

毛	毫	形	彩	而	耐	髮	長	老	者	考
		刑	採 菜						都 緒 暑 諸	

배

己

己	已	巳
記 改 紀 忌 起 妃		祀

근육

力

力	加	勞	動	勤	勢
協 脅	架 賀			僅 謹	熱 藝

뼈

歹 骨

歹	死	骨
	葬	

마음

心 厶

心	意	憶	志	思	慮	慶	愛	惠	必	息
	噫		誌						密 祕 蜜	

憩	惟	憂	恐	慕	恥	怪	忽	憤	恒	怨
		優		添				墳		

懇	忍	慢	悠	慰	懲	懼	慧	悠	憫	厶
	認	漫	修					修		私

去
法 蓋

毛, 彡부수

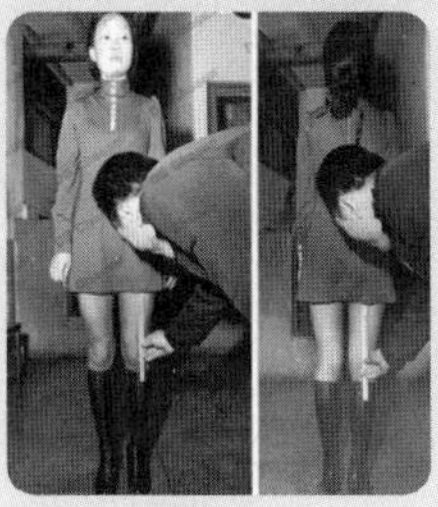

1973년 9월 14일 〈조선일보〉 장발족 기동단속

경찰이 단속할 히피성 장발족 외형〔形〕의 한계는 "옆 머리칼〔毛〕이 귀를 덮고, 뒤 머리칼〔毫〕이 여자의 쇼트커트를 넘을 정도로 남녀의 분별이 곤란한 장발"로 규정하였다. 경찰은 첫날 단속에서 한계를 가리기〔採〕 어려운 사람도 있었지만 전국적으로 12,999명을 적발하였고, 이 중 186명은 즉심에 넘겨 형사〔刑〕 처벌을 받도록 했으며, 나머지는 머리를 깎은 후 훈방 조치했다.

현대에는 좀 생소한 이야기로 들리겠지만 당시에는 장발과 미니스커트, 채송화(菜松花)로 손톱에 물들이〔彩〕는 것 등이 유행하였다.

毛

毛, 총 4획

털 모 | 짐승의 털, 또는 눈 위의 털이나 머리털을 상형함.

毛髮(모발), 毛皮(모피), 毛細血管(모세혈관), 以毛相馬(이모상마)

毫

毛, 총 11획

가는 털 호, 붓 호 | '毛+高(고)'로, 가을철에 털갈이하여 새로 돋아난 짐승의 가는 털[毛].

毫髮(호발), 毫端(호단), 秋毫(추호), 揮毫(휘호), 秋毫之末(추호지말), 毫釐千里(호리천리)

形

彡, 총 7획

형상 형, 모양 형 | '彡+幵(견)'으로, 붓[彡]을 사용하여 실제 형상과 유사하게 그림.

形象(형상), 形勢(형세), 形容(형용), 形體(형체), 形影相弔(형영상조)

刑

刀, 총 6획

형벌 형 | '刀+井(정)'으로, 법을 어기어 칼[刀]로 베는 형벌을 받음.

刑法(형법), 刑罰(형벌), 刑獄(형옥), 刑場(형장), 砲烙之刑(포락지형)

彩

彡, 총 11획

무늬 채, 채색 채 | '彡+采(채)'로, 붓[彡]으로 그림에 색칠을 하거나 그림[文章也 從彡采聲].

彩文(채문), 彩色(채색), 彩度(채도), 彩飾(채식), 畵彩仙靈(화채선령)

採

手, 총 11획

캘 채, 가릴 채 | '扌+采(채)'로, 손[手]으로 작은 열매를 따거나 캠.

採根(채근), 採鑛(채광), 採油(채유), 採用(채용), 採薪之憂(채신지우)

菜

艸, 총 12획

나물 채, 채소 채 | '艸+采(채)'로, 주로 그 잎이나 줄기, 열매 따위를 식용으로 하는 식물[艹].

菜食(채식), 野菜(야채), 菜毒(채독), 菜根(채근), 薄酒山菜(박주산채)

지식 샘터 **융통성이 없음**

刻舟求劍(각주구검) / 膠柱鼓瑟(교주고슬) / 墨翟守城(묵적수성) / 墨翟之守(묵적지수) / 尾生之信(미생지신) / 漱石枕流(수석침류) / 守株待兎(수주대토) / 鄭人買履(정인매리)

砲烙之刑(포락지형) : 중국 은(殷)나라 주왕(紂王)이 쓰던 매우 심한 형벌. 기름칠한 구리 기둥을 숯불 위에 걸쳐 놓고 죄인을 건너가게 했다 함. 달군 쇠로 지지는 극형(極刑)을 통속적으로 이르는 말.

은(殷)나라 주왕(紂王) 때, 속국 유소씨(有蘇氏)의 나라에서 복종한다는 표시로 달기(妲己)라는 미녀를 바쳐왔다. 주왕은 요염한 달기에 사로잡혀 그녀가 하자는 데로 해 주었다. 주지육림(酒池肉林) 속에서 음탕을 즐기기 위해 세법을 새로 만들어 곡식과 훌륭한 말과 개, 진귀한 보물 등을 마구 거둬들여 내탕고(內帑庫)에 가득히 채워 놓았다. 무거운 세금에 시달리는 백성의 원성은 나날이 높아갔고, 반기를 든 제후도 있었다. 그의 학정을 비방하면 포락지형에 처해졌다. 즉, 이궁(離宮) 뜰에 구리 기둥을 걸쳐놓고 기름을 발라 매끈매끈하게 하고, 그 밑에는 숯불을 이글이글 피워 놓고는 건너가게 하는 것이었다. 미끄러져 떨어지면 그대로 타 죽게 되는데, 주왕과 달기는 그 모양을 보고 좋아했다. 나중에 주(周)나라 문왕(文王)이 되는 서백(西伯)이 사소한 일로 주왕(紂王)의 노여움을 사서 투옥되었는데, 서백의 신하가 진귀한 물건과 좋은 말을 바쳐 겨우 그 형벌만은 면하게 되었다. 그 후 서백이 자기 소유의 땅 낙서(洛西)를 바치면서 포락지형을 폐지할 것을 아뢰어, 이 잔인한 형벌은 없어졌다고 한다.

而, 髟, 長부수

김홍집 내각은 을미사변 이후, 양력을 사용하는 동시에 전국에 단발령을 내렸다. 일본의 강요로 고종이 긴〔長〕 머리카락〔髮〕을 자르고 먼저 서양식으로 머리를 하였으며, 관리들이 가위를 들고 나가 거리나 성문 등에서 강제로 머리를 깎았다. 당시는 유교적 이념이 강해 그에 딸린 머리카락이나 수염〔而〕까지도 이를 훼손하지 않는 것을 효의 시작이라 여겼으므로, 단발령에 견디지〔耐〕 못한 백성들이 크게 동요하였다.

而

而, 총 6획

어조사 이 | 턱수염을 그린 것.

而立(이립), 而已(이이), 渴而穿井(갈이천정)

耐

而, 총 9획

수염 깎는 형벌 내, 견딜 내 | '而+寸', 또는 '而+彡'으로 수염[而]이나 털[彡]을 깎는 형벌.

耐久(내구), 忍耐(인내), 耐寒(내한), 耐旱(내한), 耐怨害忍(내원해인)

髮

髟, 총 15획

터럭 발 | '髟+犮(발)'로, 머리 위에 난 긴[長] 머리털[彡].

毛髮(모발), 身體髮膚(신체발부), 危機一髮(위기일발)

長

長, 총 8획

길 장, 우두머리 장, 어른 장 | '兀+匕+亾(망)'으로, 오래 살아 머리털이 다 빠져 대머리[兀]로 변한[匕] 사람.

長劍(장검), 長髮(장발), 院長(원장), 年長(연장), 助長(조장), 長幼(장유), 長蛇陣(장사진), 落落長松(낙낙장송), 飛耳長目(비이장목), 乘勝長驅(승승장구), 長夜之飮(장야지음), 長幼有序(장유유서), 晝夜長川(주야장천)

助長(조장) : '자라는 것을 돕는다'라는 뜻으로, 좋지 못한 행위나 습관을 조급히 키우려다 오히려 망친다는 경계의 뜻을 지닌 말.

맹자(孟子)가 제자 공손추(公孫丑)와 정치에 대한 이야기 중 호연지기(浩然之氣)란 말이 나왔다. 맹자는 호연지기에 대해 설명하고 기를 기르는 방법을 일러 주었다. 호연지기를 기르는데 있어서 첫째 유념해야 할 것은 그 행하는 것이 모두 도의(道義)에 맞아야 한다. 기(氣)만을 목적으로 해서 길러서는 안 된다. 그렇다고 해서 양기(養氣)의 방법을 전혀 잊어버리는 것도 좋지 않다. 송(宋)나라의 어떤 사람처럼 너무 서둘러 무리하게 조장하려고 해서는 안 된다.

송나라 사람 중에 그 싹이 자라지 않음을 걱정하여 그것을 뽑아 올린 사람이 있었다. 그는 매우 바삐 돌아와 집안사람에게 말했다. "오늘은 매우 피곤하다. 내가 싹 자람을 도왔다." 그 아들이 달려서 그것을 보니, 싹은 이미 시들었다. 천하에는 싹 자라는 것을 도와서 뽑지 않은 사람이 적으니, 이익이 없다고 생각하여 내버려두는 사람은 김매지 않는 사람이요, 무리하게 자라게 하는 사람은 싹을 뽑아 올린 사람이니, 이것은 무익할 뿐만 아니라, 또한 해치는 일이다.

老부수

더운〔暑〕 날씨에 도시〔都〕에서 사망하는 노인(老人)들이 급증했는데, 그 단서(端緖)를 살펴보니 모두〔諸〕 열악한 시설 환경 때문이었다 한다. 어떤 사람〔者〕은 "자기의 어린 시절에 돌아가신 부모님 생각〔考〕이 난다."며, 노인 복지정책에 투자를 늘려야 한다고 목소리를 높혔다.

老 (老, 총 6획)

늙을 로 | 오래 살아 수염과 머리털이 흰색으로 변한 사람의 모습. ※ '佚老(일로)'에서 '佚'자는 '편안할 일, 숨을 일'의 뜻으로 사용되었으며, '佚湯(질탕)'으로 쓰이면 佚宕(질탕)과 같은 한자 어휘로 '방탕할 질'로 음과 뜻이 바뀜.

孀老(상로), 黎老(여로), 佚老(일로), 偕老(해로), 百年偕老(백년해로), 老馬之智(노마지지), 老生常譚(노생상담), 老少同樂(노소동락), 偕老同穴(해로동혈)

者 (老, 총 9획)

놈 자, 사람 자 | '白+㫃[光]←旅(여)'로, 사람이나 사물을 말할[白] 때 사용하는 어조사.

記者(기자), 識者(식자), 筆者(필자), 患者(환자), 攫金者不見人(확금자불견인)

都 (邑, 총 12획)

도읍 도, 모두 도 | '邑+者(자)'로, 천자의 궁이나 선군의 옛 종묘들이 있는 고을[邑].

都邑(도읍), 遷都(천도), 都賣(도매), 都合(도합), 駙馬都尉(부마도위)

緖 (糸, 총 15획)

실마리 서, 처음 서 | '糸+者(자)'로, 헝클어진 실[糸]의 첫머리[絲頭].

端緖(단서), 緖論(서론), 頭緖(두서), 緖業(서업), 情絲怨緖(정사원서), 千緖萬端(천서만단)

暑 (日, 총 13획)

더울 서 | '日+者(자)'로, 뜨거운 햇살[日]이 내려쪼임.

大暑(대서), 酷暑(혹서), 寒暑(한서), 避暑(피서), 病風傷暑(병풍상서)

諸 (言, 총 16획)

모두 제, 여러 제 | '言+者(자)'로, 여러 사람이 말한 모든 것이나 그 차이를 분별하는 말[言].

諸君(제군), 諸般(제반), 諸行(제행), 諸侯(제후), 反求諸己(반구저기)

考 (老, 총 6획)

죽은 아버지 고, 상고할 고 | '老+丂(고)'로, 돌아가신 아버지[老].

考案(고안), 考證(고증), 考察(고찰), 考査(고사), 先考(선고), 祖考(조고), 玭咨考妣(자린고비)

己부수

《사기》의 기록〔記〕을 보면, B.C〔紀元前(기원전)〕. 202년 유방이 한나라를 건국해 황제에 오르자 자연스레 왕비〔妃〕는 여태후가 된다. 그러나 여후는 유방이 둘째 부인으로 기용(起用)한 척부인의 애교에 넘어가 자기를 꺼리어〔忌〕 멀리하자 이에 불만이 많았고, 특히 자기〔己〕의 아들이 아닌 척부인 사이에서 태어난 유여의를 황태자로 고쳐〔改〕 책봉하려 하자 척부인에 대한 증오는 날로 커져만 갔다.

한고조 유방

한고조가 생을 마친 후 유영이 황제에 즉위하지만, 개국공신들의 대거 숙청을 주도하는 등 여태후가 실질적으로 권력을 행사한다. 척부인에 대한 원한도 서슴치 않았는데, 그를 감금하고 곡식을 빻는 일을 시키는 등 종으로 전락시킨다. 얼마 후 여의를 독살하고 척부인에게 이를 알리자, 부인이 억울함과 분노를 감추지 못하고 여태후에게 욕설을 한다. 이를 기화로 그의 팔과 다리를 자르고, 눈을 파내고, 독약으로 김을 쐬어 귀를 멀게 하고, 벙어리가 되는 약을 먹이고 돼지우리에 던져버린다. 이것이 그 유명한 고대 중국의 인간 돼지 사건이다.

己

己, 총 3획

자기 기, 몸 기 | 사람의 배 모양.

自己(자기), 克己(극기), 利己的(이기적), 知己之友(지기지우)

記

言, 총 10획

기록할 기 | '言+己(기)'로, 각기 주(註)를 내어 기록함[言].

記憶(기억), 暗記(암기), 筆記(필기), 誤記(오기), 博覽强記(박람강기)

改

攴, 총 7획

고칠 개 | '攵+己(기)'로, 자기의 잘못을 반성하여[攴] 고침.

改嫁(개가), 改過(개과), 改修(개수), 改良(개량), 改過不吝(개과불린), 改頭換面(개두환면)

紀

糸, 총 9획

벼리 기, 적을 기, 해 기 | '糸+己(기)'로, 실[糸] 하나의 머리를 분별함.

紀行(기행), 紀念(기념), 紀綱(기강), 檀紀(단기), 立石紀功(입석기공), 風紀紊亂(풍기문란)

起

走, 총 10획

일어날 기 | '走+己(기)'로, 걸어가기[走] 위해 몸을 일으켜 세움.

起源(기원), 起動(기동), 起案(기안), 蜂起(봉기), 東山再起(동산재기)

妃

女, 총 6획

짝 비, 왕비 비 | '女+己(기)'로, 왕자의 짝이 되는 여자[女].

王妃(왕비), 后妃(후비), 太子妃(태자비), 大王大妃(대왕대비), 楚妃守符(초왕수부)

忌

心, 총 7획

꺼릴 기, 피할 기 | '心+己(기)'로, 미워하고 싫어하여 꺼리는 마음[心].

忌日(기일), 忌避(기피), 忌祭(기제), 禁忌(금기), 入山忌虎(입산기호)

지식 샘터 **차이가 크거나 많음**

霄壤之判(소양지판) / 雲泥之差(운니지차) / 天壤之差〔천양지차 ; 天壤之判(천양지판)〕 / 千差萬別(천차만별)

改頭換面(개두환면) : 머리와 얼굴을 바꾼다는 뜻으로, 어떤 일의 근본은 고치지 아니하고 사람만 바꾸어 그 일을 그대로 시킴을 이르는 말.

중국 한산시(寒山詩)에 나오는 말로 그 일부를 보면 다음과 같다.

가히 두렵구나, 윤회의 고통이여/ 오고 감이 먼지 날아다니는 것 같구나.
개미 쉬지 않고 순환하듯/ 여섯 길에 어지럽게 돌고 있다.
머리가 바뀌고 얼굴이 변해도/ 옛날의 그 사람 다르지 않네.
하루 빨리 저 깊은 어둠에서 벗어나/ 다시는 너의 심성 어둡게 하지 마라.

개두환면은 마음은 고치지 아니하고 겉으로만 달라진 체함. 또는 일을 근본적으로 고치지 아니하고 겉만 다르게 꾸밈을 뜻하며, 지엽만 고치고 근본을 그대로 둠을 말한다.

초나라에 제사(祀)를 맡은 사람이 그 하인들에게 술 한 잔을 주니, 그들이 서로 말했다. "여러 사람이 술을 마시면 부족하고 한 사람이 마시면 넉넉하니, 땅에다가 뱀(巳)을 그려서 가장 먼저 그린 사람이 술을 마시기로 하자."

어떤 사람이 뱀을 이미(已) 그리고 막 마시려 하며, 한 손으로 술잔을 잡고 다른 손으로 땅에 뱀의 발을 그리며 말했다. "내가 능히 뱀을 그렸으나 발을 아직 완성하지 못했다."

그때 한 사람이 뱀을 완성하고 나서, 그 술잔을 빼앗고 말했다. "뱀은 진실로 발이 없거늘 그대는 어찌 뱀의 발을 그리는가?" 마침내 그가 술을 마시니 뱀의 발을 그린 사람은 술잔의 술을 마시지 못하였다.

已 (己, 총 3획)

이미 이, 그칠 이 | 이미 한 일을 말함.

已往(이왕), 已來(이래), 不得已(부득이), 迫不得已(박부득이)

巳 (己, 총 3획)

태아 사, 자식 사, 여섯째 지지 사, 뱀 사 | 뱀의 모양[巳]이나 태아의 모양.

巳時(사시), 巳初(사초), 己巳年(기사년), 乙巳條約(을사조약), 을사늑약(乙巳勒約)

祀 (示, 총 8획)

제사 사 | '示+巳(사)'로, 제사를 지내니 하늘의 신령스러움이 나타남[示].

祭祀(제사), 祀孫(사손), 合祀(합사), 享祀(향사), 祭祀烝嘗(제사증상)

乙巳勒約(을사늑약) : 일본이 한국의 외교권을 빼앗기 위하여 강제적으로 맺은 조약. 같은 말로, 을사조약 · 오조약 · 을사오조약 · 제이차 한일협약.

러일전쟁 후 제1차 한일협약을 체결하여 조선의 재정·외교의 실권을 박탈하여 우리의 국정 전반을 일본이 좌지우지하게 되었다. 일본은 1905년 7월 27일 미국과 태프트·가쓰라 밀약을 체결하여 사전 묵인을 받았으며, 8월 12일에는 영국과 제2차 영일동맹을 체결하여 양해를 받았다. 이어서 러일전쟁을 승리로 이끈 뒤 9월 5일 미국의 포츠머스에서 맺은 러시아와의 강화조약에서 어떤 방법과 수단으로든 한국 정부의 동의만 얻으면 한국의 주권을 침해할 수 있다는 보장을 받게 되었다.

1905년 11월 9일 서울에 도착한 이토는 고종을 배알하고 "짐이 동양평화를 유지하기 위하여 대사를 특파하오니 대사의 지휘를 따라 조처하소서."라는 내용의 일본 왕 친서를 봉정하며 일차 위협을 가하였다. 고종이 참석하지 않은 가운데 어전회의를 열어 의견 일치를 보지 못하자, 하세가와를 대동하고 헌병의 호위를 받으며 다시 회의를 소집한 이토가 대신 한 사람 한 사람에게 조약체결의 찬부를 물으니 박제순·이지용·이근택·이완용·권중현이 찬성하였다. 이들을 '을사오적(乙巳五賊)'이라 부른다.

力부수

여러 장수들이 조나라와 전승을 축하〔賀〕하며, 한 신하가 한신(韓信)에게 말했다.

"병법에는 '산릉을 우로 하여 등지고, 수택을 앞으로 하여 좌로 한다.'고 하였는데, 이번에 장군께서는 저희들을 협박(脅迫)하듯 물을 등지고 진을 치게 하는 위험 천만한 노고(勞苦)도 감내케 하면서도 결국 힘〔力〕을 합하여〔協〕 승리를 하였으니, 이것은 도대체 어떤 전술입니까? 더욱더〔加〕 이해가 되지 않습니다."

한신이 대답했다.

"이것도 병법에 있으니, 단지 제군들이 알아차리지 못했을 뿐이다. 병법에 이르기를, '사지에 몰아넣어 싸우게 함으로써 살아남고, 망지에 두어 살아남는다.' 고 하지 않았더냐?"

"물을 등지고 진을 친다."는 배수지진(背水之陣)에 대한 이 이야기는 갈수록 치열해지는 경쟁구도 속에서 4차 산업혁명시대를 살아갈 현대인들에게 과거와 미래를 가교(架橋)해 주는 의미있는 말이다.

力

力, 총 2획

힘 력 | 사람의 근육(筋肉) 모양으로, 나라를 다스리는 공이나 큰 재앙을 막는 힘 따위.

力强(역강), 力量(역량), 力說(역설), 力作(역작), 專心專力(전심전력)

協

十, 총 8획

화할 협, 도울 협 | '十+劦'으로, 많은 사람들[十]이 힘을 합하여[劦] 조화롭게 생활함.

協同(협동), 協力(협력), 協商(협상), 協議(협의), 同心同力(동심동력)

脅

肉, 총 10획

옆구리 협, 갈빗대 협, 으르다 협 | '肉+劦(협)'으로, 사람의 겨드랑이 아래 양 옆구리[肉].

脅迫(협박), 脅杖(협장), 脅奪(협탈), 脇痛(협통), 威之脅之(위지협지)

加

力, 총 5획

더할 가 | '力+口'로, 말[口]에 공력[力]을 더 보탬.

加減(가감), 加工(가공), 加擔(가담), 加勢(가세), 雪上加霜(설상가상)

架

木, 총 9획

시렁 가, 건너지를 가 | '木+加(가)'로, 나무[木]를 벽에 붙이거나 건너지름.

架空(가공), 架橋(가교), 書架(서가), 架空妄想(가공망상), 屋上架屋(옥상가옥)

賀

貝, 총 12획

하례할 하, 축하할 하 | '貝+加(가)'로, 예물[貝]을 올리며 축하드림.

賀客(하객), 賀禮(하례), 賀壽(하수), 賀正(하정), 恭賀新年(공하신년)

勞

力, 총 12획

일할 로, 힘쓸 로 | '力+熒'로, 집[冖]에 불[火] 밝히는 일을 힘써[力] 함.

勞苦(노고), 勞困(노곤), 勞動(노동), 勞務(노무), 犬馬之勞(견마지로), 勞心焦思(노심초사)

지식 샘터 **정신 집중**

一念通巖(일념통암) / 中石沒矢〔중석몰시 ; 中石沒鏃(중석몰촉)〕

雪上加霜(설상가상) : 눈 위에 또 서리가 내린다는 뜻으로, 어려운 일이 겹침을 이름. 또는 '환난(患難)이 거듭됨'을 비유하여 이르는 말.

옛날 중국에 대양화상이라는 스님이 있었다. 그는 무척 유명해서 당시 모르는 사람이 드물 정도였다. 그래서 대양화상을 만나기 위해 전국에서 많은 스님들이 찾아왔다. "대양화상님 앞에 서면 나도 모르게 떨려." "진짜 살아 계신 부처 같아." "속마음을 들여다보는 것 같다니까."

대양화상을 만나 본 사람이면 누구나 이와 비슷한 생각을 했다. 그래서 대부분의 사람들이 함부로 다가가지 못하고 약간 떨어진 곳에서 바라보곤 했다. 어느 날, 한 스님이 대양화상을 찾아왔다.

"난 그동안 수련을 할 만큼 했으니, 저 스님 앞에 가도 부끄러울 게 없어." 스님은 그렇게 생각하며 자신 있게 대양화상에게 인사를 했다.

대양화상은 한눈에 그 스님의 겸손하지 않은 마음을 알아보았다. "그대는 앞만 볼 줄 알고, 뒤를 돌아볼 줄 모르는구나." 남 앞에 드러나는 것만 중요하게 여기고, 보이지 않는 곳에서의 수양은 소홀히 여기는 것을 꾸짖은 것이었다. 그러자 그 스님은 이렇게 말했다.

"눈 위에 다시 서리를 더하는〔설상가상〕 말씀이십니다."

여기에서 '설상가상'은 '쓸데없는 참견이나 중복'이라는 뜻으로 쓰였다. 하지만 세월이 흐르면서 뜻이 점차 넓어져 지금은 '좋지 않은 일이 계속해서 일어나는 것'도 뜻하게 되었다.

우리 속담 가운데도 '경 치고 포도청 간다.'는 재미있는 표현이 있다, 물론 '엎친 데 덮친 격'이란 속담도 이런 뜻이다.

축구 꿈나무들에게, 박지성 선수는 "축구를 좋아하는 마음을 간직하고, 부지런히〔勤〕 몸을 움직〔動〕이고, 열정〔熱〕을 가지고 노력한다면 반드시 성공하는 선수가 될 수 있다."고 했다. 그의 아버지 박종성 씨는 말을 삼가〔謹〕하며 조심스럽게 입을 열었다. "어린 선수들은 운동 재주〔藝〕의 기량보다는 정신력이 더 중요하다. 지금 선수들의 기량은 근소(僅少)한 차이다. 누가 끊임없이 노력하는 자세(姿勢)를 유지하느냐가 성공 조건이다."

動

力, 총 11획

움직일 동, 흔들 동 | '力+重(중)'으로, 일어나 힘써[力] 활동함.

動機(동기), 動亂(동란), 動脈(동맥), 動搖(동요), 驚天動地(경천동지)

勤

力, 총 13획

부지런할 근 | '力+堇(근)'으로, 일을 꾸물대지 않고 성실하게 노력[力]함.

勤勞(근로), 勤務(근무), 勤續(근속), 勤實(근실), 勤勤孜孜(근근자자)

謹

言, 총 18획

삼갈 근 | '言+堇(근)'으로, 삼가 신중히 말[言]함.

謹身(근신), 謹愼(근신), 謹弔(근조), 勞謙謹勅(노겸근칙)

僅

人, 총 13획

겨우 근, 적을 근 | '亻+堇(근)'으로, 어떤 사람[亻]이 맡은 일을 겨우 가까스로 할 수 있음.

僅少(근소), 幾死僅生(기사근생), 僅僅扶持(근근부지)

勢

力, 총 13획

기세 세, 형세 세 | '力+埶(세)'로, 남에게 영향을 끼칠 성대한 기운[力]이나 권세.

※ 埶 : 뵀同藝『正韻』種也『說文』又音世. 與勢同『廣韻, 韻會』-『康熙』(埶 = 심을 예, 권세 세)

勢家(세가), 勢道(세도), 勢力(세력), 攻勢(공세), 權勢(권세), 優勢(우세), 竿頭之勢(간두지세), 累卵之勢(누란지세), 破竹之勢(파죽지세)

熱

火, 총 15획

더울 열, 쏠릴 열 | '灬+埶(예)'로, 뜨거운 불길[灬]처럼, 매우 열정적인 정성과 사랑.

熱狂(열광), 熱氣(열기), 熱烈(열렬), 熱望(열망), 以熱治熱(이열치열)

藝

艸, 총 19획

재주 예, 기술 예 | '芸+埶(예)'로, 고자는 '埶'. 어린 식물[芸]을 잘 자라게 하는 재주.

※ 갑골에는 땅 위[坴]에 손으로 나무를 잡고 있는[丸←丮] 형상인 '埶'자만 있음.

藝能(예능), 藝術(예술), 曲藝(곡예), 技藝(기예), 武藝(무예), 演藝(연예), 貪賂無藝(탐뢰무예)

歹, 骨부수

1598년 음력 11월 19일 이순신 장군이 노량해전에서 “지금 싸움이 한창이니, 나의 죽음〔死〕을 알리지 마라!”는 말을 남기고 운명했다. 12월 1일 장사〔葬〕를 지내기 위해 붉은 명정을 앞세우고 장군의 시신이 남해에서 아산으로 운구길에 올랐는데, 천 리 길의 많은 백성들이 거리에 나와 부모를 여윈 듯 통곡했다. 아산군 금성산에 무덤을 만들었다가 16년 후인 1614년(광해 6년)에 현충사 지금의 자리로 유골(骨)을 옮겼다.

歹 

歹, 총 4획

부서진 뼈 알 | 뼈가 부서진 것으로, ‘冎’의 반에 해당됨. [骨之殘也. 从半冎. 古文𣦵. 徐鍇曰 : “冎, 剔肉置骨也. 𣦵, 殘骨也. 故从半冎.]

死 

歹, 총 6획

죽을 사 | ‘歹+人’으로, 사람[人]이 삶을 다하여 죽음[𣦵].

死別(사별), 死刑(사형), 戰死(전사), 死體(사체), 起死回生(기사회생), 生不如死(생불여사), 死後藥方文(사후약방문), 死灰復燃(사회부연), 朝聞夕死(조문석사), 死孔明能 走生仲達(사공명능 주생중달), 必死則生必生則死(필사즉생필생즉사)

葬 

艸, 총 9획

장사 지낼 장 | ‘死+茻+一’로, 사람이 죽으면[死] 무덤을 파 섶풀[艸]로 풀자리[一]를 만들고 시체를 다시 섶풀[艸]로 두둑하게 덮음.

葬禮(장례), 葬送(장송), 葬儀(장의), 葬地(장지), 蘭亭殉葬(난정순장)

骨 

骨, 총 10획

뼈 골 | ‘冎+肉’으로, 뼈에 고기가 붙어 있는 모양.

白骨(백골), 弱骨(약골), 遺骨(유골), 骨折(골절), 反骨(반골), 骨董品(골동품), 粉骨碎身(분골쇄신), 言中有骨(언중유골), 買死馬骨(매사마골)

骨董品(골동품) : 오래되었거나 희귀한 옛 물품. 시대감각을 잃은 무딘 사람이나 그런 물건을 비유적으로 이르는 말.

이 말은 본디 중국에서 고동(古董)이라 했으며, 지금도 고동이라 부른다. 고동(古董)은 ‘덩굴풀’이지만 당나라 때 일부 지방에서 보물을 뜻하는 말로도 쓰였다. 우리나라에는 고(古)가 골(骨)로 잘못 전해진 것이라 할 수 있는데〔古와 骨의 중국 발음이 같음〕, 오늘날에도 잘못 전해진 그대로 골동품(骨董品)이라 쓰고 있다.

心부수 – 忄, 㣺

19세기 독일의 괴테가 청춘의 사랑〔愛〕과 고뇌를 노래할 때, 바다 건너 영국에서는 청춘의 사랑을 염려〔慮〕하는 괴이한〔怪〕 생각〔思〕을 가진 자가 있었다. 신학자이자 경제학자인 토머스 맬서스였다. 그는 식량은 산술적으로 늘고 인간의 자녀〔息〕 출생은 기하급수적으로 팽창하기 때문에 인구를 자발적으로 줄이든지, 아니면 굶어 죽든지 해야 한다고 했다. 당시 사람들의 마음〔心〕에 팽배하던 사회경제적 낙관주의에 찬물을 끼얹었고, 경제학은 '암울한 학문'이라는 오명을 안게 했다.

心

心, 총 4획

심장 심, 마음 심 | 사람 몸속에 있는 심장 모양을 본뜬 것.

心臟(심장), 心境(심경), 心琴(심금), 心亂(심란), 心琴(심금), 核心(핵심), 小心翼翼(소심익익), 野心滿滿(야심만만), 以心傳心(이심전심), 一心同體(일심동체), 自激之心(자격지심)

思

心, 총 9획

생각할 사 | '田←囟+心'으로, 지혜를 생각해 내는 마음[心]과 뇌[囟].

思考(사고), 思想(사상), 思慮(사려), 思索(사색), 深思熟考(심사숙고), 和諍思想(화쟁사상)

慮

心, 총 15획

염려할 려, 생각할 려 | '思+虍(호)'로, 어려운 문제를 해결하려고 고민하고 생각함[思].

考慮(고려), 深慮(심려), 念慮(염려), 憂慮(우려), 千慮一失(천려일실)

愛

心, 총 13획

사랑 애, 즐길 애 | '夂+炁(애)'로, 은혜를 베풀어 행하는[夂] 모양.

愛讀(애독), 愛煙(애연), 博愛(박애), 熱愛(열애), 屋烏之愛(옥오지애)

息

心, 총 10획

숨 쉴 식, 쉴 식, 번식할 식, 자식 식 | '心+自(자)'로, 코[自]를 통해 공기를 흡입하여 이를 심장[心]에 공급함.

休息(휴식), 歎息(탄식), 子息(자식), 女息(여식), 自强不息(자강불식), 無子息上八字(무자식상팔자)

怪

心, 총 8획

괴이할 괴 | '忄+圣(골)'로, 마음[心]속으로 느끼는 의심이나 이상야릇함.

怪狀(괴상), 怪傑(괴걸), 怪談(괴담), 奇怪(기괴), 駭怪罔測(해괴망측)

'뜻'을 말하는 한자에는 '意'와 '志'자, '情'자가 있다. '意'는 자기가 기억〔憶〕하는 모든 생각이며, '志'는 자기의 인생 목표를 글로 기록〔志〕하여 벽에 붙여 놓듯 '변치 않는 생각'을 말한다. '情'은 탄식〔噫〕하는 것처럼 감정의 의미가 포함된 뜻이다.

意

心, 총 13획

뜻 의, 생각 의 | '音+心'으로, 속마음[心]의 뜻을 소리[音]내어 말함.

意見(의견), 意味(의미), 意識(의식), 意志(의지), 用意周到(용의주도), 牛鼎之意(우정지의), 自意半他意半(자의반타의반)

噫

口, 총 16획

트림 희, 탄식할 희 | '口+意(의)'로, 밥을 배불리 먹고 입[口]으로 하품이나 트림 등을 함.

噫嗚(희오), 噫氣(희기), 顔淵 死 子曰噫 天喪予(안연 사 자왈희 천상여)

憶

心, 총 16획

기억할 억 | '心+意(의)'로, 마음[心]속에 간직하여 잊지 아니함.

記憶(기억), 追憶(추억), 舊憶(구억), 憶念(억념), 憶吹簫樂(억취소악)

志

心, 총 7획

뜻 지 | '心+之(지)'로, 마음[心]이 가는[之] 곳.

志望(지망), 志士(지사), 志節(지절), 志學(지학), 凌雲之志(능운지지)

誌

言, 총 획

기록할 지 | '言+志(지)'로, 말한[言] 것을 기록함.

誌面(지면), 誌文(지문), 日誌(일지), 雜誌(잡지), 月刊誌(월간지), 學術誌(학술지)

凌(陵)雲之志(능운지지) : 구름을 뚫고 하늘로 올라감. 세상 밖으로 초탈(超脫)하여 속세를 벗어남. 세속의 밖에 초연한 삶. 높은 지위에 올라가고자 함.

《後漢書(후한서)》에 있는 말로, 청운지지(青雲之志)와 같은 뜻이다. 청운이란 푸른 구름을 말하는데, 푸른 구름은 잘 볼 수 없는 귀한 구름으로 신선(神仙)이 있는 곳이나 천자(天子)가 될 사람이 있는 곳에는 푸른 구름과 오색(五色) 구름이 떠 있다고 말한다. 이는 남보다 훌륭하게 출세(出世)할 뜻을 갖고 있는 마음이나 속세를 벗어나고 싶어 하는 마음을 비유하여 이르는 말이다.

백범일지를 보면, 김구 선생께서는 우리나라가 경사스러운〔慶〕 광복이 되었다는 말을 듣고 정신이 아득해졌다고 한다. 광복이 단 꿀〔蜜〕을 먹은 것처럼 기뻐서가 아니라 슬퍼서 하는 말이다. 선생께서는 9월경에 독립군과 기타 연합군들과 힘을 합해 비밀〔秘〕 결사대를 조직하여 반드시〔必〕 한반도 내의 일본군을 몰아낼 계획을 은밀히〔密〕 세우고 계셨던 것이다. 하지만 그럴 겨를도 없이 전쟁이 끝나고 말았기 때문이다. 김구 선생의 걱정은 오직〔惟〕 "우리가 한 일은 아무것도 없다. 장차 우리의 운명을 우리가 정할 수 있을까?"였으며, 선생의 염려대로 한반도는 또 다른 지배세력, 즉 미군과 소련군이 진주하게 된다.

慶

心, 총 15획

경사 경 | '鹿+心+夊'로, 경사스런 행사에 사슴[鹿]가죽을 폐백으로 준비하고 직접 찾아가[夊] 진심[心]으로 예의를 표함.

慶事(경사), 慶祝(경축), 慶賀(경하), 慶福(경복), 弄瓦之慶(농와지경), 弄璋之慶(농장지경)

惟

心, 총 11획

생각할 유, 오직 유 | '忄+隹(추)'로, 오로지 할 일을 마음[忄]으로 생각함.

思惟(사유), 伏惟(복유), 惟獨(유독), 惟一(유일), 惟利是視(유리시시)

必

心, 총 5획

반드시 필 | '八+弋(익)'으로, 땅을 나눌[八] 때 반드시 그 분기점에 푯말[弋]을 세움.

必讀(필독), 必修(필수), 必然(필연), 期必(기필), 生者必滅(생자필멸)

密

宀, 총 11획

빽빽할 밀, 남몰래 밀, 숨길 밀 | '山+宓(밀)'로, 산[山]에 나무가 빽빽함.

密談(밀담), 密會(밀회), 密告(밀고), 密接(밀접), 密集(밀집), 密雲不雨(밀운불우)

秘

禾, 총 10획

신비로울 비, 숨길 비(祕) | '示+必(필)'로, 신이 하는 일[示]은 은미(隱微)하여 헤아리기 어려움.

秘密(비밀), 秘訣(비결), 秘錄(비록), 青囊秘決(청낭비결), 諱之秘之(휘지비지)

蜜

虫, 총 14획

꿀 밀 | '虫+宓'로, 벌[虫]이 꽃의 꿀샘에서 채집하여 먹이로 저장해둔 것.

蜜蜂(밀봉), 蜜語(밀어), 蜜柑(밀감), 甛言蜜語(첨언밀어)

영국 속담에 "요람 속에서 배운 것은 무덤〔墳〕까지 가져간다."라는 말이 있다. 이는 어린 시절에 배운 것은 홀연히〔忽〕 사라지는 것이 아니라 늘 잠복해 있어 영향을 준다는 것이다. 심리학자 에릭슨은 1세~3세에 대소변 가리기와 같은 자기 통제가 가능한데, 이 과정에서 자율성이 형성되고, 미숙하면 수치〔恥〕와 회의에 빠진다고 했다. 또 이 시기에 무엇보다 더〔添〕 중요한 것은 분함〔憤〕이나 그리워함〔慕〕 등 감정에 대한 자율적 관리능력을 길러야 한다고 했다.

恥
心, 총 10획

부끄러울 치 | '心+耳(이)'로, 사람이 소유한 부끄러운 마음[心].

恥辱(치욕), 恥事(치사), 破廉恥(파렴치), 不恥下問(불치하문)

忽
心, 총 8획

소홀할 홀, 갑자기 홀 | '心+勿(물)'로, 어떤 일에 정성과 조심함[心]을 잊고 경홀히 행동함.

忽待(홀대), 忽然(홀연), 疏忽(소홀), 恍惚(황홀), 忽顯忽沒(홀현홀몰)

慕
心, 총 15획

그리워할 모, 바랄 모 | '心+莫(막)'으로, 자기의 일을 익히는 사람은 반드시 마음[心]속으로 그 일을 좋아함.

思慕(사모), 愛慕(애모), 戀慕(연모), 追慕(추모), 慕藺(모인), 思慕不忘(사모불망)

添
水, 총 11획

더할 첨 | '氵+忝(첨)'으로, 물[氵]을 더 부어 보탬.

添加(첨가), 添削(첨삭), 添附(첨부), 別添(별첨), 病上添病(병상첨병)

憤
心, 총 15획

분할 분, 성낼 분 | '忄+賁(분)'으로, 억울하고 원통한 일로 화가 난 마음[忄].

憤慨(분개), 憤怒(분노), 激憤(격분), 鬱憤(울분), 憤淚(분루), 憤氣沖天(분기충천)

墳
土, 총 15획

무덤 분, 언덕 분 | '土+賁(분)'으로, 흙[土]으로 높게 봉분한 무덤.

墳墓(분묘), 古墳(고분), 封墳(봉분), 旣集墳典(기집분전)

고3 수험생 학부모들은 자녀의 대학 진학을 위해 어떤 어려움도 참고〔忍〕 견디며 원망〔怨〕하지 않고, 게으름〔慢〕을 피울 겨를도 없이 늘 정성〔懇〕을 다한다. 특히 기도는 대학진학과 별 관계없는 부질없는〔漫〕 일인 줄을 알〔認〕면서도 부모로서 마땅히 해야 할 의무로 여겼다.

怨 心, 총 9획

원망할 원 | '心+夗(원)'으로, 어떤 일로 인해 마음[心]에 성이 남.
※正臥(정와 : 반듯이 눕기), 側臥(측와 : 옆으로 눕기), 轉臥(전와 : 훌러덩 뒤집어 눕기) - 夗(원)

怨望(원망), 怨聲(원망), 怨恨(원한), 怨讐(원수), 誰怨誰咎(수원수구), 怨入骨髓(원입골수)

懇 心, 총 17획

정성 간, 노려볼 간 | '心+豤(간)'으로, 본자는 '懇'. 지극 정성을 다하는 마음[忄].

懇曲(간곡), 懇請(간청), 懇切(간절), 懇願(간원), 勤勤懇懇(근근간간)

忍 心, 총 7획

참을 인 | '心+刃(인)'으로, 곰처럼 마음[心]씀이 굳건하고 인내심이 있음.

忍苦(인고), 忍耐(인내), 忍辱(인욕), 堅忍(견인), 堅忍不拔(견인불발), 目不忍見(목불인견), 隱忍自重(은인자중)

認 言, 총 14획

알 인, 인정할 인, 허락할 인, 기록할 인 | '言+忍(인)'으로, 말[言]을 분별하여 앎.

認可(인가), 認識(인식), 認定(인정), 認知(인지), 自他共認(자타공인)

慢 心, 총 14획

방종할 만, 게으를 만 | '忄+曼(만)'으로, 거리낌 없이 제멋대로 생각[心]하고 행동하여 어려움이 없음.

慢性(만성), 倨慢(거만), 驕慢(교만), 傲慢(오만), 傲慢不遜(오만불순)

漫 水, 총 14획

물 질펀할 만, 부질없을 만 | '氵+曼(만)'으로, 물[氵]이 넘쳐 밖으로 흐름.

漫談(만담), 漫然(만연), 漫評(만평), 漫畵(만화), 爛漫同歸(난만동귀)

지식 샘터 **만족할 줄 모름**

車魚之嘆(거어지탄) / 借廳借閨(차청차규)

어떤 학부모가 지각의 징계(懲戒)를 면하기 위해 신호를 무시하고 마구 차를 몰아 겨우 시간에 맞춰 자녀를 교문에 내려준다면 수신(修身)을 중시하는 지혜로운〔慧〕 학부모는 이를 어떻게 생각할까? 아마 동병상련의 위로〔慰〕보다 더 멀리〔悠〕 보지 못하는 무지한 행동을 불쌍히〔憫〕 여길 것이다.

慧

心, 총 15획

지혜 혜 | '心+彗(혜)'로, 심적[心]으로 사물의 이치를 빨리 깨닫고 그를 정확, 신속하게 처리하는 능력.

慧眼(혜안), 智慧(지혜), 聰慧(총혜), 智慧聰明(지혜총명)

悠

心, 총 11획

걱정할 유, 멀 유, 한가할 유 | '心+攸(유)'로, 원대한 뜻을 이루기 위해 근심하고[心] 걱정함.

悠久(유구), 悠長(유장), 悠悠自適(유유자적)

修

人, 총 10획

닦을 수, 익힐 수 | '彡+攸(유)'로, 사람이 머리카락[彡]을 정결하게 꾸밈.

修練(수련), 修養(수양), 修飾(수식), 修業(수업), 面壁修道(면벽수도), 修身齊家(수신제가)

慰

心, 총 15획

위로할 위, 달랠 위 | '心+尉(위)'로, 성난 마음[心]을 위로하여 편안히 함.

慰勞(위로), 慰問(위문), 慰藉料(위자료), 慰勞宴(위로연), 慰藉料(위자료)

憫

心, 총 15획

불쌍히 여길 민, 근심할 민 | '忄+閔(민)'에서, 불쌍한 대상을 보면 측은한 마음[忄]이 생김.

憫恤(민휼), 憐憫(연민), 憫悼(민도), 憫惘(민망), 憫情(민정), 憫恤(민휼)

懲

心, 총 19획

혼날 징, 징계할 징 | '心+徵(징)'으로, 뉘우치는 마음[心]을 갖도록 불러서 허물이나 잘못을 나무람.

懲戒(징계), 懲罰(징벌), 懲惡(징악), 懲役(징역), 膺懲(응징), 戒世懲人(계세징인), 懲羹吹虀(징갱취제)

'예사롭지 않은 날' 그림은 작가가 인도의 고아를 여행할 때 영감을 받아 그린 작품이라고 한다. 작품은 사진처럼 보이지만 그림이다. 33년째 늘〔恒〕 그려 넣고 있다는 작은 빈 나무의자 덕택에 '의자 작가'라고도 불린다.

바다는 잔잔하지만 긴장감이 흐른다. 맨발로 외줄을 타고 있는 소년의 자세가 근심스레〔憂〕 위태로워 보인다. 평범한 바닷가 풍경에 두려움〔恐懼〕도 모르는 광대〔優〕 소년의 능숙한 외줄타기 모습을 조합한 그림이다. 이 작품의 내면적 기품이 제시하는 불비지혜(不費之惠)는 무엇일까?

憂

心, 총 15획

근심 우 | '夊+㥑(우)'로, 정사(政事)에 근심하듯, 조화로운 행동[夊]을 위한 근심.

憂慮(우려), 憂愁(우수), 憂鬱(우울), 憂患(우환), 杞憂(기우), 樂以忘憂(낙이망우), 內憂外患(내우외환), 先憂後樂(선우후락), 識字憂患(식자우환)

優

人, 총 17획

뛰어날 우, 광대 우 | '亻+憂(우)'로, 광대처럼 어느 한 방면에 뛰어난 재주를 가진 사람[亻].

優待(우대), 優秀(우수), 優劣(우열), 俳優(배우), 優遊自適(우유자적)

恐

心, 총 10획

두려울 공 | '心+巩(공)'으로, 어떤 것에 대해 두려운 생각[心]을 가짐.

恐怖(공포), 恐懼(공구), 恐喝(공갈), 恐縮(공축), 可恐可笑(가공가소)

懼

心, 총 21획

두려워할 구, 근심할 구 | '忄+瞿(구)'로, 두려움을 느껴 놀란 새처럼, 마음[忄]에 두려움을 느낌.

敬懼(경구), 恐懼(공구), 悚懼(송구), 疑懼(의구), 多男多懼(다남다구)

恒

心, 총 9획

뻗칠 긍, 걸칠 긍, 항상 항, 떳떳할 항 | '心+月+二'로, 마음[心]대로 위아래의 배[舟]를 왕래[二]함.

恒久(항구), 恒常(항상), 恒心(항심), 恒茶飯事(항다반사)

惠

心, 총 12획

은혜 혜 | '心+叀'로, 어진 마음[心]으로 삼가[叀] 베푸는 사랑.

受惠(수혜), 施惠(시혜), 天惠(천혜), 惠澤(혜택), 不費之惠(불비지혜)

ㅿ부수

법〔法〕은 지극히 공평하여 누구에게나 평등하다. 개인의 이기적 사사로움〔私〕을 덮어〔蓋〕 버리고 그냥 지나가지〔去〕는 않는다.

厶 

厶, 총 2획

사사로울 사 | 창힐이 글자를 만들 때, 개인의 사사로움을 '厶'라 함.

※ '보통이 모양', '손이 안으로 굽어진 모양', '보습의 모양' 등 의견이 있음.

私 

禾, 총 7획

사사로울 사, 혼자 사 | '禾+厶(사)'로, 중국 북방[北道]에서는 '화주인(禾主人=농부)[禾]'을 '사주인(私主人)'이라 함.

私感(사감), 私見(사견), 私利(사리), 私服(사복), 私淑(사숙), 公私多忙(공사다망), 先公後私(선공후사)

去 

厶, 총 5획

갈 거 | '土←大+厶(거)'로, 사람[大]과 사람이 서로 이별하여 헤어짐.

※ 갑골, 금문에 '土←大+△←口'로, 사람[大]이 자기가 살던 혈거[口]를 떠나 다른 곳으로 감.

※ '口'는 원시인이 살던 혈거(穴居).

去聲(거성), 去勢(거세), 去就(거취), 過去(과거), 去頭截尾(거두절미), 去者日疎(거자일소), 去者必反(거자필반)

法 

水, 총 8획

법 법 | '氵+去'로, 古字는 '佱, 灋, 泟'. 물[氵]이 평평하게 흐르고, 해태[廌]는 정직하지 못한 사람을 뿔로 받고 감[去].

法度(법도), 法律(법률), 法網(법망), 法廷(법정), 法三章(법삼장), 法語之言(법어지언), 春秋筆法(춘추필법)

蓋 

艸, 총 14획

덮을 개, 대개 개, 어찌 아니할 합 | '艸+盍'으로, 흰 띠나 짚 따위의 풀[艸]로 엮어 짠 거적이나 이엉.

蓋石(개석), 蓋世(개세), 蓋然(개연), 覆蓋(복개), 蓋棺事定(개관사정)

先公後私(선공후사) : 공적인 일을 먼저 하고 사사로운 일은 뒤로 미룸.

조(趙)나라의 혜문왕(惠文王)이 인상여(藺相如)를 재상으로 삼으니, 벼슬이 염파(廉頗)의 위에 있었다. 이에 염파는 "나는 조(趙)나라의 장수가 되어 싸운 공로가 많다. 인상여는 한갓 말로써 공을 이루어 도리어 나의 위에 있으니, 나는 이를 부끄러워한다. 내가 상여를 보면 반드시 이를 욕보이리라."라 했다. 이 말을 들은 인상여는 염파를 피하니 그 집 식객들이 이를 부끄럽게 여겼다. 이에 대해 인상여는 "내가 강한 진(秦)나라의 임금도 욕보였거늘, 유독 어찌 염장군을 두려워하겠는가? 진나라가 감히 조나라를 치지 못하는 것은 우리 두 사람이 있기 때문이다. 지금 두 범이 서로 싸우면 둘 다 망하는 형세다. 내가 염파를 피하는 것은 국가의 위급함을 먼저 하고 사사로운 원망을 뒤로 함이다."라 했다.

Ⅱ 문화

문자·악기

文 鼓 龠

- 文: 紋
- 鼓

수·양

一 二 八 十 小

- 一: 壹
- 丁: 頂 訂 貯 打 寧
- 三: 參 慘
- 七: 切
- 丘
- 不: 否 杯
- 世
- 丙
- 上
- 下
- 丈
- 丑
- 且: 助 査 祖 組 租
- 二: 貳
- 五
- 亞: 惡
- 于: 宇
- 云: 魂
- 井
- 互
- 八
- 六
- 公: 松 訟 頌 翁
- 兮
- 具: 俱
- 共: 供 洪 港 巷 恭
- 典
- 其: 基 期
- 兼: 謙
- 十: 拾 計 針
- 南
- 午: 許
- 卓

半 判 叛

卒 醉

卑 碑 婢

升 昇

千

博 薄 簿

기타 숫자

四

九 究 丸 染

百

萬 勵

億

小

少 沙 妙 劣 抄

尖

尙 常 當 掌 裳 黨 嘗

文, 鼓부수

경복궁 광화문 앞에서 펼쳐지는 수문장 교대의식은 안내문(文)에 따르면, 수문장이 태극무늬〔紋〕가 있는 큰 북〔鼓〕을 치면서부터 시작한다.

文 文, 총 4획

무늬 문, 글월 문, 문자 문 | 사람의 몸에 교차하여 새겨진 문신.

文樣(문양), 文章(문장), 文段(문단), 文字(문자), 不立文字(불립문자), 沙鉢通文(사발통문), 斯文亂賊(사문난적)

紋 糸, 총 10획

무늬 문, 주름 문 | '糸+文(문)'으로, 비단에 실[糸]로 수를 놓음.

渦紋(와문), 繡紋(수문), 哥擾紋(가요문), 紋繡之服(문수지복)

鼓 鼓, 총 13획

북 고, 두드릴 고 | '壴+支'로 손으로, 북채[支]를 들고 북[壴]을 두드림.

鼓角(고각), 鼓舞(고무), 鼓手(고수), 鼓膜(고막), 諫鼓(간고), 鼓吹(고취), 堯鼓舜木(요고순목), 鼓盆之痛(고분지통)

지식 샘터 **제3자의 이익**

犬免之爭(견토지쟁) / 蚌鷸之爭(방휼지쟁) / 漁父之利(어부지리) / 田夫之功(전부지공)

堯鼓舜木(요고순목) : '요임금의 북과 순임금의 나무'라는 뜻으로, 다른 사람의 충고를 잘 받아들이는 것을 비유함.

《회남자(淮南子)》의 〈주술훈(主術訓)편〉에 "요임금은 감히 간언하는 북을 설치하였고, 순임금은 그릇된 정치를 꾸짖는 나무를 세웠다. [堯置敢諫之鼓, 舜立誹謗之木.]"라 했고, 《구당서(舊唐書)》에 "요임금은 북을 두드려 간언하도록 하였고, 순임금은 나무를 세워 경계할 말을 구하였다. [堯鼓納諫, 舜木求箴.]"라는 말이 있다.

요임금은 궁궐 문 앞에 북을 매달아 놓고 잘못된 정치를 지적하거나 나라에 아뢸 일이 있는 사람들은 지위 고하를 막론하고 언제든지 두드려 간언할 수 있도록 하였다. 또 순임금도 궁궐 앞에 나무를 세워 백성들로 하여금 그릇된 정치를 지적하거나 고충을 글로 적을 수 있도록 하였다. 그 목적은 여론을 잘 수렴하여 올바른 정치를 폄으로써 백성들의 삶을 편안하게 하려는 데 있었다. 여기서 유래된 '요고순목'은 오늘날 다른 사람의 충고를 잘 받아들이는 것을 비유하는 고사성어로 사용된다. 비방지목(誹謗之木)이라는 고사성어도 이 고사에서 유래되었다.

一부수

삼(三, 參)일(一, 壹)절은 1919년 3월 1일, 한민족이 일본의 참혹한〔慘〕 식민통치에 항거하고, 독립선언서를 발표하여 한국의 독립 의사를 세계만방에 알린 기념일이다.

一 一

一, 총 1획

한 일, 첫째 일, 온통 일 | '弌'고자. 태초에는 태극뿐이었고, 일(一)에서 도(道)가 성립되고, 천지가 분리되고, 만물이 변화되어 완성됨.

一級(일급), 一等(일등), 一念(일념), 一色(일색), 蜉蝣一生(부유일생), 十瞽一相(십고일상), 一言之下(일언지하), 一進一退(일진일퇴), 一敗塗地(일패도지), 一簞食一瓢飮(일단사일표음), 一擧手一投足(일거수일투족)

壹 

士, 총 12획

갖은자 하나 일, 오직 일 | '壺+豆←吉(길)'로, 술이나 약 따위를 담는 호리병[壺].

壹萬(일만), 壹意(일의), 壹兆(일조), 遐邇壹體(하이일체)

三 三

一, 총 3획

석 삼, 셋째 삼 | 숫자 삼이나 삼재(三才)를 이루는 하늘, 땅, 사람을 일컫는 말.

三綱(삼강), 三顧(삼고), 三面(삼면), 三等(삼등), 三昧境(삼매경), 桃三李四(도삼이사), 孟母三遷(맹모삼천), 三顧草廬(삼고초려), 三綱五倫(삼강오륜), 三生有幸(삼생유행)

參 

厶, 총 11획

별 이름 삼, 갖은자 석 삼, 참여할 참 | '晶+㐱(진)'으로, 삼성(參星)과 상성(商星)을 말함. 이 두 별[晶]은 각각 28수(宿)의 하나인데, 동서로 서로 멀리 떨어져 있어 서로 만나는 적이 없다고 함.

參千(삼천), 參拜(참배), 參與(참여), 參考(참고), 參千(삼천), 參加(참가), 情狀參酌(정상참작), 曾參殺人(증삼살인)

慘 

心, 총 14획

참혹할 참, 괴로울 참, 쓸쓸할 참 | '忄+參(참)'으로, 불행한 일로 마음[忄]에 상처를 입음.

慘死(참사), 慘敗(참패), 慘酷(참혹), 悲慘(비참), 悽慘(처참), 滿目愁慘(만목수참)

지식 샘터 **견고한 성(城)**

金城鐵壁(금성철벽) / 難攻不落(난공불락) / 牙城(아성) / 鐵甕城(철옹성)

《병자호란 47일의 굴욕》이란 책을 보면, 인조가 남한산성으로 피신한 후 사칠(四七)일의 농성과 항복, 그리고 청군이 물러나기까지 일세(一世)의 상황을 실록과 병자(丙子)록 등 관련 문헌을 중심으로 당시 상하(上下) 관리 모두〔切〕의 총체적 난국을 상세히 기록하였다. 현재 정월 대보름날에는 남한산성 행궁 좌측 언덕〔丘〕에 있는 영월정에서 천지신명께 제사를 지내는 행사를 한다.

世

一, 총 5획

세대 세, 세상 세 | '止+三'으로, 30년을 1세(世)라 함.

世系(세계), 世代(세대), 世界(세계), 世習(세습), 世態(세태), 經國濟世(경국제세), 隔世之感(격세지감), 炎涼世態(염량세태), 流芳百世(유방백세), 惑世誣民(혹세무민), 力拔山氣蓋世(역발산기개세)

丙

一, 총 5획

세 번째 천간 병 | '一+入+冂'으로, 남쪽 방위의 세 번째 천간명(天干名)에서.

丙夜(병야), 丙子胡亂(병자호란), 丙坐壬向(병좌임향), 丙子胡亂(병자호란)

上

一, 총 3획

위 상, 올릴 상, 오를 상 | 물건이 일정한 기준선[一]의 위[丶] 높은 곳에 있음.

上流(상류), 上達(상달), 上訴(상소), 上陸(상륙), 上京(상경), 上昇(상승), 卵加卵(난상가란), 大上立德(대상입덕), 莫上莫下(막상막하), 沙上樓閣(사상누각), 至上命令(지상명령), 下石上臺(하석상대), 上濁下不淨(상탁하부정), 上下寺不及(상하사불급)

下

一, 총 3획

아래 하, 내릴 하 | 물건이 일정한 기준선[一]의 아래[丶]에 있음을 뜻함.

下向(하향), 下端(하단), 下降(하강), 下車(하차), 上下撐石(상하탱석), 可高可下(가고가하)

丘

一, 총 5획

언덕 구 | '北+一'로, 자연적으로 형성된 지형으로 사방이 높고 가운데가 낮은 작은 산.

丘陵(구릉), 丘墓(구묘), 比丘(비구), 砂丘(사구), 狐丘之戒(호구지계), 麥丘邑人(맥구읍인)

七

一, 총 2획

일곱 칠 | '切'의 본자는 '七'. 물건을 둘로 자름[刀].

七星(칠성), 七夕(칠석), 七顚八起(칠전팔기), 七縱七擒(칠종칠금)

切

刀, 총 4획

끊을 절, 정성스러울 절, 모두 체 | '刀+七(칠)'로, 칼[刀]로 물건을 자름.

切斷(절단), 切開(절개), 切齒腐心(절치부심), 親切(친절), 一切(일체), 切齒腐心(절치부심)

할아버지〔祖〕가 대학생 손자에게 증여할 경우 그 비용에 대해 조사〔査〕해 보자. 3억원 시가 아파트 증여 비용의 대략을 짜〔組〕보면, 4,000만원의 증여세가 과세〔租〕되고, 또〔且〕 등기 이전에 따른 취득 등록세가 800만원 정도가 된다. 자녀가 취업을 해 가구분리를 하면, 1가구 1주택 비과세 도움〔助〕을 받을 수 있다. 그러나 성인으로서 어른〔丈〕 조건은 되지만 대학생이기 때문에 증여세 등을 납부할 자금이 없다는 것이 문제다.

丈 一, 총 3획

길이 단위 장, 어른 장 | '又+十'으로, 손[又]으로 10척 되는 지팡이[十]를 잡고 있음.

丈母(장모), 丈人(장인), 丈夫(장부), 丈尺(장척), 白髮三千丈(백발삼천장)

且 一, 총 5획

또 차, 구차할 차, 도마 조 | '俎'와 통용. 희생을 올리는 도구 모양.

重且大(중차대), 苟且(구차), 死且不朽(사차불후)

助 力, 총 7획

도울 조 | '力+且(조)'로, 손으로 서로 힘써[力] 도움.

助力(조력), 助言(조언), 救助(구조), 補助(보조), 鷄鳴之助(계명지조)

査 木, 총 9획

조사할 사, 사실할 사, 사돈 사 | '木+且(차/조)'로, 나무[木]를 엇비슷하게 잘라 만든 뗏목, 난간.

內査(내사), 審査(심사), 調査(조사), 探査(탐사), 我歌査唱(아가사창)

祖 示, 총 10획

사당 조, 시조 조, 조상 조, 할아버지 조 | '示+且(조)'로, 시조의 사당에 제물을 쌓아 놓고 제사[示]를 지냄.

祖上(조상), 祖父(조부), 祖國(조국), 祖母(조모), 祖上崇拜(조상숭배)

組 糸, 총 11획

짤 조 | '糸+且(조)'로, 주머니를 매달아 차는 인끈처럼, 실[糸]이나 끈을 결어 천 따위를 만듦.

組成(조성), 組織(조직), 組閣(조각), 組版(조판), 繫頸以組(계경이조)

租 禾, 총 10획

세금 조, 구실 조 | '禾+且(조)'로, 가을에 벼[禾]를 거두어 그 수확량에 따라 국가에 세금을 냄.

租稅(조세), 賦租(부조), 租借地(조차지), 조광권(租鑛權)

신라 문무왕 17년, 정축년(丁丑年), 677년

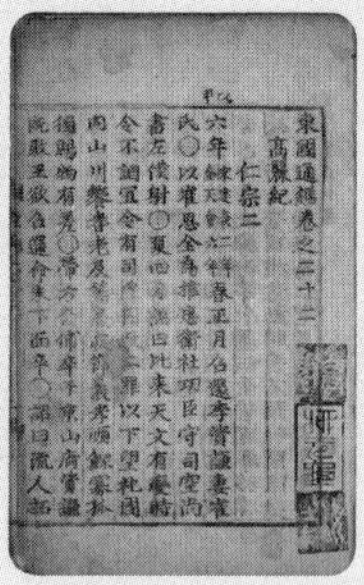

당나라에서 옛 고구려왕 고장을 조선왕에 책봉하고, 요동으로 돌려보내어 남은 무리를 편안히〔寧〕 관리하게 하였다. 또 안동도호부를 신성으로 옮기며 그를 정상(頂上)으로 삼아 국정을 바로잡〔訂〕게 하였는데, 고장은 요동에 이르러 군사와 식량을 비축〔貯〕하여 반역을 꾀하며 몰래 말갈과 내통하여 신라를 치려〔打〕 하였다. 《동국통감》

丑 

一, 총 4획

둘째 지지 축, 수갑 축 | 손가락을 묶어 놓은 모양. 丑은 계절로는 12월, 시간으로는 밤 1시~3시이므로 활동하기 어려움.

乙丑(을축), 丁丑(정축), 丑時(축시), 鷄鳴丑時(계명축시)

丁 

一, 총 2획

장정 정, 벌목 소리 정, 넷째 천간 정 | 갑골, 금문에는 한 개의 못 모양을 나타냄.

壯丁(장정), 丁男(정남), 兵丁(병정), 園丁(원정), 丁丁(정정), 丁卯(정묘), 目不識丁(목불식정)

頂 

頁, 총 11획

정수리 정 | '頁+丁(정)'으로, 머리[頁]의 맨 위 숫구멍이 있는 자리.

頂上(정상), 頂點(정점), 絶頂(절정), 頂拜(정배), 頂門一鍼(정문일침)

訂 

言, 총 9획

바로잡을 정 | '言+丁(정)'으로, 공평하게 논의[言]하여 잘못을 바로잡음.

訂正(정정), 訂定(정정), 改訂(개정), 再訂(재정), 訂正場稅(정정장세)

打 

手, 총 5획

칠 타 | '扌+丁(정)'으로 손[扌]으로, 도구를 잡고 못[丁]을 박음.

打者(타자), 强打(강타), 亂打(난타), 打開(타개), 打鴨驚鴛鴦(타압경원앙)

貯 

貝, 총 12획

쌓을 저 | '貝+宁(저)'로, 진귀한 패물[貝]을 쌓아 둠.

貯金(저금), 貯藏(저장), 貯蓄(저축), 貯水池(저수지), 金屋貯嬌(금옥저교)

寧 

宀, 총 14획

차라리 녕, 어찌 녕, 편안할 녕 | '丁 ←丂+寍(녕)'으로, 저렇게 하는 것보다 이렇게 하는 것이 나음.

安寧(안녕), 寧日(영일), 寧親(영친), 康寧(강녕), 多士寔寧(다사식녕)

넘치고 지나침을 경계하는 술잔 '계영배(杯)'를 아는가? 이는 원래 고대 중국 제천의식 때 사용하던 의기다. 여기에 술을 부으면 70%이상 더 채워지지 않는〔不〕다. "지나침은 미치지 못함과 같다."는 의미를 함축하고 있는 것은 아닐까〔否〕?

不 一, 총 4획

아닐 부 | 새가 하늘[一]로 날아올라 내려오지 않음. ※ 본자는 '胚'자로 보기도 함. 지면[一] 아래에서 종자가 배아(胚芽)되어 뿌리의 자람.

不斷(부단), 不進(부진), 不定(부정), 不變(불변), 不服(불복), 不應(불응), 不惑(불혹), 不朽(불후), 不惑(불혹), 不踰矩(불유구), 不汗黨(불한당), 搖之不動(요지부동), 聞則病不聞藥(문즉병불문약)

否 口, 총 7획

아닐 부, 나쁠 비 | '口+不'로, 자기의 생각이 그렇지 않음[不]을 말[口]로 표현함.

否決(부결), 否認(부인), 否定(부정), 否運(비운), 否掛(비괘), 否塞(비색), 否極反泰(비극반태)

杯 木, 총 8획

잔 배, 술잔 배 | '木+不(불)'로, 나무[木]로 만든 술그릇.

乾杯(건배), 祝杯(축배), 金杯(금배), 銀杯(은배), 殘杯冷炙(잔배냉적)

不踰矩(불유구) : 법도를 넘어서지 않는다는 뜻으로, 사람의 나이 70세를 이름.

《논어(論語)》〈위정편(爲政篇)〉에 나오는 말이다. 공자(孔子)가 "나이 일흔에 마음이 하고자 하는 대로 하여도 법도를 넘어서거나 어긋나지 않았다[七十而從心所欲 不踰矩]."고 한 데서 유래한다. 이에서 나이 일흔을 비유하는 말로 쓰이게 되었다.

공자는 15세에 학문에 뜻을 두고, 30세에 뜻이 확고하게 섰으며, 40세에는 미혹됨이 없었고, 50세에는 하늘의 명을 알았으며, 60세에는 귀가 순하여 남의 말을 듣기만 하여도 이해하게 되었다고 하였다. 이어 70세에 이른 뒤의 성취를 표현하였는데, 이것이 바로 '종심소욕불유구(從心所欲不踰矩)'이다.

50세의 지천명(知天命)과 60세의 이순(耳順)을 거쳐 공자가 최종적으로 도달한 성인(聖人)의 경지를 이른다. 구체적으로 말하면 '종심'은 마음이 시키는 대로, 혹은 마음이 하고자 하는 대로, 마음 가는 대로, 마음이 원하는 대로 하여도 어떤 규율이나 법도·제도·원리 등을 벗어나지 않았다는 말이다. 언제, 어디서, 어떻게 행하든 일정한 법도가 있었다는 뜻이니, 바로 유교(儒教)에서 말하는 '성인지도(聖人之道)'를 이름이다.

이 종심과 마찬가지로 70세를 이르는 말에 '칠순(七旬)'과 '고희(古稀)·희수(稀壽)'가 있다. 고희와 희수는 모두 중국 당(唐)나라 시인 두보(杜甫)의 《곡강시(曲江詩)》 중 "사람이 70까지 사는 것은 예부터 드물었다[人生七十古來稀]."고 한 데서 유래하였다.

二부수

조선시대에는 순라군을 두어 이(二, 貳)경에서 오(五)경 사이에 통행을 금지하였는데, 이는 화재나 도둑 등 이에 버금가〔亞〕는 악인(惡人)들을 경계하기 위함이었다.

二

二, 총 2획

두 이 | '弍'는 고자. 하늘에 짝한 땅의 수의 시작으로 나누어 둘이 됨.

二等(이등), 二世(이세), 唯一無二(유일무이), 二姓之樂(이성지락), 二姓之合(이성지합)

貳

貝, 총 12획

도울 이, 갖은자 두 이 | '貝+弍(이)'로, 곁따라 붙는 재물[貝].

貳萬(이만), 貳心(이심), 貳車(이거), 懷貳(회이), 任賢勿貳(임현물이)

五

二, 총 4획

다섯 오 | '二+乂'로, 천지음양[二]의 사이에 다섯[乂]을 표기한 것으로 오행(五行)을 뜻함.

五感(오감), 五倫(오륜), 五穀(오곡), 五慾(오욕), 世俗五戒(세속오계)

亞

二, 총 8획

곱사등이 아, 버금 차, 아시아 아 | 보기에 좋지 않은 곱사등 모양.

亞流(아류), 亞聖(아성), 亞細亞(아세아), 亞兩箭(아량전)

惡

心, 총 12획

싫어할 오, 악할 악 | '心+亞(아)'로, 남의 잘못이 있으면 내가 마음속[心]으로 그를 싫어하고, 나에게 과실이 있으면 남이 그를 미워함.

惡談(악담), 惡德(악덕), 惡毒(악독), 醜惡(추악), 惡寒(오한), 憎惡(증오), 奸惡無道(간악무도), 惡木不蔭(악목불음), 七去之惡(칠거지악)

世俗五戒(세속오계) : 신라시대 화랑이 지켜야 했던 다섯 가지 계율, 즉 사군이충(事君以忠), 사친이효(事親以孝), 교우이신(交友以信), 임전무퇴(臨戰無退), 살생유택(殺生有擇)이 있음.

신라(新羅) 26대 진평왕(眞平王) 때의 원광법사(圓光法師)가 사량부(沙梁部)에 사는 귀산(貴山)과 추항(箒項)에게 가르친 것에서 비롯되었다. '화랑오계(花郎五戒)'라고도 한다.

600년(진평왕 22) 원광이 중국 수나라에서 돌아와 운문산(雲門山) 가실사(嘉瑟寺)에 있을 때 두 사람이 평생의 경구로 삼을 가르침을 청하자, 사군이충(事君以忠) 등 다섯 가지 계율을 가르쳤다. 그 뒤 두 사람은 이를 잘 지켜서 602년 백제와의 아막성(阿莫城: 지금의 남원시 운봉읍)전투에서 화랑의 일원으로 싸우다 순국하였다.

옛적 우물〔井〕은 우(于)자 모양의 집〔宇〕과 덮개를 만들어 깨끗한 물 관리에 정성을 기울였다. "버려진 우물에는 천사가 오지 않는다."고 운운〔云〕 했듯이, 우물을 오랫동안 사용하지 않아 사람들의 왕래가 서로〔互〕 없으면, 하늘의 천사인 새들도 먹지 않으며, 영혼〔魂〕이 사라져 하늘의 은총이 내리지 않는다는 것이다.

于

二, 총 3획

어조사 우 | '一+丂'로, 본자는 '亏'. 기(氣)가 나와 고르게 퍼지는 모양.

于今(우금), 于歸(우귀), 於于野談(어우야담), 學于古訓(학우고훈)

宇

宀, 총 6획

집 우 | '宀+于(우)'로, 집[宀]의 네 모퉁이와 처마의 큰 공간. 또는 우주의 상하사방(上下四方).

宇宙(우주), 屋宇(옥우), 宇內(우내), 上棟下宇(상동하우)

井

二, 총 4획

우물 정, 저자 정 | 우물의 가로 나무[=]와 세로 나무[∥].

※ 韓 : 우물 위에 나무로 짜 얹은 틀[木欄].

井田法(정전법), 井華水(정화수), 臨渴掘井(임갈굴정), 坐井觀天(좌정관천)

云

二, 총 4획

구름 운, 이를 운, 말할 운 | 강과 산 위에 움직이는 기운 모양.

云云(운운), 云謂(운위), 不知所云(부지소운)

魂

鬼, 총 14획

넋 혼, 영혼 혼 | '鬼+云(운)'으로, 인간을 형성하는 양기(陽氣)의 영[鬼].

魂靈(혼령), 招魂(초혼), 忠魂(충혼), 魂魄(혼백), 魂飛魄散(혼비백산)

互

二, 총 4획

실 감는 얼레 호, 서로 호 | '笠'의 원자. 실을 감거나 꼬는 기구 모양.

互惠(호혜), 互先(호선), 互選(호선), 互生(호생), 互角之勢(호각지세)

八부수

조선 후기 정조 때 화가 이명기의 '송하독서도'에는 다음 글귀가 있다.

"독서하기 여러 해, 심어 놓은 소나무〔松〕가 모두 늙은 용의 비늘처럼 되었네."

팔자〔八〕 모양으로 늘어진 소나무는 공사(公私)의 송사〔訟〕 등 세파도 물들지 않은 청빈한 삶을, 초가집에서 독서하는 늙은이〔翁〕와 문밖에 차 끓이는 동자의 모습은 선비의 기상을 은유적으로 칭송〔頌〕하고 있다.

八

八, 총 2획

여덟 팔, 나눌 팔 | 물체가 나누어져 서로 등져 있는 모양.

八景(팔경), 八達(팔달), 八卦(팔괘), 八字(팔자), 百八煩惱(백팔번뇌), 四通八達(사통팔달), 七顚八起(칠전팔기), 八方美人(팔방미인)

公

八, 총 4획

공평할 공, 관청 공, 경칭 공, 귀인 공 | '八+厶'로, 사적(私的)인[厶] 것을 버리고[八] 공평하게 처리함.

公平(공평), 公共(공공), 公益(공익), 公衆(공중), 大公無私(대공무사)

松

木, 총 8획

소나무 송 | '木+公(공)'으로, 겨울의 추위에도 잘 견디는 소나무[木].

松林(송림), 松竹(송죽), 松柏(송백), 松蟲(송충), 松南雜識(송남잡지)

訟

言, 총 11획

송사할 송 | '言+公(공)'으로, 백성끼리 분쟁이 있을 때, 관부에 호소[言]하여 판결을 구하던 일.

訟事(송사), 訴訟(소송), 爭訟(쟁송), 自責內訟(자책내송)

頌

頁, 총 13획

칭송할 송 | '頁+公(공)'으로, 성공한 사람의 성대한 덕행[頁]을 칭송함.

頌祝(송축), 頌德(송덕), 頌歌(송가), 頌辭(송사), 萬口稱頌(만구칭송)

翁

羽, 총 10획

늙은이 옹 | '羽+公(공)'으로, 검은 무늬에 붉은색 새 목털.

塞翁(새옹), 漁翁(어옹), 村翁(촌옹), 醉翁(취옹), 塞翁之馬(새옹지마)

지식 샘터 **정직한 행동**

是是非非(시시비비) / 以實直告(이실직고) / 直躬證父(직궁증부)

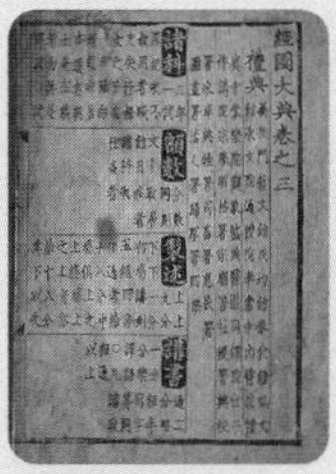

조선 성종 때 완성한 《경국대전》의 육전(六典)에는 이전·호전·예전·병전·형전·공전이 있으며, 인간이 할 일과 멈춰야〔兮〕 할 일 등 생활과 관련된 법규가 함께〔俱〕 갖추어져〔具〕 있다.

典 

八, 총 8획

법 전, 책 전 | '冊+丌'로, 책[冊]이 탁자 위[丌]에 있는 모양.

典禮(전례), 典範(전범), 辭典(사전), 典籍(전적), 華燭之典(화촉지전)

六 

八, 총 4획

여섯 륙 | '入+八'로, 역(易)의 수에서 '六'은 음의 변수이고, '八'은 음의 정수. 음변(陰變)의 도(道)를 행하여 만물로 하여금 각각 성명(性命)을 바르게 함.

六禮(육례), 六藝(육예), 六旬(육순), 六月(유월), 六何原則(육하원칙), 八面六臂(팔면육비)

兮 

八, 총 4획

멈출 혜, 어조사 혜 | '丂+八'으로, 잠깐 그칠[丂] 때 나오는 소리[八].

樂兮(낙혜), 寂兮寥兮(적혜요혜)

具 

八, 총 8획

갖출 구, 그릇 구 | '目←貝+廾'으로, 재화[貝]를 마련하여 두 손[廾]으로 바침.

具備(구비), 具色(구색), 具現(구현), 家具(가구), 具色親舊(구색친구)

俱 

人, 총 10획

함께 구, 갖출 구 | '亻+具(구)'로, 모든 사람[亻]이 다 같이 구비함.

俱全(구전), 俱存(구존), 父母俱存(부모구존)

父母俱存(부모구존) : 군자삼락 중 하나로, 아버지와 어머니가 다 살아 계심을 말함.

전국시대, 공자의 사상을 계승하여 발전시킨 맹자(孟子)는 《孟子(맹자)》〈진심편(盡心篇)〉에서 이렇게 말했다. "군자에게는 세 가지 즐거움이 있다. 양친이 다 살아 계시고 형제가 무고한 것이 첫 번째 즐거움이요[父母俱存 兄弟無故 一樂也], 우러러 하늘에 부끄럽지 않고 굽어보아도 사람들에게 부끄럽지 않은 것이 두 번째 즐거움이요[仰不愧於天 俯不怍於人 二樂也], 천하의 영재를 얻어서 교육하는 것이 세 번째 즐거움이다[得天下英才 而教育之 三樂也]." 공자는 《공자가어(孔子家語)》〈육본편(六本篇)〉에서 '인생의 세 가지 즐거움'을, 사람으로 태어난 것[吾得爲人 一樂也], 남자로 태어난 것[吾得爲男 二樂也], 장수하는 것[吾行年九十五有矣 三樂也]이라 했다.

모두가 함께〔共〕 행복한 선진 국가를 건설하기 위해서는 도시의 넓은〔洪〕 광장에서부터 항구〔港〕의 도서 지역에 이르기까지 가담항설(街談巷說)의 풍문이 아닌 진정으로 서로를 공경(恭敬)하고 배려하며, 공익에 이바지하는〔供〕 성숙한 시민의식이 요구된다.

共

八, 총 6획

함께 공, 한 가지 공 | '廿+廾'으로, 이십[廿] 명이 두 손을 모아[廾] 같이함.

共感(공감), 共鳴(공명), 共犯(공범), 共著(공저), 不共戴天(불공대천)

供

人, 총 8획

이바지할 공, 바칠 공 | '亻+共(공)'이며, 사람[亻]에게 물품 따위를 바침.

供給(공급), 供物(공물), 供養(공양), 提供(제공), 善供無德(선공무덕)

洪

水, 총 9획

큰물 홍, 넓을 홍 | '氵+共(공)'이며, 물[氵]이 많아짐으로 인해 하천이 범람하여 주변 지역에 피해를 입히는 재해.

洪水(홍수), 洪福(홍복), 洪圖(홍도), 宇宙洪荒(우주홍황)

恭

心, 총 10획

공경할 공, 공손할 공 | '心+共(공)'으로, 엄숙히 공경하는 마음[⺗]으로 맡은 일에 임함.

恭順(공순), 恭遜(공손), 恭賀(공하), 溫恭(온공), 兄友弟恭(형우제공)

巷

己 총 9획

거리 항 | '巳←邑+共(공)'으로, 마을[巳←邑] 안에 사람들이 함께 사용하는 길.

巷間(항간), 巷說(항설), 街巷(가항), 簞瓢陋巷(단표누항)

港

水, 총 12획

항구 항, 뱃길 항 | '氵+巷(항)'으로, 강물[氵]이 흐르는 지류(支流)에 배가 다닐 수 있는 길.

港口(항구), 港灣(항만), 軍港(군항), 空港(공항), 港務官(항무관), 港灣施設(항만시설)

不共戴天(불공대천) : 하늘을 함께 할 수 없는 원수. 즉 나와 상대방 중 하나는 죽어 없어져야만 하는 원수 사이.

하늘을 함께 질 수 없다는 뜻은 결국 누군가 한 사람은 이 세상에서 사라져야 한다는 것이다. 不俱戴天之讎(불구대천지수)를 줄여서 한 말이다. 《예기》에 나오는 내용으로, '부모의 원수와는 한 하늘 아래 살 수 없고, 형제의 원수에게는 뽑은 칼을 다시 넣지 않으며, 친구의 원수와는 한 나라에 살지 않는다.'에서 비롯되었다.

10년 후 무엇을 할까 고민하던 중 여러 사람들의 의견을 겸허〔謙〕히 수용하여 논을 밭 터〔基〕로 바꾸고, 그〔其〕 자리에 은행나무를 심었다. 이는 힘이 적게 들고, 인건비 부담도 없으며, 농가 주택도 겸〔兼〕할 수 있는 미래 기약〔期〕형 희망 충전 프로젝트다.

其

八, 총 8획

그 기 | 대로 만든 키 모양.

其他(기타), 其實(기실), 其間(기간), 去其枝葉(거기지엽), 上下其數(상하기수)

基

土, 총 11획

터 기 | '土+其(기)'로, 담장을 쌓기 위해 땅[土]을 처음 다진 터.

基礎(기초), 基盤(기반), 基準(기준), 國基(국기), 明正基罪(명정기죄)

期

月, 총 12획

때 기, 기간 기, 기약할 기 | '月+其(기)'로, 본자는 '稘'자. 12개월이 돌아 원달로 돌아온 그 때.

末期(말기), 期間(기간), 期約(기약), 期限(기한), 不期而會(불기이회)

兼

八, 총 10획

겸할 겸 | '秝+又'로, 벼 두 개[秝]를 손[又]으로 잡음.

※ 秝 : 稀疏適秝也 - 벼를 심은 간격이 알맞고 균일함.

兼務(겸무), 兼業(겸업), 兼用(겸용), 兼職(겸직), 兼事兼事(겸사겸사)

謙

言, 총 17획

겸손할 겸 | '言+兼(겸)'으로, 남을 존중하고 자신을 낮추는 태도나 말[言].

謙辭(겸사), 謙遜(겸손), 謙讓(겸양), 謙虛(겸허), 謙讓之德(겸양지덕)

지식 샘터 **공연한 의심**

杯中蛇影(배중사영) / 傷弓之鳥(상궁지조) / 吳牛喘月(오우천월) / 草木皆兵(초목개병) / 風聲鶴唳(풍성학려)

十부수

당나라 시인 이태백이 어렸을 때, 아버지의 임지인 촉 땅 성도에서 살았다. 그는 훌륭한 스승을 찾아 상의산에 들어가 공부를 하던 중 싫증이 나서 스승의 허락도 없이 꾀〔計〕를 내어 정오(午) 쯤 산을 내려오고 말았다. 집을 향해 걷고 있던 그는 계곡이 흐르는 남쪽〔南〕 냇가에 이르러 '바위 위에서 열심히 도끼를 갈고 있는 한 노파'를 만나게 된다.

"할머니, 지금 뭘 하고 계세요?" "바늘〔針〕을 만들려고 도끼를 갈고 있다." "그렇게 큰 도끼를 간다고 바늘이 될까요?" "그럼, 되고 말고. 중도에 그만두지만 않는다면 …….." 이백은 십(十, 拾)여 리 쯤〔許〕 가다가 "중도에 그만두지 않는다면…"이란 노파의 말이 마음에 걸렸다. 생각을 바꾼 그는 노파에게 공손히 인사하고, 다시 산으로 올라가 공부에 정진하였다.

十

十, 총 2획

열 십 | '一+丨'으로, 동서(東西)[一]와 남북(南北)[丨]이 합쳐진 것으로 사방과 중앙이 모두 갖춰진 수. ※갑골문에서는 세로 선[丨]이 10을 뜻하였으나 후대에 가로 선[一]을 더함.

十年之計(십년지계), 十中八九(십중팔구), 十日之菊(십일지국)

拾

手, 총 9획

주을 습, 갖은자 열 십 | '扌+合(합)'으로, 손[扌]으로 물건을 주음.

拾得(습득), 拾遺(습유), 拾萬(십만), 道不拾遺(도불습유)

計

言, 총 9획

셈할 계, 꾀할 계 | '言+十'으로, 산가지로 헤아려 합산[十]하여 말함[言].

計算(계산), 計策(계책), 計巧(계교), 計劃(계획), 姑息之計(고식지계)

針

金, 총 10획

바늘 침, 침 침 | '金+十←咸(함)'으로, '鍼'의 속자. 옷을 꿰매는 쇠[金] 바늘.

毒針(독침), 分針(분침), 針術(침술), 計無所出(계무소출), 百年大計(백년대계), 迂直之計(우직지계), 長久之計(장구지계), 三十六計走爲上計(삼십육계주위상계)

什

亻, 총 4획

열 사람 십, 열 집 십(집), 세간 집 | '人+十'으로 열〔十〕 사람〔人〕이 서로 지키고 도움.

什長(십장), 什器(집기)

南

十, 총 9획

남녘 남 | '宋+羊(임)'으로, 남쪽으로 갈수록 초목의 가지가 무성해짐.
※ 宋 : 무성할 발, 羊 : 찌를 임. ※ 갑골에는 고대 남쪽 지방에서 사용하던 악기를 매단 모양『字源字典』.
南極(남극), 南方(남방), 江南(강남), 嶺南(영남), 南柯一夢(남가일몽), 南橘北枳(남귤북지), 南轅北轍(남원북철), 南風不競(남풍불경), 南大門入納(남대문입납), 越鳥巢南枝(월조소남지)

午

十, 총 4획

낮 오, 일곱째 지지 오 | 5월에 음기가 양기를 거역하고 땅을 뚫고 나오는 형상.
午睡(오수), 午餐(오찬), 午後(오후), 甲午(갑오), 午後閑良(오후한량)

許

言, 총 11획

허락할 허, 매우 허, 쯤 허 | '言+午(오)'로, 상대의 말[言]을 듣고 따름.
許諾(허락), 許容(허용), 免許(면허), 許多(허다), 許由掛瓢(허유괘표)

지식 샘터 **미인**

傾國之色(경국지색) / 傾城之美〔경성지미 ; 傾城之色(경성지색)〕 / 丹脣皓齒(단순호치) / 萬古絶色(만고절색) / 明眸皓齒(명모호치) / 仙姿玉質(선자옥질) / 雪膚花容(설부화용) / 纖纖玉手(섬섬옥수) / 絶世佳人〔절세가인 ; 絶世美人(절세미인)〕 / 侵漁落雁(침어낙안) / 解語花(해어화) / 花容月態(화용월태)

南橘北枳(남귤북지) : 남쪽 땅의 귤나무를 북쪽에 옮겨 심으면 탱자나무로 변한다는 뜻으로, 사람도 그 처해 있는 곳에 따라 선하게도 되고 악하게도 됨을 이르는 말.

옛날 제(齊)나라에 안영(晏嬰)이란 유명한 재상이 있었다. 안영의 이름을 들은 초(楚)나라의 임금은 자기 나라에 그를 초청했다. 온 천하 사람이 칭찬하는 안영을 놀려 주겠다는 타고난 심술 때문이었다. 초나라의 임금은 간단한 인사말을 나누기가 바쁘게 한 죄인을 불러 놓고 말했다. "너는 어느 나라 사람이냐?" "제나라 사람입니다." "무슨 죄를 지었느냐?" "절도죄를 지었습니다." 임금은 안영을 보고 말했다. "제나라 사람은 원래 도둑질을 잘 하는 모양이군요." 그러자 안영은 태연하게 다음과 같이 대답했다. "강남의 귤을 강북으로 옮기면 탱자가 되고 마는 것은 토질 때문입니다. 저 제나라 사람이 제나라에 있을 때는 도둑질이 무엇인지 조차 모르고 있었는데, 초나라로 와서 도둑질을 한 것을 보면 초나라의 풍토가 좋지 않은가 하옵니다."

'전봉준 장군 운명시' 비(碑)에 "때를 만나니 천지가 다 같은 편이었고, 운이 떠나니 영웅도 어쩔 도리가 없네. 백성을 위한 정의로움은 과실이 아닌데, 나라 위한 충심을 누가 있어 알리요."라 했다. 또 당시 신분이 낮은[卑] 여종[婢]들까지도 불렀다는 "새야 새야 파랑새야 녹두밭에 앉지 마라. 녹두꽃이 떨어지면 청포 장수 울고 간다."는 전래민요도 있었다. 조선말 왕과 귀족들의 권력 다툼, 탐관오리의 가렴주구, 태반(殆半)의 백성은 빌어먹는 자들이었음에도 지도자들은 무엇을 했는가? 그 무능한 판단[判]과 갑작스런[卒] 외세의 출동, 그리고 전(全) 장군이 반군(叛軍)으로 몰려 목숨 잃고 나라 잃는 과정을 보니, 통한의 취흥(醉興)이 눈망울을 맺히게 했다.

半

十, 총 5획

반 반 | '八+牛'로, 소[牛]를 반으로 나눔[八].

半步(반보), 半身(반신), 半切(반절), 半額(반액), 半面之分(반면지분)

判

刀, 총 7획

판단할 판, 판결할 판 | '刂+半(반)'으로, 물건의 반을 칼[刂]로 공평하게 자름.

判決(판결), 判斷(판단), 判定(판정), 判異(판이), 理判事判(이판사판)

叛

又, 총 9획

배반할 반 | '反+半(반)'으로, 상도(常道)를 뒤집어 어지럽힘[反].

叛軍(반군), 叛亂(반란), 叛逆(반역), 叛旗(반기), 叛服無常(반복무상)

卒

十, 총 8획

하인 졸, 병사 졸, 갑자기 졸, 마칠 졸, 죽을 졸 | '衣+一'로, 일정한 표시[一]한 옷[衣]을 입는 하인.

卒兵(졸병), 卒倒(졸도), 卒業(졸업), 卒年(졸년), 街童走卒(가동주졸)

醉

酉, 총 15획

술 취할 취 | '酉+卒'로, 술[酉]은 자기의 주량을 헤아려 어지러움에 미치지 않아서 마침[卒].

醉客(취객), 醉談(취담), 醉態(취태), 醉興(취흥), 金迷紙醉(금미지취)

卑 

十, 총 8획

천할 비, 낮을 비 | '甲+ナ'로, '우존좌비(右尊左卑)'에서 왼쪽[ナ]에 있는 사람[甲 : 사람 머리].

卑賤(비천), 卑屈(비굴), 卑俗(비속), 卑怯(비겁), 眼高手卑(안고수비)

碑 

石, 총 13획

비석 비, 돌기둥 비 | '石+卑(비)'로, 공적을 기리기 위해 돌[石]에 글을 새기어 세움.

碑文(비문), 碑表(비표), 碑陰(비음), 碑石(비석), 萬口成碑(만구성비)

婢 

女, 총 11획

여자종 비 | '女+卑(비)'로, 신분이 낮은[卑] 여자[女].

婢女(비녀), 婢僕(비복), 婢妾(비첩), 侍婢(시비), 奴顔婢膝(노안비슬)

지식 샘터 **견문(見聞)이 좁음**

孤陋寡聞(고루과문) / 管見窺天〔관견규천 ; 管見(관견), 管中之天(관중지천), 通管窺天(통관규천)〕 / 群盲撫象〔군맹무상 ; 群盲評象(군맹평상)〕 / 遼東之豕(요동지시) / 越犬吠雪〔월견폐설 ; 蜀犬吠日(촉견폐일)〕 / 井底之蛙〔정저지와 ; 埳中之蛙(감중지와)〕 / 坐井觀天〔좌정관천 ; 井中觀天(정중관천)〕

理判事判(이판사판) : '이판(理判)과 사판(事判)이 붙어서 된 말'로, 막다른 데 이르러 어찌할 수 없게 된 지경을 뜻함.

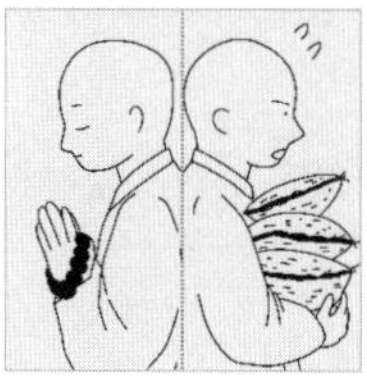

조선시대 불교 승려의 두 부류인 이판승(理判僧)과 사판승(事判僧)을 합쳐서 부르는 말이다. 사판승은 주로 잡역(雜役)에 종사하여 사찰의 유지에 힘쓰고, 이판승은 승려 본분을 다해 참선(參禪)을 통한 수행에 힘썼다. 조선의 억불숭유(抑佛崇儒)에 의해 천인(賤人)으로 전락한 승려가 된다는 것은 인생(人生)의 막다른 선택으로 여겨진 시대적 배경으로 인해 부정적인 의미의 끝장이라는 뜻으로 사용되었다.

《노자》에 "진실로 아는 사람은 박식(博識)하지 않고, 박식한 사람은 진실로 아는 것이 없다."고 했다. 이는 아는 것이 많은〔千〕 사람은 탁월(卓越)하여 지식이 적은〔薄〕 사람에 비해 출세 가도에 명부(名簿)를 올려〔昇, 升〕 행복한 삶을 누릴 수 있지만, 그렇지 않은 사람은 각박(刻薄)한 삶을 살아간다는 일상적 편견을 뛰어넘는 말이다.

卓

十, 총 8획

뛰어날 탁, 높을 탁, 책상 탁 | '匕+早'로, 남보다 일찍[早] 변화[匕]를 꾀하여 뛰어남.

卓見(탁견), 卓論(탁론), 卓越(탁월), 卓上(탁상), 食卓(식탁), 圓卓(원탁), 顔苦孔卓(안고공탁)

升

十, 총 4획

되 승, 올릴 승 | 십합(十合)을 재는 도구[斗].

斗升(두승), 五升(오승), 升級(승급), 升進(승진), 升斗之利(승두지리)

昇

日, 총 8획

오를 승 | '日+升(승)'으로, 해[日]가 떠서 점차 올라감[升].

昇天(승천), 昇級(승급), 昇格(승격), 昇華(승화), 旭日昇天(욱일승천)

千

十, 총 3획

일천 천, 많을 천 | '十+人(인)'으로, 열[十]이 100개.

千古(천고), 千金(천금), 千秋(천추), 千慮(천려), 千慮一得(천려일득)

博

十, 총 12획

넓을 박, 많을 박 | '十+尃'로, 두루 광범위하게 걸쳐[尃] 많은[十] 것을 잘 앎.

博識(박식), 博覽(박람), 博愛(박애), 博學(박학), 博而不精(박이부정)

薄

艸, 총 17획

메마를 박, 엷을 박, 적을 박 | '艸+溥(부)'로, 나무[艸]가 무성히 우거져 들어갈 수 없는 척박한 땅.

薄畓(박답), 薄待(박대), 薄命(박명), 薄福(박복), 薄情(박정), 刻薄(각박), 美人薄命(미인박명)

簿

竹, 총 19획

장부 부, 문서 부 | '竹+溥(부)'로, 대[竹]를 쪼개어 그 면에 글씨를 쓸 수 있도록 만든 물건.

簿記(부기), 名簿(명부), 帳簿(장부), 簿錄(부록), 簿外資産(부외자산)

〈숫자 관련 부수 한자〉

지구 역사가 46억 년이라는데, 우리에게 알려진 고생대부터 지금 현재까지의 역사는 오억(五億) 사천만(四千萬) 년이다. 그간 알려지지 않은 41억 년의 지구 역사에 대해 과학자들은 꾸준히 힘써〔勵〕 연구(硏究)하고 있다.

또 현 지구의 환경오염(汚染)이나 천체운동에도 관심이 많은데, 지구의 4,500㎞ 이내의 소행성 중 직경 1㎞이상인 것과 총알〔丸〕이 스쳐지나가듯 순간적 충돌이 발생하면 지구가 종말을 초래할 것이라고 주장한다. 이 때문에 우주 내에 존재하는 구백오십(九百五十)여 개 소행성의 이동 궤적을 면밀히 추적 관찰하고 있는 중이다.

四

囗, 총 5획

넉 사 | 음의 수로써 사물을 넷으로 나눈 모양[陰數也 象四分之形].
※ 갑골문에는 네 개 선분으로, 전서에서는 콧구멍으로 숨 쉬는 모양[呬]을 나타냄.

四肢(사지), 四柱(사주), 四書三經(사서삼경), 四顧無親(사고무친), 四面春風(사면춘풍), 四分五裂(사분오열)

百

白, 총 6획

일백 백, 많을 백 | '一+白'으로, 수(數)가 일[一]부터 시작하여 백(百)에 이르면 사람에게 말함[白].

百歲(백세), 百姓(백성), 百果(백과), 百科(백과), 滿朝百官(만조백관), 백가쟁명(百家爭鳴), 百里負米(백리부미), 百藥無效(백약무효), 百尺竿頭(백척간두), 百害無益(백해무익)

九

乙, 총 2획

아홉 구 | 굴곡(屈曲)의 다한 모양으로, '一'에서 시작하여 '九'에서 극[極]을 이룸.

九天(구천), 九曲(구곡), 九重宮闕(구중궁궐), 九重深處(구중심처), 九回之腸(구회지장), 三旬九食(삼순구식), 十中八九(십중팔구), 洪範九疇(홍범구주)

究

穴, 총 7획

연구할 구, 다할 구 | '穴+九(구)'로, 깊은 굴[穴]의 마지막 끝.

究明(구명), 講究(강구), 究極(구극), 究竟(구경), 究厥心腸(구궐심장)

丸

丶, 총 3획

둥글 환, 알 환 | '反+仄'으로, 둥근 것은 평평하게 세울 수 없어 기울어짐[仄]이 반복됨[反].

丸藥(환약), 丸劑(환제), 彈丸(탄환), 砲丸(포환), 阪上走丸(판상주환)

染 

木, 총 9획

물들 염, 옮길 염 | '氵+九+木'으로, 식물[木]에서 채취한 염즙(染汁)[氵]에 천 따위를 여러 번 [九]넣어 염색함.

染料(염료), 染色(염색), 染病(염병), 感染(감염), 染指之物(염지지물)

萬 

艸, 총 13획

일만 만, 많을 만 | 전갈의 촉수[艹] 몸[田] 발[禸].

※ 萬= 蠆(전갈채)

萬一(만일), 萬乘(만승), 萬歲(만세), 萬事(만사), 萬頃蒼波(만경창파), 萬年之計(만년지계), 千差萬別(천차만별), 千態萬象(천태만상), 波瀾萬丈(파란만장), 家和萬事成(가화만사성)

勵 

力, 총 17획

권장할 려, 힘쓸 려 | '力+厲(려)'로, 좋은 일에 힘쓰도록[力] 북돋아줌.

勵志(여지), 勵行(여행), 激勵(격려), 督勵(독려), 刻苦勉勵(각고면려)

億 

人, 총 15획

편안할 억, 많을 억, 억 억 | '亻+意(의)'로, 마음이 편안한 사람[亻]은 즐거움이 많음.

億劫(억겁), 億萬(억만), 億萬之心(억만지심)

百尺竿頭(백척간두) : 백 자나 되는 높은 장대 위에 올라섰다는 뜻으로, 위태로움이 극도에 달함.

매우 위태롭고 어려운 지경임을 말한다. 막다른 위험에 놓이게 됨을 뜻하는 말로 '백척간두에 서다'로 쓰이며, 줄여서 '竿頭(간두)'라고도 한다. 또 노력한 위에 한층 더 노력하는 상태 또는 마음가짐을 뜻하기도 한다. 백척간두진일보(百尺竿頭進一步)라 하여, 어떤 목적이나 경지(境地)에 도달하였어도 거기서 멈추지 않고 더욱 노력함을 뜻하거나, 충분히 언사(言辭)를 다하였어도 더 나아가서 정묘(精妙)한 말을 추가함을 말한다.

유사어로는 累碁(누기), 累卵之勢(누란지세), 累卵之危(누란지위), 燒眉之急(소미지급), 燃眉之厄(연미지액), 危如累卵(위여누란), 一觸卽發(일촉즉발), 焦眉之急(초미지급), 焦眉之厄(초미지액), 風前燈燭 (풍전등촉), 風前燈火(풍전등화)가 있음.

千慮一得(천려일득) : 천 번을 생각하면 한 번 얻는 것이 있다는 뜻으로, 많이 생각할수록 좋은 것을 얻음을 비유하는 말.

《사기(史記)》〈회음후열전편(淮陰侯列傳篇)〉에 다음과 같은 이야기가 전한다.

회음후 한신(韓信)이 조(趙)나라의 군대 20만 명을 격파하고, 조나라 재상 성안군(成安君)을 죽였다. 그리고 조왕과 모사 이좌거(李左車)를 사로잡았다. 한신은 이좌거의 능력을 일찍부터 알고 있었기에, 그를 불러 연(燕)나라와 제(齊)나라를 공격하여 승리할 방법을 물었다. 그러나 이좌거는 자신은 대답할 능력이 없다고 하면서 거듭 사양하였다. 계속되는 한신의 설득이 있고 나서 마지못해 이렇게 답하였다. "옛말에 '슬기로운 사람도 천 번 생각에 한 번의 실수가 있을 수 있고, 어리석은 사람도 천 번 생각하여 한 번은 맞힐 수 있다[愚者千慮 必有一得].'고 하였습니다. 그래서 미치광이의 말도 성인은 가려서 듣는다고 하였습니다. 신의 계책이 반드시 채택될 것인지는 모르지만 그래도 충심껏 아뢰겠습니다."

小부수

정치적 비밀을 보장하고 그 실권을 빼앗기〔抄〕지 않고 유지하기 위해 폐쇄국가에서는 아무도 없는 모래〔沙〕 사장에서 자유 분망하게 뛰노는 예쁜〔妙〕 작은〔小〕 소녀(少女)의 모습까지도 촬영을 금하여 최첨단〔尖〕 어떤 장비도 무용지물의 못난〔劣〕 기계가 된다.

小

小, 총 3획

작을 소, 적을 소 | '八+丨'으로, 물체를 반[丨]으로 나눔[八].

小說(소설), 小雪(소설), 小兒(소아), 小型(소형), 積小成大(적소성대)

少

小, 총 4획

적을 소 | '小+丿(별)'로 작은 것[小]을 더 쪼갬[丿].

少女(소녀), 少年(소년), 極少(극소), 少數(소수), 羅浮少女(나부소녀)

沙

水, 총 7획

모래 사, 사막 사 | '氵+少'로, 물[氵]에 의해 잘게 부스러진[少] 돌 부스러기.

沙漠(사막), 沙上(사상), 白沙(백사), 土沙(토사), 白沙青松(백사청송)

妙

女, 총 7획

젊을 묘, 예쁠 묘, 묘할 묘 | '女+少'로, 젊고[少] 예쁜 여자[女].

妙年(묘년), 妙態(묘태), 巧妙(교묘), 奇妙(기묘), 奇奇妙妙(기기묘묘)

劣

力, 총 6획

용렬할 렬, 적을 렬, 못할 렬 | '少+力'으로, 사람이 변변하지[力] 못하고 졸렬함[少].

劣等(열등), 劣惡(열악), 劣勢(열세), 庸劣(용렬), 優劣難分(우열난분)

抄

手, 총 7획

빼앗을 초, 베낄 초 | '扌+少(소)'로, 폭력을 써서 남의 것을 억지로 빼앗아 취함[手].

抄錄(초록), 抄本(초본), 抄書(초서), 抄掠(초략), 課農小抄(과농소초)

尖

小, 총 6획

뾰족할 첨, 앞장 설 첨 | '小+大'로, 본자는 '櫼'. 밑은 크고[大] 끝이 뾰족함[小].

尖端(첨단), 尖銳(첨예), 尖兵(첨병), 尖塔(첨탑), 石蹲壯士拳峰尖文章筆(석준장사권봉첨문장필)

1당 독재를 숭상(崇尙)하는 국가는 항상〔常〕 법 위에 당(黨)이 있으므로 마당히〔當〕 법에 의한 지배가 확립되기는 어렵다. 심한 경우는 손바닥〔掌〕으로 박수를 치고 여자가 치마〔裳〕를 바지로 입는 것까지도 통제를 받아 기본적 자유까지도 맛보〔嘗〕지 못한 경우가 많다.

尙 尙

小, 총 8획

숭상할 상, 바랄 상, 오히려 상 | '八+向(향)'으로, 거듭 쌓아 높이 올라감[八].

高尙(고상), 崇尙(숭상), 尙武(상무), 尙存(상존), 讀書尙友(독서상우)

常 常

巾, 총 11획

관례 상, 보통 상, 항상 상, 떳떳할 상 | '巾+尙(상)'으로, 치마[巾 ← 衣]로 몸의 아랫부분을 가림.

常例(상례), 常情(상정), 常識(상식), 常習(상습), 人生無常(인생무상), 人之常情(인지상정)

當 當

田, 총 13획

마땅 당, 당할 당, 그 당 | '田+尙(상)'으로, 밭[田]의 면적에 과부족(過不足)이 없이 서로 동등하게 분배함.

當然(당연), 不當(부당), 適當(적당), 當面(당면), 窮當益堅(궁당익견)

掌 掌

手, 총 12획

손바닥 장 | '手+尙(상)'으로, 손을 등과 안쪽으로 구분할 때, 손 안쪽.

合掌(합장), 掌握(장악), 管掌(관장), 分掌(분장), 如反掌(여반장), 孤掌難鳴(고장난명), 拍掌大笑(박장대소)

裳 裳

衣, 총 14획

치마 상 | '衣[巾]+尙(상)'으로, 몸 아래를 가리는 옷[衣].

衣裳室(의상실), 綠衣紅裳(녹의홍상)

黨 黨

黑, 총 20획

아첨할 당, 치우칠 당, 무리 당 | '黑+尙(상)'으로, 해와 달이 침침하여[黑]밝지 못함.

黨論(당론), 黨費(당비), 黨爭(당쟁), 黨派(당파), 不偏不黨(불편부당)

嘗 嘗

口, 총 14획

맛볼 상, 일찍 상 | '旨+尙(상)'으로, 입으로 음식 맛[旨]을 봄.

嘗膽(상담), 嘗味(상미), 未嘗不(미상불), 未嘗不(미상불), 嘗糞之徒(상분지도)

점술·신

卜爻示鬼

- 卜
- 占: 店, 點
- 示: 奈
- 社
- 祭: 際
- 票: 標, 漂
- 禍: 過
- 禮
- 祥
- 禁
- 鬼: 塊, 愧, 醜

색깔

色白赤青黃玄黑

- 色: 絶
- 白: 伯, 迫, 拍
- 皆: 階
- 皇
- 的: 酌
- 青: 淸, 情, 請, 晴
- 赤
- 黃: 橫
- 率
- 玄: 畜, 蓄, 絃, 弦
- 玆: 慈
- 黑: 墨
- 默

卜부수

참선을 무엇보다 강조했던 한 스님은 사찰이 점〔卜, 占〕집〔店〕으로 전락한 점(點)을 척결 대상의 첫째로 삼았다. 그 실천 방법으로 복을 빌어 달라는 불공을 전부 거절했으며 살림은 철저하게 자급자족으로 유지했다.

卜

卜, 총 2획

점 복 | 거북 등을 태워 갈라진 모양.

卜占(복점), 卜術(복술), 弱馬卜重(약마복중)

占

卜, 총 5획

물을 점, 볼 점, 점칠 점, 차지할 점 | '卜+口'로, 거북 등에 갈라진[卜] 모양을 보고 길흉을 물어[口] 봄.

占有(점유), 占居(점거), 占兆(점조), 占術(점술), 占領軍(점령군), 占星術(점성술), 占有率(점유율)

店

广, 총 8획

가게 점 | '广+占(점)'으로, '坫'과 통용. 장터 따위에서 물건을 벌여 놓고 파는 집[广].

店員(점원), 商店(상점), 書店(서점), 賣店(매점), 百貨店(백화점), 木壚酒店(목로주점)

點

黑, 총 17획

점 점, 더럽힐 점, 검사할 점, 점수 점 | '黑+占(점)'으로, 옥에 작은 점[黑]이 있음. 또는 물이 더럽혀짐.

點線(점선), 點字(점자), 點檢(점검), 點呼(점호), 落點(낙점), 點頭(점두), 點額(점액), 紅一點(홍일점), 紅爐點雪(홍로점설), 畵龍點睛(화룡점정)

畵龍點睛(화룡점정) : 용을 그린 다음 마지막으로 눈동자를 그린다는 뜻으로, 가장 요긴한 부분을 마치어 일을 끝냄을 이르는 말.

무슨 일을 할 때 최후의 중요한 부분을 마무리함으로써 그 일이 완성되는 것이며, 또한 일 자체가 돋보인다는 것을 비유한 말이다. 《수형기(水衡記)》에 다음과 같은 이야기가 전한다. 양(梁)나라의 장승요(張僧繇)가 금릉(金陵:南京)에 있는 안락사(安樂寺)에 용 두 마리를 그렸는데 눈동자를 그리지 않았다. 사람들이 이상히 생각하여 그 까닭을 묻자 "눈동자를 그리면 용이 날아가 버리기 때문이다."라고 대답하였다. 그러나 사람들은 그 말을 믿지 않았다. 그래서 그는 용 한 마리에 눈동자를 그려 넣었다. 그러자 갑자기 천둥이 울리고 번개가 치며 용이 벽을 차고 하늘로 올라가 버렸다. 눈동자를 그리지 않은 용은 그대로 남아 있었다. 한편 어떤 일이 총체적으로는 잘 되었는데 어딘가 한군데 부족한 점이 있을 때 '화룡에 점정이 빠졌다.'고도 한다.

示부수

사직단의 사(社)는 토신, 직은 곡신을 말한다. 토신은 곧 국토를 주재하여 관리하는 신이고, 곡신은 농작의 풍흉을 좌우하는 신이다. 국가가 나락(奈落)으로 떨어지는 큰 일이 발생할 때〔際〕 국왕이 직접 목욕재계를 하고 사행을 금〔禁〕하며 그 정결함을 보존하여 사직단에 나아가서 직접 제사(祭祀)했던 관례에서도 그 의미를 찾아볼〔示〕 수 있다.

示

示, 총 5획

보일 시, 알릴 시 | 하늘은 해, 달, 별을 통해 사람들에게 그 신령스러움, 즉 길흉의 실상을 보여줌.

告示(고시), 明示(명시), 暗示(암시), 提示(제시), 開示悟入(개시오입)

奈

大, 총 8획

어찌 내, 지옥 나 | '大+示'로, '柰'와 동자. 영험(靈驗)의 큰[大] 결과를 보임[示].
※ 柰, 果也 從木示聲

奈何(내하), 奈落(나락), 莫無可奈(막무가내)

社

示, 총 8획

토지 신 사, 모일 사, 단체 사 | '示+土'로, 신령스러움을 보여[示]주는 땅[土]의 수호신(守護神).

社稷(사직), 社交(사교), 社說(사설), 社長(사장), 鷄豚同社(계돈동사)

祭

示, 총 11획

제사 제, 행사 제 | '肉+又+示'로, 제물[肉]을 손[又]으로 들어 신에게 바쳐 신령스러움[示]을 빎.

祭閣(제각), 祭壇(제단), 祭需(제수), 祝祭(축제), 冠婚喪祭(관혼상제)

際

阜, 총 14획

사이 제, 사귈 제, 때 제 | '阜+祭(제)'로, 두 지역의 교차 지점인 언덕[阜]에 모여 제사 등 행사를 함.

交際(교제), 國際(국제), 實際(실제), 際會(제회), 一望無際(일망무제)

禁

示, 총 13획

금할 금 | '示+林(림)'으로, 타 지역에 가면 그 지역의 금기사항을 물어 확인하여 봄[示].

禁忌(금기), 禁斷(금단), 禁令(금령), 禁物(금물), 入境問禁(입경문금)

"투표는 탄환보다 강하다."는 링컨의 말처럼 투표는 국민의 권리이자 반드시 지켜야 할 예의[禮] 중 하나이다. 좋은 후보자에게 표[票]를 찍으[標]면 상스러운[祥] 일이지만, 그렇지 못할 경우에는 도리어 재앙[禍]의 근원이 되어 국정 표류(漂流)의 과오(過誤)를 범하는 상처를 남긴다.

票

示, 총 11획

불똥 튈 표, 쪽지 표 | '火+[臼中囟]'으로, '熛'와 동자. 불꽃이 가볍게 튀어 날림.

票決(표결), 開票(개표), 買票(매표), 傳票(전표), 票券貨幣(표권화폐)

標

木, 총 15획

표시할 표, 나타낼 표 | '木+票(표)'로, 나무[木] 끝에 글씨나 기호를 표시[票]함.

標榜(표방), 標語(표어), 標記(표기), 標識(표지), 吾門標秀(오문표수)

漂

水, 총 14획

떠돌 표, 빨래할 표 | '氵+票(표)'로, 물체가 물[氵] 위에 떠 떠돌아다님.

漂浪(표랑), 漂客(표객), 浮漂(부표), 漂白(표백), 流離漂迫(유리표박)

禍

示, 총 14획

재앙 화 | '示+咼(화)'로, 하늘이 복을 내리지 않고 해악을 보임[示].

禍根(화근), 禍難(화난), 禍福(화복), 禍厄(화액), 口是禍門(구시화문)

過

辵, 총 13획

들를 과, 지날 과, 잘못 과 | '辶+咼(괘, 와)'로, 역참은 사람이 들러 지나가는[辶] 곳임.

功過(공과), 謝過(사과), 罪過(죄과), 過失(과실), 過客(과객), 過失相規(교실상규), 補過拾遺(보과습유), 如鳥過目(여조과목), 如風過耳(여풍과이)

禮

示, 총 18획

예의 례, 인사 례 | '示+豊(풍,례)'로, 신[示]을 섬겨 복[豊]을 비는 의식을 행함.

禮物(예물), 禮拜(예배), 禮遇(예우), 禮讚(예찬), 克己復禮(극기복례)

祥

示, 총 11획

상서로울 상 | '示+羊(양)'으로, 하늘이 화복(禍福)을 내리고자 할 때는 먼저 징조로서 보임[示].

祥瑞(상서), 祥雲(상운), 吉祥(길상), 大祥(대상), 吉祥善事(길상선사)

鬼부수

SBS에서 지난 11월 28일 12시경 모 폐가에서 생방송 중 영가의 얼굴이 촬영되었다. 무당의 말을 빌리자면, 귀신(鬼神)은 추악(醜惡)한 모습에 부끄러움〔愧〕도 많아 어둡고 음침한 곳에 흙덩이〔塊〕처럼 붙어있다고 했다.

鬼 

鬼, 총 10획

귀신 귀 | '甶+儿+厶'로, 인간[儿]이 죽으면 귀신[甶]이 되며, 귀신은 음기(陰氣)로 해를 끼치므로 사사로움[厶].

鬼神(귀신), 鬼面(귀면), 鬼哭(귀곡), 雜鬼(잡귀), 神出鬼沒(신출귀몰)

塊 

土, 총 13획

덩어리 괴, 흙덩어리 괴 | '土+鬼(귀)'로, 흙[土]이 엉켜 덩어리짐.

塊根(괴근), 塊石(괴석), 塊炭(괴탄), 大塊(대괴), 金塊市場(금괴시장)

愧 

心, 총 13획

부끄러워할 괴 | '忄+鬼(귀)'로, 본자는 '媿', '聭'. 마음[心]에 부끄러움을 느낌.

愧色(괴색), 愧汗(괴한), 羞愧(수괴), 慙愧(참괴), 自愧之心(자괴지심)

醜 

酉, 총 17획

보기 흉할 추, 못생길 추 | '鬼+酉(유)'로, 귀신[鬼]처럼 보기 흉한 모습.

醜惡(추악), 醜雜(추잡), 醜聞(추문), 醜漢(추한), 地醜德齊(지추덕제)

— 地醜德齊(지추덕제) : 토지의 크기나 덕(德)이 서로 비슷하다는 뜻으로, 서로 상대되는 두 집안의 문벌이나 덕망(德望)이 서로 같음. 나라의 크기나 군주(君主)의 덕망이 서로 비슷함. 서로 조건이 비슷함을 이르는 말.

《孟子(맹자)》에 세상을 돕고 백성을 자라게 하는 데는 덕만 한 것이 없다. 어찌 그 하나(지위)를 소유한 것으로써 두 개(나이, 덕)를 소유한 것을 업신여기겠는가? 그러므로 장차 크게 훌륭한 일을 하려는 군주는 반드시 부를 수 없는 바의 신하(함부로 오라 가라 할 수 없는 사람)가 있다. 국가 대사의 일이 생겨 의논하고자 한다면 그곳(신하 있는 곳)으로 나아갔다. 그 덕을 높이고 도리를 기꺼이 즐겨함이 이와 같지 않으면, 더불어 훌륭한 일을 하기에 부족하다. 그러므로 탕왕이 이윤에게 (왕도를) 배운 후에 그를 신하로 삼은 까닭에 노고 없이 왕이 되었다. 환공은 관중에게 패도를 배운 후에 신하로 삼은 까닭에 고생 없이 패자(霸者)가 되었다.

지금 제후국들의 땅 크기가 고만고만하고 덕이 고만고만하여[今天下 地醜德齊 莫能相尙 無他] 능히 서로서로 뛰어날 수 없음은 별다른 이유가 없다.

色, 白부수

당나라를 대표하는 시인 백거이는 당 현종과 절세(絶世)의 미인[色] 양귀비의 사랑을 <장한가>로 노래하였다. 이 시에서 양귀비를 총애하던 황제[皇]는 술[酌]을 마시며 사랑을 같이했던 한 여자의 죽음을 외면하며 오로지 피눈물만 흘리는 소극적이고 비겁한 남자로 과녁[的]이 맞춰져있다.

色

色, 총 6획

빛 색, 예쁜 여자 색 | '人+卩'로, 사람[人]의 마음속은 부절[卩]과 같아서 얼굴의 양 미간(眉間)에 나타남.

色感(색감), 色盲(색맹), 色彩(색채), 色狂(색광), 國色(국색), 傾國之色(경국지색), 古色蒼然(고색창연), 萬古絶色(만고절색), 啞然失色(아연실색), 草綠同色(초록동색)

絕

糸, 총 12획

끊을 절, 뛰어날 절, 힘을 다할 절 | '糸+刀+卩(절)'로, 칼[刀]로 실[糸]을 자름.

絶斷(절단), 絶交(절교), 絶命(절명), 絶叫(절규), 松都三絶(송도삼절), 絶長補短(절장보단)

皇

白, 총 9획

임금 황, 황제 황 | '自+王'으로, 시황제와 같은 큰 임금.

皇室(황실), 皇城(황성), 皇恩(황은), 皇帝(황제), 玉皇上帝(옥황상제)

的

白, 총 8획

과녁 적, 목표 적, 접미사 적 | '白←日+勺(작)'으로, 정곡(正鵠)이 해[日]처럼 둥글고 명확함. ※ 예서에서 '白'으로 변함.

標的(표적), 的中(적중), 的確(적확), 公的(공적), 弓的相適(궁적상적)

酌

酉, 총 10획

술 작, 술 따를 작, 짐작할 작 | '酉+勺(작)'으로, 술[酉]을 가득 부어 잔을 보냄.

對酌(대작), 自酌(자작), 添酌(첨작), 淸酌(청작), 自酌自飮(자작자음)

絶長補短(절장보단) : 사람과 사물에서 장점으로 단점을 보완하면 쓸모 있고, 소중한 존재가 된다는 의미.

《전국책(戰國策)》에 초나라 장신이 양왕에게 간언한 글이 있다. "대왕께서 궁 안에 있을 때 좌 주후, 우 하후를 데리고 있습니다. 그리고 궁을 나갈 때는 언릉군과 수근군을 대동합니다. 이 네 사람은 간신이므로 더 이상 가까이하시면 나라가 위태로워질 것입니다." 이 말을 들은 양왕은 장신이 그들을 모함한다고 여겨 외면했다. 실망한 장신은 조나라로 피신했고, 그 후 진나라의 침공이 있자, 양왕은 장신의 말이 옳았음을 깨닫고 그를 데려와 대책을 물었다. 이에 장신은 "토끼를 발견하고 머리를 돌이켜 사냥개를 시켜도 늦지 않는다는 말이 있습니다. 옛날에 탕무가 백 리 땅에서 나라를 일으켰고, 걸왕과 주왕은 천하가 너무 넓어 멸망했습니다. 현재 초나라가 비록 작더라도 긴 것을 잘라 짧은 것을 기우면[絶長補短] 수천 리가 되는 땅이라 희망이 있습니다."라 진언했다.

白부수

매서운 날씨에도 많은 사람들은 이른 새벽부터 지리산 천왕봉의 돌계단〔階〕에 발걸음을 재촉〔迫〕하며 가장 높은〔伯〕 산 정상에 오른다. 붉고 밝은〔白〕 첫 일출이 시작되자, 모두〔皆〕 '와~' 하는 함성과 함께 박수를 치며〔拍〕 올 한해의 소원성취를 빌었다.

白 

白, 총 5획

흰 백, 밝을 백, 아뢸 백 | '入+二'로, 동방(東方)은 청색(青色), 서방(西方)은 백색(白色).

白骨(백골), 白眉(백미), 白髮(백발), 白晝(백주), 白壽(백수), 白玉樓(백옥루), 白日夢(백일몽), 堅白同異(견백동이), 明明白白(명명백백), 白骨難忘(백골난망), 白駒過隙(백구과극)

伯 

人, 총 7획

맏 백, 높을 백, 우두머리 패 | '亻+白(백)'으로 장자(長子), 장형(長兄)[亻].

伯父(백부), 伯兄(백형), 白氏(백씨), 畵伯(화백), 伯首(패수), 伯主(패주), 伯仲之勢(백중지세)

迫 

辵, 총 9획

닥칠 박, 다그칠 박 | '辶+白(백)'으로, 가까이 다가가도록[辶] 재촉함.

臨迫(임박), 迫頭(박두), 開封迫頭(개봉박두), 迫於不得(박어부득), 優遊不迫(우유불박)

拍 

手, 총 8획

칠 박 | '扌+白(백)'으로, 본자는 '拍'. 손[扌]으로 그 위를 침.

拍手(박수), 拍車(박차), 拍掌大笑(박장대소), 拍案大叫(박안대규)

皆 

白, 총 9획

다 개, 모두 개 | '比+白'으로, 안에 있는 생각을 밖으로 말[白]하여 안이 밖으로 모두 드러남[比].

皆勤(개근), 皆濟(개제), 皆既日蝕(개기일식), 草木皆兵(초목개병)

階 

阜, 총 12획

섬돌 계 | '阜+皆(개)'로, 높은 언덕[阜]에 오를 수 있도록 만든 계단 길.

階級(계급), 階段(계단), 階次(계차), 位階(위계), 階卑職高(계비직고)

지식 샘터 **무질서**

亂場(난장) / 烏合之卒(오합지졸) / 阿修羅場(아수라장)

靑부수

맑게〔淸〕 개인〔晴〕 푸른〔靑〕 하늘과 바다에서 들려오는 정〔情〕다운 파도 소리는 연인들이 서로 사랑을 청〔請〕하듯 자연의 신비로 다가왔다.

靑

靑, 총 8획

푸를 청, 젊을 청 | '丹+生'으로, 정성스럽게[丹] 식물을 가꾸어 처음 땅 위로 나올[生] 때의 색.

靑色(청색), 靑史(청사), 靑銅(청동), 靑雲(청운), 靑眼(청안), 盲玩丹靑(맹완단청), 靑山流水(청산유수), 靑雲萬里(청운만리), 靑天霹靂(청천벽력)

淸

水, 총 11획

맑을 청, 깨끗할 청, 나라 이름 청 | '氵+靑(청)'으로, 강물[氵]이 맑고 깨끗한 모양.

淸潔(청결), 淸涼(청량), 淸廉(청렴), 淸貧(청빈), 死後淸心丸(사후청심환)

情

心, 총 11획

뜻 정, 사랑 정, 인정 정, 사실 정 | '忄+靑(청)'으로, 희로애락(喜怒哀樂)의 인간의 감정[心].

感情(감정), 多情(다정), 同情(동정), 情熱(정열), 戀慕之情(연모지정), 舐犢之情(지독지정), 抑何心情(억하심정)

請

言, 총 15획

청할 청 | '言+靑(청)'으로, 어떤 일을 이루기 위해 남에게 자기의 생각을 말함[言].

請求(청구), 請婚(청혼), 請託(청탁), 請願(청원), 轉之轉請(전지전청)

晴

日, 총 12획

갤 청 | '夕+生(생)으로, '姓, 暒'과 동자. 내리던 비가 그쳐 낮에는 해[日], 밤[夕]에는 별을 볼 수 있음.

晴天(청천), 晴雨(청우), 快晴(쾌청), 晴耕雨讀(청경우독)

舐犢之情(지독지정) : 어미 소가 송아지를 핥아주며 귀여워한다는 뜻에서, 어버이가 자녀를 사랑하는 지극한 정의 비유.

동물들은 새끼를 낳으면 본능적으로 품고 핥는다. 내 몸의 일부였던 그 작은 것이 세상으로 나왔을 때 그들에게 할 수 있는 가장 꾸밈없는 몸짓이다. 이는 그 누구도 흉내낼 수 없는 사랑으로 가득 차있다. 자식이 자라면서 부모의 여러 행동으로 바뀌어 나타나지만 그 근간이 절대적 사랑(아가페)임을 반박할 수는 없다. 성년이 되기 전까지, 되고 난 후에도 이런 사랑에 흠뻑 취할 수 있다는 것은 누군가에게는 당연한 권리이고, 누군가에게는 평생 갈구의 대상이 된다.

赤, 黃, 玄부수

예로부터 중국 사람들은 붉은색과 황색을 좋아했다. 황색(黃色)은 고귀하고 신성한 권위의 상징으로, 적색(赤色)은 상서로움과 경사로움으로 여겨 왕이나 우두머리〔率〕의 복장에 즐겨 사용하였다. 현대에는 횡단(橫斷)보도나 위험지역의 신호등 등 경계용 색으로 많이 사용한다.

赤

赤, 총 7획

붉을 적, 벌거벗을 적 | '土←大+灬'로, 붉은색의 불[火]빛이 지극히 밝음[大].

赤色(적색), 赤旗(적기), 赤手(적수), 赤子(적자), 赤手成家(적수성가)

黃

黃, 총 12획

누를 황 | '田+炗(광)'으로, 땅[田]의 색이 '노랗다'.

黃菊(황국), 黃鳥(황조), 黃熟(황숙), 黃泉(황천), 黃口乳臭(황구유취)

橫

木, 총 16획

가로지를 횡, 가로 횡, 제멋대로 횡, 가로챌 횡 | '木+黃(황)'으로, 난간이나 문에 빗장을 치는 데 쓰는 나무[木].

橫斷(횡단), 橫貫(횡관), 橫領(횡령), 橫行(횡행), 橫說竪說(횡설수설)

率

玄, 총 11획

새그물 수, 우두머리 수, 거느릴 솔, 앞장설 솔, 비율 률 | '絲+网'으로, 실[玄]로 짠 새를 잡는 그물[网].

率先(솔선), 率直(솔직), 引率(인솔), 輕率(경솔), 確率(확률), 率先垂範(솔선수범), 率獸食人(솔수식인)

지식 샘터 **말의 위력**

言中有骨(언중유골) / 頂門一針(정문일침) / 寸鐵殺人(촌철살인)

赤手成家(적수성가) : 몹시 가난한 집에 태어난 사람이 제 힘으로 노력하여 살림을 장만하고 한 집안을 이룸.

《토정비결》에 이 같은 말이 있다. 길한 운수가 이미 돌아오니 적수성가한다〔吉運已回 赤手成家〕. 재운이 이미 돌아오니 자수성가한다〔財運已回 自手成家〕. 재수가 트여 맨손으로 큰돈을 벌게 된다〔財數興旺 赤手成家〕. 길하고 경사스러운 일이 문에 이르니 적수성가한다〔吉慶到門 赤手成家〕. 특별히 물려받은 유산이 없더라도 자수성가한다〔別無世業 自手成家〕. 부모 형제 등 육친은 돕지 않을 것이나 자수성가한다〔六親冷情 自手成家〕.

玄부수

송인수는 어려서 사랑하는〔慈〕 어머니를 잃으니, 매우 슬피 울어 거적자리가 눈물로 인하여 썩었다. 또 어머니 무덤 곁에 가축〔畜〕을 기르는 집처럼 반달〔弦〕모양으로 새끼줄〔絃〕을 엮어 움막을 짓고 살았다. 그런데 신기하게도 검은〔玄, 玆〕 제비가 그곳에 집을 쌓고〔蓄〕 새끼를 낳았는데, 모두 흰색이었다. 사람들은 이를 두고 "그 효성에 감동하여 제비 새끼도 상복을 입었다."고 했다.

玄 (玄, 총 5획)

검을 현, 오묘할 현, 현손 현 | '緇'와 통칭. 한 번 검게 물들인 명주[纔]에 다시 검은색으로 물들이면 은은히 붉은색이 남아 있으나 7번을 반복하면 붉은색이 보이지 않게 됨.

玄米(현미), 玄妙(현묘), 玄黃(현황), 深玄(심현), 天地玄黃(천지현황)

絃 (糸, 총 11획)

악기 줄 현 | '糸+玄(현)'으로, 실[糸]로 만든 현악기의 줄.

絃琴(현금), 絃樂(현악), 斷絃(단현), 彈絃(탄현), 絃歌酒讌(현가주연)

弦 (弓, 총 획)

활시위 현, 악기 줄 현, 반달 현 | '弓+玄(현)'으로, 활[弓]대에 걸어서 켕기는 줄.

弦矢(현시), 弦琴(현금), 上弦(상현), 下弦(하현), 解弦更張(해현경장)

畜 (田, 총 10획)

기를 축, 쌓을 축, 가축 축 | '田+玄←玆'로, 밭[田]을 일구어 곡식을 무성하게[玆] 잘 기름.

畜類(축류), 畜舍(축사), 畜產(축산), 畜牛(축우), 豕交獸畜(시교수축)

蓄 (艸, 총 14획)

겨울에 쓰려고 저장한 채소 휵, 쌓을 축, 저축할 축 | '艸+畜(축)'으로, 겨울에 쓰려고 쌓아 둔[畜] 채소[艹].

蓄財(축재), 蓄積(축적), 蓄怨(축원), 含憤蓄怨(함분축원)

玆 (玄, 총 10획)

검을 현, 이 자 | '玄+玄'으로, 검게[玄] 물들인 것을 또 검게[玄] 물들임.

今玆(금자), 來玆(내자), 在玆(재자), 念念在玆(염념재자)

慈 (心, 총 13획)

사랑 자, 어머니 자 | '心+玆(자)'로, 부모가 자식을 사랑하는 마음[心].

慈悲(자비), 慈善(자선), 仁慈(인자), 慈堂(자당), 大慈大悲(대자대비)

黑부수

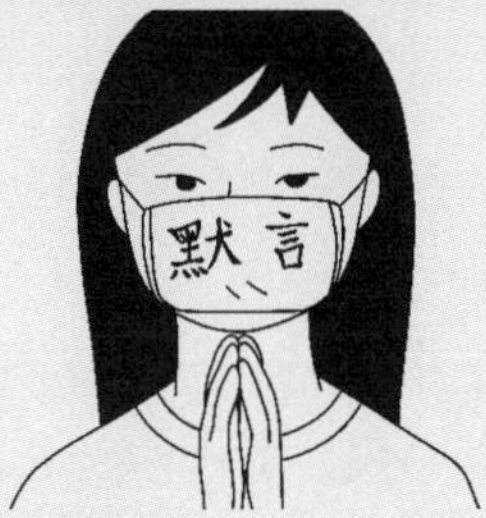

검은〔黑〕 먹〔墨〕으로 쓴 묵언(默言)이라는 말은 말 많은 현대인들에게 자기반성의 좋은 수행법이 되어 준다.

黑

黑, 총 12획

검을 흑 | '炎+四'으로, 불을 피워[炎] 굴뚝으로 나오는 검은 연기[四] 색.

黑白(흑백), 黑髮(흑발), 黑鉛(흑연), 黑炭(흑탄), 黑牛生白犢(흑우생백독)

墨

土, 총 15획

먹 묵 | '黑+土'로, 검은[黑] 흙[土]으로 만든 먹.

墨家(묵가), 墨客(묵객), 墨畵(묵화), 墨香(묵향), 繩墨(승묵), 墨翟之守(묵적지수)

默

黑, 총 16획

잠잠할 묵 | '犬+黑(흑)'으로, 개[犬]가 소리 없이 잠시 사람을 뒤쫓아 감.

默過(묵과), 默殺(묵살), 默念(묵념), 默契(묵계), 默默不答(묵묵부답)

지식 샘터 **몹시 가난함**

桂玉之艱(계옥지간 ; 桂玉之嘆(계옥지탄)) / 男負女戴(남부여대) / 三旬九食(삼순구식) / 朝飯夕粥(조반석죽)

墨翟之守(묵적지수) : 묵적의 지킴이라는 뜻으로, 성의 수비가 굳세고 튼튼함을 이르는 말. 자기 의견이나 주장을 굳이 지킴.

송(宋)나라의 공수반이 초(楚)나라를 위해 운제계(雲梯械)라는 구름사다리를 만들어 송나라를 치려고 했을 때, 묵자가 초나라 왕을 만나 공수반의 운제계를 막아보겠다며 청하여 공수반과 모의 전쟁을 벌였는데 공수반이 아홉 번을 공격했으나 아홉 번을 모두 막아냈다고 함.

III 동물

길짐승 및 관련 부수

牛 犬 羊 虍 豕 馬 鹿 鼠 豸 角 釆 内

牛	牽	犬	默	狀	獄	獲	犯	猶	獻	獸
						穫 護				

羊	美	群	義	着	虎	號	處	虛	豕	象
	洋 詳		議 儀							像

豫	豚	豪	馬	驛	騰	騷	鹿	麗	豸	貌
	逐 遂 琢			擇 譯 澤 釋	勝					

角	解	觸	内	禽	釆
		獨 燭 濁			番 播 飜

牛, 犬부수

견우(牽牛)성과 직녀성은 은하에 다리가 없어 서로 사랑하지만 제자리에서 머뭇거릴〔猶〕 뿐 만날 수가 없었다. 이 딱한 사정을 알고 해마다 칠석날이 되면 지상에 있는 금수(禽獸) 중 까마귀와 까치가 하늘로 올라가 몸을 잇대어 은하수 다리를 만드는데 공헌(貢獻)했다. 그러나 사랑의 회포를 풀기도 전에, 새벽닭이 울고 동쪽 하늘이 밝아오면 다시 이별을 하지 않으면 범법(犯法)자가 되었다. 그래서 직녀는 또다시 1년간 베를 짜고 견우는 밭을 갈면서 제각기 고독하게 보내야 하는 이별을 하지 않을 수 없었던 것이다.

牛

牛, 총 4획

소 우 | 희생(犧牲)에 쓰는 큰 소의 머리와 뿔, 꼬리 모양.

韓牛(한우), 鬪牛(투우), 牛乳(우유), 牛步(우보), 碧昌牛(벽창우), 九牛一毛(구우일모), 童牛角馬(동우각마), 亡牛補牢(망우보뢰), 牛溲馬勃(우수마발), 汗牛充棟(한우충동), 虎視牛行(호시우행), 風馬牛不相及(풍마우불상급)

牽

牛, 총 11획

끌 견, 끌어당길 견 | '冂+牛+玄(현)'으로, 소[牛]의 고삐[冂]를 잡고 끌며 앞으로 감.

牽引(견인), 牽馬(견마), 牽制(견제), 牽牛(견우), 牽强附會(견강부회)

犯

犬, 총 5획

범할 범 | '犭+㔾(절)'로, 개[犬]가 침범하여 해침.

犯人(범인), 犯法(범법), 犯罪(범죄), 累犯(누범), 衆怒難犯(중노난범)

猶

犬, 총 12획

원숭이 유, 머뭇거릴 유 | '犬+酉(유)'로, 머뭇거리기를 잘하는 원숭이[犭] 종류의 동물.

猶豫(유예), 過猶不及(과유불급)

獻

犬, 총 20획

드릴 헌 | '犬+鬳(권)'으로, 종묘 제사에 제물로 올리는 개[犬]고기. ※ 종묘 제사에 쓰는 삶은 개고기를 갱헌(羹獻)이라 함.

貢獻(공헌), 獻金(헌금), 獻納(헌납), 獻壽(헌수), 獻喧(헌훤), 可考文獻(가고문헌)

獸

犬, 총 19획

짐승 수 | '嘼+犬'으로, 개[犬], 호랑이, 표범 등 네 발 달린 짐승[嘼].

獸心(수심), 獸醫(수의), 獸性(수성), 猛獸(맹수), 人面獸心(인면수심)

犬부수

'마운틴 셰퍼드'라는 러시아 산 개〔犬〕는 그 모양〔狀〕이 사자처럼 생겼는데 영특하여 감옥〔獄〕의 지킴이 역할을 했다. 특히 죄인 관리와 보호〔護〕의 효과를 얻기〔獲, 穫〕 위해 쓰였다.

犬

犬, 총 4획

개 견 | 개의 목줄과 발을 특징적으로 그린 것.

軍犬(군견), 愛犬(애견), 忠犬(충견), 鬪犬(투견), 豚犬(돈견), 犬馬之年(견마지년), 犬馬之心(견마지심), 犬馬之養(견마지양), 犬猿之間(견원지간), 犬兎之爭(견토지쟁), 越犬吠雪(월견폐설)

狀

犬, 총 8획

모양 상, 문서 장, 편지 장 | '犬+爿(장)'으로, 개[犬] 모양.

狀態(상태), 狀況(상황), 賞狀(상장), 訴狀(소장), 白紙狀態(백지상태)

獄

犬, 총 14획

감옥 옥 | '言+犾'로, 감옥을 두 마리 개[犬, 犭]가 짖으며[言] 견고히 지킴.

獄死(옥사), 監獄(감옥), 地獄(지옥), 刑獄(형옥), 阿鼻地獄(아비지옥)

獲

犬, 총 17획

얻을 획 | '犭+蒦(획)'으로, 사냥개[犭]가 새[隹]를 물어와 손[又]에 들고 있음.

獲得(획득), 獲利(획리), 捕獲(포획), 濫獲(남획), 猶獲石田(유획석전)

穫

禾, 총 19획

거둘 확, 벨 확 | '禾+蒦(획)'으로, 벼[禾]를 베어 거두어들임.

收穫(수확), 一穫千金(일확천금), 一樹百穫(일수백확)

護

言, 총 21획

도울 호, 보호할 호 | '言+蒦(획)'으로, 잘못에 빠지지 않도록 돕고 보호하여 말함[言].

護國(호국), 護喪(호상), 護送(호송), 護衛(호위), 護黨之風(호당지풍)

지식 샘터 **은혜를 잊지 못함**

刻骨難忘(각골난망) / 結草報恩(결초보은) / 白骨難忘(백골난망)

羊부수

퇴계 선생은 평소 옷을 단정히 착복(着服)했으며, 학자와 더불어 강론하다가 의심스러운 곳에 이르면, 자기의 의견만 주장하지 않고 반드시 널리 여러〔群〕 사람들의 의론〔議〕을 들었다. 또 마음을 비우고 반복하여 자세히〔詳〕 참고하여 마침내 바른〔義〕 곳으로 돌이킨 뒤에야 그쳤다. 그가 논변할 때에는 순한 양〔羊〕처럼 온화하고 부드럽게 하였고, 큰 바다〔洋〕처럼 상대방의 의견을 수용하고 다양한 의견을 조율하여 조리 있게 그것을 분석하였다. 그러나 반드시 자기의 의견이 옳다〔義〕고 하지 않고 다만 말하기를 "내 의견은 이와 같은 데 어떠한지를 모르겠다."고 하니, 사람들이 그 예의〔儀〕 있는 행동을 아름답게〔美〕 여겨 모두 감동하여 따랐다.

羊 羊
羊, 총 6획

양 양 | 순한 양의 머리, 뿔, 다리, 꼬리 모양.

羊腸(양장), 綿羊(면양), 牧羊(목양), 牛羊(우양), 亡羊補牢(망양보뢰), 九折羊腸(구절양장), 多岐亡羊(다기망양), 讀書亡羊(독서망양), 屠所之羊(도소지양)

美 美
羊, 총 9획

아름다울 미, 맛이 좋을 미 | '羊+大'로, 양[羊]이 크고[大] 살쪄 아름답고 맛이 좋음.

美觀(미관), 美男(미남), 美談(미담), 美德(미덕), 美味(미미), 美食(미식), 有終之美(유종지미), 美辭麗句(미사여구), 來語不美 去語何美(내어불미 거어하미)

洋 洋
水, 총 9획

큰 바다 양, 서양 양 | '氵+羊(양)'으로, 강[氵] 이름.

洋服(양복), 洋裝(양장), 洋夷(양이), 洋酒(양주), 望洋之歎(망양지탄)

詳 詳
言, 총 13획

자세할 상 | '言+羊(양)'으로, 자세히 살피어 논의함[言].

詳明(상명), 詳報(상보), 詳說(상설), 詳細(상세), 顧答審詳(고답심상)

群 群
羊, 총 13획

무리 군 | '羊+君(군)'으로, 양[羊]은 무리 지어 다니기를 좋아함.

群像(군상), 群衆(군중), 群雄(군웅), 群集(군집), 群盲撫象(군맹무상), 群雄割據(군웅할거)

義
羊, 총 13획

옳을 의, 바를 의 | '我+羊'으로, 선(善)한 양[羊]처럼, 나[我]를 위엄 있고 올바르게 함.

義氣(의기), 義理(의리), 義務(의무), 義憤(의분), 義倉(의창), 斷章取義(단장취의), 大義滅親(대의멸친)

議
言, 총 20획

의론할 의 | '言+義(의)'로, 의견을 주고받으며 서로 마땅함을 얻기 위해 해결 방안을 말함[言].

議決(의결), 議論(의론), 議席(의석), 問議(문의), 不可思議(불가사의), 和白會議(화백회의)

儀
人, 총 15획

법 의, 예의 의, 거동 의 | '人+義(의)'로, 사람[人]이 지켜야 할 예의범절이나 법도.

儀禮(의례), 儀式(의식), 儀典(의전), 禮儀(예의), 禮儀之邦(예의지방)

着
羊, 총 11획

나타날 저, 지을 저, 생각할 저, 붙을 착, 입을 착, 손댈 착 | '羊+目'으로, 본자는 '著'. 양[羊]은 눈[目]에 잘 띔.

着工(착공), 着根(착근), 着陸(착륙), 着服(착복), 着作(저작), 耳入着心(이입착심)

지식 샘터 **외로운 싸움**

孤軍奮鬪(고군분투) / 孤立無援(고립무원) / 孤城落日(고성낙일)

大義滅親(대의멸친) : 큰 뜻을 이루기 위해 자기 친족도 죽인다는 뜻으로, 국가나 사회를 위하는 일이라면 부모 형제한테도 냉엄하다는 의미다.

춘추시대 위(衛)나라에 석작(石碏)이라는 충신이 있었다. 그는 장공(莊公)을 섬기다가 환공(桓公)의 시대가 되자 은퇴했는데, 환공의 배다른 아우 주우(州吁)가 역심을 품고 있음을 알고는 아들 석후(石厚)더러 주우와 교제하지 말라고 신신당부했다. 그러나 석후는 아버지의 충고를 무시하고 여전히 주우와 가까이 지냈다. 석작의 우려대로 주우는 마침내 배다른 형인 환공을 시해하고 스스로 왕위에 올랐다. 주우는 권력을 잡자마자 대뜸 정(鄭)나라를 공격하는 등 혁명에 따른 민심 이반을 막기 위해 나름대로 고심했으나, 귀족들과 백성들의 반응은 여전히 시큰둥할 뿐이었다. 후일 주우와 함께 난신적자(亂臣賊子)로 체포된 석작의 아들 석후는 종범(從犯)이니 사형만은 면하게 하자는 의견이 있었다. 그러나 석작은 "내 아들이라고 봐 주자는 거요? 주우의 죄는 내 아들놈의 지혜에 따른 것이니, 사정(私情)에 얽매어 대의를 그르칠 수는 없소. 누가 가서 두 역적의 목을 가져오겠소?" 아무도 가려는 자가 없자 자청하니, 사람들은 석작의 '대의를 위해서는 자식도 가차 없이 죽이는' 그 충성심에 감복해 마지않았다.

虎부수

우리말 속담에, "호랑이[虎]도 제 말 하면 온다."는 말이 있다. 깊은 산에 있는 호랑이조차도 자기 말을 하면 찾아온다는 뜻으로, 어느 곳[處]에서나 그가 없다[虛]고 함부로 흉보아서는 안 되며, 또 그의 호(號)나 명(名)을 거론하며 왁자지껄 말하는데 공교롭게 그 사람이 나타나는 경우에도 쓰인다.

虎

虍, 총 8획

범 호 | '虍+儿'으로, 산 짐승의 우두머리인 호랑이의 머리[虍]와 다리[儿] 모양.

虎口(호구), 虎班(호반), 虎皮(호피), 虎穴(호혈), 虎患(호환), 猛虎(맹호), 騎虎之勢(기호지세), 三人成虎(삼인성호), 虎狼之心(호랑지심), 前門据虎 後門進狼(전문거호 후문진랑), 虎死留皮人死留名(호사유피인사유명)

號

虍, 총 13획

부르짖을 호, 이름 호, 번호 호 | '虎+号(호)'로, 범[虎]이 포효(咆哮)하는 우렁찬 소리.

號令(호령), 號哭(호곡), 國號(국호), 符號(부호), 別號(별호), 信號(신호), 號令如汗(호령여한)

處

虍, 총 11획

곳 처, 처리할 처 | '処+虍(호)'로, 머물러 생활하며 사는 곳[処].

處所(처소), 定處(정처), 難處(난처), 處決(처결), 凌遲處斬(능지처참)

虛

虍, 총 12획

터 허, 빌 허, 헛될 허 | '丘+虍(호)'로, 4개 읍(邑) 면적 정도의 큰 지역[丘].

虛構(허구), 虛飢(허기), 虛禮(허례), 虛想(허상), 虛勢(허세), 虛飾(허식), 虛送歲月(허송세월), 虛心坦懷(허심탄회), 虛虛實實(허허실실)

三人成虎(삼인성호) : 세 사람이 호랑이를 만듦. 즉 거짓된 말도 여러 번 되풀이하면 참인 것처럼 여겨짐.

《한비자》〈내저설(內儲說)〉편에 나오는 이야기이다. 중국 전국시대 위(魏)나라 대신 방공이 조(趙)나라에 인질로 가는 태자를 수행하게 되었다. 그러자 떠나면서 방공은 왕에게 이렇게 말했다. "한 사람이 달려와 '시장에 호랑이가 나타났다.'고 외치면 임금께서는 믿으시겠습니까?" 왕이 말했다. "당연히 믿지 않지." 이에 방공이 다시 말했다. "그렇다면 두 사람이 나타나서 함께 '시장에 호랑이가 나타났다'고 외치면 믿으시겠습니까?" "그래도 믿지 않지." 방공이 다시 말했다. "다시 세 사람이 와서 이구동성(異口同聲)으로 '시장에 호랑이가 나타났다.'고 외치면 그래도 믿지 않으시겠습니까?" 그러자 왕이 대답했다. "그렇다면 믿을 수밖에 없겠지." 이 말을 들은 방공이 말했다. "시장에 호랑이가 나타날 리가 없음은 세상 사람이 다 아는 사실입니다. 그렇지만 세 사람이 한 목소리로 호랑이가 나타났다고 하면 호랑이는 나타난 것입니다. 지금 제가 태자를 모시고 가려는 조나라 수도 한단은 위나라 시장과는 비교도 할 수 없을 만큼 먼 곳입니다. 게다가 제가 조정을 비운 사이 저에 대해 이런저런 말을 할 사람은 셋 정도에 머물지 않을 것입니다. 모쪼록 임금께서는 잘 판단하시기 바랍니다." 왕은 고개를 끄덕이며 걱정 말라는 답변을 하였다.

豕부수

- 아르헨티나에서는 코끼리〔象〕 돼지〔豕〕가 탄생하여 화제가 되고 있다. 순수 돼지〔豚〕 혈통에서 나온 것으로, 코 모양〔像〕이 코끼리를 닮았다. 꿈에서 있을 법한 일이 현실로 나타난 것이다.
- 돼지꿈은 재산과 복, 호방(豪放)한 삶의 축복을 예상(豫想)하지만 그렇지 않은 경우도 있다. 돼지를 쫓다〔逐〕가 이루지〔遂〕 못하거나 발톱으로 자기 얼굴을 쪼아〔琢〕 상처를 입으면 흉하다고 한다.

豕 豕, 총 7획

돼지 시 | 돼지의 털, 발, 꼬리의 모습.

魯魚亥豕(노어해시)

甲骨文 金文

象 豕, 총 12획

코끼리 상, 모양 상, 본뜰 상 | 긴 코와 길게 튀어 나온 어금니를 가진 남월의 큰 짐승으로, 귀 · 어금니 · 네 발 · 꼬리를 특징적으로 그린 모양.

象牙(상아), 巨象(거상), 氣象(기상), 對象(대상), 印象(인상), 現象(현상), 群盲評象(군맹평상)

像 人, 총 14획

닮을 상, 형상 상, 본뜰 상, 초상 상 | '亻+象(상)'으로, 실제 사람[人]의 모습과 비슷하게 그림.

銅像(동상), 佛像(불상), 想像(상상), 肖像(초상), 同質異像(동질이상)

豫 豕, 총 16획

머뭇거릴 예, 미리 예 | '象+予(여)'로, 의심이 많은 동물[象]로 해됨을 미리 염려하여 먹잇감을 먹지 못하고 자주 머뭇거림.

豫感(예감), 豫期(예기), 豫防(예방), 豫算(예산), 豫備(예비), 猶豫(유예), 豐亨豫大(풍형예대)

豚 豕, 총 11획

돼지 돈 | '月+豕'로, 종묘 제사에 올릴 살찐[肉] 작은 돼지[豕].

豚肉(돈육), 豚兒(돈아), 豚皮(돈피), 豚犬(돈견), 豚蹄一酒(돈제일주)

逐 辵, 총 11획

쫓을 축, 다툴 축 | '辶+豕←豖(축)'으로, 달아난 짐승을 잡으려고 쫓아감[辶].

逐出(축출), 逐鬼(축귀), 角逐(각축), 驅逐(구축), 中原逐鹿(중원축록)

遂

辵, 총 13획

이룰 수, 드디어 수 | '辶+㒸(수)'로, 바라거나 뜻하던 일을 실행하여[辶] 드디어 이룸.

遂行(수행), 未遂(미수), 旣遂(기수), 完遂(완수), 文過遂非(문과수비)

琢

玉, 총 12획

쫄 탁 | '玉+豖(축)'으로, 옥[玉]을 다듬는데 천천히 신중히 함.

彫琢(조탁), 琢磨(탁마), 切磋琢磨(절차탁마)

豪

豕, 총 14획

호걸 호, 호화로울 호 | '豕+高(고)'로, 가시털이 우부룩하게 난 힘센 멧돼지[豕].

豪氣(호기), 豪奢(호사), 豪傑(호걸), 豪放(호방), 英雄豪傑(영웅호걸)

지식 샘터 **꽃의 별칭**

氷姿玉質〔빙자옥질 ; 梅花(매화)〕 / 傲霜孤節〔오상고절 ; 菊花(국화)〕 / 月下美人〔월하미인 ; 仙人杖(선인장)〕 / 花中君子〔화중군자 ; 蓮花(연화)〕 / 花中神仙〔화중신선 ; 海棠花(해당화)〕 / 花中王〔화중왕 ; 牡丹(모란)〕

切磋琢磨(절차탁마) : 칼로 다듬고 줄로 쓸며 망치로 쪼고 숫돌로 간다는 뜻으로, 학문을 닦고 덕행을 수양하는 것을 비유하는 말.

《시경(詩經)》 <위풍(衛風)> 기욱편(淇澳篇)의 다음 시구에서 유래하는 말이다.

저 기수(淇水) 모퉁이를 보니, 푸른 대나무가 무성하도다[瞻彼淇澳 菉竹猗猗]! 아름다운 광채 나는 군자여! 잘라놓은 듯하고 갈아놓은 듯하며 쪼아놓은 듯하고 마름질한 듯하다[有斐君子 如切如磋 如琢如磨 瑟兮僩兮]. 엄밀하고 굳세며 빛나고 점잖으니, 아름다운 광채 나는 군자여! 끝내 잊을 수 없다[赫兮咺兮 有斐君子 終不可諠兮]. 원래 이 시는 군자를 칭송한 것으로, 학문과 인격을 끊임없이 갈고 닦아 겉모습까지 완성된 것을 푸른 대나무에 빗대어 말한 것이다. 이로부터 '절차탁마'는 자신의 목표를 향해 끊임없이 노력하는 자세를 비유하는 말로 쓰인다.

馬부수

• 조선시대에는 역마(驛馬)라는 제도가 있었다. 군사정보 및 공문서의 전달, 사신을 보내고 접대하는 일도 담당했는데, 이때에는 간단한 외국어의 통역(通譯)과 풀이〔釋〕도 필요했을 것으로 여겨진다.

• 미국 말〔馬〕 무역업자 데이비드 스노그래스는 최근 중국에서 말은 윤택한〔澤〕 부유층의 상징이자 풍류〔騷〕로 여겨, "2년 전부터 말 전시회를 개최하여 보다 나은〔勝〕 말 고르는〔擇〕 일에 열을 올리고〔騰〕 있다." 고 했다.

馬

馬, 총 10획

말 마 | 위풍 있는 씩씩한 말의 머리, 긴 털, 꼬리, 네 발 등을 중심으로 그린 모습.

騎馬(기마), 軍馬(군마), 鈍馬(둔마), 肥馬(비마), 落馬(낙마), 駿馬(준마), 駙馬(부마), 下馬評(하마평), 狗馬之心(구마지심), 駑馬十駕(노마십가), 馬脚露出(마각노출), 馬耳東風(마이동풍), 走馬加鞭(주마가편), 匹馬單騎(필마단기)

驛

馬, 총 23획

역말 역 | '馬+睪(역/택)'으로, 관부(官府)의 공문서를 전달하기 위해 관마(官馬)[馬]를 두던 곳.

驛夫(역부), 驛馬(역마), 驛館(역관), 驛長(역장), 驛馬直星(역마직성)

擇

手, 총 16획

고를 택, 가릴 택 | '扌+睪(역/택)'으로, 손으로[手] 잘 가려 좋은 것을 선택함.

擇日(택일), 擇地(택지), 擇定(택정), 簡擇(간택), 殺生有擇(살생유택)

譯

言, 총 20획

통역할 역 | '言+睪(역/택)'으로, 네 오랑캐[四夷]의 말[言]을 통역하여 전함.

譯官(역관), 譯詩(역시), 譯解(역해), 國譯(국역), 同時通譯(동시통역)

澤

水, 총 16획

윤택할 택, 못 택 | '氵+睪(택)'으로, 만물을 길러 윤택하게 하는 물[氵].

澤雨(택우), 光澤(광택), 德澤(덕택), 潤澤(윤택), 竭澤而漁(갈택이어)

釋

釆, 총 20획

풀 석, 풀이할 석, 부처 석 | '釆+睪(역/택)'으로, 짐승 발자국[釆]을 보고 짐승을 분별함.

註釋(주석), 解釋(해석), 釋放(석방), 釋迦(석가), 渙然氷釋(환연빙석)

騰

馬, 총 20획

오를 등, 날 등 | '馬+朕(짐)'으로, 높은 곳도 잘 오르고 달리는 말[馬].

騰貴(등귀), 騰落(등락), 急騰(급등), 反騰(반등), 怒氣騰騰(노기등등)

勝

力, 총 12획

이길 승, 나을 승 | '力+朕(짐)'으로, 자기의 책임을 힘써[力] 다함.

勝利(승리), 勝算(승산), 勝訴(승소), 勝敗(승패), 名勝地(명승지), 陳勝吳廣(진승오광)

騷

馬, 총 20획

시끄러울 소, 소동 소, 풍류 소 | '馬+蚤(조)'로, 말[馬]이 요동(搖動)치며 내는 소리.

騷音(소음), 騷動(소동), 騷客(소객), 騷人(소인), 騷人墨客(소인묵객)

지식 샘터 **독서**

男兒須讀五車書(남아수독오거서) / 讀書亡羊(독서망양) / 讀書百遍義自見(독서백편의자현) / 讀書三到(독서삼도) / 讀書三昧(독서삼매) / 讀書尙友(독서상우) / 燈火可親(등화가친) / 博而不精(박이부정 ; 博而精(박이정)) / 三餘之功(삼여지공) / 手不釋卷(수불석권) / 眼光撤紙背(인광철지배) / 韋編三絕(위편삼절) / 晝耕夜讀(주경야독) / 晴耕雨讀(청경우독) / 汗牛充棟(한우충동)

馬耳東風(마이동풍) : 말의 귀에 동풍이라는 뜻으로, 남의 비평이나 의견을 조금도 귀담아 듣지 아니하고 흘려버림을 이르는 말.

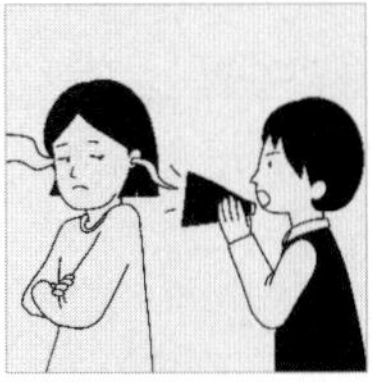

당(唐)나라 대시인(大詩人) 이백(李白)이 벗 왕십이(王十二)로부터 '한야독작유회(寒夜獨酌有懷 : 추운 밤에 홀로 술잔을 기울이며 느낀 바 있어서)' 라는 시 한 수를 받자, 이에 답하여 답왕십이한야독작유회(答王十二寒夜獨酌有懷)라는 시를 보냈는데 마이동풍은 마지막 구절에 나온다. 장시(長詩)인 이 시에서 이백은 "우리네 시인(詩人)들이 아무리 좋은 시를 짓더라도 이 세상 속물들은 그것을 알아주지 않는다."며 울분을 터뜨리고 다음과 같이 맺고 있다. "세인들은 이 말을 듣고 모두 머리를 흔드네[世人聞此皆掉頭]. 마치 동풍에 쏘인 말의 귀처럼[有如東風射馬耳], 남의 말을 귀담아 듣지 아니하고 지나쳐 흘려버림."

鹿, 豸, 角부수

미국에서는 뿔〔角〕 모양〔貌〕이 아름다운〔麗〕 큰 사슴〔鹿〕이 사람들의 사랑을 받는다. 그러나 갑자기 홀로〔獨〕 도로 위로 튀어나와 뿔로 차를 박쳐〔觸〕 찌그러뜨리거나 주행 중인 차에 치여 죽는 일이 자주 발생하자, 정부 차원에서는 그 해결〔解〕 방법으로 흐릿〔濁〕하여 어두운 곳에는 가로등을 설치하여 밝게〔燭〕 하거나 동물 보호망을 설치하자는 의견이 많았다.

鹿

鹿, 총 11획

사슴 록 | 사슴의 머리, 뿔, 네 다리를 특징적으로 그린 모양.

鹿角(녹각), 鹿血(녹혈), 白鹿潭(백록담), 逐鹿者不見山(축록자불견산)

麗

鹿, 총 19획

아름다울 려 | '鹿+丽(려)'로, 사슴[鹿]은 먹을 것을 보면 무리 지어 감.

麗句(여구), 麗容(여용), 麗朝(여조), 高麗(고려), 高麗公事三日(고려공사삼일)

豸

豸, 총 7획

해치양 치=廌 | 짐승이 먹잇감을 잡으려고 웅숭그려 노리는 모양.

貌

豸, 총 14획

얼굴 모, 모양 모 | '皃+豹(표)'로, 사람의 얼굴[皃] 모양.

面貌(면모), 美貌(미모), 禮貌(예모), 容貌(용모), 體貌(체모), 形貌(형모), 貌合心離(모합심리)

角

角, 총 7획

뿔 각, 상투 각, 다툴 각, 모날 각 | 짐승의 뿔 모양.

角弓(각궁), 鹿角(녹각), 頭角(두각), 觸角(촉각), 總角(총각), 角逐(각축), 角度(각도), 四角(사각), 角者無齒(각자무치)

解

角, 총 13획

풀 해, 해부할 해, 화해할 해 | '角+刀+牛'로, 칼[刀]로 소[牛]뿔[角]을 잡고 가름.

解渴(해갈), 解決(해결), 解雇(해고), 解禁(해금), 解讀(해독), 解放(해방), 解釋(해석), 解消(해소), 解體(해체), 庖丁解牛(포정해우)

觸 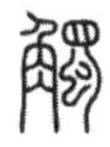

角, 총 20획

받을 촉, 닿을 촉, 범할 촉 | '角+蜀(촉)'으로, 짐승이 뿔[角]로 사물을 찌름.

觸角(촉각), 觸覺(촉각), 一觸卽發(일촉즉발)

獨 

犬, 총 16획

홀로 독 | '犭+蜀(촉)'으로, 개[犭]처럼 서로 먹으려고 싸우면 홀로가 됨.

獨居(독거), 獨斷(독단), 獨房(독방), 獨裁(독재), 獨眼龍(독안룡), 無男獨女(무남독녀), 唯我獨尊(유아독존)

燭 

火, 총 17획

등불 촉, 촛불 촉, 비칠 촉, 밝을 촉 | '火+蜀(촉)'으로, 집안 뜰이나 문 밖에 놓는 등불[火]. ※ 불을 밝힘이 문 안에 있는 것을 '庭燎'라 하고, 문 밖에 있는 것을 '大燭'이라 함.

燭光(촉광), 燭淚(촉루), 燭數(촉수), 燈燭(등촉), 紙燭(지촉), 洞燭(통촉), 華燭(화촉), 洞房華燭(통방화촉), 扣槃捫燭(구반문촉)

濁 

水, 총 16획

물 이름 탁, 흐릴 탁 | '氵+蜀(촉)'으로, 촉(蜀)나라에 흐르는 강물[氵] 이름.

濁亂(탁란), 濁浪(탁랑), 濁世(탁세), 濁酒(탁주), 淸濁(청탁), 混濁(혼탁), 激濁揚淸(격탁양청)

지식 샘터 **보잘 것 없는 일**

蠻觸之爭(만촉지쟁) / 鼠肝蟲臂(서간충비) / 升斗之利(승두지리) / 蠅頭之利(승두지리) / 蝸角之爭(와각지쟁) / 紅爐點雪(홍로점설)

庖丁解牛(포정해우) : 솜씨가 뛰어난 포정(庖丁)이 소의 뼈와 살을 발라낸다는 뜻으로, 기술이 매우 뛰어남을 비유하는 말.

《장자》에 나오는 이야기이다. 포정이 문혜군이란 군주 앞에서 소를 잡고 있었습니다. 소를 다루는 솜씨가 노랫소리처럼 운율에 맞는 모습을 보던 문혜군이 탄복하여 말했습니다."정말 대단하구나. 어떻게 이런 경지에까지 오를 수 있었느냐?" 그러자 포정이 대답했지요. "저는 손끝의 재주를 이용해 소를 다루지 않고 도를 통해 소를 발라냅니다. 처음에는 제 눈에도 소가 들어와 손길이 어쩔 줄 몰랐습니다만 3년이 지나자 소의 모습이 사라지기 시작했습니다. 그리고 지금은 마음으로 소를 대할 뿐 눈으로 보지 않습니다. 따라서 저는 정신만으로 소를 다룹니다. 소의 가죽과 고기, 살과 뼈 사이에 난 틈과 빈 곳을 이용해 칼을 다루면 쉽게 다룰 수 있습니다. 솜씨가 뛰어난 소잡이는 1년에 칼을 한 번씩 바꿉니다. 이는 칼로 살을 자르기 때문입니다. 보통 소잡이는 한 달에 한 번 칼을 바꿉니다. 힘을 들여 소의 뼈를 다루기 때문입니다. 그러나 저는 19년 동안 수많은 소를 다루었지만 칼날은 막 간 것과 같습니다. 이는 뼈마디에 난 틈에 매우 가는 칼날을 넣기 때문에 칼날이 닳을 까닭이 없는 것입니다. 물론 저도 근육과 뼈가 엉긴 곳을 다룰 때는 조심스럽게 다룹니다." 이 말을 들은 문혜군이 감탄하며 말했습니다. "놀랍구나. 나 또한 포정의 말에 양생의 도를 터득했도다."

釆, 禸 부수

눈밭에 퍼뜨려〔播〕진 짐승 발자국〔番〕을 보면, 나는〔飜〕 짐승〔禽〕인지 길짐승인지 곧 구분할 수 있다.

釆 釆, 총 7획

분별할 변 | 땅에 찍힌 짐승 발자국 모양으로, 옛사람들은 이를 보고 사냥할 동물을 '분별'함.

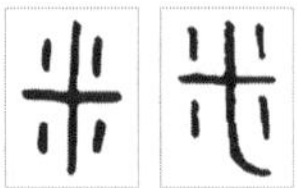

甲骨文 金文

番 田, 총 12획

차례 번, 짐승 발바닥 번, 번들 번, 회수 번 | '釆+田'으로, 본자는 '蹯'. 짐승 발자국[田]을 분별[釆]함.

番號(번호), 番地(번지), 當番(당번), 番卒(번졸), 番上正兵(번상정병)

播 手, 총 15획

뿌릴 파, 퍼뜨릴 파, 달아날 파 | '扌+番(번)'으로, 손[扌]으로 씨를 뿌림.

播種(파종), 傳播(전파), 播遷(파천), 萬口傳播(만구전파)

飜 飛, 총 21획

날 번, 뒤집힐 번, 번역할 번 | '飛+番(번)'으로, '翻'과 동자. 날개를 펄럭이며 날고 뒤집히며 자유롭게 활동함.

飜翔(번상), 飜覆(번복), 飜案(번안), 飜意(번의), 飜刻(번각), 飜譯(번역), 覆雨飜雲(복우번운)

禸 禸, 총 5획

짐승 발자국 유 | 짐승 발자국을 그린 것.

禽 禸, 총 13획

날짐승 금, 사로잡을 금 | '厹+今(금)'으로, 발자국을 내며 걸어 다니는[厹] 짐승의 총칭.

禽獸(금수), 禽鳥(금조), 禽語(금어), 嘉禽(가금), 禽困覆車(금곤복거)

지식 샘터 **그리워 잊지 못함**

落花流水(낙화유수) / 寤寐不忘(오매불망) / 輾轉反側〔전전반측 ; 輾轉不寐(전전불매)〕

날짐승

乙 隹 鳥 羽 非 飛 至

乙	乞	乾	也	亂	乳	隹	集	雅	雙	雖
		幹	他 地 池	辭		推 維 唯		稚 誰		

雄	難	離	雜	雁	鳥	鳴	鴻	鳳	鶴	羽
				應	烏 嗚				確	

習	翼	非	飛	至	致	臺
		悲 排 輩		室 到 倒		

어패·곤충

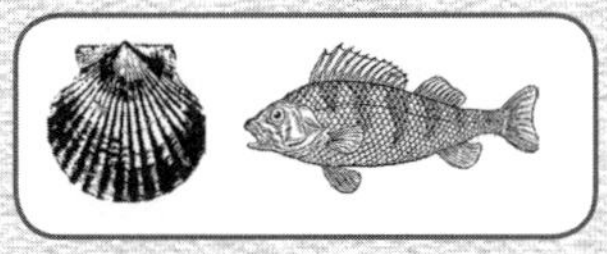

貝 魚 辰 虫

貝	買	賣	貿	貴	責	貫	貞	贊	負	質	賞	賓
敗		讀 續		遺	債 積 績 蹟	慣 實		讚			償	

賴	魚	鮮	辰	辱	農	虫	蟲	蠶	蛇	蝶	螢
	漁		振 晨 脣		濃			潛		葉	營 榮

양서·파충

龍 龜 黽

龍	龜
襲	

乙부수

새〔乙〕들이 하늘〔乾〕에서 어지러이〔亂〕 춤을 추다가 어떤 것은 나무줄기〔幹〕에 내려앉고 다른〔他〕 것들은 떼 지어 못〔池〕가에 앉는다. 땅〔地〕에는 애걸복걸(哀乞伏乞) 말하듯〔辭〕 따라다니는 강아지들에게 어미 개가 한참만에야(也) 젖〔乳〕을 먹인다.

乙

乙, 총 1획

새 을, 둘째 천간 을 | 새의 머리, 목, 몸, 꼬리를 그린 새의 옆모습 또는 초목이 굽어 나오는 모양. ※ 乙本是一種鳥的名稱卽乙鳥.

乙夜(을야), 乙酉(을유) 甲男乙女(갑남을녀)

乾

乙, 총 11획

하늘 건, 굳셀 건, 마를 건, 괘 이름 건 | '乙+倝(간)'으로, 새싹이 힘차게 땅을 꿰뚫고 위로 나와[乙] 하늘로 향함.

乾坤(건곤), 乾杯(건배), 乾畓(건답), 乾燥(건조), 乾坤一擲(건곤일척)

幹

干, 총 13획

줄기 간, 기둥 간, 간부 간, 등뼈 간 | '干←木+倝(간)'으로, 초목[木]의 줄기.

根幹(근간), 幹部(간부), 幹事(간사), 骨幹(골간), 幹國之器(간국지기)

也

乙, 총 3획

어조사 야 | 여자의 음부를 상형한 것. ※ 기다란 뱀이 구불구불 사린 모양으로 보기도 함.

及其也(급기야), 獨也青青(독야청청)

他

人, 총 5획

남 타, 다를 타 | '亻+也←它(타)'로, '佗, 它'와 통용. 이 사람이 아닌 저 사람[亻].

他人(타인), 他鄕(타향), 他界(타계), 他關(타관), 他山之石(타산지석)

地

土, 총 6획

땅 지 | '土+也(야)'로, 만물이 길러지고 또 의지하는 땅[土].

地理(지리), 地利(지리), 地籍(지적), 地形(지형), 叫喚地獄(규환지옥), 跼天蹐地(국천척지), 一牛鳴地(일우명지), 天干地支(천간지지), 天方地軸(천방지축)

池

水, 총 6획

연못 지 | '氵+也(야)'로, 인위적으로 둑을 쌓아 물[氵]길을 막음.

天池(천지), 貯水池(저수지), 池魚之殃(지어지앙)

亂
乙, 총 13획

어지러울 란, 다스릴 란 | '乙+𤔔'으로, 어린 사람[幺+子]이 서로 어떤 일의 경계[冂]를 다투었으나 이를 잘 다스림.

亂國(난국), 亂局(난국), 亂離(난리), 亂動(난동), 蓬頭亂髮(봉두난발), 自中之亂(자중지란)

辭
辛, 총 19획

말씀 사, 사양할 사 | '𤔔+辛'으로, 죄인[辛]의 송사(訟事)에 대해 논의하고 말함[𤔔].

辭令(사령), 辭讓(사양), 修辭(수사), 辭說(사설), 斗酒不辭(두주불사)

乳
乙, 총 8획

젖 유, 젖통 유 | '孚+乙'로, 어머니가 어린아이[子]를 손[爪]으로 안고 젖[乙]을 먹임.

乳房(유방), 乳臭(유취), 乳母車(유모차), 口尙乳臭(구상유취)

乞
乙, 총 3획

빌 걸, 구할 걸 | '气'의 '음'을 빌린 자로, '남에게 도움을 구하는 것'에서 빌다의 뜻.

乞客(걸객), 乞食(걸식), 求乞(구걸), 哀乞(애걸), 行乞(행걸), 乞神(걸신), 乞骸骨(걸해골), 乞人憐天(걸인연천), 門前乞食(문전걸식), 哀乞伏乞(애걸복걸)

지식 샘터 **많은 것 가운데 극히 적은 것**

九牛一毛(구우일모) / 大海一滴(대해일적) / 氷山一角(빙산일각) / 鳥足之血(조족지혈) / 滄海一粟(창해일속)

口尙乳臭(구상유취) : 입에서 아직 젖내가 난다는 뜻으로, 언동이 유치한 상대방을 얕보고 이르는 말이다.

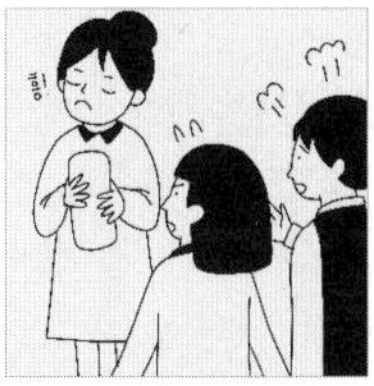

《사기(史記)》에 나오는 말로 한나라의 왕, 유방은 초의 항우와 천하를 걸고 싸우고 있었다. 그런데 한때 한나라에 복종했던 위(魏)나라 왕표(王豹)는 한나라의 패색이 짙다고 보고 자신의 안위를 생각하여 초나라의 편에 붙었다. 유방은 신하인 역이기를 보내어 그를 만류했으나 표는 전혀 뜻을 바꿀 생각이 없어 역이기는 보람 없이 그냥 돌아오고 말았다. 유방은 표를 치기 위해 한신(韓信)을 보냈는데, 떠날 때 한신이 역이기에게 위나라의 대장이 누구냐고 물었다. 그가 백직(栢直)이라고 대답하자, 유방은 코웃음을 치며 말했다. "입에서 아직 젖비린내가 나는 자로구나. 결코 백전백승의 우리 한신에게 당해낼 수 없을 것이다." 유방이 큰소리쳤듯이 그는 도저히 한신의 적수가 못 되어 표는 유방에게 사로잡혀 사죄하게 되었다.

隹부수

다친 새〔隹〕를 치료하여 손바닥에서 밀치며〔推〕 날려 보내니, 어미 새와 형제들이 길게 맨〔維〕 빨랫줄에 모여〔集〕 오직〔唯〕 살아 돌아오기만을 기다린듯 그를 기쁘게 맞이했다.

隹

隹, 총 8획

새 추 | 꽁지 짧은 새의 모습.

推

手, 총 획

밀 추(퇴), 천거할 추 | '扌+隹(추)'로, 손[扌]으로 어떤 것을 끌거나 밀어냄 또는 옮김.

推想(추상), 推理(추리), 推仰(추앙), 推薦(추천), 推敲(퇴고), 與世推移(여세추이), 解衣推食(해의추식)

維

糸, 총 14획

맬 유, 지탱할 유, 벼리 유 | '糸+隹(추)'로, 수레 덮개를 매는 밧줄[糸].

維舟(유주), 維持(유지), 纖維(섬유), 維新(유신), 景行維賢(경행유현)

唯

口, 총 11획

오직 유, 대답할 유 | '口+隹(유)'로, 어른이 부르면 빨리 대답[口]함.

唯物(유물), 唯我獨尊(유아독존), 唯一無二(유일무이)

集

隹, 총 12획

모일 집 | '隹+木'으로, '雧'와 동자. 여러 마리 새[隹]들이 나무[木] 위에 모여 있음.

集結(집결), 集團(집단), 集散(집산), 集合(집합), 集腋成裘(집액성구)

推敲(퇴고) : 미느냐(=推) 두드리느냐(=敲)라는 뜻으로, 시문(詩文)의 자구(字句)를 여러 번 고침을 이르는 말.

당(唐)나라 시인 가도(賈島)가 말을 타고 가다가 문득 좋은 시상(詩想)이 떠올라 즉시 정리해 보았다. 제목은 '이응(李凝)의 유거(幽居)에 제(題)함'으로 정하고, 다음과 같이 초(草)를 잡았다. "한거소린병(閑居少隣竝 : 이웃이 드물어 한적한 집) 초경입황원(草徑入荒園 : 풀이 자란 좁은 길은 거친 뜰로 이어져 있다.) 조숙지변수(鳥宿池邊樹 : 새는 못 속의 나무에 깃들고) 승고월하문(僧敲月下門 : 스님이 달 아래 문을 밀친다.)" 그런데 결구(結句)를 '밀다〔推〕'로 해야 할지, '두드리다〔敲〕'로 해야 할지 몰라 이리저리 궁리하며 가다가 자신을 향해 오는 고관의 행차와 부딪혔다. 그 고관은 당송팔대가의 한 사람인 한유(韓愈)였다. 대문장가 한유(韓愈)는 뜻밖에 만난 시인(詩人)의 말을 듣고 잠시 생각하더니 "내 생각엔 두드리다가 좋을 듯하네." 이후 둘도 없는 시우(詩友)가 되었다. 이로 인해 퇴(推)와 고(敲)자가 모두 '문장을 다듬는다.'는 뜻이 전혀 없는데도 이 뜻을 지니게 되었다.

한 쌍〔雙〕의 어린〔稚〕 새가 비록〔雖〕 일주일 밖에 되지 않았지만 누가〔誰〕 더 아름다운〔雅〕 목소리인지 경쟁하듯 쉼 없이 노래를 불러댔다.

雅 隹, 총 12획

아담할 아, 아름다울 아, 바를 아 | '隹+牙(아)'로, 까마귀의 일종인 '초오(楚烏)'[隹].

雅淡(아담), 雅言(아언), 雅趣(아취), 雅麗(아려), 雅致高絶(아치고절)

稚 禾, 총 13획

어릴 치 | '禾+隹(추)'로, 꽁지 짧은 새[隹]만큼 자란 벼[禾].

稚拙(치졸), 稚魚(치어), 幼稚園(유치원), 稚氣(치기), 稚筍(치순), 稚蠶(치잠), 嬌稚(교치), 嬰稚(영치)

誰 言, 총 15획

누구 수 | '言+隹(추)'로, 이름을 모를 때 물어보는 말[言].

誰何(수하), 誰知(수지), 誰怨(수원), 鹿死誰手(녹사수수)

雙 隹, 총 18획

두 쌍, 쌍 쌍 | '雔+又'로, 손[又] 위에 한 쌍의 새[雔]가 있음.

雙璧(쌍벽), 雙淚(쌍루), 百雙(백쌍), 雙眼鏡(쌍안경), 雙曲線(쌍곡선), 國士無雙(국사무쌍), 一箭雙鵰(일전쌍조)

雖 隹, 총 17획

벌레 이름 수, 비록 수 | '虫+唯(유)'로, 도마뱀[蜥蜴]과 비슷하게 생겼으며, 몸집이 약간 큰 파충류[虫].

雖然(수연), 骨肉雖分本出一氣(골육수분본출일기)

國士無雙(국사무쌍) : 그 나라에서 가장 뛰어난 인물은 둘도 없다는 뜻으로, 매우 뛰어난 인재를 이르는 말.

한왕(漢王) 유방(劉邦)이 군사(軍士)를 이끌고 남정(南鄭)으로 갈 때 길이 험하고 멀어서 도중에 이탈하는 자가 많아 군사들이 동요하자 한신도 도망했다. 그때 승상 소하(蕭何)가 그것을 알고 급히 한신(韓信)을 쫓아갔다. 유방(劉邦)은 충복인 소하마저도 도망한 줄 알고 크게 낙담하고 있었는데, 이틀 뒤에 한신을 데리고 돌아오니 유방이 꾸짖으며 다그쳤다. "왜 도망쳤느냐?" "도망한 것이 아니라 한신을 잡으러 갔었습니다." "다른 장수(將帥)들이 이탈(離脫)했을 때는 그렇지 않더니 유독 한신만을 쫓아간 이유는 무엇이냐?" "모든 장수는 얻기 쉬울 따름이지만, 한신의 경우는 이 나라에 둘도 없는 인물입니다.〔諸將易得耳(제장이득이), 至如信者(지여신자), 國士無雙(국사무쌍).〕 폐하(陛下)께서 한중(漢中)의 왕만 하시려면 그가 필요 없겠지만 천하를 원한다면 한신이 없이는 그 일을 도모할 수 없습니다."

기러기〔雁〕는 서로 응답하〔應〕며 떼 지어 날고, 숫〔雄〕꾀꼬리〔離〕는 다른 새들과 섞여〔雜〕 놀기 어려운〔難〕 듯 홀로 외로이 있네.

雄

隹, 총 12획

수컷 웅, 씩씩할 웅, 뛰어날 웅 | '隹+厷(굉)'으로, 어미 새[隹]의 수컷.

雌雄(자웅), 雄壯(웅장), 雄飛(웅비), 雄辯(웅변), 命世之雄(명세지웅)

難

隹, 총 19획

어려울 난 | '鳥+堇(근)'으로, '鷬'과 동자. 진흙[堇]에 빠진 새[鳥].

難易(난이), 難攻(난공), 難關(난관), 難局(난국), 艱難辛苦(간난신고), 其勢兩難(기세양난), 難中之難(난중지난), 難兄難弟(난형난제), 覆水難收(복수난수), 人心難測(인심난측), 進退兩難(진퇴양난), 患難相恤(환난상휼), 創業易守成難(창업이수성난)

離

隹, 총 19획

꾀꼬리 리, 떠날 리, 흩어질 리 | '隹+离(리)'로, 꾀꼬리[隹 : 離黃, 倉庚也]가 울면 부인들이 북쪽 교(郊)에 누에를 치러 감.

離間(이간), 離淚(이루), 離陸(이륙), 離散(이산), 離別(이별), 離婚(이혼), 隔離(격리), 乖離(괴리), 黍離之歎(서리지탄)

雜

隹, 총 12획

섞일 잡 | '衣+集(집)'으로, 다섯 가지 고운 빛깔이 섞여 있는 옷[衣].

雜家(잡가), 雜歌(잡가), 雜考(잡고), 雜穀(잡곡), 雜種(잡종), 雜學(잡학), 雜施方藥(잡시방약)

雁

隹, 총 12획

기러기 안 | '人+隹+厂(엄)'으로, 사람[人]에게 계절을 알려주는 기러기[隹].

雁堂(안당), 雁書(안서), 雁陣(안진), 雁行(안행·항), 歸雁(귀안), 飛雁(비안), 沈魚落雁(침어낙안)

應

心, 총 17획

당할 응, 응당 응, 꼭 응, 응답할 응 | '心+雁(응)'으로, 밭과 밭이 서로 만나듯, 행동이나 대상 따위가 사람 마음[心]의 일정한 조건이나 가치에 꼭 맞게 됨.

應當(응당), 應答(응답), 應諾(응낙), 應急(응급), 應待(응대), 應對(응대), 應用(응용), 應援(응원), 應接不暇(응접불가)

沈魚落雁(침어낙안) : 물고기가 물속으로 숨고, 기러기가 땅에 떨어질 만큼 아름다운 여인. 절세의 미인을 가리킬 때 쓰는 표현.

《장자》에 나오는 말이다. "그런데 모장(월나라 왕이 총애하던 미인)이나 여희〔진(晉) 헌공이 총애하던 미인〕는 사람들이 말하는 절세의 미인이지만, 물고기가 그녀를 보면 물속으로 숨어버릴 것이고, 새들이 그녀를 보면 하늘 높이 날아오를 것이며, 사슴들이 그녀를 보면 겁에 질려 빼소니치고 말 것이다." 즉 미녀라서 종이 다른 동물들까지도 겁나는 존재로 표현하였다. 한편 미인에게는 어쩔 수 없는 운명이 주어져 있는데, 바로 이런 것이다.

鳥부수

여기에 있는 새〔鳥〕는 눈은 있으나 없는 것처럼 보이는 까마귀〔烏〕, 떼 지어 잘 나는 기러기〔鴻〕, 상상의 새 봉황〔鳳〕, 고귀한 자태의 학(鶴) 중 어느 것인지 그 울음〔鳴〕소리까지 확실(確實)하게 구분해 보자.

鳥

鳥, 총 11획

새 조 | 긴 꼬리를 가진 새의 총칭.

鳥路(조로), 鳥面(조면), 鳥獸(조수), 鳥散(조산), 花鳥風月(화조풍월)

烏

火, 총 10획

까마귀 오, 검을 오 | '鳥 - 一'로, 효조(孝鳥)인 까마귀. ※ 까마귀[烏]는 검기 때문에 멀리서 보면 눈동자가 잘 보이지 않음. ※ 反哺之孝

烏竹(오죽), 烏鵲(오작), 烏合之卒(오합지졸)

嗚

口, 총 13획

탄식할 오, 노랫소리 오 | '口+烏(오)'로, 까마귀의 우는 소리[口].

嗚咽(오열), 嗚嗚(오오), 嗚呼(오호), 噫嗚(희오), 嗚呼痛哉(오호통재)

鳴

鳥, 총 14획

울 명 | '口+鳥'로, 새[鳥]의 울음소리[口].

鳴鼓(명고), 鳴禽(명금), 鳴動(명동), 鳴雁(명안), 不蜚不鳴(불비불명), 一牛鳴地(일우명지)

鴻

鳥, 총 17획

큰 기러기 홍, 클 홍 | '鳥+江(강)'으로, 강물 위를 떼 지어 날아다니는 큰 새[鳥].

鴻鵠(홍곡), 鴻毛(홍모), 鴻大(홍대), 鴻圖(홍도), 雪泥鴻爪(설니홍조)

鳳

鳥, 총 14획

봉황 봉, 임금 봉 | '鳥+凡(범)'으로, 상상의 상서로운 새[鳥]로 수컷을 '봉', 암컷을 '황'이라 함.

鳳毛(봉모), 鳳雛(봉추), 飛鳳(비봉), 鳳凰(봉황), 臥龍鳳雛(와룡봉추)

鶴 鶴

鳥, 총 21획

학 학 | '鳥+隺(확, 학)'에서, 으슥한 깊은 못에 살며, 그 소리가 하늘에도 들리는 새[鳥].

鶴望(학망), 鶴髮(학발), 鶴首(학수), 鶴壽(학수), 風聲鶴唳(풍성학려)

確 確

石, 총 15획

확실 확, 굳을 확 | '石+隺(확, 학)'으로, 돌[石]처럼 단단함 또는 수레 채의 견고함.

確實(확실), 確立(확립), 確固(확고), 確率(확률), 確固不拔(확고불발)

지식 샘터 **대(大)를 위한 소(小)의 희생**

見危致命(견위치명) / 大義滅親(대의멸친) / 滅私奉公(멸사봉공) / 殺身成仁(살신성인) / 先公後私(선공후사) / 泣斬馬謖(읍참마속)

臥龍鳳雛(와룡봉추) : 엎드려 있는 용과 봉황의 새끼라는 뜻으로, 초야에 숨어 있는 훌륭한 인재를 이르는 말.

《촉지(蜀志)》의 〈제갈량전(諸葛亮傳)〉 주(注)에 나오는 말이다. 제갈량(181~234)은 어려서 부모를 여의고 난세 속에 숙부를 따라 형주(荊州)의 양양(襄陽 : 지금의 후베이성 양양현)으로 피난을 왔는데, 숙부가 죽자 양양의 서쪽에 있는 융중(隆中)에서 정착하였다. 그는 난세를 피해 이곳에서 은거하면서 독서로 세월을 보냈다. 이때 유비(劉備)는 황건적(黃巾賊)의 난 속에서 별로 큰 전공을 세우지 못한 채 형주에 와서 유표(劉表)에게 의지하였다. 유비는 비로소 이때부터 인재를 찾으러 나섰다. 어느 날 양양에 거주하고 있는 사마휘(司馬徽)에게 시국에 대해 넌지시 묻자, 사마휘는 "글만 읽는 저는 아무것도 모릅니다. 그런 것은 이곳에 계신 복룡과 봉추가 잘 알지요."라고 대답하였다. 이 글에서 와룡봉추가 유래하였고, 증선지(曾先之)가 편찬한 《십팔사략(十八史略)》에도 같은 말이 나온다. 복룡은 초야에 은거하고 있는 제갈량이고, 봉추는 방통(龐統)을 가리킨다. 비록 제갈량과 방통이 초야에 묻혀 살고 있지만 그들의 재주는 비상하였다. 이처럼 와룡봉추는 겉으로 드러나지 않는 재주와 지혜가 탁월한 사람을 말한다. 보통 제갈량을 가리켜 와룡선생(臥龍先生)이라고도 한다. 동의어는 복룡봉추伏龍鳳雛), 용구봉추(龍駒鳳雛 : 뛰어난 말과 봉황의 병아리), 비슷한 말은 기린아(麒麟兒 : 재주와 슬기가 탁월한 사람)이다.

羽, 非부수

기러기들이 머나먼 여행을 떠날 때 V자 모양으로 편대를 만들어 날아간다. 맨 앞에서 큰 날갯〔羽, 翼〕짓을 하며 날아가는 기러기는 기류의 저항을 밀치며〔排〕 무리〔輩〕 중에 힘이 센 놈이 앞장서서 비행한 다음 슬쩍 뒤로 빠지면 그 다음 기러기가 순차적으로 앞으로 나와 비행을 하면서 난다. 또 날아갈 때 "꽉~ 꽉! 꽉 꽉!" 하는 소리는 자신의 위치를 알리고 전체적인 이동 방향을 잡을 뿐만 아니라, 힘내라 외치는 격려의 신호다. 무리 중 상처를 입어 대열에서 이탈하는 놈이 있으면 슬퍼하며〔悲〕 그냥 방치하지 아니〔非〕하고, 그중 한 마리가 다시 나는 것을 익혀〔習〕 무리에 합류할 수 있도록 도와〔翼〕준다.

羽
羽, 총 6획

깃 우 | 새의 긴 깃털 모양.

羽扇(우선), 羽翼(우익), 羽化登仙(우화등선)

習
羽, 총 11획

익힐 습 | '羽+白'으로, 새끼 새[白]가 날마다 또는 자주 날갯짓[羽]을 되풀이함. ※ 갑골 : '羽+日'

習慣(습관), 習得(습득), 習性(습성), 講習(강습), 父風母習(부풍모습)

翼
羽, 총 17획

날개 익, 도울 익 | '羽+異(이)'로, 새나 곤충이 날 때에 펴는 날개〔羽〕.

羽翼(우익), 翼戴(익대), 翼亮(익량), 輔翼(보익), 連理比翼(연리비익)

非
非, 총 8획

그를 비, 아닐 비, 헐뜯을 비 | 새의 날개가 서로 어긋나 등져 있는 모양.

非難(비난), 非禮(비례), 似而非(사이비), 非池中物(비지중물), 是是非非(시시비비)

悲
心, 총 12획

슬플 비, 염려할 비, 동정 비 | '心+非(비)'로, 어떤 일을 마음[心]속으로 아파하거나 가엾게 여김.

悲劇(비극), 悲觀(비관), 悲鳴(비명), 悲慘(비참), 大慈大悲(대자대비), 悲憤慷慨(비분강개)

排

手, 총 11획

물리칠 배, 밀 배 | '扌+非(비)'로, 손[扌]으로 물리치거나 밀어냄.

排擊(배격), 排球(배구), 排佛(배불), 排泄(배설), 排山壓卵(배산압란)

輩

車, 총 15획

무리 배, 떼 지를 배 | '車+非(비)'로, 백량의 수레[車]가 줄지어 있는 모양. ※一輩는 군거(軍車) 백량(百兩)을 가리킴.

先輩(선배), 後輩(후배), 同年輩(동년배), 當今無輩(당금무배)

지식 샘터 **남에게 배움**

反面敎師(반면교사) / 覆轍之戒〔복철지계 ; 覆車之戒(복거지계), 前車可鑑(전거가감), 前車覆轍(전거복철)〕 / 殷鑑不遠(은감불원) / 他山之石(타산지석)

似而非(사이비) : 겉으로는 그것과 같아 보이나 실제로는 전혀 다르거나 아닌 것을 이르는 말.

《맹자(孟子)》의 〈진심편(盡心篇)〉과 《논어(論語)》의 〈양화편(陽貨篇)〉에 나오는 말이다. 어느 날 맹자에게 제자 만장(萬章)이 찾아와 "한 마을 사람들이 향원(鄕原 : 사이비 군자)을 모두 훌륭한 사람이라고 칭찬하면 그가 어디를 가더라도 훌륭한 사람일 터인데 유독 공자만 그를 '덕을 해치는 사람'이라고 하셨는데, 이유가 무엇인지요."라고 물었다. 맹자는 그를 비난하려고 하여도 비난할 것이 없고, 일반 풍속에 어긋남도 없다. 집에 있으면 성실한 척하고 세상에서는 청렴결백한 것 같아 모두 그를 따르며, 스스로 옳다고 생각하지만 요(堯)와 순(舜)과 같은 도(道)에 함께 들어갈 수 없기 때문에 '덕을 해치는 사람'이라 한 것이다. 공자가 말하기를 "나는 사이비한 것을 미워한다[孔子曰 惡似而非者]."라고 하셨다. "사이비는, 외모는 그럴듯하지만 본질은 전혀 다른, 즉 겉과 속이 전혀 다른 것을 의미하며, 선량해 보이지만 실은 질이 좋지 못하다." 공자가 사이비를 미워하는 이유는 여러 가지이다. 말만 잘하는 것을 미워하는 이유는 신의를 어지럽힐까 두려워서이고, 정(鄭)나라의 음란한 음악을 미워하는 이유는 아악(雅樂)을 더럽힐까 두려워서이고, 자줏빛을 미워하는 이유는 붉은빛을 어지럽힐까 두려워서이다. 이처럼 공자는 인의에 뿌리를 내리지 못하고 겉만 번지르르하고 처세술에 능한 사이비를 '덕을 해치는 사람'으로 보았기 때문에 미워한 것이다. 원리 원칙과 상식이 통하지 않는 사회일수록 사이비가 활개를 치는 법이다. 그들은 대부분 올바른 길을 걷지 않고 시류에 일시적으로 영합하며, 자신의 본분을 망각하거나 말로 사람을 혼란시키는 사회의 암적인 존재들이다. 원말은 사시이비(似是而非), 또는 사이비자(似而非者)이다.

飛, 至부수

물에 거꾸로〔倒〕 비친 누대〔臺〕에 한 제비가 먹잇감을 물고 집〔室〕에 이르러〔至, 到, 致〕 지극〔至〕 정성으로 새끼에게 먹이를 주는 모습은 사랑의 운치를 더해 주었다.

飛

飛, 총 9획

날 비, 빠를 비, 높을 비 | 새가 날개를 펴고 날아오르는 모양.

飛閣(비각), 飛報(비보), 飛散(비산), 飛躍(비약), 飛龍乘雲(비룡승운), 烏飛梨落(오비이락), 龍蛇飛騰(용사비등)

至

至, 총 6획

이를 지 | 나는 새가 높은 곳에서 땅으로 내려옴. ※ 갑골, 금문에 화살이 땅에 박혀 있는 모양.

至極(지극), 至今(지금), 至難(지난), 至當(지당), 無所不至(무소부지), 至誠感天(지성감천)

室

宀, 총 9획

아내 실, 집 실 | '宀+至(지)'로, 안채의 집[宀]에 있음.

居室(거실), 教室(교실), 産室(산실), 書室(서실), 虛室生白(허실생백)

到

刀, 총 8획

이를 도 | '至+刂(도)'로, 먼 곳으로부터 도착지점에 이름.

到來(도래), 到任(도임), 到着(도착), 到處(도처), 讀書三到(독서삼도)

倒

人, 총 10획

넘어질 도, 거꾸로 도 | '亻+到(도)'로, 사람[人]이 넘어져 거꾸로 됨.

倒壞(도괴), 倒立(도립), 倒産(도산), 倒影(도영), 倒屣(도사), 傾筐倒篋(경광도협), 本末顚倒(본말전도)

致

至, 총 10획

이를 치, 보낼 치 | '攵+至'로, 어떤 것을 두드려[攵] 보내어 목표 지점에 이르도록[至] 함.

致命(치명), 致富(치부), 致死(치사), 致謝(치사), 格物致知(격물치지), 見危致命(견위치명), 滿場一致(만장일치), 祭政一致(제정일치)

臺

至, 총 14획

누각 대, 관청 대 | '高+至'로, 사방을 바라볼 수 있게[至] 높이[高] 지은 다락집.

樓臺(누대), 展望臺(전망대), 青瓦臺(청와대), 燈臺不自照(등대부자조)

貝부수

책을 열심히 읽고〔讀〕 공부하던 한 선비가 일제에 나라가 패망(敗亡)했다는 소식을 듣고, 물건을 팔고〔賣〕 사는〔買〕 장사 일에 뛰어들어 돈〔貝〕을 벌었으며, 노름으로 재산을 탕진하여 파락호라는 누명을 쓰고 살았는데, 그가 죽은 후 알려진 바로는 그 재산 모두가 만주 독립운동자금의 젖줄로 이어〔續〕졌다고 한다.

貝

貝, 총 7획

조개 패, 돈 패 | 조개의 모양.

貝貨(패화), 貝類(패류), 貝物(패물), 貝玉(패옥), 貝塚(패총), 珠貝(주패), 貝闕(패궐), 錦貝(금패), 龜貝(귀패), 成貝(성패), 貨貝(화패), 貝勒(패륵), 貝殼(패각)

敗

攴, 총 11획

허물어질 패, 패할 패, 부서질 패 | '攵+貝(패)'로, 돈[貝] 때문에[攵] 쌓인 명성 등이 무너짐.

敗家(패가), 敗亡(패망), 敗北(패배), 敗退(패퇴), 敗家亡身(패가망신)

買

貝, 총 12획

살 매 | '网+貝'로, 장사하는 사람이 재물[貝]이 될 만한 것을 마치 그물[网]로 고기를 잡듯이 사들임.

買收(매수), 買食(매식), 買票(매표), 競買(경매), 購買(구매), 多買(다매), 買上(매상), 買名(매명), 買死馬骨(매사마골), 鄭人買履(정인매리)

賣

貝, 총 15획

팔 매 | '士←出+買'로, 재물[貝]을 내서[出] 팖.

賣却(매각), 賣官(매관), 賣國(매국), 賣盡(매진), 賣官賣職(매관매직)

讀

言, 총 22획

읽을 독, 구절 두, 이두 두 | '言+賣(속)'으로, 책을 소리[言] 내어 읽음.

讀經(독경), 讀書(독서), 讀破(독파), 講讀(강독), 句讀點(구두점), 讀書三昧(독서삼매), 讀書三餘(독서삼여)

續

糸, 총 21획

이을 속 | '糸+賣(속)'으로, 끊어진 실[糸]을 이음.

續刊(속간), 續開(속개), 續報(속보), 續出(속출), 狗尾續貂(구미속초)

빌 포터(1932~2013)

뇌성마비를 이긴 미국 전설의 판매왕 빌 포터는 취업을 위해 여러 곳에 원서를 냈지만 매번 낙방했다. 어렵게 왓킨스사의 영업사원으로 취직한 그는 하루도 잊지〔遺〕 않고 고객의 문을 두드리는 그 성실함에 힘입어〔賴〕 고객의 수가 늘어만 갔다. 빌은 고객을 늘 국빈(國賓)으로 받들어 귀중〔貴〕한 사람으로 모시었으며, 그 질책(質責)이나 거절은 '더 좋은 상품으로 바꾸〔貿〕어 달라는 신호'로 여기고, 새로운 상품이 나올 때마다 진 빚〔債〕을 갚는〔償〕 심정으로 고객을 찾았다. 빌 포터의 24년 동안 이어진 성실과 인내의 행적〔蹟〕은 드디어 판매왕 상〔賞〕을 받게 했으며, 그가 쌓은〔積〕 공적〔績〕은 아직도 깨지지 않고 있다.

質

貝, 총 15획

저당물 질, 저당 잡힐 질, 모탕 질, 바탕 질, 물을 질 | '貝+所'로, 저당 잡힌 물건[貝]이나 나무를 패는 데 받치는 나무토막[所]. ※ 所 : 두 도끼 은, 밝을 은, 모탕 질. ※ 모탕 : 나무를 패거나 쪼갤 때에 받치는 나무토막. 곡식이나 물건을 땅바닥에 쌓을 때 밑에 괴는 나무토막.

質量(질량), 質問(질문), 質朴(질박), 質疑(질의), 質責(질책), 物質(물질), 本質(본질), 性質(성질), 質實剛健(질실강건)

賞

貝, 총 15획

상 줄 상, 구경할 상 | '貝+尙(상)'으로, 공이 있어 재화[貝]를 내려줌.

賞品(상품), 賞罰(상벌), 賞狀(상장), 賞賜(상사), 勸賞黜陟(권상출척)

償

人, 총 17획

갚을 상 | '亻+賞(상)'으로, 남[亻]에게 진 빚을 갚음.

償金(상금), 償還(상환), 償債(상채), 補償(보상), 減價償却(감가상각)

賓

貝, 총 14획

손님 빈 | '貝+㝠(면)'으로, 귀한 물건[貝]처럼 공경히 대할 사람.

賓客(빈객), 賓服(빈복), 賓主(빈주), 國賓(국빈), 江山萬古主人物百年賓(강산만고주인물백년빈)

賴

貝, 총 16획

이득 뢰, 교활한 사람 뢰, 의지할 뢰, 힘입을 뢰 | '貝+剌(랄)'로, 재물[貝]이 광주리에 있음.

依賴(의뢰), 無賴漢(무뢰한), 賴及萬方(뇌급만방)

貿

貝, 총 12획

바꿀 무 | '貝+丣(묘)'로, 물건을 돈[貝]으로 바꿈.

貿易(무역), 交貿(교무), 貿首之讐(무수지수)

貴

貝, 총 12획

귀할 귀, 신분 높을 귀, 값비쌀 귀 | '貝+臾←蕢(괴)'로, 값비싼 재화[貝]를 잘 간직해 둠.

貴賓(귀빈), 貴賤(귀천), 富貴(부귀), 尊貴(존귀), 貴耳賤目(귀이천목)

遺

辵, 총 16획

없앨 유, 버릴 유, 잃을 유, 남을 유, 남길 유 | '辶+貴(귀)'로, 물건을 내버리고 돌아보지 않고 감[辶].

遺憾(유감), 遺稿(유고), 遺棄(유기), 遺訓(유훈), 浮言遺說(부언유설)

責

貝, 총 11획

꾸짖을 책, 책임 책 | '貝+朿(자)'로, 빌린 돈[貝] 갚기를 강요함.

責望(책망), 責務(책무), 責善(책선), 責任(책임), 朋友責善(붕우책선)

債

人, 총 13획

빚 채 | '亻+責(책)'으로, 빚을 진 사람[亻].

債券(채권), 債權(채권), 債務(채무), 公債(공채), 擧放錢債(거방전채)

積

禾, 총 16획

쌓을 적, 거듭할 적 | '禾+責(책)'으로, 벼[禾]를 베어 쌓아 둠.

積金(적금), 積善(적선), 積立(적립), 積載(적재), 積塵成山(적진성산), 措火積薪(조화적신)

績

糸, 총 17획

길쌈 적, 공적 적 | '糸+責(책)'으로, 실[糸]로 길쌈을 함.

功績(공적), 紡績(방적), 成績(성적), 實績(실적), 考績幽明(고적유명)

蹟

足, 총 17획

발자취 적, 행적 적 | '足+責(책)'으로, 사람이 걸어 다닌 발[足]자국.

古蹟(고적), 行蹟(행적), 遺跡(유적), 史蹟(사적), 名勝古蹟(명승고적)

지식 샘터 **제3자의 피해**

間於齊楚(간어제초) / 鯨戰蝦死(경전하사) / 殃及池魚(앙급지어)

사람의 미래는 현재의 습관(習慣)으로 점칠〔貞〕 수 있다고 한다. 이는 현재의 내 모습이 결국 나의 운명과 연결되어〔貫〕 함께 열매〔實〕 맺고 있음을 암시한 말이다.

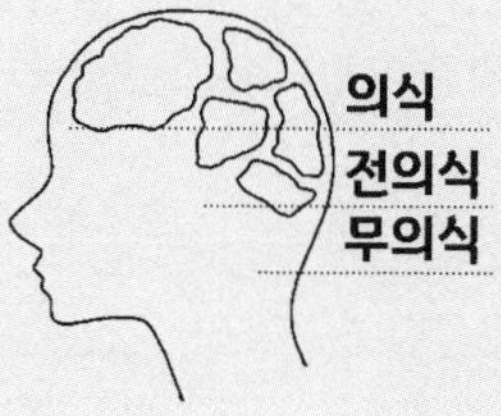

정신분석학에서는 6살 이전의 경험을 중시한다. 어린아이는 백지에서 출발하지만 이때의 믿음〔負〕과 칭찬〔讚〕은 긍정적 감정을 도와〔贊〕주며, 부정적 감정은 나쁜 생각과 습관의 원인이 된다고 했다.

貫 貫

貝, 총 11획

꿸 관, 관향 관 | '毌+貝'로, 엽전[貝] 꾸러미를 뀀[毌].

貫流(관류), 貫珠(관주), 貫通(관통), 貫鄕(관향), 一以貫之(일이관지)

慣 慣

心, 총 14획

버릇 관, 익숙할 관 | '忄+貫(관)'으로, '摜'과 동자. 구습(舊習)에 익숙해진 마음[忄].

慣例(관례), 慣性(관성), 慣習(관습), 慣用(관용), 習慣成自然(습관성자연)

實 實

宀, 총 14획

넉넉할 실, 찰 실, 열매 실, 사실 실, 참 실, 성실할 실 | '宀+貫'으로, 부유하여 집[宀]에 돈 꾸러미[貫]가 가득함.

實感(실감), 實果(실과), 實科(실과), 實權(실권), 實事求是(실사구시)

貞 貞

貝, 총 9획

점칠 정, 곧을 정, 정할 정, 정조 정 | '卜+貝←鼎(정)'으로, 돈[貝]을 지불하고 길흉을 묻는 점[卜]을 침. ※'鼎'은 고대에 왕이나 제후의 상징물이었으며, '卜' 역시 신성시되었음.

貞潔(정결), 貞烈(정렬), 貞淑(정숙), 貞操(정조), 童貞(동정), 忠貞(충정), 貞觀政要(정관정요)

贊 贊

貝, 총 19획

나타날 찬, 밝을 찬, 날 찬, 도울 찬, 이끌 찬, 찬성할 찬 | '貝+兟'으로, 재물[貝]을 가지고 앞에 나아가[兟] 알현(謁見)함.

贊襄(찬양), 協贊(협찬), 贊助(찬조), 贊成(찬성), 贊否(찬부), 毘贊(비찬), 贊佑(찬우), 贊唄(찬패), 贊饗(찬향)

讚 讚

言, 총 26획

기릴 찬, 칭찬할 찬 | '言+贊(찬)'으로, 사람의 좋은 점을 모아서 기술하여 밝힘[言].

讚美(찬미), 讚頌(찬송), 讚揚(찬양), 禮讚(예찬), 自畵自讚(자화자찬)

負 負

貝, 총 9획

믿을 부, 질 부, 빚질 부 | '人+貝'로, 재물[貝]에 의지하여 믿는 바가 있는 사람[亻] 또는 빌린 것을 아직 갚지 않음.

負擔(부담), 負傷(부상), 負債(부채), 勝負(승부), 自負(자부), 抱負(포부), 負薪入火(부신입화), 使蚊負山(사문부산)

魚부수

낚시꾼들은 고기를 잡는〔漁〕 것도 중요하지만 물고기〔魚〕를 싱싱하게〔鮮〕 유지하는 것 또한 기술이라고 말한다.

魚

魚, 총 11획

물고기 어 | 물고기 모양.

魚網(어망), 魚肉(어육), 魚貝(어패), 乾魚(건어), 魚東肉西(어동육서), 牛蹄之魚(우제지어), 一魚濁水(일어탁수), 水清無大魚(수청무대어)

漁

水, 총 14획

고기 잡을 어 | '氵+𩺰'로, 물[氵]에서 물고기를 잡음[𩺰].

漁具(어구), 漁獵(어렵), 漁翁(어옹), 漁笛(어적), 漁人得利(어인득리)

鮮

魚, 총 17획

생선 선, 고울 선, 싱싱할 선 | '魚+羊←羴(전)'으로, 맥국에서 나는 싱싱한 생선[魚].

鮮明(선명), 新鮮(신선), 鮮魚(선어), 朝鮮(조선), 若烹小鮮(약팽소선)

水清無大魚(수청무대어) : 물이 너무 맑으면 큰 물고기가 살 수 없다는 말로, 사람이 너무 결백하면 사람들이 가까이하지 않는다는 뜻.

《후한서(後漢書)》 반초전(班超傳)에 나오는 말로, 후한(後漢) 초《한서(漢書)》를 지은 반고의 아우 반초의 이야기이다. 반초는 무예에 뛰어나 명제(明帝) 때 오랑캐 50여 나라를 복속시켰다. 그 공으로 서역 도호(총독)가 되어 정원후(定遠侯)에 봉해졌다. 반초가 소임을 다하고 귀국하자, 후임 도호로 임명된 임상이 부임 인사차 찾아와서 서역을 다스리는 데 유의할 점을 물었다. 그러자 반초는 이렇게 말했다. 수지청즉무어(水至清卽無魚 ; 물이 너무 맑으면 고기가 없고), 인지찰즉무도(人至察卽無徒 ; 사람이 너무 살피면 동지가 없느니라). 반초는 이 말로 임상의 급한 성격을 지적하고, 정치도 너무 엄하면 아무도 따라오지 않으므로 사소한 일은 덮어두고 대범하게 다스릴 것을 충고했다. 그러나 임상은 이 충고를 따르지 않고 자기 소신대로 다스렸다. 그 결과 반초가 복속시켰던 50여 나라는 임상이 다스린지 5년 만에 모반을 일으켜 한나라를 떠났으며, 서역도호부도 폐지되었다. 사람이 너무 결백해도 따르는 사람이 없다는 뜻으로, 때론 사소한 잘못은 덮어주고 대범하게 처신하라는 말이다. 수청어불서(水清魚不棲), 수청무어(水清無魚)와 같은 뜻이다.

辰부수

저 하늘에 반짝반짝 빛을 떨치〔振〕는 수많은 별〔辰〕들은 누가 씨 뿌려 농사〔農〕 지은 것인가요? 초저녁 진한〔濃〕 안개의 욕됨〔辱〕도 입술〔脣〕에 머금은 채 새벽〔辰〕녘까지 수려한 자연의 자태를 연출하고 있네.

辰 (辰, 총 7획)

별 신(진), 태어날 신, 때 신, 다섯째 지지 진 | '乙+匕+二+厂(엄)'으로, 만물이 소생하여 위[二]로 나오는[乙+匕] 때. ※ 금문에 '辰+虫'으로, 큰 조개 모양[辰, 蜄屬蛤蚌類]으로 봄.

辰宿(진수), 辰時(진시), 日辰(일진), 生辰(생신), 辰宿列張(진수열장)

振 (手, 총 10획)

구원할 진, 건질 진, 떨칠 진, 진동할 진, 정돈할 진 | '扌+辰(진)'으로, 어려움에 처한 자를 손[扌]으로 들어 구원해 줌.

振作(진작), 振動(진동), 振旅(진려), 振撫(진무), 金鼓振天(금고진천)

晨 (日, 총 11획)

새벽 신 | '日+辰(진)'으로, 28수(宿)의 하나인 방성[日:房星]의 이칭. ※ '晨'은 진시(辰時)가 되면 동이 터 밭갈이 나갈 시간임을 앎.

晨省(신성), 晨星(신성), 晨鐘(신종), 早晨(조신), 晨入夜出(신입야출)

脣 (肉, 총 11획)

입술 순 | '月+辰(진)'으로, 脣과 동자. 입 가장자리 위아래에 도도록이 붙어 있는 얇고 부드러운 살[肉].

脣舌(순설), 脣音(순음), 丹脣皓齒(단순호치)

辱 (辰, 총 10획)

욕될 욕 | '辰+寸'으로, 농시(農時)[辰]를 실기(失期)한 사람에 대해 법[寸]에 따라 욕을 보임.

辱說(욕설), 恥辱(치욕), 困辱(곤욕), 屈辱(굴욕), 知足不辱(지족불욕)

農 (辰, 총 13획)

농사 농 | '曲+辰'으로, 농부가 동이 틀 때[辰] 일어나 밭 갈고 씨 뿌리[曲]는 일을 함.

農耕(농경), 農業(농업), 農場(농장), 農政(농정), 農不失時(농불실시)

濃 (水, 총 16획)

진할 농, 무성할 농 | '氵+農(농)'으로, 이슬[氵]의 양이 많아 진함.

濃淡(농담), 濃度(농도), 濃霧(농무), 濃縮(농축), 淡粧濃抹(담장농말)

虫부수

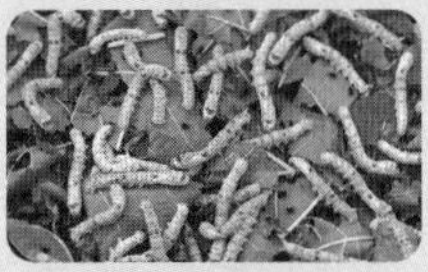

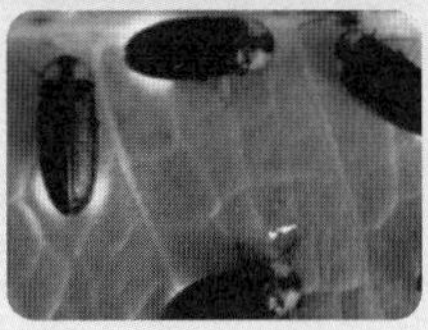

서울의 '걷기 좋은 길'로 손꼽히는 둔촌동 일자산 근린공원 잔디광장에 학생과 학부모들이 땅속 깊숙이 감추어〔潛〕 살고 있는 각종 벌레〔虫, 蟲〕들과, 누에〔蠶〕와 개똥벌레〔螢〕 등 다양한 생물들을 한눈에 볼 수 있도록 성대〔榮〕히 부스를 만들어 운영〔營〕하였다.

虫 (虫, 총 6획)

벌레 훼 | 큰 뱀 모양. ※ 갑골, 금문에는 몸이 쟁반처럼 굽었으며 세 개의 촉각이 있고 기어 다니는 벌레 모양. 고대에는 '它[뱀 사]'와 통용.

甲骨文

金文

蟲 (虫, 총 18획)

벌레 충 | 발이 있는 벌레들[三虫]이 꾸물거리고 있는 모양.

蟲氣(충기), 蟲類(충류), 蟲齒(충치), 蟲害(충해), 冬蟲夏草(동충하초)

蠶 (虫, 총 24획)

누에 잠 | '䖵+朁(참)'으로, 애벌레[䖵]가 자란 다음에 실을 토하여 고치를 만드는 벌레.

蠶室(잠실), 蠶食(잠식), 養蠶(양잠), 農蠶(농잠), 秒蠶食之(초잠식지)

潛 (水, 총 15획)

잠길 잠, 감출 잠 | '氵+朁(참)'으로, 물[氵]속을 수영으로 잠행하여 건너감.

潛水(잠수), 潛跡(잠적), 潛伏(잠복), 潛水艦(잠수함), 鱗潛羽翔(인잠우상)

螢 (虫, 총 16획)

반딧불 형, 개똥벌레 형 | '虫+熒(형)'으로, 밤에 날아다니며 배 아래에서 빛을 내는 벌레[虫].

螢光(형광), 螢雪(형설), 螢案(형안), 螢窓(형창), 群螢(군형), 飛螢(비형), 螢窓雪案(형창설안)

營 (火, 총 17획)

경영할 영, 다스릴 영, 진 영 | '呂←宮+熒(형)'으로, 집[宮]들이 즐비한 시장에서 장사하며 삶.

經營(경영), 營利(영리), 營繕(영선), 營養(영양), 營營區區(영영구구)

榮 (木, 총 14획)

오동나무 영, 꽃 영, 영화로울 영, 성할 영 | '木+熒(형)'으로, 자줏빛 꽃잎이 등촉(燈燭)처럼 빛나는 오동나무[木].

榮光(영광), 榮譽(영예), 榮辱(영욕), 榮轉(영전), 榮華(영화), 繁榮(번영), 榮枯一炊(영고일취)

虫, 龍, 龜부수

춘추시대 중엽(中葉) 장자는 노자의 사상을 습수(襲受)하여 나비〔蝶〕의 자유스러움과 인간을 이어 노래했으며, 위나라 장읍은 《광아》에서 상상의 동물인 용(龍)을 천자나 왕으로 묘사했다. 용은 아홉 가지 동물, 즉 낙타의 머리, 사슴의 뿔, 토끼의 눈, 뱀〔蛇〕의 목덜미, 소의 귀, 매의 발톱, 호랑이의 발을 갖고 있다고 했다. 또 하늘과 땅, 물속을 자유자재로 넘나드는 변화무쌍한 동물로, 봉황, 기린, 거북〔龜〕과 함께 4령의 하나로 꼽힌다.

蛇

虫, 총 11획

뱀 사 | '虫+它(사)'로, 겨울에는 겨울잠을 자고, 봄에는 밖으로 나와 생활하는 독이 있는 파충류. ※ 뱀의 뜻으로 사용되던 '它'가 '다르다'의 뜻으로 쓰이자 '虫'이 더해져 '뱀'의 뜻이 됨.

蛇心(사심), 蛇足(사족), 蛇行(사행), 毒蛇(독사), 白蛇(백사), 一龍一蛇(일룡일사)

蝶

虫, 총 15획

나비 접 | '虫+枼(엽)'으로, 나뭇잎처럼 생긴 날개 달린 곤충[虫].

胡蝶(호접), 蝶夢(접몽), 狂蝶(광접), 鳥逐花間蝶鷄爭草中蟲(조축화간접계쟁초중충)

葉

艸, 총 13획

잎사귀 엽, 세대 엽, 성씨 섭 | '艸+枼(엽)'으로, 풀이나 나무[艹]의 잎.

落葉(낙엽), 枝葉(지엽), 中葉(중엽), 末葉(말엽), 葉氏(섭씨), 迦葉(가섭), 一葉片舟(일엽편주), 一葉落知天下秋(일엽낙지천하추)

龍

龍, 총 16획

용 룡 | '肉+殀+童(동)'으로, 머리를 치켜세우고 몸[肉]을 꿈틀거리며 하늘로 솟구쳐 날아오르는[殀] 용 모양.

龍宮(용궁), 龍床(용상), 龍顔(용안), 龍頭(용두), 魚變成龍(어변성룡), 龍門點額(용문점액), 龍虎相搏(용호상박)

襲

衣, 총 22획

염습할 습, 엄습할 습, 이을 습 | '衣+龍←龖(삽, 답)'으로, 죽은 사람에게 입히는 옷[衣].

襲擊(습격), 襲衣(습의), 攻襲(공습), 急襲(급습), 卜不襲吉(복불습길)

龜

龜, 총 16획

거북 귀, 땅 이름 구, 터질 균 | 십장생 중의 하나로, 용이나 봉황과 함께 상서로운 동물로서 알려진 거북의 다리, 등, 꼬리의 모양.

龜尾(구미), 龜鑑(귀감), 龜甲(귀갑), 龜裂(균열), 龜背刮毛(귀배괄모)

IV 식물

나무·풀

木竹瓜禾黍麥齊麻韭艸生入无

木	林	森	柔	本	東	果	朴	栗	樂	末	束
沐					凍	課			藥		速
床					陳						
閑											

李	橋	構	條	業	未	朱	株	梁	枕	某	樹
	矯	講			味		殊		沈	謀	
					妹					媒	

桑	極	析	竹	節	築	篤	籍	算	筆	策	笑
									晝		
									律		
									劃		
									畫		

篇	筋	瓜	禾	秋	稱	秀	稻	穀	麥	齊	麻
編				愁		透				濟	磨
遍						誘					

草	英	莫	華	著	菊	若	菌	薦	苗	藏	蘇
		幕				諾				臟	
		漠									
		暮									
		模									
		募									
		墓									

茶	蒸	蓮	蘭	荒	蒙	生	産	旣	入	兩	全	內
			爛			性		槪				納
			欄			姓		慨				

木부수

나무〔木〕가 빽빽이〔森〕 우거진 숲〔林〕속에 평상〔床〕을 펴 놓고 한가로〔閑〕이 녹음으로 목욕〔沐〕을 하니 세상을 다 얻은 듯 기뻤다.

木 (木, 총 4획)

나무 목 | 땅을 뚫고 새싹이 나오는 나무[木] 모양.

角木(각목), 苗木(묘목), 伐木(벌목), 樹木(수목), 木鐸(목탁), 盲龜浮木(맹귀부목), 良禽擇木(양금택목), 緣木求魚(연목구어)

沐 (水, 총 7획)

머리 감을 목 | '氵+木(목)'으로, 물[氵]로 머리를 감음.

沐浴(목욕), 沐雨(목우), 沐恩(목은), 洗沐(세목), 櫛風沐雨(즐풍목우)

床 (广, 총 7획)

평상 상 | '木+爿(장)'으로, 앉거나 누울 수 있도록 나무[木]로 만든 기구.

苗床(묘상), 病床(병상), 溫床(온상), 冊床(책상), 同床異夢(동상이몽)

閑 (門, 총 12획)

막을 한, 한가할 한 | '門+木'으로, 문[門] 가운데에 나무[木] 막대가 가로질러 있음.

閑暇(한가), 閑良(한량), 閑事(한사), 閑邪(한사), 安閑自適(안한자적)

林 (木, 총 9획)

수풀 림 | '木+木'으로, 평지에 나무[木]가 집단으로 나 있음.

密林(밀림), 林野(임야), 林業(임업), 儒林(유림), 綠林(녹림), 肉山脯林(육산포림)

森 (木, 총 12획)

빽빽할 삼 | '木+林'으로, 나무[木]가 많은 숲[林] 모양.

森林(삼림), 森嚴(삼엄), 森羅萬象(삼라만상)

지식 샘터 **좋은 조건**

長袖善舞(장수선무) / 多錢善賈(다전선고)

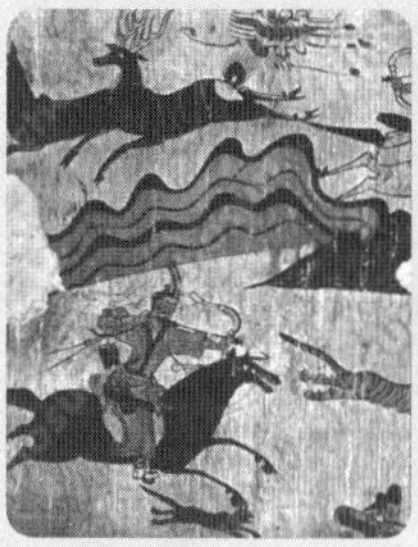

옛 문헌에 의하면, 동북의 추운〔凍〕 지역에 살았던 우리 조상들은 용감하고 과감(果敢)한 기상을 가지고 있다고 진술(陳述)하고 있다. 동이(東夷)의 이(夷)는 『설문해자』에 의하면, 본래〔本〕 활을 잘 다루는 사람이란 뜻이다. 활 다루는 일은 당시 사람들의 일과(日課) 중 하나였을 것으로 추정된다.

本

木, 총 5획

근본 본, 본디 본 | '木+一'로, 고자는 '[illegible]'. 나무[木]의 아랫[一] 부분인 뿌리.

本格(본격), 本能(본능), 本業(본업), 本質(본질), 拔本塞源(발본색원)

東

木, 총 8획

동녘 동 | '日+木'에서 해가 움직여 전설상의 신목(神木) 안에 있음. ※ 東의 이체자로 어떤 물건의 양쪽 끝을 묶은 모양으로 보기도 함.

東洋(동양), 關東(관동), 河東(하동), 極東(극동), 東郭履(동곽리), 東北工程(동북공정), 遼東之豕(요동지시)

凍

冫, 총 10획

얼 동 | '冫+東(동)'으로, 차가워 물이 얾[冫].

凍結(동결), 凍傷(동상), 凍太(동태), 冷凍(냉동), 凍氷可折(동빙가절)

陳

阜, 총 11획

펼 진, 진술할 진, 오래 묵을 진, 나라 이름 진 | '阝+木+日 ← 申(신)'으로, 지명인 하남성(河南省) 회양현(淮陽縣)의 완구(宛丘).

陳述(진술), 陳設(진설), 陳列(진열), 陳腐(진부), 陳蔡之厄(진채지액)

果

木, 총 8획

과실 과, 결과 과, 결단 과 | '田+木'으로, 나무[木]에 과실[田]이 매달려 있는 모양.

果敢(과감), 果斷(과단), 結果(결과), 果樹(과수), 果敢之氣(과감지기)

課

言, 총 15획

과목 과, 과정 과, 매길 과 | '言+果(과)'로, 시험[言] 등 사람들이 해야 할 과제. ※ 課試 : 일정(一定)한 때에 보이는 시험(試驗). 시험을 과함.

日課(일과), 課稅(과세), 課業(과업), 課程(과정), 教育課程(교육과정)

우리가 강송(講誦)하는 글 중에 "오얏〔李〕나무 아래에서는 갓을 바로잡지〔矯〕 않는다."는 말이 있다. 이는 오얏나무 아래서 갓을 고쳐 쓰면, 나뭇가지〔條〕에 달린 오얏을 훔치는 일에 얽힐〔構〕 수 있으며, 또 그 의심의 다리〔橋〕가 될 수 있음을 경계한 것이다.

條

木, 총 11획

가지 조, 조리 조, 조목 조 | '木+攸(유)'로, 나무[木]의 잔가지.

枝條(지조), 條理(조리), 條目(조목), 條件(조건), 嚴立科條(엄립과조)

李

木, 총 7획

오얏 리, 성씨 리 | '木+子(자)'로, 오얏나무[木] 열매.

李氏(이씨), 李下(이하), 李花(이화), 桃李(도리), 張三李四(장삼이사)

橋

木, 총 16획

다리 교 | '木+喬(교)'로, 물 위를 걸을 수 있도록 만든 나무[木]다리.

橋架(교가), 橋脚(교각), 橋梁(교량), 踏橋(답교), 過河坼橋(과하탁교)

矯

矢, 총 17획

화살 바로잡을 교, 거짓 교, 굳셀 교 | '矢+喬(교)'로, 화살[矢] 끼우는 곳을 부드럽게 함.

矯正(교정), 矯殺(교살), 矯角殺牛(교각살우)

構

木, 총 14획

덮을 구, 얽을 구, 맺을 구, 건물 구 | '木+冓(구)'로, 나무[木]를 종횡으로 엇걸어 만든 덮개.

構想(구상), 構成(구성), 構築(구축), 構造(구조), 肯構肯堂(긍구긍당)

講

言, 총 17획

화해할 구, 담론할 강, 강론할 강, 익힐 강 | '言+冓(구)'로, 말[言]로써 얽히고 뒤섞인 문제를 해결함.

講究(강구), 講堂(강당), 講讀(강독), 講誦(강송), 口講指畵(구강지화)

지식 샘터 **끼리끼리 어울림**

同氣相求(동기상구) / 同聲相應(동성상응) / 同病相憐(동병상련) / 類類相從(유유상종) / 草綠同色(초록동색)

《토양과 문명》이란 책에 밤〔栗〕나무가 우거진 어느 마을에 아버지와 엄마, 큰딸, 큰아들, 작은아들, 막내딸〔末女〕 이야기가 있다. 이들 가족은 가을에 열리는 밤을 따서 1년의 식량으로 삼았고, 그 이외의 시간에는 밤나무를 감고 오르는 인동덩굴이 밤나무가 자라고 열매를 맺는 것을 방해하지 않도록 가지치기를 하면서 살았다. 어느 날 작은아들은 왜 1년 내내 즐겁게〔樂〕 살지 못하고 인동덩굴의 가지치기에 구속(拘束)되어 살아야 하는지 이해할 수 없었다. 그 시간에 약초(藥草)를 캐거나 다른 유용한 일을 할 수 있을 것이라고 생각한 것이다. 가족회의 끝에 인동을 없애기로 하였다. 그런데 몇 년이 지나자 밤나무골에는 생각지 못한 재앙이 닥쳐오고 있었다. 밤의 수확량이 세월이 지날수록 빠르게〔速〕 감소한 것이다. 이윽고 밤나무골의 가족들은 그 정든 고향을 등지게 되었다. 인동이 뿌리째 뽑혀진 후 사라진 인동꽃으로 밤나무골의 하늘을 가득 채우던 벌과 나비도 사라지게 되었고, 곤충이 사라진 마을의 숲에서 더 이상 어린 밤나무가 자라나지 않게 되면서 벌어진 일이었다.

栗

木, 총 10획

밤 률, 무서울 률 | '西+木'으로, 㮚이 본자. 밤송이[襾]가 붙어 있는 나무[木].

栗殼(율각), 栗列(율렬), 戰栗(전율), 棗栗(조율), 棗栗梨柿(조율이시)

樂

木, 총 15획

풍류 악, 즐길 락, 음악 악, 좋아할 요 | 북[𢆶]을 나무 받침틀[木] 위에 올려놓은 모양.
※ 鼓鼙는 적이 쳐들어올 때 신호로 치는 북. 전하여 전쟁 또는 군사(軍事)를 뜻함.

樂觀(낙관), 樂園(낙원), 樂天(낙천), 樂器(악기), 樂山樂水(요산요수), 伯樂子(백락자), 樂不思蜀(낙불사촉), 怏怏不樂(앙앙불락)

藥

艸, 총 19획

약 약, 약초 약 | '艸+樂(악)'으로, 병을 치료하는 풀[艹].

藥房(약방), 藥草(약초), 藥效(약효), 劇藥(극약), 藥籠中物(약롱중물)

末

木, 총 5획

끝 말 | '木+一'로, 나무[木]의 윗[一]부분을 나타냄.

末世(말세), 末期(말기), 末端(말단), 末尾(말미), 物有本末(물유본말)

束

묶을 속, 약속할 속, 단속할 속 | '木+口'로, 나무[木] 다발을 끈으로 잘 묶은 모양[口].

束縛(속박), 檢束(검속), 結束(결속), 拘束(구속), 華管茅束(화관모속)

木, 총 7획

速

서두를 속, 빠를 속 | '辶+束(속)'으로, 묶는 일 따위의 처리[辶]를 민첩히 함.

速度(속도), 速記(속기), 速斷(속단), 速算(속산), 欲速不達(욕속부달)

辵, 총 11획

物有本末(물유본말) : 사물에는 근본과 끝이 있다는 뜻으로, 일에는 반드시 순서와 질서가 있음을 일컫는 말.

삼강령 중에서 명명덕(明明德)이 본(本)이고, 신민(新民)은 말(末)의 관계에 있으며, 지어지선(止於至善)은 명명덕과 신민이 지향하는 목표입니다. 이를 설명한 문장으로, "사물에는 근본과 말단이 있고(物有本末), 일에는 끝과 시작이 있으니, 먼저 하며 뒤에 할 것을 알면 곧 도에 가까울 것이다."라는 것이 있습니다. 이를 좀 더 자세히 설명하면, 명명덕은 수기(修己)로 근본에 해당되며, 신민은 치인(治人)으로 말단에 해당되므로 나의 밝을 덕을 밝힌 연후에 남을 다스릴 수 있으며, 지극히 선한 곳에 머무름을 아는 것이 일의 처음에 해당되고 그 지선에 머물러 내 것이 되었을 때가 그 일의 마침이 된다는 말입니다.

일례로, 나무에서 뿌리가 먼저 땅에 자리를 굳게 잡아야 줄기와 가지가 무성히 자랄 수 있습니다. 그렇다고 해서 뿌리만이 중요하고, 줄기와 가지는 별로 중요하지 않은 것은 아닙니다. 씨를 뿌리고 수확이 없으면 아무 소용이 없는 것처럼, 근본만이 중요하고 말단은 중요하지 않은 것이 결코 아닙니다. 근본을 먼저 세우고 나서 말단으로 나아가는 것, 시작이 있으면 끝이 있는 것, 이것이 바로 세상일의 순서인 것입니다. 이러한 이치를 알고 실행할 수 있다면 도에 가깝다는 것입니다.

『중용』 15장에, "군자의 도는 비유컨대, 먼 곳을 감에는 반드시 가까운 곳에서 출발함과 같고, 높은 곳에 오름에는 반드시 낮은 곳에서 출발함과 같다."라는 말이 있습니다. 이 또한 같은 이야기입니다. 우리 속담에도 "천리길도 한 걸음부터"라는 말이 있는데, 모두 이와 일맥상통하는 것입니다.

『대학』에 "사물의 이치가 궁구(窮究)된 이후에 앎이 지극해지고, 앎이 지극해진 뒤에 생각이 진실해지고, 생각이 진실한 후에 마음이 바르게 되고, 마음이 바른 뒤에 몸이 닦여지고, 몸이 닦여진 뒤에 집안이 가지런하게 되고, 집안이 가지런하게 된 후에 나라가 잘 다스려지고, 나라가 잘 다스려진 후에 천하가 균평하게 된다."고 했으며, "천자로부터 서인에 이르기까지 모두 다 수신을 근본으로 삼는다."라고 하였습니다. 마음을 바르게 함(正心) 이상은 모두 수신의 방법이 되고, 집안을 가지런하게 함(齊家) 이하는 모두 수신을 들어서 시행하는 것이므로, 지휘가 가장 높은 천자나 지휘가 가장 낮은 일반 백성이나 할 것 없이 모두 똑같이 수신을 근본으로 삼아야 한다는 내용을 설명하였습니다.

제가하는 사람, 치국하는 사람, 평천하하는 사람 모두가 수신을 근본으로 삼아야 합니다. 왜일까요? 근본이 어지러운데 말단이 잘 다스려지는 것은 없기 때문입니다. 그러므로 자신이 후(厚)하게 할 대상에게 박(薄)하게 대하고, 박하게 대해야 할 대상에게 후하게 대하는 것과 같은 일은 하지 말아야 합니다. 일례로, 자기의 부모는 돌보지 않고 양로원에 가서는 갖은 효자 행세를 다하는 것과 같은 일은 해서는 안 된다는 말입니다. 이는 근본인 수신이 닦아지지 않아서 발생한 결과이므로, 당장 겉으로는 효과가 있는 것처럼 보일지 몰라도 반드시 후일에는 어그러지는 일이 발생한다는 것입니다.

수신은 결국 자신을 수양하는 것입니다. 자신을 수양한다는 것은 올바른 인성을 갖기 위한 훈련을 하는 것입니다. '훌륭한 나를 만드는 것이 바로 만사의 근본'이라는 의미입니다.

중국 연변지역은 주목(朱木)나무 자생지로 알려졌으나, 최근에는 인공 재배를 주업(主業)으로 하는 사람도 상당수에 이른다. 나뭇가지와 경피에서 추출한 택솔(taxol)은 항암 효과가 높아 이를 약품으로 만드는 주식(株式)회사도 많다. 가공하지 않은 열매를 먹으면 설사를 하는데, 아직 독성 제거나 맛〔味〕 등을 첨가한 식용으로는 개발하지 못했다〔未〕. 외솔나무, 구상나무 등은 주목과 유사하여 자매(姉妹)지간으로 착각하는 사람도 있으나 자세히 보면 다르다〔殊〕.

業 (木, 총 13획)

악기 매단 장식용 큰 판 업, 업 업, 일 업, 학업 업 | '丵+巾'으로, 종과 북과 같은 악기를 매달아 놓는 장식용 큰 판.

業界(업계), 業務(업무), 業績(업적), 營業(영업), 自業自得(자업자득)

未 (木, 총 5획)

가지 잎 우거질 미, 아닐 미, 아직 미, 여덟째 지지 미 | '木+一'로, 6월에 나무[木]의 가지와 잎[一]이 무성함.

未開(미개), 未決(미결), 未納(미납), 未達(미달), 未然防(미연방), 前代未聞(전대미문), 前人未踏(전인미답)

味 (口, 총 8획)

맛 미, 뜻 미 | '口+未(미)'로, 입[口]으로 오미(五味)의 맛을 봄.

妙味(묘미), 無味(무미), 別味(별미), 吟味(음미), 膏粱珍味(고량진미)

妹 (女, 총 8획)

손아래 누이 매 | '女+未(미)'로, 형(兄)이나 자(姉)보다 나이 어린 여동생[女].

姉妹(자매), 妹夫(매부), 妹兄(매형), 男妹(남매), 無妹獨子(무매독자)

朱 (木, 총 6획)

붉을 주 | '一+木'으로, 소나무 · 잣나무[木] 단면의 가운데 심이 붉음[一].

朱雀(주작), 印朱(인주), 朱木(주목), 朱墨(주묵), 朱顔玉齒(주안옥치)

株 (木, 총 10획)

그루 주, 주식 주, 그루터기 주 | '木+朱(주)'로, 나무[木]를 베어내고 난 뒤 땅 위에 남아 있는 뿌리.

株價(주가), 株式(주식), 株主(주주), 削株堀根(삭주굴근)

殊 (歹, 총 10획)

벨 수, 죽일 수, 다를 수 | '歹+朱(주)'로, 죄인의 머리를 베어 죽임[歹].

殊死(수사), 殊常(수상), 殊遇(수우), 殊異(수이), 同歸殊塗(동귀수도)

춘추시대 미생은 어느〔某〕 날 애인과 다리〔梁〕 밑에서 만나기로 약속했다. 마침 비가 많이 내려 침상의 베개〔枕〕 밑까지 잠기〔沈〕었으나 아무런 꾀〔謀〕도 내지 않고 계속 기다리다가 익사하고 말았다. 결국 갑자기 불어난 물은 두 사람 사이의 영원한 이별의 매개체(媒介體)가 되었다.

梁 木, 총 11획

다리 량, 들보 량 | '氵+木+刅(인)'으로, 물[氵]을 건너기 위해 만든 나무[木] 다리.

橋梁(교량), 棟梁(동량), 梁上君子(양상군자), 棟梁之材(동량지재)

枕 木, 총 8획

베개 침 | '木+冘(유)'로, 나무[木]토막으로 만든 베개.

木枕(목침), 枕上(침상), 枕肱(침굉), 孤枕(고침), 高枕而臥(고침이와), 漱石枕流(수석침류)

沈 水, 총 7획

잠길 침, 성 심 | '氵+冘(유)'로, 언덕 위까지 물[氵]이 잠김.

沈默(침묵), 沈憂(침우), 沈伏(침복), 沈船(침선), 小隙沈舟(소극침주), 破釜沈舟(파부침주)

某 木, 총 9획

매실나무 매, 아무 모 | '木+甘'으로, 본자는 '楳'. 신맛이 나는 매실나무. ※ 酸果 = 梅花

某年(모년), 某某(모모), 某種(모종), 某處(모처), 某也誰也(모야수야)

謀 言, 총 16획

꾀할 모, 술책 모 | '言+某(모)'로, 어려운 문제를 심사숙고하여 말[言]함.

謀略(모략), 謀反(모반), 謀議(모의), 謀陷(모함), 朝不謀夕(조불모석)

媒 女, 총 12획

중매 매 | '女+某(모)'로, 남녀[女]가 합하도록 중매함.

媒介(매개), 媒質(매질), 媒體(매체), 媒婆(매파), 親不因媒(친불인매)

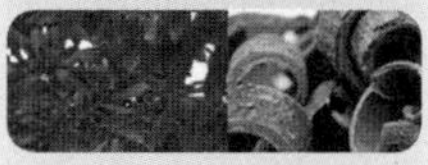

후박(厚朴)나무의 껍질을 약재로 사용하는 방법은 20년생 이상 된 나무〔樹〕를 택하여 하지(夏至) 전에 채취하고, 그것을 그늘에 말려 겉껍질을 제거한 후 그대로 썰어서 사용하거나 그것을 잘 쪄서 부드럽〔柔〕게 되면 원통 모양으로 쪼개〔析〕어 그늘에 말려 사용한다. 건위, 소화, 정장, 소염에 그 효과가 지극히〔極〕 높다. 뽕나무〔桑〕도 혈압, 동맥경화, 당뇨, 중풍, 해열, 천식에 효과가 있어 같이 복용하면 좋다고 한다.

樹

木, 총 16획

나무 수, 심을 수 | '木+尌(주)'로 초목[木]을 심어 자라게 하는 것.

樹林(수림), 樹種(수종), 樹齡(수령), 樹液(수액), 風樹之嘆(풍수지탄)

桑

木, 총 10획

뽕나무 상 | '叒+木'으로, 누에가 먹는 뽕나무[木] 잎[叒].

桑壽(상수), 桑葉(상엽), 道見桑婦(도견상부)

極

木, 총 13획

용마루 극, 다할 극, 지극할 극 | '木+亟(극)'으로, 집의 정상(頂上) 중앙에 있는 대마루.

太極(태극), 極口(극구), 極樂(극락), 極甚(극심), 極惡無道(극악무도)

析

木, 총 8획

가를 석, 쪼갤 석, 풀이할 석 | '木+斤'으로, 도끼[斤]로 나무[木]를 쪼갬.

析薪(석신), 析出(석출), 分析(분석), 解析(해석), 利析秋毫(이석추호)

柔

木, 총 9획

부드러울 유 | '木+矛(모)'로, 나무[木]가 부드러워서 구부리거나 곧게 할 수 있음.

柔道(유도), 柔順(유순), 柔軟(유연), 柔弱(유약), 柔能制剛(유능제강)

朴

木, 총 6획

나무껍질 박, 순박할 박, 성씨 박 | '木+卜(복)'으로, 후박나무[木]의 껍질.

朴氏(박씨), 素朴(소박), 淳朴(순박), 質朴(질박), 朴直(박직), 朴野(박야), 朴實(박실), 朴魯(박로), 敲朴(고박), 朴陋(박루), 朴澁(박삽), 疎朴(소박), 醇朴(순박), 頑朴(완박)

竹부수

죽간을 만들려면 우선 대나무〔竹〕의 마디〔節〕를 잘라낸 다음 마디 사이의 부분을 세로로 쪼갠다. 이렇게 해서 된 대나무 패를 불에 쬐어 정성껏〔篤〕 기름을 뺀다. 이것은 글씨를 쓰기 좋게 하고 벌레 먹는 것을 방지하기 위해서이다. 길이는 20~25cm이며, 너비는 넓지 않아 한 줄밖에 쓸 수 없기 때문에 여러 장을 쌓아〔築〕 합쳐서 가죽 또는 비단 등의 끈으로 편철한다. 이 같이 몇 장의 간을 편철한 것을 책(策)이라 하였고, 현대의 책〔籍, 冊〕도 여기에서 연유한 것이다. 대나무는 이 외에도 주술의 산가지〔算〕로도 사용하였다.

竹 

竹, 총 6획

대 죽, 글씨 죽 | 겨울에 사는 식물인 죽순의 모양.

竹簡(죽간), 竹帛(죽백), 竹筍(죽순), 竹杖(죽장), 松竹之節(송죽지절), 垂名竹帛(수명죽백), 竹馬故友(죽마고우), 竹杖芒鞋(죽장망혜)

節 

竹, 총 15획

마디 절, 절개 절, 예절 절, 절약할 절 | '竹+卽(즉)'으로, 대나무[竹]의 마디는 마치 물체를 묶은 것과 유사함.

關節(관절), 節度(절도), 節槪(절개), 節操(절조), 箕山之節(기산지절), 霜風高節(상풍고절)

築 

竹, 총 16획

다질 축, 쌓을 축, 지을 축 | '木+筑(축)'으로, 나무 공이[木]로 땅을 단단하게 다짐.

築臺(축대), 築城(축성), 築造(축조), 增築(증축), 築室道謀(축실도모)

篤 

竹, 총 16획

천천히 걸을 독, 돈독할 독, 병 심할 독 | '馬+竹(죽)'으로, 말[馬]이 고개를 숙이고 느릿느릿 걸어감.

篤信(독신), 篤實(독실), 篤志(독지), 敦篤(돈독), 篤初誠美(독초성미)

籍 

竹, 총20획

서적 적, 문서 적, 호적 적 | '竹+耤(적)'으로, 대쪽[竹]에 글씨를 써서 엮은 책.

國籍(국적), 軍籍(군적), 兵籍(병적), 符籍(부적), 可考文籍(가고문적)

算 

竹, 총 14획

셈할 산, 산가지 산, 꾀 산 | '竹+具'로, 대나무[竹]로 만든 산가지[筭]를 잡고 계산함.

算數(산수), 算術(산술), 減算(감산), 電算(전산), 謀算之輩(모산지배)

策 

竹, 총 12획

채찍 책, 꾀 책 | '竹+朿(자)'로, 대[竹]로 만든 말채찍.

策勵(책려), 策動(책동), 策略(책략), 策命(책명), 彌縫策(미봉책), 束手無策(속수무책), 糊口之策(호구지책)

정선《인왕제색도》

조선 후기 미술은 형식화된 창작에서 벗어나 현실과 직접 마주하면서 경험을 표현하는 진경산수화(畵)나 풍속화(畵)가 유행하였고, 서민들 사이에서는 자기 필력(筆力)을 심은 민화가 그려(劃)졌다. 조선 후기 대표적 화가인 정선의 '인왕제색도'는 진경산수화의 백미로 꼽힌다. 이 그림은 한낮(晝)에 일어나는 일기변화를 실경의 인상적인 순간 포착에 그의 천재성이 반영된 것이다. 특히 비에 젖은 암벽의 중량감 넘치는 인왕산 바위와 중 · 하단에 피어오르는 흰 구름, 바위의 소나무 숲들은 은은한 노랫가락(律)이 들리듯 개성 있게 표현되었다.

筆

竹, 총 12획

붓 필, 쓸 필 | '竹+聿'로, 대나무[竹]로 만든 붓[聿]. ※ 붓을 '聿'로 쓰다가 진나라 때부터 '筆'로 씀.

筆記(필기), 筆答(필답), 筆法(필법), 筆跡(필적), 一筆揮之(일필휘지)

晝

日, 총 11획

낮 주 | '書←畫+日'로, 해[日]가 떠서 들어가 밤이 되는 분계(分界). ※ 幀畫(탱화)에서 '幀'자는 '그림 족자 탱'으로 쓰였는데, '影幀(영정)'의 경우에는 '그림 족자 정'으로 사용됨. 본래 '탱화'를 뜻하는 한자어는 '幁畫'임.

晝間(주간), 晝夜(주야), 幀畫(탱화), 晝耕夜讀(주경야독), 不撤晝夜(불철주야)

律

彳, 총 9획

법 률, 가락 율 | '彳+聿(률)'로, '균(均)'이라는 악기를 연주함. ※ 均은 현(弦)을 뜯어 六律五聲을 내는 악기. 악음(樂音)의 양(陽)을 '律'이라 하고, 음을 '呂'라 했으나 '律'로 통칭함

規律(규율), 法律(법률), 律令(율령), 律格(율격), 千篇一律(천편일률)

畫

田, 총 13획

그을 획, 그림 화, 꾀할 획 | '聿+田+一'로, 붓[聿]으로 밭[田]의 네 경계를 표시함[一].

畫家(화가), 畫報(화보), 畫題(화제), 繪畫(회화), 畫蛇添足(화사첨족), 畫中之餠(화중지병)

劃

刀, 총 14획

그을 획, 꾀할 획 | '刂+畫(획)'으로, 송곳이나 칼[刂]로 그어[畫] 표기함.

劃數(획수), 劃然(획연), 劃策(획책), 劃一(획일), 毁瓦劃墁(훼와획만)

《삼국지》에 오왕 손권의 장수 여몽에 대한 이야기가 있다. 그는 전공을 쌓아 장수가 되었으므로, 힘줄〔筋〕의 근육만 자랑하는 무식한 사람이었다. 어느 날 여몽은 손권으로부터 공부를 하라는 충고를 듣는다. 이때부터 그는 전쟁터에서도 죽간으로 엮은〔編〕 책〔篇〕을 손에서 놓지 않고 두루〔遍〕 읽었다. 그 후 유식한 재상 노숙이 전지에서 여몽을 만났을 때, 그의 박식한 학문에 크게 놀랐다. 이에 여몽은 웃으며〔笑〕 말했다.

"무릇 선비란 헤어진 지 사흘이 지나서 다시 만날 땐, '눈을 비비고 대면'할 정도로 달라져야 하는 법이라네."

笑

竹, 총 10획

웃음 소 | '竹+夭'로, 바람에 굽은 대나무[竹]처럼, 몸이 구부러짐[夭]은 사람이 웃는 모습과 같음.

笑話(소화), 笑顔(소안), 冷笑(냉소), 談笑(담소), 呵呵大笑(가가대소), 五十笑百(오십소백), 五十步笑百步(오십보소백보)

筋

竹, 총 12획

힘줄 근 | '竹+肉+力'으로, 근육[肉]에 힘[力]을 주면 그 표면에 대[竹]처럼 나타나는 힘줄.

筋肉(근육), 筋骨(근골), 筋力(근력), 鐵筋(철근), 顔筋柳骨(안근유골)

篇

竹, 총 15획

책 편 | '竹+扁(편)'으로, 죽간(竹簡)[竹]에 쓴 글.

篇首(편수), 篇次(편차), 短篇(단편), 長篇(장편), 連篇累牘(연편누독)

編

糸, 총 15획

책 엮을 편, 차례로 엮을 편, 모을 편 | '糸+扁(편)'으로, 노끈[糸]으로 죽간(竹簡)을 차례로 엮어 책을 만듦.

編物(편물), 編成(편성), 編修(편수), 編著(편저), 編輯(편집), 編柳(편류), 編曲(편곡), 編隊(편대), 編入(편입), 編者(편자), 編制(편제), 改編(개편), 續編(속편), 再編(재편), 編曆(편력), 編織(편직), 編年體(편년체)

遍

辵, 총 13획

두루 편, 두루 미칠 편 | '辶+扁(편)'으로, '徧'과 동자. 한 바퀴 빙 두루두루 돎[辶].

遍踏(편답), 遍歷(편력), 遍在(편재), 普遍(보편), 讀書百遍(독서백편)

瓜, 禾부수

마을공동체 사업은 지역 현안 문제를 주민들 간 서로 소통을 통해 투철(透徹)한 애향심으로 유인(誘因)하려는 데 목적을 두고 있다. 농촌 지역에서는 주로 오이〔瓜〕, 채소, 벼〔禾, 稻〕 등 수려(秀麗)한 농산물 재배에 관심이 많고, 가을〔秋〕에 수확한 여러 곡식(穀食)의 유통 등 판매가 주류를 이루며, 도시에서는 근심〔愁〕 걱정을 떨쳐버리고, 서로 장점을 칭송(稱誦)하며 즐겁게 살 문화 공간의 활성화 사업에 관심이 많다.

瓜 (瓜, 총 5획)

오이 과 | 초본(草本) 식물에서 여는 열매.

瓜年(과년), 瓜時(과시), 甘瓜(감과), 木瓜(목과), 瓜葛之親(과갈지친)

禾 (禾, 총 5획)

벼 화 | 벼 이삭[丿←爫]이 패어 드리워진 벼포기[木].

禾穀(화곡), 禾苗(화묘), 禾本科(화본과), 禾利賣買(화리매매)

秋 (禾, 총 9획)

가을 추, 세월 추 | '禾+𪛁(초)'로, 벼[禾] 등 온갖 곡식이 익는 때. ※갑골문에는 메뚜기[蟋蟀]를 그렸음.

秋景(추경), 秋耕(추경), 秋光(추광), 秋思(추사), 秋扇(추선), 秋毫(추호), 一葉知秋(일엽지추), 存亡之秋(존망지추), 一刻如三秋(일각여삼추)

愁 (心, 총 13획)

근심 수 | '心+秋(추)'로, 마음[心]에 근심이 있음.

愁色(수색), 愁心(수심), 愁雲(수운), 哀愁(애수), 滿目愁慘(만목수참)

稱 (禾, 총 14획)

헤아릴 칭, 일컬을 칭, 칭찬할 칭 | '禾+再(칭)'으로, 물건의 등급(等級)을 벼[禾]를 기준으로 잼.

稱病(칭병), 稱量(칭량), 稱頌(칭송), 稱讚(칭찬), 稱體裁衣(칭체재의)

秀 (禾, 총 7획)

빼어날 수 | '禾+乃'로, 벼[禾]가 자라 이삭이 패어 잘 여물어 아래로 드리워진 모양[乃].

秀麗(수려), 秀穎(수영), 秀才(수재), 秀絶(수절), 麥秀黍油(맥수서유)

透 ⟨seal script⟩

辵, 총 11획

뛸 투, 통할 투, 투명할 투 | '辶+秀(수)'로, 보통보다 높이 뛰어오름[辶].

透明(투명), 透視(투시), 透徹(투철), 浸透(침투), 眼透紙背(안투지배)

誘

言, 총 14획

꾈 유, 유혹할 유 | '言+秀(수)'로, 그럴듯한 말[言]로 꾀어냄.

誘導(유도), 誘因(유인), 誘致(유치), 誘惑(유혹), 誘人子弟(유인자제)

稻

禾, 총 15획

벼 도 | '禾+舀(요)'로, 화본과에 속하는 오곡의 하나인 벼[禾].

稻熱病(도열병), 立稻先賣(입도선매)

穀

禾, 총 14획

곡식 곡, 낟알 곡 | '禾+㱿(각)'으로, 식용의 모든 곡식[禾]을 통칭함.

嘉穀(가곡), 綺穀(기곡), 輦穀(연곡), 芒穀(망곡), 穀頭生角(곡두생각)

지식 샘터 **훌륭한 신하**

股肱之臣(고굉지신) / 棟樑之材(동량지재) / 社稷之神(사직지신) / 柱石之臣(주석지신) / 出將入相(출장입상)

麥秀黍油(맥수서유) : 보리의 이삭과 기장의 윤기라는 뜻으로, 고국의 멸망을 탄식함.

은(殷)의 주왕(紂王)은 하(夏)의 걸왕(桀王)과 함께 폭군의 대표적인 인이었지만 그에게는 훌륭한 신하 셋이 있었는데, 미자(微子)·기자(箕子)·비간(比干)였다. 주왕은 이들의 간언을 듣지 않고 주색에 빠져 있었던 까닭으로 결국 주(周)나라의 무왕(武王)에게 정복(征服)당하고 말았다. 몇 해 뒤 기자(箕子)가 주(周)나라를 찾아가는 도중에 맥수지가(麥秀之歌)를 불렀다.

"보리 이삭은 쑥쑥 자라 있고, 벼, 기장도 잘 자라네. 저 교활한 아이여, 나와 함께 하기를 좋아하지 않았도다.[麥秀漸漸兮, 米黍油油. 彼狡童兮, 不與我好兮.]"

은(殷)의 도읍은 간데없고 궁궐터에 보리와 기장만이 무성함을 탄식한 것이다.

麥, 齊, 麻부수

조선시대 흉년, 전쟁 따위로 기근이 심할 때, 이를 구제할〔濟〕 목적으로 심는 대표적 구황 작물로는 보리〔麥〕, 밀, 고사리, 콩, 고구마, 감자, 삼〔麻〕 등이 있다. 이런 식료를 갈아〔磨〕서 가루로 만들거나 먹기 좋게 가지런히〔齊〕 잘 다듬어 식용으로 대체했다.

麥

麥, 총 11획

보리 맥 | '來+夊'로 늦가을 벼를 거둔 그 땅에 다시 보리[來]를 심어서 이듬해에 거두[夊]는 하늘이 내려[麥] 준 선물.

麥農(맥농), 麥浪(맥랑), 麥嶺(맥령), 麥飯(맥반), 菽麥不辨(숙맥불변)

齊

齊, 총 14획

가지런할 제 | 벼나 보리 이삭의 머리가 가지런히 팸.

齊家(제가), 齊唱(제창), 齊衰·齋衰(자최, 재최), 間於齊楚(간어제초)

濟

水, 총 17획

강 이름 제, 건널 제, 구제할 제 | '氵+齊(제)'로, 찬황현(贊皇縣) 산곡(山谷)에서 출원하여 저수(泜水)로 유입하는 강[氵] 이름.

濟度(제도), 濟民(제민), 濟世(제세), 濟衆(제중), 經世濟民(경세제민)

麻

麻, 총 11획

삼 마, 마비할 마 | '广+林'으로, 집[广]에서 삼실[林]로 삼베를 짬.

麻痺(마비), 麻藥(마약), 麻衣(마의), 麻布(마포), 麻中之蓬(마중지봉)

磨

广, 총 16획

갈 마, 문지를 마 | '石+靡(미)'로, 돌[石]로 만든 맷돌에 곡식을 갊.

磨滅(마멸), 磨石(마석), 摩擦(마찰), 磨崖(마애), 磨斧作針(마부작침)

– **磨斧作針(마부작침)** : 도끼를 갈아 바늘을 만든다는 뜻으로, 아무리 어려운 일이라도 끈기 있게 노력하면 이룰 수 있음을 비유하는 말.

남송(南宋) 때 축목(祝穆)이 지은 지리서 《방여승람(方與勝覽)》과 《당서(唐書)》 문예전(文藝傳)에 보이는 말이다. 당(唐)나라 시선(詩仙)으로 불린 이백(李白)은 서역의 무역상이었던 아버지를 따라 어린 시절을 촉(蜀) 땅에서 보냈다. 젊은 시절 도교(道敎)에 심취하기도 했던 그는 학문을 위해 상의산(象宜山)에 들어가 공부하던 중 싫증을 느껴 그만 산에서 내려오고 만다. 집으로 돌아가는 길에 냇가 바위 위에서 도끼를 갈고 있는 한 노파를 만난다. 이상하게 생각한 그가 물었다. "할머니, 지금 뭘 하고 계셔요" "바늘을 만들려고 한단다. "도끼로 바늘을 만든단 말씀입니까?" "얘야, 비웃을 일이 아니다. 중도에 그만두지만 않는다면 언젠가는 이 도끼로 바늘을 만들 수 있지." 이 말을 들은 이백은 크게 깨달아 다시 산으로 돌아가 글공부를 열심히 하였다고 한다.

艸부수 - 艹, 䒑

조선시대 부모님이 돌아가시면 자식은 집이 아닌〔莫〕 적막(寂漠)한 부모님 묘소(墓所) 옆에 움막(幕)을 짓고 평소처럼 부모님을 부르며〔募〕 날 저물〔暮〕 녘까지 산소를 돌보며 3년 동안을 살았는데, 이를 예의 본보기〔模〕로 삼았다.

莫

艸, 총 11획

없을 막 | '艸+日+大 ← 艸'로, 서쪽 지평선 풀숲[茻] 사이로 해[日]가 떨어져 점차 어두워짐.

莫强(막강), 莫大(막대), 莫論(막론), 莫逆(막역), 噬臍莫及(서제막급)

幕

巾, 총 14획

휘장 막, 막 막 | '巾+莫(막)'으로, 위쪽 공간을 휘장[巾]으로 막거나 가림.

幕僚(막료), 幕府(막부), 幕賓(막빈), 幕舍(막사), 幕天席地(막천석지)

漠

水, 총 14획

사막 막, 아득할 막 | '氵+莫(막)'으로, 물살[氵]에 떠내려 온 모래.

沙漠(사막), 砂漠(사막), 寂漠(적막), 漠漠(막막), 宣威沙漠(선위사막)

暮

日, 총 15획

저물 모 | '日+茻(망)'으로, 해[日]가 떨어져 점차 어두워짐. ※ 莫이 '없다'의 뜻으로 가차되자 '日'을 추가하여 '暮'자를 만듦.

暮景(모경), 暮境(모경), 暮色(모색), 暮雲(모운), 歲暮(세모), 暮夜無知(모야무지), 日暮途遠(일모도원), 朝令暮改(조령모개)

模

木, 총 15획

거푸집 모, 본보기 모, 본뜰 모, 무늬 무, 모양 모 | '木+莫(모)'로, 물건을 만드는 데 쓰는 목형(木型)[木].

模倣(모방), 模範(모범), 模寫(모사), 模擬(모의), 曖昧模糊(애매모호)

募

力, 총 13획

모을 모, 부를 모 | '力+莫(모)'로, 널리 힘써[力] 구하여 모음.

募金(모금), 募兵(모병), 募集(모집), 公募(공모), 應募(응모), 急募(급모), 募捐(모연)

墓

土, 총 14획

무덤 묘 | '土+莫(모)'로, 죽은 사람을 땅[土]에 묻어 놓은 곳.

墓碑(묘비), 墓祀(묘사), 墓所(묘소), 墓地(묘지), 丘墓之鄕(구묘지향)

우리나라의 민족성이 본래부터 '빨리빨리'와 같이 서두르는 속성이었을까? 아니다! 이웃을 잘못 만난 민족이라 대답〔諾〕할 수 있다. 한쪽에는 중화(中華)라지만 계산·탐욕스런 장사꾼, 다른 쪽엔 겉으로는 국화〔菊〕꽃 표정을 드러내〔著〕지만 마음속에는 칼을 품은 전형적인 쇼비니즘 국가를 만나 몽진(蒙塵)도 여러 번 겪으며 살았다. 약간(若干)은 우리 책임도 있겠지만, 그 결과 한의 문화, 불신과 양가감정, '살아남기 콤플렉스' 등의 거친〔荒〕 속성이 생겼다.

〈인천일보, 김흥규〉

荒

艸, 총 10획

거칠 황, 흉년들 황 | '艸+㠩(황)'으로, 잡풀[艹]이 우거진 거친 땅.

荒年(황년), 荒凉(황량), 荒野(황야), 荒廢(황폐), 破天荒(파천황)

華

艸, 총 12획

꽃 화, 빛날 화, 중국 화 | '艸+𠌶'로, 초목[艹]의 꽃이 활짝 피어 드리워진[𠌶] 모양.

華僑(화교), 華麗(화려), 華商(화상), 華燭(화촉), 華胥之夢(화서지몽), 華而不實(화이불실)

著

艸, 총 13획

나타낼 저, 책 지을 저 | '艸+者(자)'로, 풀[艸]이 자라서 땅 위로 드러남.

著述(저술), 著作(저작), 共著(공저), 編著(편저), 入耳著心(입이저심)

菊

艸, 총 12획

국화 국 | '艸+匊(국)'으로, 국화과에 속하는 여러해살이 초본 식물[艹]인 큰 국화. ※ 蘧麥 : 술패랭이꽃.

菊月(국월), 菊版(국판), 菊花(국화), 芳菊(방국), 春蘭秋菊(춘란추국)

蒙

艸, 총 14획

새삼 몽, 풀이름 몽, 입을 몽, 덮을 몽 | '艸+冡(몽)'으로, 이끼 식물에 딸린 이끼의 한 가지로 나무 위에 나며, 암수딴그루이고 광택이 나고, 줄기가 실과 같이 가늘고 긴 식물인 여라(女蘿).

蒙戎(몽융), 蒙茸(몽용), 蒙鳩(몽구), 蒙棘(몽극), 蒙昧(몽매), 蒙塵(몽진), 無知蒙昧(무지몽매)

지식 샘터 **천박한 학문**

口耳之學(구이지학) / 記問之學(기문지학)

若

艸, 총 9획

향초 약, 같을 약, 만약 약 | '艸+右←手'로, 손[手]으로 채소나 향초[艸] 따위를 캠.

萬若(만약), 若干(약간), 談笑自若(담소자약), 明若觀火(명약관화), 傍若無人(방약무인)

諾

言, 총 16획

대답할 락(낙), 허락할 락(낙) | '言+若(약)'으로, 남의 말[言]에 응하여 답함.

承諾(승낙), 許諾(허락), 應諾(응낙), 快諾(쾌락), 一諾千金(일락천금)

지식 샘터 **외로움의 강조**

客窓寒燈(객창한등) / 無依無托(무의무탁) / 四顧無親(사고무친) / 赤手單身(적수단신) / 形影相弔(형영상조) / 孑孑單身(혈혈단신)

破天荒(파천황) : '천황'이란 천지가 아직 열리지 않은 때의 혼돈한 상태인데, 이것을 깨뜨려 새로운 세상을 만든다는 뜻.

이제까지 아무도 하지 못했던 일을 성취함을 비유하거나 썩 드문 성씨의 가문 또는 양반 없는 시골에서 인재가 나와 원래의 미천한 상태를 벗어남을 이르는 말이다. 당(唐)나라 때 형주(荊州)에서는 매년 관리 등용 시험에 응시자는 있었으나 합격자가 없어 사람들은 형주를 '천황'의 땅이라고 불렀다. 그런데 유세가 처음으로 합격하자, 사람들은 천황을 깬 자가 나왔다며 유세를 가리켜 '파천황'이라고 일컬었다는 고사에서 비롯되었다.

季布一諾(계포일락) : 계포가 한번 한 약속. 결코 번복되지 않는 믿음직한 약속을 가리킴.

초나라 항우 밑에서 활약하던 계포(季布)는 뛰어난 장수였다. 항우가 유방에게 패해 죽자 쫓기는 몸이 되었으나 주가가 그의 누명을 벗어 주니 다시 한나라에 등용될 수 있었다. 그 후 계포는 당시 아첨꾼으로 이름난 조구생이란 자를 공개적으로 비판했다. 이에 조구생이 그를 찾아와 말했다. "우리 고향 속담에 '황금 백 근보다 계포의 한 번 승낙이 더욱 값지다'라는 말이 있다. 어떻게 하면 이런 명성을 얻을 수 있는지 알고 싶네. 또 내가 천하를 다니며 당신의 명성을 널리 알린다면 그대 이름도 천하에 떨치게 될 것이다. 그런데도 어찌 나를 그리 멀리하는가?" 이때부터 계포는 조구생을 상객으로 대했고, 계포의 명성은 날로 높아만 갔다.

송이버섯

버섯〔菌〕은 독특한 향기와 맛을 갖고 있기 때문에 세계 어느 나라에서나 애용되는 식품이다. 《삼국사기》에 버섯에 대한 기록이 있으며, 조선시대 기록에는 버섯의 종류, 특징, 약효의 뛰어남〔英〕, 신체 장기〔臟〕와의 관계, 창고〔藏〕의 보관과 싹〔苗〕 관리 등 현대에도 추천할〔薦〕만한 내용이 많다.

英

艸, 총 9획

나무 이름 앙, 꽃부리 영, 뛰어날 영 | '艸+央(앙)'으로, 꽃은 피나 열매를 맺지 않은 난초[艹].

英才(영재), 英雄(영웅), 英特(영특), 英斷(영단), 英雄忌人(영웅기인), 英雄欺人(영웅기인)

菌

艸, 총 12획

버섯 균, 세균 균 | '艸+囷(균)'으로, 독이 있는 버섯[艸]. ※ 뽕밭에서 나는 버섯을 심(蕈)이라 하고, 기타 밭에서 나는 것을 균(菌)이라 함.

菌絲(균사), 菌根(균근), 菌傘(균산), 病菌(병균), 殺菌(살균), 細菌(세균), 細菌力適(세균역적)

薦

艸, 총 17획

꼴 천, 천거할 천, 드릴 천, 자리 천 | '艸+廌'로, 전설상의 동물인 해태[廌]가 먹는 풀[艹].

薦擧(천거), 薦新(천신), 自薦(자천), 推薦(추천), 毛遂自薦(모수자천)

苗

艸, 총 9획

싹 묘, 자손 묘 | '艸+田'으로, 밭[田]에 식물[艹]이 남.

苗木(묘목), 苗床(묘상), 苗裔(묘예), 苗族(묘족), 揠苗助長(알묘조장)

藏

艸, 총 18획

감출 장, 간직할 장, 창고 장 | '艸+臧(장)'으로, 풀[艹]로 물건을 덮어서 감춤.

藏府(장부), 藏書(장서), 藏中(장중), 埋藏(매장), 藏頭露尾(장두노미)

臟

肉, 총 22획

오장 장 | '月+藏(장)'으로, 몸[月]속에 있는 내장.

臟器(장기), 臟腑(장부), 肝臟(간장), 內臟(내장), 五臟六腑(오장육부)

난초차(蘭草茶)는 난초의 꽃을 넣어서 끓인 약차이다. 난초의 꽃봉오리가 깨어〔蘇〕나서 무르익기〔爛〕 전에 따서 소금물에 약간 쪄서〔蒸〕 담가 난간〔欄〕에 말려다가 먹을 때 뜨거운 물을 부어 향기를 즐기면서 마시는 차이다. 연〔蓮〕잎도 유사한 방법으로 말려서 차로 마실 수 있다.

草

艸, 총 10획

상수리 조, 풀 초, 시작할 초 | ‘艸+早(조)’로, 상수리나무[艹] 열매로 ‘상두’ 또는 ‘초두’라 함. ※ 초두(草斗)는 역실(櫟實)로 속칭 상두(橡斗)라 하며, 상수리나무를 말함.

※艸 : ‘屮+屮’로, 두 포기의 풀 모양을 나타낸 것으로, 모든 ‘풀’을 뜻하여[百芔也 從二屮].

草家(초가), 草稿(초고), 草露(초로), 草書(초서), 草案(초안), 草創(초창), 草根木皮(초근목피), 草露人生(초로인생), 打草驚蛇(타초경사)

蘇

艸, 총 20획

차조기 소, 깰 소, 나라 이름 소 | ‘艸+穌(소)’로, 어린잎과 종자는 식용·향료로 사용하는 식물 차조기[艸].

蘇葉(소엽), 蘇生(소생), 蘇復(소복), 耶蘇(야소), 韓海蘇潮(한해소조)

茶

艸, 총 10획

차 다, 차 차 | ‘人+艸+木’으로, 사람[人]이 풀[艸]과 나무[木]에서 채취하는 차.

茶房(다방), 茶菓(다과), 綠茶(녹차), 紅茶(홍차), 家常茶飯(가상다반)

蒸

艸, 총 획

땔나무 증, 찔 증 | ‘艸+烝(증)’으로, 삼나무[艹]의 줄기를 쪼갬 또는 꺾음. ※ 큰 나무를 쪼갠 것을 ‘薪’, 가는 가지 같은 것을 ‘蒸’이라 함.

蒸氣(증기), 蒸溜(증류), 蒸發(증발), 雲蒸龍變(운증용변)

蓮

艸, 총 15획

연 련, 연밥 련 | ‘艸+連(련)’으로, 늪에서 자라는 넓고 둥근 잎을 가진 연꽃[艸]의 열매.

蓮根(연근), 蓮塘(연당), 蓮房(연방), 蓮步(연보), 泥中之蓮(이중지련)

蘭

艸, 총 21획

난초 란 | ‘艸+闌(란)’으로, 택란(澤蘭)[艹]처럼 향기가 좋은 난초.

蘭客(난객), 蘭交(난교), 蘭草(난초), 墨蘭(묵란), 芝蘭之交(지란지교)

爛 爛

火, 총 21획

무르익을 란, 문드러질 란, 빛난 란 | '火+闌(란)'으로, 불[火]에 뜨거워 익음.

爛漫(난만), 爛發(난발), 爛死(난사), 爛熟(난숙), 爛商討論(난상토론)

欄 欄

木, 총 21획

난간 란 | '木+闌(란)'으로, 우마(牛馬)가 뛰어나가지 못하도록 나무[木]로 만든 난간.

欄干(난간), 空欄(공란), 石欄(석란), 玉蘭(옥란), 欄檻(난함), 檻欄(함란)

지식 샘터 **세상일이 크게 변함**

隔世之感(격세지감) / 陵谷之變(능곡지변) / 桑田碧海(상전벽해 ; 滄桑之變(창상지변)) / 天旋地轉(천선지전) / 吳越同舟(오월동주)

毛遂自薦(모수자천) : 모수가 스스로를 천거했다는 뜻으로, 부끄러움 없이 자기를 내세우는 사람을 빗대어 가리키는 말.

《사기(史記)》 평원군열전(平原君列傳)에 나오는 말로, 본래는 어려운 일을 당하여 스스로 그 일을 맡고 나선다는 뜻으로 사용되었으나, 차츰 의미가 변질되어 일의 전후도 모르고 나서는 사람을 가리키게 되었다. 다음과 같은 고사에서 비롯되었다. 전국시대에 진(秦)이 조(趙)의 수도 한단(邯鄲)을 포위하자, 조왕은 평원군을 초(楚)나라에 보내 합종(合從)을 맺음으로써 이를 격퇴하려 하였다. 평원군은 출발에 앞서 문하에 출입하는 식객 중 20명을 뽑아 같이 가려 했는데, 19명을 선발하고 적당한 사람이 없어 1명을 채우지 못했다. 이때 식객 중에 모수(毛遂)라는 사람이 스스로 자기가 끼기를 청하였다[毛遂自薦]. 그것을 보고 평원군이 말하였다. "당신은 내게로 와 몇 년이나 되었소?" 모수가 3년 되었다고 대답하자, 평원군은 다시 물었다. "대체로 현인이란 주머니 속의 송곳과 같아서 가만히 있어도 드러나는 법인데, 3년 동안 나는 당신에 관한 말을 들은 적이 없구료." 그러자 모수는 다음과 같이 대답하였다. "그래서 이제 주머니에 넣어 주십시오 하는 것입니다." 결국 평원군은 모수를 데리고 초나라로 갔다. 초왕과의 회담에서 식객 19명이 모두 별 성과를 거두지 못하자, 평원군은 마침내 모수에게 어떻게 하면 되겠느냐고 물었다. 이 말을 들은 모수는 칼을 빼어든 채 초왕의 면전으로 나아가 "당신은 수많은 군사를 거느리고 있지만 지금 당신의 목숨은 내 손에 달려 있습니다. 은(殷)의 탕왕(湯王)이나 주(周)의 문왕(文王)이 패업을 이룬 것은 군사가 많았기 때문이 아닙니다. 그런데 지금 초나라는 땅도 비옥하고 군사도 많습니다. 그런데도 진나라 군사에게 종묘를 위협받고 있는 것은 무슨 까닭입니까. 합종은 초나라도 위한 것이지 조나라만 위한 것은 아닙니다." 하고 설득하여 마침내 합종을 성공시켰다. 일을 마무리하고 조나라로 돌아온 평원군은 이후 모수를 상객(上客)으로 모시고 후하게 대접했다 한다.

生, 无부수

한 부모에게서 나고〔產〕 자란〔生〕 형제라도 성(姓)별 또는 이미〔旣〕 태어난 순서에 따라 성격〔性〕이 다르다고 한다. 대개(大槪) 독립심이 강한 외동 자녀, 보수적이지만 책임감이 강한 첫째, 전문 분야에서 완벽주의자가 되려는 둘째, 협상과 타협에 능한 셋째, 성실한 노력가인 넷째 등 교육학자의 입장에서 보면 개탄(慨歎)할 일이겠지만 이를 일반적으로 인정한다.

生

生, 총 5획

날 생, 살 생, 자랄 생 | 초목[屮]이 땅[土] 위로 나오는 모양.

生長(생장), 生日(생일), 生氣(생기), 生產(생산), 白面書生(백면서생), 生面不知(생면부지), 死孔明能 走生仲達(사공명능 주생중달)

性

心, 총 8획

성품 성, 성별 성, 바탕 성 | '忄+生(생)'으로, 인간이 본래 가지고 있는 착한 마음씨[心].

性格(성격), 性別(성별), 性情(성정), 性質(성질), 同性異俗(동성이속), 雲心月性(운심월성)

姓

女, 총 8획

성씨 성, 겨레 성 | '女+生(생)'으로, 사람이 모체(母體)[女]를 통해 태어남.

姓名(성명), 姓氏(성씨), 姓銜(성함), 同姓(동성), 易姓革命(역성혁명)

產

生, 총 획

낳을 산, 생산 산, 재산 산 | '生+彥(언)'으로, 초목의 떡잎이 땅 위로 나오는[生] 형상.

產苦(산고), 產卵(산란), 產業(산업), 難產(난산), 蕩盡家產(탕진가산)

旣

无, 총 11획

적게 먹을 기, 이미 기, 쌀 희 | '皀+旡(기)'로, 고기는 밥[皀] 기운을 이기지 못하도록 적게 먹음.

旣得(기득), 旣成(기성), 旣定(기정), 旣婚(기혼), 旣往不咎(기왕불구)

槪

木, 총 15획

평미레 개, 대개 개, 절개 개 | '木+旣(기)'로, 말[斗, 斛] 등을 평평하게 미는 나무[木]로 만든 평미레.

大槪(대개), 節槪(절개), 山川景槪(산천경개)

慨

心, 총 14획

슬퍼할 개, 분개할 개 | '忄+旣(기)'로, 억울함을 당하여 슬퍼하고 분한 마음[忄]이 생김.

慨歎(개탄), 慨世(개세), 感慨(감개), 感慨無量(감개무량)

入부수

영국은 양당(兩黨)형 내각제(內閣制)를 관습법적으로 받아들여〔納〕 하원 의원 가운데서 총선에서 과반수 의석을 획득한 정당의 당수를 국왕이 총리로 임명한다. 상원 의원은 귀족 중심의 명예직이므로 하원에서 총리를 임명하여 입각(入閣)하는 것이 온전〔全〕하다고 여기기 때문일 것이다.

入 

入, 총 2획

들 입 | 초목의 뿌리가 위에서 땅 밑으로 들어감.

入閣(입각), 入納(입납), 入選(입선), 入荷(입하), 揭斧入淵(게부입연)

兩 

入, 총 8획

양 량, 수레 량, 두 량 | '一+㒳(량)'으로, 24수(銖)가 1량(兩)인 중량명(重量名). ※ '輛'의 본자로, 금문에서는 마차의 앞부분에 두 멍에를 묶은 모양[象馬車前部的衡上有雙軛之形].
※ 漢代부터 唐代까지의 중량명은 銖, 兩(24銖), 斤(16兩), 鈞(30斤), 石(4鈞)의 순이다.

兩家(양가), 兩極(양극), 兩難(양난), 兩斷(양단), 兩班(양반), 兩便(양편), 兩側(양측), 兩親(양친), 首鼠兩端(수서양단)

全 

入, 총 6획

온전 전, 모두 전 | '入+工←玉'으로, 순전(純全)히 옥[玉]으로 만들어짐[入].

全國(전국), 全權(전권), 全體(전체), 全滅(전멸), 全心全力(전심전력)

內 

入, 총 4획

안 내, 여관 나 | '冂+入'으로, 밖의 덮개[冂]를 걷고 안으로 들어감. ※ 覆 : 엎어질 복, 덮개 부

內閣(내각), 內規(내규), 內亂(내란), 內殿(내전), 內人(나인 : 宮人, 宮女), 外柔內剛(외유내강)

納 

糸, 총 10획

실 눅눅할 납, 들일 납, 바칠 납 | '糸+內(내)'로, 실[糸]이 점점 습기(濕氣)에 젖어 축축함.

納付(납부), 納入(납입), 納品(납품), 納稅(납세), 開門納賊(개문납적)

首鼠兩端(수서양단) : "구멍 속에서 목을 내민 쥐가 나갈까 말까 망설인다."는 뜻으로, 거취를 결정하지 못하고 망설이는 모양. 또는 어느 쪽으로도 붙지 않고 양다리를 걸치는 것을 이르는 말.

※ 首鼠는 구멍에서 나온 쥐가 겁에 질려 두리번거리는 것, 또는 '주저(躊躇)'의 변음(變音)이라고도 함.

전한(前漢) 경제(景帝) 때, 두영(竇嬰)과 전분(田蚡) 두 신하가 서로 황제의 인정을 받으려고 애쓰다가 하찮은 일로 시비가 벌어졌다. 황제는 어사대부 한안국(韓安國)에게 그 시비를 묻자, 판단하기 곤란하다 했다. 다시 궁내대신 정(鄭)에게 물었는데 그 또한 분명한 대답을 회피하자, 그래 가지고서 어찌 궁내대신을 감당하겠느냐며 진노(瞋怒)했다. 이에 전분은 황제의 마음을 괴롭힌 것을 부끄럽게 여기고 사표를 내고 나가다가 대답을 회피한 어사대부 한안국을 불러 "그대는 구멍에서 머리만 내민 쥐처럼 엿보기만 하고, 시비곡직(是非曲直)이 분명한 일을 얼버무리는가?"라 쏘아붙였다 한다.

V 자연물

하늘 공간

日 月 夕 气 雨 火 風 冫 川 水 玉 石 金

日	明	暇	是	春	早	昭	普	曉	暫	暴	易
	盟	假	堤 提 題			照	譜	燒	慙 漸	爆	賜
旦	昔	昌	旬	星	景	曜	月	有	服	朝	朋
但	惜 錯 借	唱	殉		影	躍 濯			報	潮 廟	
朔	夕	多	外	夜	夢	氣	雨	雪	雷	雲	靈
逆		移		液		汽					
霜	火	炎	災	灰	炭	焉	燕	然	燃	煙	爐
		淡 談	巡								
無	熙	風	冫	冬	川	州	水	氷	永	泳	潭
		楓		終	順 訓	洲				詠 樣	
流	派	激	浦	求	波	準	浮	泉	漆	沒	湯
疏 蔬	脈			球 救				線			
汚	泊	滿	泰	混	涯	淚	濕	王	玉	班	琴
					佳 桂		顯				
珍	珠	石	硏	礎	碧	金	錄	鈍	鎖	鑄	鐵
		拓					綠 祿	純			

日 부수

봄이 시작되면, 하루하루 날〔日〕이 지날수록 공기의 맛에서 차도를 느끼며, 어느 틈〔暇〕에 새싹을 피우고 거짓〔假〕이 아닌 명확(明確)한 증거로 봄〔春〕이 왔음을 세상에 맹세〔盟〕한다.

日 (日, 총 4획)

해 일, 날 일 | 일그러지지 않은 둥글고 밝게 빛나는 태양의 모양.

日課(일과), 日光(일광), 日沒(일몰), 日蝕(일식), 一日如三秋(일일여삼추), 一日不讀書 口中生荊棘(일일부독서 구중생형극)

明 (日, 총 8획)

밝을 명, 내일 명, 이승 명 | '月+日←囧(들창)'으로, 달[月]빛이 들창[囧]에 밝게 비춤.

明月(명월), 明年(명년), 明日(명일), 明確(명확), 明火盜賊(명화도적), 明眸皓齒(명모호치), 先見之明(선견지명)

盟 (皿, 총 13획)

맹세할 맹, 맹세 맹 | '皿←血+明(명)'으로, 소의 귀를 베어 그릇에 담아 그 피[血]를 나누어 마시거나 입가에 바름.

盟誓(맹서), 盟約(맹약), 盟主(맹주), 盟友(맹우), 盟山誓海(맹산서해)

暇 (日, 총 13획)

틈 가, 겨를 가 | '日+叚(가)'로, 여유 있는 한가한 시간[日].

暇日(가일), 公暇(공가), 病暇(병가), 賜暇(사가), 奔走不暇(분주불가)

假 (人, 총 11획)

거짓 가, 빌릴 가, 임시 가 | '人+叚(가)'로, 진실이 아닌 임시변통으로 행동하는 사람[人].

假裝(가장), 假借(가차), 假稱(가칭), 假納(가납), 假弄成眞(가롱성진), 狐假虎威(호가호위)

春 (日 총 9획)

봄 춘 | '日+屯(둔)'으로 만물이 움터 나오는 시기[日].

春秋(춘추), 春情(춘정), 春耕(춘경), 晩春(만춘), 陽春佳節(양춘가절), 春雉自鳴(춘치자명), 春來不似春(춘래불사춘)

盟山誓海(맹산서해) : 산에 맹세하고 바다에 맹세한다는 말로, 산이나 바다같이 변치 않을 것을 굳게 맹세한다는 말.

이 시는 이순신 장군의 진중음(陣中吟) 삼수(三首) 제일수(第一首)의 일부이다.

"임금님 행차 서쪽 멀리 뜨시었고, 왕자님들은 북쪽 변방에서 위급한 처지일세. 외로운 신하 나라 걱정을 하는 날, 장사들은 공훈을 세울 때가 되었구나. 바다에 다짐 두니 어룡이 감동하고, 산을 두고 맹세하니 초목도 아는 듯하네. 원수 왜적들을 모조리 무찌른다면, 비록 내 한 몸 죽는다 한들 어찌 사양하리오."〔天步西門遠 君儲北地危(천보서문원 군저북지위) 孤臣憂國日 壯士樹勳時(고신우국일 장사수훈시) 誓海魚龍動 盟山草木知(서해어룡동 맹산초목지) 讐夷如盡滅 雖死不爲辭(수이여진멸 수사불위사)〕

해가 동산 언덕〔堤〕 머리〔題〕 위로 점차 밝게〔昭〕 떠올라 우주의 빛을 끌어〔提〕 올리듯 환하게 온 세상을 힘차게 비추〔照〕니, 이것〔是〕이 우주의 힘인 듯하다.

是

日, 총 9획

옳을 시, 이 시 | '日+疋←正'으로, 우주 만물 중에 해[日]만큼 바른 것[正]이 없음.

是非(시비), 是認(시인), 是日(시일), 是正(시정), 口是心非(구시심비), 樂是苦因(낙시고인)

堤

土, 총 12획

막을 제, 둑 제 | '土+是(시)'로, 물이 얼어 움직이지 않듯이 흙[土]으로 물길을 막음.

堤防(제방), 堤堰(제언), 防波堤(방파제), 堤潰蟻穴(제궤의혈)

提

手, 총 12획

끌 제, 드러낼 제 | '扌+是(시)'로, 손[扌]으로 물건을 위로 들어 그 높고 낮음을 가림.

提高(제고), 提案(제안), 提示(제시), 提供(제공), 技術提携(기술제휴), 孩提之童(해제지동)

題

頁, 총 18획

이마 제, 제목 제, 머리 제 | '頁+是(시)'로, 머리[頁] 중 눈에 잘 띄는 이마.

題目(제목), 題字(제자), 題材(제재), 課題(과제), 首題之件(수제지건)

昭

日, 총 9획

밝을 소, 명백할 소 | '日+召(소)'로, 햇살[日]이 밝게 비침.

昭詳(소상), 昭明(소명), 昭憲(소헌), 昭代(소대), 昭昭明明(소소명명)

照

火, 총 13획

비출 조, 대조할 조 | '灬+昭(소)'로, 불빛[灬]이 사물을 밝게 비춤.

照明(조명), 照準(조준), 照會(조회), 對照(대조), 破鏡不照(파경부조)

破鏡不照(파경부조) : 깨진 거울은 다시 비추지 않음. 부부간의 이별이나 이혼을 말함. 헤어진 부부는 다시 결합하기 힘듦.

유사한 의미로《한서(漢書)》〈주매신전(朱買臣傳)〉에 복수난수(覆水難收)가 있다. 이는 엎지른 물은 다시 담을 수 없다는 말로, 한 번 저지른 일은 어찌할 수 없음, 또는 다시 중지할 수 없음을 뜻한다. 무제(武帝) 때 승상장사(丞相長史)를 지낸 주매신에 대한 이야기이다. 그가 젊은 시절 매우 가난하여 제때 끼니도 먹지 못하였지만 독서를 좋아하여 집안일은 거의 돌보지 않았다. 이에 그의 아내는 더 이상 이를 보지 못하고 이혼을 요구했다. 주매신은 아내에게 참고 기다려줄 것을 요청했으나 아내는 결국 그의 곁을 떠났다. 얼마 후 벼슬길에 오른 주매신은 회계(會稽)의 태수가 되었다. 그의 부임 행렬을 보기 위해 나온 아내가 앞으로 다가가 자신의 죄를 용서해 달라고 애원했지만 주매신은 "엎지른 물은 다시 담을 수 없네[覆水難收]."라 말하며 거절한다.

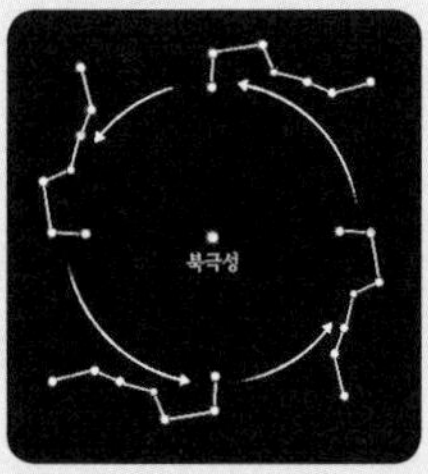

새벽[曉] 일찍[早] 넓은[普] 천정에서 북쪽으로 머리를 돌리면 불타[燒]듯 아주 밝은 별[星]이 한 개, 두 개 연속적으로 나타난다. 별의 족보[譜]를 찾듯 자세히 보면, 1시간에 15°씩 움직이며 하루 360°를 도는 북두칠성을 발견할 수 있다.

星

日, 총 9획

별 성, 세월 성 | '日←晶+生(생)'으로, 하늘에 뭇별[日]들이 반짝임.

星霜(성상), 星宿(성수), 星辰(성신), 星座(성좌), 綺羅星(기라성), 物換星移(물환성이)

早

日, 총 6획

해 돋아 오를 조, 일찍 조, 서두를 조 | '日+十 ← 甲'으로, 새싹이 땅을 뚫고 나오듯[甲] 해[日]가 지평선 위로 막 나옴.

早期(조기), 早起(조기), 早晩(조만), 早熟(조숙), 時機尙早(시기상조)

普

日, 총 12획

넓을 보, 두루 보 | '日+竝(병)'으로, 해[日]는 색이 없지만 널리 두루두루 비춤.

普及(보급), 普通(보통), 普遍(보편), 普天之下(보천지하)

譜

言, 총 19획

계보 보, 악보 보 | '言+普(보)'로, 글이나 말[言] 등을 두루 모아 정리함.

族譜(족보), 譜牒(보첩), 譜學(보학), 系譜(계보), 勝戰譜(승전보)

曉

日, 총 16획

새벽 효, 깨달을 효 | '日+堯(요)'로, 해[日]가 언덕 위로 막 떠올라 밝음.

曉達(효달), 曉得(효득), 曉星(효성), 曉鐘(효종), 家喩戶曉(가유호효)

燒

火, 총 16획

불사를 소, 불탈 소 | '火+堯(요)'로, 불을 붙여 불[火]꽃이 높이 솟음.

燒却(소각), 燒失(소실), 燒酒(소주), 燒盡(소진), 燒眉之急(소미지급)

지식 샘터 **사실대로 말함과 기록**

董狐之筆(동호지필) / 以實直告(이실직고) / 春秋筆法(춘추필법)

감정 폭발〔爆〕의 위험천만한 상황에서도 잠시〔暫〕 사후의 부끄러운〔慙〕 결과를 생각하며, 점차〔漸〕 사나운〔暴〕 감정을 누그러뜨리고 이전의 감정을 바꿔〔易〕 '나 전달법'으로 말하면, '천 냥 빚을 갚아 주는〔賜〕 효과'를 발휘할 수 있다.

暫

日, 총 15획

잠시 잠 | '日+斬(참)'으로, 오래지 않은 짧은 시간[日].

暫間(잠간), 暫留(잠류), 暫時(잠시), 暫定(잠정), 暫不離側(잠불이측)

慙

心, 총 획

부끄러울 참 | '心+斬(참)'으로, 일을 잘 못하거나 양심[心]에 거리끼어 볼 낯이 없거나 매우 떳떳하지 못함.

慙愧(참괴), 慙死(참사), 慙色(참색), 慙恥(참치), 破戒無慙(파계무참)

漸

水, 총 14획

물 이름 점, 흐를 점, 점차 점, 점점 점 | '氵+斬(참)'으로, 안휘성(安徽省) 선성현(宣城縣)의 강[水] 이름.

漸進(점진), 漸次(점차), 漸及(점급), 漸染(점염), 漸漸(점점), 漸漬(점지), 漸入佳境(점입가경)

暴

日, 총 15획

햇볕 쪼일 폭, 사나울 폭(포), 드러날 폭 | '日+出+廾+米'로, 두 손[廾]으로 쌀[米]을 내놓아[出] 햇볕[日]에 말림.

暴惡(포악), 暴虐(포학), 暴君(폭군), 暴徒(폭도), 暴騰(폭등), 暴露(폭로), 以暴易暴(이포역포)

爆

火, 총 19획

폭발할 폭, 터질 폭 | '火+暴(폭)'으로, 불을 붙이자 불꽃[火]을 내며 맹렬히 터짐.

爆擊(폭격), 爆發(폭발), 爆死(폭사), 爆笑(폭소), 爆彈宣言(폭탄선언)

易

日, 총 8획

도마뱀 역, 바꿀 역, 쉬울 이 | 도롱뇽 또는 도마뱀과 비슷한 동물의 모양을 본뜬 것.
※ 갑골문에는 물그릇을 손으로 잡고 다른 그릇에 물을 따르는 모양.

易經(역경), 易姓(역성), 易數(역수), 易簡(이간), 易與(이여), 易怠(이태), 易簀(역책), 易地思之(역지사지)

賜

貝, 총 15획

줄 사 | '貝+易(역)'에서, 재화[貝]를 남에게 줌. ※ 주고 나면 그 소유권이 바뀌므로 '易'을 소리로 취함.

賜暇(사가), 賜死(사사), 賜藥(사약), 賜額(사액), 願賜骸骨(원사해골)

옛날〔昔〕의좋은 형제가 살았는데, 형은 동생을 생각하고 동생은 형을 생각하여 늘 서로 가엽게〔惜〕 여겨 내 것처럼 빌려〔借〕주고 도왔다. 가을 수확철에 형은 동생 몰래 밤마다 지게로 벼를 져다가 동생 집에 놓고〔錯〕, 동생 또한 형 몰래 형 집에 벼를 놓으니 시일이 지나도 벼의 양은 변함이 없었다. 어느 날 아침〔旦〕에 벼를 지고 가던 형제가 다리에서 만나 벼 가마가 단지〔但〕 그대로인 이유를 알게 된다.

旦

日, 총 5획

아침 단 | '日+一'로, 해[日]가 땅[一] 위로 떠올라 밝음.

旦夕(단석), 旦暮(단모), 吉旦(길단), 明旦(명단), 枕戈待旦(침과대단)

但

人, 총 7획

벗어 맬 단, 부질없을 단, 다만 단, 오직 단 | '亻+旦(단)'으로, 사람[亻]이 옷을 벗어 몸체를 노출함.

但書(단서), 但只(단지), 非但(비단), 但空(단공)

昔

日, 총 8획

말린 고기 석, 옛 석, 오랠 석, 어제 석 | 고기를 썰어 햇볕에 쪼이어 말림.
※ 갑골문 : '水+日'로 홍수에 의해 재앙이 발생한 날[日].

昔年(석년), 昔人(석인), 昔時(석시), 今昔之感(금석지감)

惜

心, 총 11획

아낄 석, 가엾을 석 | '忄+昔(석)'으로, 지나간 일을 마음[忄]속으로 애상(哀傷)히 여김.

惜別(석별), 惜敗(석패), 哀惜(애석), 痛惜(통석), 買占賣惜(매점매석)

錯

金, 총 16획

꾸밀 착, 어긋날 착, 섞일 착, 둘 조 | '金+昔(석)'으로, 금[金]으로 겉을 바름.

錯覺(착각), 錯亂(착란), 錯視(착시), 錯誤(착오), 盤根錯節(반근착절)

借

人, 총 10획

빌릴 차 | '亻+昔(석)'으로, 다른 사람[亻]의 물건이나 힘 등을 일시적 빌림.

借款(차관), 借力(차력), 借用(차용), 假借(가차), 借刀殺人(차도살인), 借廳借閨(차청차규)

그림자〔影〕밟기 놀이는 영화 〈유혹의 선〉에 등장하는 사후세계 아이들 놀이가 아니요, 순장(殉葬)처럼 따라 죽는 것도 아니다. 햇〔景〕빛이나 달빛이 밝게 비치는〔曜, 濯〕 실외에서 상대의 그림자를 밟고 내가 다시 살아나는 놀이이다. 되도록 넓은 공간에서 노래〔唱〕도 부르며 마음껏 뛰어〔躍〕 다니면서 그림자의 원리를 직관적으로 학습도 할 수 있다. 다른 도구 없이 십여〔旬〕 일 동안 놀아도 지겹지 않게 즐길 수 있는 손쉬운 놀이다. 최근에는 이 놀이의 장점이 알려지면서 이를 활용한 놀이 문화가 번창(繁昌)하고 있다.

昌 

日, 총 8획

아름다운 말 창, 창성할 창 | '日+日'로, 햇빛[日]이 만물을 기르듯, 사람들에게 감명을 주는 좋은 말[日].

昌盛(창성), 繁昌(번창), 昌運(창운), 昌平(창평), 恃德者昌(시덕자창)

唱 

口, 총 11획

인도할 창, 노래 부를 창 | '口+昌(창)'으로, 말하여[口] 화답하도록 이끎음.

唱歌(창가), 唱劇(창극), 獨唱(독창), 齊唱(제창), 夫唱婦隨(부창부수)

旬 

日, 총 6획

열흘 순 | '勹+日'로, 십간(十干 : 천간)을 한 단위로 묶은[勹] 총 날수[日].

旬刊(순간), 旬宣(순선), 初旬(초순), 上旬(상순), 三旬九食(삼순구식)

殉 

歹, 총 10획

따라 죽을 순 | '歹+旬(순)'으로, 고대에 임금이나 호족이 죽으면[歹] 처첩이나 종이 그 뒤를 따라 죽음.

殉敎(순교), 殉國(순국), 殉死(순사), 殉職(순직), 殉國烈士(순국열사)

景 

日, 총 12획

볕 경, 그림자 영 | '日+京(경)'으로, 해[日]가 높이 솟아 빛남. ※ 설문해자에 '景'과 '影'이 같은 의미로 설명됨.

景槪(경개), 景光(경광), 景福(경복), 景仰(경앙), 倒景(도영), 晩秋佳景(만추가경)

지식 샘터 **손쉬움**

囊中取物(낭중취물) / 如反掌〔여반장 ; 易如反掌(이여반장)〕

影

彡, 총 15획

그림자 영 | '彡←形+景(경)'으로, 햇볕[景]에 비친 사물의 그림자[形].

影堂(영당), 影像(영상), 影印(영인), 影幀(영정), 足不履影(족불이영)

曜

日, 총 18획

빛날 요, 요일 요 | '日+翟(적)'으로, 해[日]가 떠 밝게 비침.

曜曜(요요), 曜日(요일), 月曜日(월요일), 曜靈(요령), 曜煜(요욱), 皓曜(호요), 晃曜(황요), 芒曜(망요), 曜魄(요백)

躍

足, 총 21획

뛸 약 | '足+翟(적)'으로, 발[足] 빠르게 움직여 뛰어나감.

跳躍(도약), 躍進(약진), 躍動(약동), 鳶飛魚躍(연비어약)

濯

水, 총 17획

씻을 탁, 빨 탁, 빛날 탁 | '氵+翟(적, 탁)'으로, 물[氵]로 씻거나 빨음.

洗濯(세탁), 濯足(탁족), 濯錦以魚(탁금이어)

지식 샘터 **연인간의 애정**

落花流水(낙화유수) / 巫山之夢(무산지몽) / 相思病(상사병) / 相思不忘(상사불망) / 戀慕之情(연모지정)

鳶飛於天(연비어천) : 솔개가 하늘을 날고 있음을 표현한 것으로, 인간의 무한한 상상의 세계와 호연한 삶의 존재와 관련지어 설명함.

《중용》에 "鳶飛於天 魚躍于淵(연비어천 어약우연)"이라는 구절이 있다. 솔개가 거대한 창공을 힘차게 날아가고, 그 아래 연못에선 물고기가 솟구치듯 튀어 오른다. 이 광막한 우주, 그리고 깊은 연못은 인간의 보이지 않고 소리도 없고 냄새도 없는 세계, 인간의 무한한 상상의 세계이며, 끊임없이 살아 꿈틀거리며 약동하는 세상이다. 인간이 솔개와 같이 무한한 상상의 창공 세계를 자유자재로 펼쳐나가듯 하고, 깊은 연못의 물고기가 솟구쳐 튀어 오르듯 강력한 힘으로 생명력을 약동하며 전진한다. 이것이 대우주의 주인공인 인간존재의 가장 순수하고 위대한 모습이다. 아래와 위에서 힘차게 움직이는 이 강한 기(氣)가 하늘과 땅을 꽉 메울 때 그 호연지기(浩然之氣)는 그 무엇으로도 꺾을 수 없는 지극히 크고 강한 기운으로 발동한다.

月 부수

매년 2월(月)에 있는〔有〕 졸업식 행사가 점차 교복(校服) 물려주기나 그동안 사귄 벗〔朋〕들과 성인식을 하며 성인임을 알리〔報〕는 등 졸업의 참된 의미를 되살리는 면으로 발전하고 있다.

月 (月, 총 4획)

달 월 | 이지러진 반달 모양. ※ 달은 모양이 변하지만 해는 변하지 않아 구분함.

月刊(월간), 月曆(월력), 月蝕(월식), 月賦(월부), 月旦評(월단평), 猿猴取月(원후취월), 月滿則虧(월만즉휴), 月下氷人(월하빙인), 一竿明月(일간명월), 風月主人(풍월주인), 太平烟月(태평연월), 歲月不待人(세월부대인)

有 (月, 총 6획)

있을 유 | '月+又(우)'로, 해가 달[月]에게 먹힘을 당하는 마땅하지 않은 일이 있음.

有故(유고), 有無(유무), 領有(영유), 有夫女(유부녀), 舌底有斧(설저유부), 有教無類(유교무류), 有頭有尾(유두유미), 有備無患(유비무환), 亢龍有悔(항룡유회)

服 (月, 총 8획)

말 복, 복종 복, 옷 복, 먹을 복 | '月 ← 舟+𠬝(복)'으로, 네 필의 말이 끄는 마차에서 양옆의 곁말이 복종하고 따르듯, 배[舟]의 움직임도 같음.

服務(복무), 服藥(복약), 服役(복역), 服裝(복장), 服從(복종), 白龍魚服(백룡어복)

報 (土, 총 12획)

알릴 보, 갚을 보 | '幸+𠬝'으로, 죄인[幸]에게 적당한 형량을 내림[𠬝]

報告(보고), 報國(보국), 報答(보답), 報道(보도), 報怨以德(보원이덕), 陰德陽報(음덕양보)

朋 (月, 총 8획)

벗 붕 | 봉새[朋]가 나니 수많은 새들이 따름.

朋黨(붕당), 朋友(붕우), 交朋(교붕), 好朋(호붕), 朋友有信(붕우유신)

月下氷人(월하빙인) : 달빛 아래에 있는 노인, 얼음판 위의 사람. 남녀의 인연을 맺어 주는 사람. 결혼 중매쟁이. 月下老人(월하노인).

'氷下人(빙하인)'은 《진서(晉書)》 〈예술전(藝術傳)〉에 나오는 색담(索紞)이라는 점쟁이의 이야기이다. 영호책(令狐策)이라는 사람이 얼음 위에서 얼음 밑에 있는 사람과 이야기하는 꿈을 꾸었다. 색담을 찾아가 해몽을 부탁하니, "얼음 위는 양이고 얼음 밑은 음이니 음양, 즉 남녀에 관한 일입니다. 아마 당신이 누구의 중매를 서서 얼음이 풀리는 시기에 결혼식을 올리게 될 것입니다." 과연 조금 뒤 영호책은 지방장관으로부터 아들 혼사를 위해 중매를 서 달라는 부탁을 받게 되었고 일이 잘 진행이 되어 해동(解凍)과 더불어 식을 올리게 되었다. 우리나라 속담에 '중매는 잘하면 술이 석 잔이요, 못 하면 뺨이 세 대'라는 말이 있다. 혼인 중매는 잘해도 대접이 좋지 않고, 잘못되면 뺨을 맞는 것이니 애써 할 일이 아니라는 말이다.

일제 강점기 역경(逆境)을 딛고 발전한 향교는 현재에도 매달 음력 초하루〔朔〕와 보름날을 맞이하여 아침〔朝〕에 사당〔廟〕에 향불을 피워 올리고, 봄과 가을에는 석전대제를 지내며 공자의 뜻을 기리는 큰 행사를 한다. 문제는 여기에 참석하는 사람들이 조수(潮水)처럼 왔다가 썰물처럼 빠져나가는 일회성 행사로 끝난다는 점이다.

朝

月, 총 12획

아침 조, 조정 조 | '倝+月←舟(주)'로, 해 뜨는 아침의 찬란한 모양[倝].

朝刊(조간), 朝露(조로), 朝暮(조모), 朝禮(조례), 朝野(조야), 一朝一夕(일조일석), 朝三暮四(조삼모사)

潮

水, 총 15획

조수 조, 조정 조 | '氵+朝(조)'로, 해와 달, 특히 달의 인력에 의해 일정한 시간을 두고 주기적으로 들어왔다 나갔다 하는 바닷물[氵].

潮流(조류), 潮水(조수), 潮熱(조열), 潮紅(조홍), 潮驅之勢(조구지세)

廟

广, 총 15획

사당 묘 | '广+朝(조)'로, 선조(先祖)의 신주(神主)를 존엄하게 모신 집[广].

廟堂(묘당), 廟謁(묘알), 廟議(묘의), 廟見(묘현), 廟堂公論(묘당공론)

朔

月, 총 10획

초하루 삭 | '月+屰(역)'에서, 달[月]이 처음 거슬러 차오르기 시작하는 날.

朔望(삭망), 朔方(삭방), 朔北(삭북), 朔日(삭일), 逆鱗(역린)

逆

辵, 총 10획

맞이할 역, 거스릴 역, 어긋날 역 | '辶+屰(역)'으로, 오는 사람을 마중 나가[辶] 맞음.

逆境(역경), 逆旅(역려), 逆流(역류), 逆謀(역모), 怒者逆德(노자역덕), 莫逆之友(막역지우), 忠言逆耳(충언역이)

朝三暮四(조삼모사) : 아침에 세 개, 저녁에 네 개라는 뜻으로, 당장의 차이에 신경 쓰지만 결과는 매한가지라는 의미다. 또는 잔꾀로 남을 농락하는 것을 말하기도 함.

전국시대 송(宋) 땅에 저공(狙公)이라는 사람이 살았는데, 원숭이를 기르다 보니 먹이의 문제가 여간 큰 부담이 아니었다. 그래서 궁리 끝에 원숭이들을 모두 불러 놓고 말했다. "이제부터 너희들한테 '아침에는 도토리 세 개, 저녁에는 네 개'를 주려고 한다. 괜찮겠느냐?" 그러자 원숭이들은 저녁보다 아침에 하나가 적으면 배가 고프다며 아우성이었다. "그렇다면 아침에 도토리 네 개, 저녁에는 세 개로 하자꾸나. 그렇게 하면 아침에 저녁보다 한 개를 더 많이 먹게 되는 셈이지. 어떠냐?" 그러자 원숭이들이 이번에는 모두 좋다고 기뻐했다. 아침에 한 개를 더 먹는다는 데만 생각이 미친 것이다.

夕부수

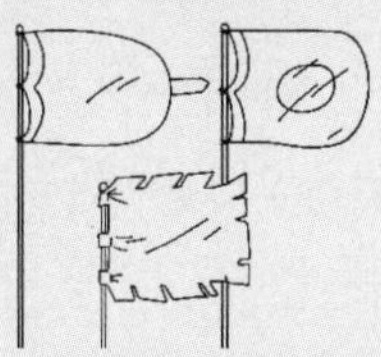

암구호는 매 저녁〔夕〕 밤〔夜〕에 밖〔外〕에 있는 상대를 식별할 수 없을 때 쓰는 구호이다. 조선시대에도 두 글자로 된 군호가 있었는데, 영조 13년 4월 어느 날 군호는 '석청'이었다. 이를 풀이하자면 '맑은 날씨가 원망스럽다.'이다. 5월은 모를 옮겨〔移〕 심는 계절이니, 액체(液體)인 비가 내려 물이 많아〔多〕야 한다. 그러나 무심한 하늘은 청명하고 서늘한 바람만 불 뿐 비가 올 기색이 전혀 없었으니 어찌 하늘이 원망스럽지 않을 수 있겠는가? 이처럼 구호는 이루질 꿈〔夢〕이나 희망사항이 대부분이었다.

夕 (夕, 총 3획)

저녁 석 | '月-丶'로, 해가 진 뒤 달[月]이 희미하게 반만[丶] 보임.

夕刊(석간), 夕景(석경), 夕陽(석양), 夕煙(석연), 朝聞夕死(조문석사), 朝變夕改(조변석개)

多 (夕, 총 6획)

많을 다 | '夕+夕'으로, 저녁[夕]이 매일 온다는 뜻.

多感(다감), 多難(다난), 多端(다단), 多忙(다망), 多才多病(다재다병), 壽則多辱(수즉다욕), 濟濟多士(제제다사)

移 (禾, 총 11획)

옮길 이, 모 심을 이 | '禾+多(다)'로, 모판의 모[禾]를 논에 옮겨 심음.

移管(이관), 移動(이동), 移徙(이사), 移秧(이앙), 愚公移山(우공이산), 移木之信(이목지신)

外 (夕, 총 5획)

바깥 외, 외국 외 | '夕+卜'으로, 평일 아침에 점을 치는데, 저녁[夕]에 점[卜]을 치는 일은 현실과 동떨어진 의외의 일.

外界(외계), 外廓(외곽), 外觀(외관), 外泊(외박), 物外閒人(물외한인), 外華內貧(외화내빈), 出嫁外人(출가외인)

夢 (夕, 총 14획)

꿈 몽, 꿈꿀 몽 | '夕+瞢(몽)'으로, 어두운[瞢] 저녁[夕]에 꿈을 꿈.

夢裏(몽리), 夢寐(몽매), 夢想(몽상), 夢兆(몽조), 役夫夢(역부몽), 蕉鹿夢(초록몽), 胡蝶夢(호접몽), 黃粱夢(황량몽), 盧生之夢(노생지몽), 巫山之夢(무산지몽), 一炊之夢(일취지몽), 醉生夢死(취생몽사), 邯鄲之夢(한단지몽)

夜 (夕, 총 8획)

밤 야 | '夕+亦(역)'으로, 모든 활동을 중지하고 쉬는 저녁[夕].

夜景(야경), 夜警(야경), 夜勤(야근), 夜影(야영), 錦衣夜行(금의야행), 長夜之飮(장야지음)

液 (水, 총 11획)

진 액, 액체 액 | '氵+夜(야)'로, 물[氵]처럼 일정한 부피는 있으나, 일정한 형상이 없는 유동성 물질.

液化(액화), 液體(액체), 樹液(수액), 粘液(점액), 液體酸素(액체산소)

气, 雨부수

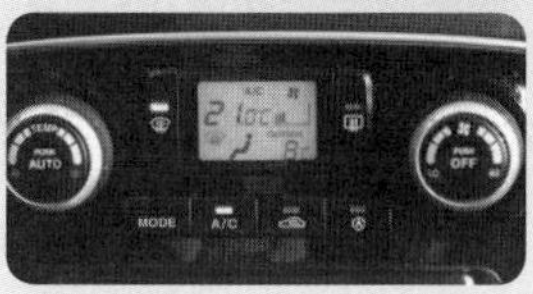

맑은 날씨에 갑자기 구름이 일더니 비가 내려 자동차 유리 안쪽에 서리〔霜〕가 낀다. 유리 바깥쪽의 찬 공기〔氣〕와 안쪽의 따뜻한 공기가 만나면서 따뜻한 공기 쪽에 수증기〔汽〕가 맺힌 것이다. 만일 조선시대였으면 이 같은 과학적 현상도 신령〔靈〕스러운 일로 간주할 수 있다.

氣 气, 총 10획

냄새 맡을 기, 기운 기, 기체 기, 공기 기, 날씨 기 | '米+气(기)'로, 손님에게 대접하는 음식[米].

氣管(기관), 氣象(기상), 氣壓(기압), 氣運(기운), 氣盡脈盡(기진맥진), 殺氣騰騰(살기등등), 意氣銷沈(의기소침), 血氣旺盛(혈기왕성)

汽 水, 총 7획

물 마를 기, 김 기, 수증기 기 | '氵+气(기)'로, 밥을 짓는 물[氵]이 김으로 변하여 마름.

汽船(기선), 汽笛(기적), 汽車(기차), 汽力發電(기력발전)

靈 雨, 총 24획

무당 령, 신령 령, 신령스러울 령 | '巫+霝(령)', '玉+霝(령)'으로, 옥[玉]으로 점을 치는 무당[巫].

靈感(영감), 靈妙(영묘), 神靈(신령), 魂靈(혼령), 人傑地靈(인걸지령)

霜 雨, 총 17획

서리 상, 세월 상 | '雨+相(상)으로, 쌀쌀한 가을 기운으로 공기 중의 수증기[雨]가 얼어 서리로 변하며, 풀이나 나무를 말려 죽임.

霜降(상강), 霜露(상로), 霜葉(상엽), 星霜(성상), 雪上加霜(설상가상), 雨露風霜(우로풍상)

錦衣夜行(금의야행) : 비단옷을 입고 밤길을 간다는 뜻으로, 아무 보람 없는 행동을 비유하여 이르는 말. 또는 입신출세하여 고향으로 돌아가지 않음을 이르는 말. 남이 알아주지 않음.

진(秦)나라 도읍이었던 함양(咸陽)에 입성한 항우(項羽)는 어린 왕자 자영(子嬰)을 죽이고, 아방궁(阿房宮)에 불을 지르고 시황제(始皇帝)의 무덤까지 파헤치는 등 잔인한 행동을 서슴치 않았다. 그리고 유방이 창고에 쌓아 둔 보물들을 모두 차지해 버리고 미녀들을 옆에 낀 채 홍청망청 시간을 보냈다. 이를 지켜보던 모신(謀臣) 범증(范增)이 올바른 제왕의 모습을 찾을 것을 간곡히 간했으나 항우는 도무지 들으려 하지 않았다. 이번에는 한생(韓生)이 간했다. "함양(咸陽)은 사방이 산과 강으로 둘러싸여 있고 땅도 비옥합니다. 이곳을 도읍으로 정하시어 천하에 세력을 떨치소서." 그러나 항우는 한시라도 빨리 고향으로 돌아가 입신출세한 자신을 자랑하고 싶은 마음뿐이었다. 그가 혼잣말로 이렇게 중얼거렸다. "부귀(富貴)해졌는데도 고향에 돌아가지 않는 것은 비단옷을 입고 밤에 길을 가는 것과 같다. 누가 이것을 알아 주겠는가?"

雨부수

하늘에 구름〔雲〕이 일고 우렛〔雷, 震〕소리 요란하더니 갑자기 내리던 비〔雨〕가 눈〔雪〕으로 바뀌어 날린다.

雨 — 雨, 총 8획

비 우 | 하늘에 있는 구름이 비로 변하여 떨어짐.

雨露(우로), 雨備(우비), 雨傘(우산), 穀雨(곡우), 雨後竹筍(우후죽순), 春雨數來(춘우삭래)

雪 — 雨, 총 11획

눈 설, 씻을 설 | '雨+彐←彗(혜/수)'으로, 본자는 '䨮'임. 비[雨]가 얼어서 눈으로 됨.
※ 彗는 본음이 '수'

雪客(설객), 雪嶺(설령), 雪膚(설부), 雪案(설안), 雪辱(설욕), 螢雪之功(형설지공), 越犬吠雪(월견폐설)

雷 — 雨, 총 13획

우레 뢰 | '雨+田←畾(뢰)'로 본자는 '靁'. 큰 소리와 회오리바람을 일으키며 비[雨]가 내림.

地雷(지뢰), 魚雷(어뢰), 雷鼓(뇌고), 雷管(뇌관), 附和雷同(부화뇌동)

雲 — 雨, 총 12획

구름 운 | '雨+云'으로, 하늘에 떠있는 비[雨]를 내리게 하는 구름[云] 덩어리.

雲雨(운우), 雲霧(운무), 雲集(운집), 雲海(운해), 爲雲爲雨(위운위우), 雲雨之情(운우지정), 雲從龍 風從虎(운종룡 풍종호)

震 — 雨, 총 15획

벼락 진 | '雨+辰(진)'으로, 비[雨]가 내릴 때 치는 천둥 벼락.

震動(진동), 震怒(진노), 强震(강진), 雷震(뇌진), 影駭響震(영해향진)

越犬吠雪(월견폐설) : 월(越)나라 개가 눈을 보고 짖는다는 뜻으로, 어리석고 식견(識見)이 좁은 사람이 예삿일에 의심을 품거나 크게 놀람을 이르는 말.

월나라는 따뜻한 남쪽 지방이어서 겨울에도 눈〔雪〕이 오는 날이 매우 드물었다. 눈을 거의 보지 못했던 개들이 어느 날 내린 눈을 보고 짖어대자, 사람들은 '월나라 개〔越犬〕는 눈만 보면 짖는다〔吠雪〕.'라고 했다. 여기에서 '월견폐설(越犬吠雪)'이 나왔다. 이와 유사한 성어로 '촉견폐일(蜀犬吠日)'이 있다. 삼국 중 촉한이 도읍을 정한 사천성(四川省) 성도(成都)는 주변이 높은 산들로 둘러싸인 분지다. 그래서 항상 구름과 안개가 짙게 끼어 해를 보기가 드물었다. 촉나라의 개〔犬〕들은 해를 본 기억이 별로 없다. 모처럼 해가 뜬 날에는 이를 이상히 여겨 짖어〔吠〕대기 일쑤였다. 이른바 '촉견폐일(蜀犬吠日)', '견폐(犬吠)'란 말이 생겨난 유래다. '우물 안 개구리〔정중지와(井中之蛙)〕' 또한 유사한 의미의 우리 속담이다.

火부수

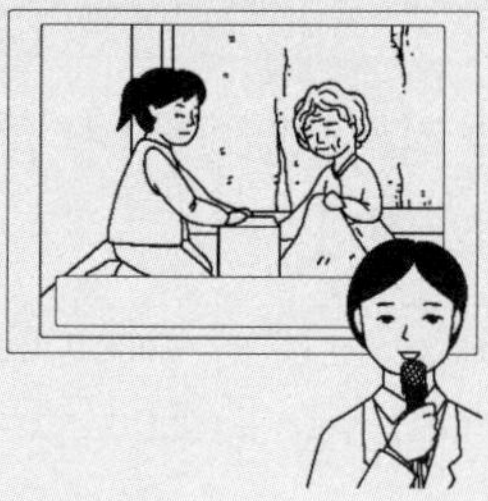

시민들의 자발적인 후원과 봉사로 화재(火災) 등 복지사각지대에 살고 있는 어려운 이웃을 두루 돌며〔巡〕 보살피자는 담교(淡交)의 한 사례가 최근 매스컴의 뜨거운〔炎〕 이야깃〔談〕거리로 등장하고 있다.

火

火, 총 4획

불 화, 급할 화 | 불꽃이 위로 치솟는 모양.

火急(화급), 火爐(화로), 火傷(화상), 火藥(화약), 燈火可親(등화가친), 電光石火(전광석화)

炎

火, 총 8획

불꽃 염, 더울 염 | '火+火'로, 불[火]꽃이 위로 치솟아 올라감.

炎凉(염량), 炎署(염서), 炎熱(염열), 炎症(염증), 炎凉世態(염량세태)

淡

水, 총 11획

묽을 담, 질펀히 흐를 염 | '氵+炎(염)'으로, 후주(厚酒)에 물[氵]을 섞어 술맛이 담박함.

淡交(담교), 淡漠(담막), 淡墨(담묵), 淡泊(담박), 交淡如水(교담여수)

談

言, 총 15획

이야기 담 | '言+炎(염)'으로, 서로 주고받는 이런저런 말[言].

談論(담론), 談笑(담소), 談議(담의), 談判(담판), 奇談怪說(기담괴설), 談虎虎至(담호호지)

災

火, 총 7획

재앙 재 | '巛+火'로, '灾'와 '烖'는 동자. 물[巛]과 불[火], 가뭄 등에 의한 재앙.

災難(재난), 災殃(재앙), 災變(재변), 災異(재이), 天災地變(천재지변)

巡

巛, 총 7획

순행할 순, 두루 돌 순 | '辶+巛(천)'으로, 두루 보면서 쉬엄쉬엄 지나감[辶].

巡檢(순검), 巡禮(순례), 巡杯(순배), 巡狩(순수), 巡歷商人(순력상인)

지식 샘터 **맛있는 좋은 음식**

膏粱珍味(고량진미) / 山海珍味(산해진미) / 魚頭肉尾(어두육미) / 龍味鳳湯(용미봉탕)

90년대 중반까지도 산악회 회원들이 천혜의 자연(自然) 숲에서 세속에 찌든 근심을 재〔灰〕로 만들어 버리듯 숯〔炭〕불〔燃〕에 삼겹살을 구워 먹으며 잔치〔燕〕를 연상케 하는 일들을 종종 볼 수 있었으나 지금에는 어찌〔焉〕 상상이나 할 수 있는 일이겠는가?

灰 

火, 총 6획

재 회, 석회 회 | '又+火'로, 불[火]에 타고 남은 가루 모양의 물질로 손[又]으로 잡을 수 있는 것.

灰滅(회멸), 灰壁(회벽), 灰色(회색), 冷灰(냉회), 死灰復燃(사회부연)

炭 

火, 총 9획

숯 탄, 석탄 탄 | '火+岸(안)'으로, 나무를 불[火]에 태운 나머지.

炭坑(탄갱), 炭鑛(탄광), 炭素(탄소), 漆身呑炭(칠신탄탄)

焉 

火, 총 11획

노란 새 언, 어찌 언 | 회수(淮水) 주변에서 사는 황색(黃色)의 새 모양.

焉敢(언감), 終焉(종언), 有數存焉(유수존언)

燕 

火, 총 16획

제비 연, 편안할 연, 잔치 연 | 검은색의 제비 모양.

燕京(연경), 燕息(연식), 燕雀(연작), 歸燕(귀연), 燕雁代飛(연안대비)

然 

火, 총 12획

불사를 연, 그러할 연 | '灬+肰(연)'으로, 속자는 '燃'. 섶나무를 묶어 불[灬]을 사름.

然後(연후), 然則(연즉), 果然(과연), 偶然(우연), 渾然一體(혼연일체)

燃 

火, 총 16획

불태울 연, 불탈 연 | '火+然(연)'으로, '然'의 속자. 섶나무에 불[灬]을 사름.

燃料(연료), 燃燒(연소), 可燃(가연), 再燃(재연), 煮豆燃萁(자두연기)

炙 

火, 총 8획

고기 구울 자(적) | '肉+火'로 불[火]에 고기[肉]를 구움.

膾炙(회자), 散炙(산적)

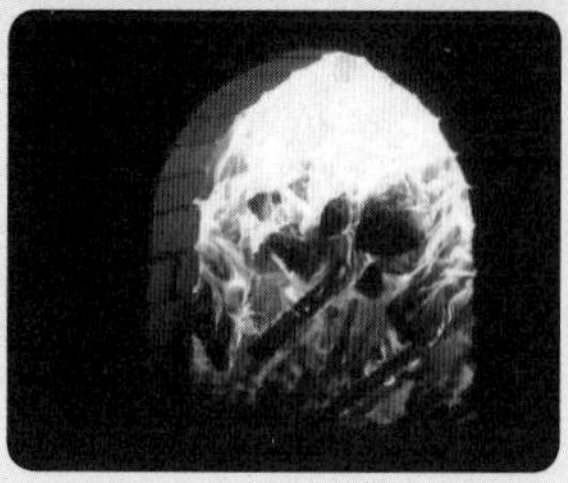

고대 스칸디나비아에서는 동짓날을 기념하기 위하여 연기〔煙〕가 적게 나는 잘 마른 장작을 큰 화로〔爐〕에 넣어 불을 붙이는 전통 행사가 있었다. 이것은 동지로부터 해가 길어지기 시작하여 '태양이 다시 살아나는 것'을 기념하기 위한 행사였다. 태양 없이〔無〕 겨울을 지내는 북극지방의 사람들에게 태양이 다시 살아난다는 것은 매우 의미심장한 일이었다. 이 전통이 영국에 와서는 크리스마스 전날 밤에 벽난로에 불을 붙여 밤새도록 태워 방도 따뜻하게 하고 크리스마스의 분위기도 빛나게〔熙〕 하는 풍습으로 발전되었다.

煙

火, 총 13획

연기 연 | '火+垔(인)'으로, '烟'과 동자. 불[火]을 피울 때 나는 연기.

煙幕(연막), 煙越(연월), 煙草(연초), 煙波(연파), 煙霞痼疾(연하고질)

爐

火, 총 20획

화로 로 | '火+盧(로)'로, 숯불[火]을 담아 놓는 그릇.

火爐(화로), 鎔鑛爐(용광로), 紅爐點雪(홍로점설)

無

火, 총 12획

없을 무 | '林+奭'으로, 고자는 '橆'. 숲이 무성히 우거져 사람이 살 공간이 없음.

無難(무난), 無窮(무궁), 無料(무료), 無敵(무적), 公平無私(공평무사), 勞而無功(노이무공), 無用之用(무용지용), 無知莫知(무지막지), 前無後無(전무후무), 覆巢無完卵(복소무완란)

熙

火, 총 13획

마를 희, 빛날 희, 넓을 희, 화락할 희 | '灬+巸(이)'로, 마른 것에 불[灬]을 붙임.

熙朝(희조), 熙笑(희소), 光熙(광희), 熙熙(희희), 熙運之樂(희운지악)

지식 샘터 **거짓이 참이 됨**

三人成虎(삼인성호) / 曾參殺人(증삼살인)

風, 冫 부수

봄꽃은 남녘에서 하루에 30km 속도로 북상하고, 가을 단풍은 20km/day 빠르기로 남하한다고 한다. 봄을 지나 가을이 되면 뭇 산들은 울긋불긋 단풍〔楓〕으로 물들고 찬바람〔風〕이 불어오면 한해의 생을 마치고〔終〕 내년을 기약하며 긴 겨울〔冬〕 잠을 잔다.

風 

風, 총 9획

바람 풍, 경치 풍, 풍속 풍, 질병 풍 | '虫+凡(범)'으로, 색도 없고 모형도 없지만[無色無形] 외형의 물체를 보고 바람의 유동현상을 알 수 있음.

風浪(풍랑), 風霜(풍상), 風景(풍경), 風致(풍치), 殺風景(살풍경), 病風喪性(병풍상성), 淸風明月(청풍명월), 秋風落葉(추풍낙엽), 風紀紊亂(풍기문란)

楓 

木, 총 13획

단풍나무 풍 | '木+風(풍)'으로, 키가 잘 크며 잎이 두텁고 가지가 약한 단풍이 잘 드는 나무[木].

楓葉(풍엽), 丹楓(단풍), 霜楓(상풍), 錦楓(금풍), 白菊粉山面丹楓脂洞口(백국분산면단풍지동구)

冬 

冫, 총 5획

겨울 동 | '冫+冄←終(종)'으로, 고드름[冫]이 어는 사계절의 끝.

冬期(동기), 冬眠(동면), 冬服(동복), 冬節(동절), 春夏秋冬(춘하추동)

終 

糸, 총 11획

마칠 종 | '糸+冬(동)'으로, 실[糸]의 끝매듭을 함.

終結(종결), 終末(종말), 終身(종신), 終焉(종언), 有終之美(유종지미), 自初至終(자초지종)

煙霞痼疾(연하고질) : 산수(山水)의 좋은 경치를 깊이 사랑하는 마음이 대단히 강경하여 마치 고치지 못할 병이 든 것 같음을 비유해 이르는 말.

27세에 요절한 이하(李賀)는 상상력이 풍부하고 귀기(鬼氣)어린 시를 지었다. 사람들은 이하의 시를 사랑했고 그를 귀재(鬼才)라 불렀다. 이하의 '마시이십삼수(馬詩二十三首)' 중 마지막 수에 "한무제는 신선술을 즐겨 황금을 태워 자줏빛 연기만 얻었고〔武帝愛神仙 燒金得紫煙〕, 마구간의 말들은 모두 살만 쪄서 저 푸른 하늘로 날아오를 줄 몰랐지〔廐中皆肉馬 不解上靑天〕."라 노래했다. 한무제는 오래 산 황제로 불로장생에 관심이 많았으며, 평소 도인들을 귀하게 모셔다 불로장생약을 만들게 했다. 무소불위(無所不爲)의 힘을 가진 황제가 영생을 꿈꾸며 도인들을 시켜 약을 만들기 위해 수많은 황금을 제련케 했다. 차라리 그 황금과 시간으로 얻지 못할 영생에 쓰기보다는 하루하루 가치 있게 사용할 줄 알았다면 그는 죽음 앞에서 훨씬 더 후회가 적었을 것이라는 의미가 담겨있다. 자연의 아름다운 경치를 몹시 사랑하고 즐기는 성질이나 버릇만 못하다는 말이다.

川부수

자연이 주는 교훈(教訓)은 위대하다. 흐르는 내〔川〕를 좇아〔順〕 여기저기 고을〔州〕이 형성되고, 고을이 모여 나라가 되며 나라가 모여 대륙〔洲〕이 된다.

川

巛, 총 3획

내 천, 민물 천 | '〈'는 가느닿게 흐르는 물결, '巜'은 조금 큰 것, '巛'은 가장 큰 물결 모양.

川獵(천렵), 川流(천류), 川魚(천어), 川邊(천변), 北邙山川(북망산천), 晝夜長川(주야장천)

順

頁, 총 12획

순할 순, 좇을 순, 즐길 순, 차례 순 | '川+頁'로, 냇물[川]이 흐르듯, 이마[頁]로부터 발꿈치에 이르기까지 위에서 아래로 자연스럽게 흘러내림.

順理(순리), 順番(순번), 順產(순산), 順序(순서), 雨順風調(우순풍조)

訓

首, 총 9획

가르칠 훈 | '言+川(천)'으로, 말[言]로 풀어서 설명하여 가르쳐 알게 함.

訓戒(훈계), 訓讀(훈독), 訓練(훈련), 訓令(훈령), 學于古訓(학우고훈)

州

巛, 총 6획

고을 주 | '川+川'으로, 물로 둘러싸인 지역에 사람이 살만한 곳.

州郡(주군), 州縣(주현), 慶州(경주), 光州(광주), 竝州之情(병주지정)

洲

水, 총 9획

섬 주, 대륙 주 | '氵+州(주)'로, 주변이 물[氵]로 싸인 고을.

歐洲(구주), 美洲(미주), 阿洲(아주), 濠洲(호주), 三角洲(삼각주), 南極洲(남극주)

北邙山川(북망산천) : 사람이 죽어 묻히는 곳, 또는 무덤이 많은 곳.

중국의 북망산이란 곳에 무덤이 많았던 데서 유래한 표현이다. 북망산이라고만 해도 같은 뜻이다. 조선시대 은사(隱士) 중 김창업(1658~1721)의 시조 중에 다음과 같은 글이 있다.

"벼슬을 저마다 하면 농부 할 이 뉘 있으며, 의원이 병 고치면 북망산이 저러하랴. 아이야 잔 가득 부어라 내 뜻대로 하리라."

모두 지위 높은 자리만 탐한다면 사회를 꾸려나가는 데 가장 필요한 일은 누가 하겠으며, 의사가 모든 병을 고칠 수 있다면 묘지에 묻힐 사람은 아무도 없겠다. 인생은 무상한 것이고 욕심은 자유를 해칠 뿐이니 내 뜻에 따라 조용히 살겠다는 마음이 잘 드러나 있는 시이다.

水부수

세상이 추위에 얼어〔氷〕붙어 고요할 때도 영원(永遠)히 오래도록 졸졸졸 노래〔詠〕하는 옹달샘, 원만한 모양〔樣〕으로 지나가는 나그네를 수영(水泳)하라 유혹하네.

水

水, 총 4획

물 수 | 많은 물이 평평하게 흐르는 모양.

水國(수국), 水路(수로), 水魔(수마), 水葬(수장), 蛟龍得水(교룡득수), 綠水青山(녹수청산), 山戰水戰(산전수전), 水魚之交(수어지교), 行雲流水(행운유수)

氷

水, 총 5획

얼음 빙 | '丶←仌+水'로, 물[水]이 얼어 단단한 얼음[冫]이 됨.

氷庫(빙고), 氷點(빙점), 結氷(결빙), 薄氷(박빙), 氷姿玉質(빙자옥질), 氷炭之間(빙탄지간)

永

水, 총 5획

길 영, 오래 영 | 물줄기가 끝없이 길게 흘러가는 모양.

永劫(영겁), 永久(영구), 永眠(영면), 永世(영세), 一勞永逸(일로영일)

泳

水, 총 8획

헤엄칠 영 | '氵+永(영)'으로, 물속에 잠기어 앞으로 나아가려고 팔다리를 놀려 움직이는 일.

競泳(경영), 繼泳(계영), 背泳(배영), 水泳(수영), 遊泳(유영), 蝶泳(접영), 混泳(혼영), 翔泳(상영), 涵泳(함영), 自由泳(자유영), 水泳帽(수영모)

詠

言, 총 12획

읊을 영, 노래할 영 | '言+永(영)'으로, 가락[言]을 붙여 길게 말함.

詠歌(영가), 詠春(영춘), 詠歎(영탄), 朗詠(낭영), 詠雪之才(영설지재)

樣

木, 총 15획

모양 양, 본보기 양 | '木+羕(양)'으로, 일명 상두(橡斗)라 하는 상수리나무의 열매 모양.

樣式(양식), 樣態(양태), 各樣(각양), 多樣(다양), 萬不成樣(만불성양)

水魚之交(수어지교) : 매우 친밀하게 사귀어 떨어질 수 없는 사이.

《삼국지》 <제갈량전>을 보면, 유비와 제갈량과의 사이가 날이 갈수록 친밀하여지는 것을 관우(關羽)와 장비(張飛)가 불평하자, 유비가 그들을 불러 "나에게 공명(孔明)이 있는 것은 물고기가 물을 가진 것과 마찬가지다. 다시는 불평을 하지 말도록 하게.[孤之有孔明, 猶魚之有水也, 願諸君勿復言.]"라 타일렀다. 이에 관우와 장비가 다시는 불평하지 않았다고 한다.

한라산 애기솔나물

한라산 꼭대기 호수는 본래 솥과 같은 형상을 하고 있어 '부악'이라 한다. 지금은 "흰 사슴이 이곳에 떼 지어서 살〔活〕면서 물을 마신다." 하여 백록담(潭)으로 소통(疏通)된다. 산줄기〔脈〕의 여러 갈래〔派〕 물들이 모이어 북쪽 절벽에서 땅속으로 스미어 흘러〔流〕 내려가며, 호반 주변은 나물〔蔬〕 종류의 식물들이 서식하고 있다.

潭 (水, 총 15획)

물 이름 담, 못 담, 깊은 못 담 | '氵+覃(담)'으로, 연못[氵]의 이름.

潭水(담수), 潭淵(담연), 江潭(강담), 碧潭(벽담), 白鹿潭(백록담)

派 (水, 총 9획)

물갈래 파, 보낼 파 | '氵+𠂢(파)'로, 강물[氵]이 여러 갈래로 나뉘어 흐르는 모양.

流派(유파), 派閥(파벌), 派譜(파보), 派生(파생), 加派(가파), 急派(급파), 派爭(파쟁), 南派(남파), 密派(밀파), 增派(증파), 直派(직파), 特派(특파), 派兵(파병), 學派(학파), 派出婦(파출부), 生命派(생명파)

脈 (肉, 총 10획)

혈관 맥, 줄기 맥, 잇달 맥 | '𠂢+血'로, 인체 속의 피[血]가 물줄기처럼 갈라져 몸에 흐름.

血脈(혈맥), 脈搏(맥박), 脈絡(맥락), 診脈(진맥), 脈絡貫通(맥락관통)

流 (水, 총 9획)

흐를 류, 귀양 보낼 류 | '沝+㐬'로, '𣹟'와 동자. 폭우 등으로 갑작스럽게[㐬] 물[沝]이 흘러감.

流水(유수), 流動(유동), 流浪(유랑), 流通(유통), 流離乞食(유리걸식), 流言蜚語(유언비어), 應對如流(응대여류)

疏 (疋, 총 11획)

통할 소 | '㐬+疋(소)'로, 막힌 것이 통하거나 막힌 것을 치워 통하게 함[㐬].

疏密(소밀), 疏外(소외), 疏通(소통), 疏闊(소활), 持斧上疏(지부상소)

蔬 (艸, 총 15획)

나물 소, 채소 소 | '艸+疏(소)'로 벼, 향초, 푸성귀 등 식물[艹]류.

蔬飯(소반), 蔬食(소사), 菜蔬(채소), 蔬筍之氣(소순지기)

축구경기에서 골키퍼가 가장 구제(救濟)하기 힘든 기술은 휘감기어 들오는 공〔球〕이다. 물체가 회전할 때 공기의 저항에 부딪〔激〕혀 물체의 방향에 따라 공기의 속도와 압력에 차이가 생겨서 공기에 마그누스 효과가 나타나 물체가 휘어져 날아오기 때문이다. 일반인들은 골대를 벗어나 샐〔漏〕 가능성도 높지만 기술이 숙련된 축구선수는 그 마그누스 효과를 이용하여 골 넣기를 갈구(渴求)한다. 지하철이 지나갈 때나 포구(浦口)에서 이는 파도에 빨려 들어가는 느낌도 이와 유사한 원리다.

漏 𣻗

水, 총 14획

샐 루, 물시계 루 | '氵+屚(루)'로, 집이 새어 빗물[氵]이 떨어짐.

漏刻(누각), 漏落(누락), 漏泄(누설), 漏水(누수), 網漏呑舟之魚(망루탄주지어)

激

水, 총 16획

부딪칠 격, 빠를 격, 심할 격, 분발할 격 | '氵+敫(격)'으로, 빠른 물살[水]이 장애물에 부딪혀 생기는 물결.

激減(격감), 激怒(격노), 激動(격동), 激浪(격랑), 自激之心(자격지심)

浦

水, 총 10획

물가 포, 개 포 | '氵+甫(보)'로, 못이나 강물[氵] 따위의 가장자리.

浦口(포구), 浦村(포촌), 咆虎陷浦(포호함포)

求

水, 총 7획

갖옷 구, 구할 구, 탐낼 구 | 고자는 '裘'. 털가죽으로 만든 옷 모양.

求乞(구걸), 求道(구도), 求愛(구애), 求職(구직), 苛斂誅求(가렴주구), 求仁得仁(구인득인), 求全之毁(구전지훼), 同氣相求(동기상구)

球

玉, 총 11획

옥 경쇠 구, 구슬 구, 공 구 | '玉+求(구)'로, 옥[玉]으로 만든 경쇠[玉磬].

球根(구근), 球技(구기), 球狀(구상), 球形(구형), 球面天文學(구면천문학)

救

攴, 총 11획

구원할 구, 도울 구, 막을 구 | '攴+求(구)'로, 나무 등 도구를 사용하여 어려움에서 구제함[攵].

救急(구급), 救命(구명), 救援(구원), 救濟(구제), 同憂相救(동우상구)

산 능선(稜線)을 따라 계곡 깊은 곳에 자리잡은 옹달샘〔泉〕의 물은 작은 선〔線〕을 이루며 호수로 향하고, 거꾸로 드리운 산형은 평평한〔準〕 물결〔波〕 위에 두둥실 떠〔浮〕있는 듯하다.

波

水, 총 8획

쏟아져 흐를 파, 물결 파, 흔들릴 파 | '氵+皮(피)'로, 물[氵]이 솟구쳐 흘러감.

波及(파급), 波濤(파도), 波動(파동), 波紋(파문), 萬頃蒼波(만경창파), 波瀾萬丈(파란만장)

準

水, 총 13획

평평할 준, 법도 준 | '氵+隼(준)'으로, 물[氵]이 평평하게 흐름.

平準(평준), 水準(수준), 準據(준거), 準則(준칙), 蜂準長目(봉준장목)

浮

水, 총 10획

뜰 부, 덧없을 부 | '氵+孚(부)'로, 한 물체가 물[氵] 위에 떠 자연스럽게 내려감.

浮動(부동), 浮力(부력), 浮沈(부침), 浮生(부생), 浮生若夢(부생약몽)

泉

水, 총 9획

샘 천 | 땅속 깊은 데에서 솟아나온 물이 흘러 내려가 내[川]를 이룬 모양.

泉布(천포), 甘泉(감천), 鑛泉(광천), 冷泉(냉천), 甘泉先竭(감천선갈)

線

糸, 총 15획

줄 선 | '糸+泉(천)'으로, 가늘고 긴 실[糸]을 꼰 것.

線路(선로), 經線(경선), 稜線(능선), 單線(단선), 絲來線去(사래선거)

浮生若夢(부생약몽) : 뜬 인생이 꿈과 같다는 뜻으로, 인생이란 한갓 허무한 꿈에 지나지 않음.

이백(李白)이 봄날 밤에 도리원에서 잔치하며 지은 시의 서문인 '춘야연도리원서(春夜宴桃李園序)'에 나오는 구절이다. 우리의 인생은 허무한 꿈만 같고, 얼마나 즐길 수 있을까? 매일매일 주어진 기회를 놓치지 말고, 즐길 수 있는 기회가 있으면 아무리 단순하고 조그마하더라도 감사하게 즐기고 행복해야 된다는 것이 주 내용이다. 그 앞 구절의 내용을 보면 다음과 같다.

천지(天地)라는 것은 만물을 맞이하는 여관이고〔天地萬物之逆旅(천지만물지역려)〕 우리가 사는 동안의 세월이라는 것은 영원 가운데 잠시 지나는 나그네이다〔光陰者百代之過客(광음자백대지과객)〕. 뜬 구름같은 인생이 꿈과 같으니〔而浮生若夢(이부생약몽)〕, 즐거움을 누리는 것이 얼마나 되겠는가?〔爲歡幾何(위환기하)〕 옛사람들이 촛불 켜고 밤새 놀았다는 것은〔古人秉燭夜遊(고인병촉야유)〕, 참으로 그럴 만한 이유가 있다〔良有以也(양유이야)〕.

유조선에서 쉴 새 없이 검은〔漆〕 기름이 흘러 나와 연안 가득〔滿〕히 메우니, 순식간에 더러운〔汚〕 죽음〔沒〕의 바다가 되어 체류(滯留)하는 고기잡이 정박〔泊〕선은 사라지고 화난 민심만 끓어〔湯〕오르는 듯했다.

漆 𣻲

水, 총 14획

옻칠할 칠, 검은 칠 칠 | '氵+桼(칠)'로, 기산(岐山)에서 발원하여 동쪽으로 흘러 위(渭)로 들어가는 강 이름[氵].

漆工(칠공), 漆器(칠기), 漆室(칠실), 漆板(칠판), 膠漆之交(교칠지교)

沒 𣳚

水, 총 7획

빠질 몰, 죽을 몰, 없을 몰 | '氵+㑞(몰)'로, 수심(水深)이 깊은 물[氵]에 완전히 빠져 보이지 않음.

沒頭(몰두), 沈沒(침몰), 陷沒(함몰), 沒年(몰년), 中石沒矢(중석몰시)

湯 湯

水, 총 12획

끓을 탕, 국물 탕 | '水+昜(양)'으로, 물[氵]을 뜨겁게 함.

湯藥(탕약), 湯劑(탕제), 湯池(탕지), 藥湯(약탕), 龍味鳳湯(용미봉탕)

汚 汙

水, 총 6획

더러울 오 | '氵+于(우)'로, 汙와 동자. 정지되어 흐르지 않는 더러운 물[氵].

汚吏(오리), 汚名(오명), 汚物(오물), 汚損(오손), 貪官汚吏(탐관오리)

泊 洦

水, 총 8획

배 댈 박, 머무를 박 | '氵+白(백)'으로, 배가 물[氵]에서 항행(航行)을 정지하고 언덕에 붙어 있음.

宿泊(숙박), 漂泊(표박), 船泊(선박), 流離漂泊(유리표박)

滿 㒼

水, 총 14획

가득 찰 만, 풍족할 만 | '氵+㒼(만)'으로, 그릇에 물[氵]이 가득 차 넘침.

滿開(만개), 滿足(만족), 滿期(만기), 滿面(만면), 滿山紅葉(만산홍엽)

滯 滯

水, 총 14획

막힐 체, 쌓일 체, 머무를 체 | '氵+帶(대)'로, 물[氵]이 막혀 통하지 아니함.

停滯(정체), 滯留(체류), 遲滯(지체), 萎靡沈滯(위미침체)

중국 진나라 때 극선이 도시 변두리 가〔涯〕에 살며 이슬로 옷을 적시고〔濕〕 온갖 어려움을 눈물〔淚〕로 극복하며 과거시험에 합격하였다. 그의 뛰어남을 왕이 칭찬하자, 자기의 재능을 숲속에 섞여〔混〕 자란 '계수나무 한 가지'에 비유했다. '계수나무〔桂〕 수레'는 여기에서 비롯된 것으로 아름다운〔佳〕 '계수나무 숲의 가지'는 과거시험 중 진사에 합격하여 크게〔泰〕 드러나〔顯〕 알려진 사람의 겸양의 의미로 사용된다.

泰

水, 총 10획

클 태, 편안할 태 | '廾+水+大(대)'로, 물[水]이 수중(手中)[廾]에 있으니 메마른 땅에 물을 대기가 이로움.

泰山(태산), 泰然(태연), 國泰民安(국태민안), 泰然自若(태연자약)

混

水, 총 11획

물 풍부히 흐를 혼, 섞을 혼 | '氵+昆(곤)'으로, 강물[氵]이 가득 차 성대히 흐름.

混合(혼합), 混亂(혼란), 混線(혼선), 混雜(혼잡), 一魚混全川(일어혼전천)

淚

水, 총 11획

눈물 루 | '氵+戾(려)'로, 감정이 북받쳐 나오는 눈물[氵].

落淚(낙루), 別淚(별루), 血淚(혈루), 燭淚(촉루), 孤臣冤淚(고신원루)

濕

水, 총 획

물 이름 답, 젖을 습, 습기 습 | '氵+㬎(탑)'에서, 산동성(山東省)의 강 이름인 습수(濕水).

濕氣(습기), 濕度(습도), 濕潤(습윤), 濕地(습지), 上漏下濕(상루하습)

顯

頁, 총 23획

나타날 현, 귀할 현, 선조 경칭 현 | '頁+㬎(현)'으로, 머리[頁]에 밝은 장식품을 꽂음.

顯考(현고), 顯官(현관), 顯達(현달), 顯著(현저), 破邪顯正(파사현정)

涯

水, 총 11획

물가 애, 가 애, 끝 애 | '氵+厓(애)'로, 육지가 물[氵]과 접한 곳.

涯限(애한), 涯岸(애안), 地角天涯(지각천애)

佳

亻, 총 8획

아름다울 가 | '亻+圭(규)'로, 사람[人]의 자태가 옥과 같이 착하고 고움.

佳境(가경), 佳景(가경), 佳期(가기), 佳配(가배), 佳人薄命(가인박명)

桂

木, 총 10획

계수나무 계 | '木+圭(규)'로, 계피(桂皮)를 약용으로는 쓰는 나무[木].

桂冠(계관), 桂輪(계륜), 桂樹(계수), 桂月(계월), 桂林一枝(계림일지)

지식 샘터 **가혹한 정치**

苛斂誅求(가렴주구) / 苛政猛於虎(가정맹어호) / 塗炭之苦(도탄지고) / 白骨徵布(백골징포) / 焚書坑儒(분서갱유) / 率獸食人(솔수식인) / 酒池肉林(주지육림) / 炮烙之刑(포락지형) / 惑世誣民(혹세무민)

佳人薄命(가인박명) : 아름다운 사람은 명(命)이 짧다는 뜻으로, 여자의 용모가 너무 아름다우면 운명이 기박하고 명이 짧다는 말.

북송(北宋) 후기 적벽부(赤壁賦)를 지은 소식(蘇軾)의 시에 나오는 '박명가인(薄命佳人)'은 어린 승려를 보고 그의 아름다운 모습과 우수에 젖은 감정에서 노래한 것이다.

예로부터 아름다운 사람은 운명이 기박한 자가 많았으니〔自古佳人多命薄(자고가인다명박)〕,
문 닫으니 봄은 다하고 버들꽃 떨어지는구나〔閉門春盡楊花落(폐문춘진양화락)〕.

'박명(薄命)'이란 표현은 '명이 짧음'이란 의미 외에도 '운명이 기구함'이란 의미가 있다. 명(命)이 '목숨'이란 뜻 외에 '운명'이란 뜻이 있기 때문이다. '아름다운 여인은 운명이 기구하다'는 의미로도 쓰인다.

玉부수

중국 건륭 황제 옥새

순임금의 칠현금(琴)이 유명하듯, 진시황의 옥(玉)새를 최고의 보물로 여기는 것은 보배〔珍〕로운 구슬〔珠〕로 만들어졌기 때문이다. 진시황 사후 이 옥새는 천여 년간 여러 왕(王)조의 손을 거치며 전해지다가 후당 말제 때 국가가 나뉘어〔班〕 망하면서 유실되었다.

王

玉, 총 4획

임금 왕 | 천하의 모든 일을 주관하는 사람. ※ 갑골, 금문에는 큰 도끼 모양을 나타냈으나 후에 도끼를 잡은 사람에서 '왕'의 뜻이 됨.

王家(왕가), 王權(왕권), 王妃(왕비), 王政(왕정), 檀君王儉(단군왕검), 楚王失弓楚人得之(초왕실궁초인득지)

玉

玉, 총 5획

구슬 옥 | 아름다운 돌인 옥 세 개를 끈에 꿰어 놓은 모양.

玉觴(옥상), 玉璽(옥새), 玉牲(옥생), 玉膳(옥선), 瑕玉(하옥), 種玉(종옥), 纖纖玉手(섬섬옥수), 玉石俱焚(옥석구분), 玉石混淆(옥석혼효), 朱顔玉齒(주안옥치)

班

玉, 총 10획

나눌 반 | '珏+刂'로, 한 쌍의 옥[珏] 중 단옥을 칼[刂]로 갈라냄.

班給(반급), 班常(반상), 班列(반열), 兩班(양반), 班門弄斧(반문농부)

琴

玉, 총 12획

거문고 금 | '珏+今'으로, 기러기발이 있는 거문고의 주감이[珏]와 몸통[今]의 단면을 본뜬 모양.

琴道(금도), 琴譜(금보), 琴書(금서), 琴心(금심), 琴瑟之樂(금슬지락)

珍

玉, 총 9획

보배 진, 희귀할 진 | '玉+㐱(진)'으로, 귀한 보옥[玉]. '勹+貝'로 보배를 싸고 있는 형상.

珍貴(진귀), 珍奇(진기), 珍味(진미), 珍寶(진보), 山海珍味(산해진미)

珠

玉, 총 10획

구슬 주, 진주 주 | '玉+朱(주)'로, 조개에서 나온 진주[玉] 구슬.

珠簾(주렴), 珠玉(주옥), 珠算(주산), 珠板(주판), 貴珠出賤蚌(귀주출천방), 老蚌生珠(노방생주), 明珠暗投(명주암투)

지식 샘터 **중용의 태도**

過猶不及(과유불급) / 過恭非禮(과공비례) / 矯枉過直(교왕과직) / 不偏不黨(불편부당)

石부수

인도의 다쉬라트 만지히

인도에서 거대한 산이 가로막아 옆 마을에 있는 병원에 가보지도 못하고 숨진 아내를 위해 한 남성이 22년간 홀로 산의 돌〔石〕을 나르고 새 길을 개척〔拓〕하여 상전벽해(桑田碧海)로 만든 사연이 재조명돼 감동을 전하고 있다. 인도 현지에서 '마운틴 맨'으로 불리는 농부 다쉬라트 만지히의 실화를 기초〔礎〕로 연구(研究)하여 영화화 한 '만지히-마운틴'이 인기를 끌고있다.

石

石, 총 5획

돌 석 | 산언덕[厂] 아래에 있는 돌[口] 모양.

石窟(석굴), 石筍(석순), 石柱(석주), 鑛石(광석), 水落石出(수락석출), 藥石之言(약석지언), 以卵投石(이란투석), 泉石膏肓(천석고황)

拓

手, 총 8획

개척할 척, 박아낼 탁 | '扌+石(석)'으로, 손[扌]으로 돌땅을 일구어 넓힘.

開拓(개척), 干拓(간척), 拓植(척식), 拓本(탁본), 克世拓道(극세척도)

研

石, 총 11획

갈 연, 연구할 연 | '石+开(견)'으로, 돌[石]로 물체를 평평하게 갊.

研究(연구), 研磨(연마), 研修(연수), 研鑽(연찬), 鍛冶研磨(단야연마)

礎

石, 총 18획

주춧돌 초 | '石+楚(초)'로, 기둥 밑에 괴는 돌[石].

礎石(초석), 基礎(기초), 定礎(정초), 柱礎(주초), 礎業(초업), 礎材(초재), 定礎(정초), 巢礎(소초)

碧

石, 총 14획

푸를 벽 | '玉+石+白(백)'으로, 푸른 아름다운 옥[玉]돌[石].

碧溪(벽계), 碧海(벽해), 碧昌牛(벽창우), 桑田碧海(상전벽해)

金부수

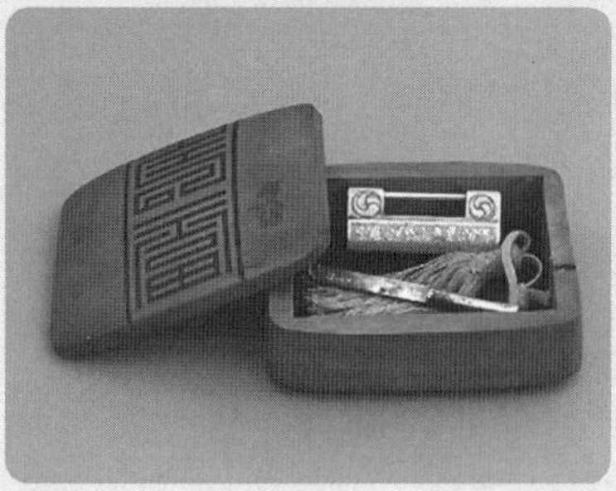

예로부터 쇠〔金, 鐵〕를 부어 만들〔鑄〕거나 두드려 만든 자물쇠〔鎖〕는 문단속이나 귀중한 기록〔錄〕물, 녹봉〔祿〕 등을 안전하게 보관하는 기능을 하였다. 파랗게〔綠〕 녹이 쓸어 둔(鈍)해져 그 기능이 마비될 때까지 사용하였으며, 재산이나 힘의 상징, 또는 순수한〔純〕 장식품으로 애용하였다.

金

金, 총 8획

쇠 금, 금 금, 돈 금 | '土+[ナ+又]+今(금)'으로, 땅[土]속에 5색의 쇳덩어리가 묻혀 있는 모양[ナ+又].

金屬(금속), 金冠(금관), 金石(금석), 黃金(황금), 金蘭之交(금란지교), 金城湯池(금성탕지)

錄

金, 총 16획

금빛 록, 기록할 록, 역사 록 | '金+彔(록)'으로, 금색[金]을 띠는 쇠붙이에 글씨를 새김.

錄音(녹음), 錄畫(녹화), 記錄(기록), 登錄(등록), 文科弘錄(문과홍록)

綠

糸, 총 14획

푸를 록, 초록빛 록 | '糸+彔(록)'으로, 비단[糸]의 색이 푸르거나 황색인 것.

綠色(녹색), 綠髮(녹발), 綠藻(녹조), 綠翠(녹취), 花紅柳綠(화홍유록)

祿

示, 총 13획

복 록, 녹 록, 급료 록 | '示+彔(록)'으로, 하늘이 내린 복[示]이나 관원에게 일 년 또는 계절 단위로 나누어 주던 금품이나 급료.

福祿(복록), 祿米(녹미), 祿俸(녹봉), 祿爵(녹작), 祿不疊受(녹불첩수)

鈍

金, 총 12획

둔할 둔 | '金+屯(둔)'으로, 쇠[金]칼이 무뎌져 새기는 일을 하는 데 어려움이[屯] 있음.

鈍器(둔기), 鈍才(둔재), 鈍濁(둔탁), 愚鈍(우둔), 鈍角三角形(둔각삼각형)

純

糸, 총 10획

생사 순, 순수할 순 | '糸+屯(둔)'으로, 누에고치에서 막 뽑아낸 실[糸].

純金(순금), 純眞(순진), 溫純(온순), 淸純(청순), 純眞無垢(순진무구), 至高至純(지고지순)

鎖 鎖

金, 총 18획

쇠사슬 쇄, 자물쇠 쇄, 잠글 쇄 | '金+貨(쇄)'로, 쇠[金]로 만든 사슬이나 문 열쇠.

鎖國(쇄국), 鎖骨(쇄골), 鎖門(쇄문), 封鎖(봉쇄), 鎖門逃走(쇄문도주)

鑄 鑄

金, 총 22획

부어 만들 주 | '金+壽(수)'로, 금속[金]을 녹여 거푸집에 넣어서 기물을 만듦.

鑄造(주조), 鑄物(주물), 臨難鑄兵(임난주병)

鐵 鐵

金, 총 21획

쇠 철 | '金+戴(철)'로, 금속 원소의 하나로 검은색의 금속[金].

鐵甲(철갑), 鐵骨(철골), 鐵拳(철권), 鐵器(철기), 金城鐵壁(금성철벽)

金城湯池(금성탕지) : 끓어오르는 못에 둘러싸인 무쇠성. 쇠로 만든 성곽과 끓는 물로 채운 연못. 방비가 아주 견고함.

《한서(漢書)》〈괴통전(蒯通傳)〉에 나오는 말이다. 진(秦)나라 시황제(始皇帝 : B.C.246~210)가 죽고 어리석은 2세 황제가 즉위하자, 전국시대 6강국의 후예들이 군사를 일으켜 고을의 우두머리를 죽이고 관청을 점거한다. 그 무렵, 무신(武臣)이라는 사람이 조(趙)나라의 옛 땅을 평정하고 무신군(武信君)이라 일컬었다. 이를 본 모사 괴통(蒯通)은 범양 현령(范陽 縣令) 서공을 찾아가 이렇게 말했다. "사또께서는 지금 매우 위급한 처지에 놓여 있습니다. 그러나 제 말대로 하시면 전화위복(轉禍爲福)이 될 수도 있습니다." 서공은 깜짝 놀라서 물었다. "무엇이 위급하다는 거요?" "사또께서 현령으로 재임한 지난 10년 동안에 진나라의 가혹한 형벌로 인해 부모가 처형당한 사람, 손발이 잘린 사람, 억울하게 죄인이 된 사람들이 많은데, 지금 그들은 사또를 원망하여 죽일 기회만 노리고 있다는 걸 모르십니까?" "모르오, 그런데 전화위복이란 또 무슨 말이오?" "제가 사또를 대신해서 지금 세력이 한창인 무신군을 만나 싸우지 않고 땅이나 성을 손에 넣을 수 있는 계책을 말해 주면, 그는 틀림없이 사또를 후대할 것입니다." "그럼, 나를 위해 수고해 주시오." 이리하여 무신군을 찾아간 괴통은 이렇게 말했다. "만약 귀공이 범양을 쳐서 현령이 항복한 경우, 그 현령을 푸대접한다면 죽음을 두려워하며 부귀를 바라는 각지의 현령들은 '항복하면 범양 현령처럼 푸대접받는다.'며 더욱 군비를 강화하여 마치 '끓어오르는 못에 둘러싸인 무쇠성[金城湯池]' 같은 철벽(鐵壁)의 수비를 굳히고 귀공의 군대를 기다릴 것입니다. 그땐 공격이 쉽지 않을 것이오. 그러니 지금 범양 현령을 극진히 맞이하여 그로 하여금 각지의 현령들을 찾아보게 하십시오. 그러면 그들은 모두 싸우지 않고 기꺼이 항복할 것입니다." 무신군은 쾌히 괴통의 제안을 받아들였다. 그리고 그대로 실행한 결과 화북(華北 : 황하 중·하류 유역의 지방)에서만도 30여 성이 항복을 자청해 왔다. 한편 전화(戰禍)를 모면한 범양 백성들은 서공의 덕을 칭송하며 기뻐했다고 한다. 방비가 아주 견고함을 이르는 말이니, '난공불락(難攻不落)'의 성이나 다름없다.

산·마을·지역

厂 氏 谷 山 阜 田 土 里 口 邑 冂

厚	原	厥	厄	氏	民	谷	山	岳	島	峯	崩
	源 願			昏 婚 紙	眠	俗 浴 裕				蜂	
陸	陰	陵	陽	隨	隊	隱	陶	隣	隆	陷	隔
			楊 場 腸 揚 暢	墮				憐			
田	由	甲	申	男	留	畓	畏	畢	異	土	培
	油 抽 笛 宙		伸 神 坤 電								倍 部
墻	執	堅	壞	塔	壇	坐	壁	壤	堂	壓	均
		賢 緊	懷		檀	座	避	讓			
里	重	量	口	國	囚	固	因	圖	困	回	邑
埋 理 裏	種 衝	糧			溫	個	恩 姻				
那	邦	郭	郵	郎	冂	再	冊	冒			
			睡	廊							

厂 부수

『논어』에 "군자가 중후(重厚)하지 않으면 위엄이 없으니, 학문 또한 견고하지 못하다."고 했다. 행동의 근원〔原〕은 학문이고, 학문의 근원〔源〕은 마음이다. 그러므로 재앙〔厄〕이 발생한 그〔厥〕 결과를 보면, 학문적 수준과 그 마음의 소원(所願) 상태도 알 수 있다.

厚

厂, 총 9획

두터울 후, 짙을 후 | '厂+旱(후)'로, '旱'와 동자. 땅이 두텁듯이 산언덕[厂]이 두터움.

厚待(후대), 厚德(후덕), 厚薄(후박), 厚顔(후안), 厚顔無恥(후안무치)

厥

厂, 총 12획

그 궐, 오랑캐 이름 궐 | '厂+欮(궐)'로, 돌을 발사하는 기구[厂].

厥角(궐각), 厥女(궐녀), 厥尾(궐미), 突厥(돌궐), 農夫餓死枕厥種子(농부아사침궐종자)

厄

厂, 총 4획

옹이 와, 재앙 액 | '㔾+厂(엄)'으로, 나무 마디[㔾]에 생긴 옹이.

厄運(액운), 厄禍(액화), 厄難(액난), 橫厄(횡액), 燃眉之厄(연미지액)

原

厂, 총 10획

근원 원, 들판 원 | '厂+泉'으로, 굴 바위[厂]의 샘물[泉].

原價(원가), 原告(원고), 原稿(원고), 原理(원리), 中原逐鹿(중원축록)

源

水, 총 13획

근원 원, 샘 원 | '氵+原(원)'으로, 물[氵]이 처음 나오는 발원지.

源流(원류), 源泉(원천), 根源(근원), 起源(기원), 源泉徵收(원천징수)

願

頁, 총 19획

바랄 원, 소원 원 | '頁+原(원)'으로, 마음이나 머릿[頁]속에 항상 떠올라 생각나는 것.

願望(원망), 願書(원서), 祈願(기원), 悲願(비원), 願乞終養(원걸종양)

지식 샘터 **고집이 셈**

碧昌牛(벽창우) / 穿鑿(천착)

氏부수

신랑이 결혼을 위해
신부 댁으로 가는 그림

사대부 등 일반 백성〔民〕들의 결혼〔婚〕 절차를 말한 육예에 '납채'라는 것이 있다. 이는 남자 측에서 중매인을 통해 서신〔紙〕과 예물을 여자 집으로 보내 결혼의사를 타진하고, 여자 측에서 결혼할 의사가 있으면 그 예물을 받는다. 또 '친영'이 있는데, 신랑이 결혼 당일 직접 각시〔氏〕 댁으로 가서 혼례를 치른 후 신부를 대동하여 돌아와, 신랑 집에서 시댁 부모님과 조상께 예를 올리는 것이다. 지역이 먼 곳은 오전에 신부 집에서 예식을 올리고, 저물〔昏〕녘이 되어 신랑 집에 와 시댁 사람들에게 예를 드리고 첫날밤을 자〔眠〕면서 결혼생활을 한다.

氏

氏, 총 4획

무너질 씨, 성씨 씨, 각시 씨 | 파촉(巴蜀)의 산 곁 언덕이 무너지려는 모양.

氏族(씨족), 氏名(씨명), 無名氏(무명씨), 和氏之璧(화씨지벽)

昏

日, 총 8획

어두울 혼 | '氏←氐+日'로, 해[日]가 지므로[氐] 날이 어두워짐.

昏亂(혼란), 昏迷(혼미), 昏睡(혼수), 黃昏(황혼), 昏定晨省(혼정신성)

婚

女, 총 11획

혼인할 혼 | '女+昏(혼)'으로, 남자는 신부[女]가 해가 저물어[昏] 도착하여 혼례를 올리고 장가를 듦.

婚禮(혼례), 婚約(혼약), 婚需(혼수), 離婚(이혼), 指腹爲婚(지복위혼)

紙

糸, 총 10획

종이 지, 편지 지 | '糸+氏(씨)'로, 솜[糸]을 바랠 때 깔고 솜을 너는 대발[竹簾].

紙幣(지폐), 便紙(편지), 紙面(지면), 韓紙(한지), 紙上談兵(지상담병)

民

氏, 총 5획

백성 민 | 갑골, 금문에는 송곳으로 사람의 눈을 찌르는 모양. 눈의 기능이 마비되어 사리판단에 어두움.

民俗(민속), 民族(민족), 賤民(천민), 移民(이민), 國泰民安(국태민안), 民生於三(민생어삼), 輔國安民(보국안민)

眠

目, 총 10획

잠잘 면 | '目+民(민)'으로, 사람이 눈[目]꺼풀을 내리감고 잠을 잠.

不眠(불면), 睡眠(수면), 冬眠(동면), 永眠(영면), 高枕安眠(고침안면)

谷부수

중국 율속족 춘절 풍속〔俗〕에는 '자오탕후'이라고 불리는 집단 온천욕(浴)이 있다. 계곡(谷)의 온천 등에서 몸을 깨끗이 해 액운을 없애면 넉넉하고〔裕〕 행복한 삶을 살 수 있다는 전통인데, 사람들이 구경을 많이 와 여성들은 대부분 밤에 목욕을 한다고 한다.

谷 

谷, 총 7획

골짜기 곡 | 산속에서 나온 물이 내가 되어 계곡을 흐르는 물길의 입구[口].

谷口(곡구), 谷水(곡수), 谷泉(곡천), 谷風(곡풍), 空谷足音(공곡족음)

俗 

人, 총 9획

익힐 속, 풍속 속, 속될 속, 세상 속 | '人+谷(곡)'으로, 사람들[亻]의 습속에서 만들어진 것.

俗界(속계), 俗談(속담), 俗物(속물), 俗語(속어), 非僧非俗(비승비속)

浴 

水, 총 10획

목욕할 욕, 미역 감을 욕 | '氵+谷(곡)'으로, 물[氵]로 몸을 씻음.

浴室(욕실), 浴湯(욕탕), 浴槽(욕조), 沐浴(목욕), 沐浴齋戒(목욕재계), 沐猴而冠(목후이관)

裕 

衣, 총 12획

넉넉할 유 | '衣+谷(곡)'으로, 의복[衣]과 기타 일용품이 풍족함.

裕寬(유관), 裕福(유복), 裕足(유족), 餘裕(여유), 餘裕滿滿(여유만만)

沐猴而冠(목후이관) : 원숭이가 관을 씀. 곧 외모는 사람 같지만 마음은 원숭이처럼 미련하다고 냉소(冷笑)한 말.

진나라 수도 함양에 입성한 항우는 승리에 도취해 기고만장한다. 황제의 일가친척을 다 죽이고 아방궁도 불태워버렸다. 궁중 안의 재화와 보물을 차지한 항우는 고향으로 돌아갈 채비를 서둘렀다. 참모 한생(韓生)이 "함양은 땅이 기름진 요충지로 천하를 도모하려면 함양을 떠나면 안 된다."고 진언했다. "이렇게 성공한 나를 하루바삐 고향 사람들에게 보여주지 못하면 그것은 마치 비단옷 입고 밤길걷기〔錦衣夜行〕가 아니겠는가." 항우는 한생의 진언을 거부했다. 한생은 자기 의견이 거절당한 충격으로 자기도 모르게 큰소리로 중얼거렸다. "초나라 사람들이 목욕한 원숭이가 관을 쓰고〔沐猴而冠(목후이관)〕 있는 꼴이라고 말하는 뜻을 이제야 알겠다." 한생이 혼자 중얼거린 말이 항우의 귀에 들어갔고, 결국 그는 끓는 물에 삶아 죽는 꼴이 되었다. 자신의 성공을 하루빨리 고향 사람들에게 자랑하고 싶어 안달이 난 항우는 함양을 버리고 고향땅 강동으로 가 평성에 도읍을 정했다. 천하의 요충지를 버리고 강동 한구석에 도읍을 정한 항우의 인물됨은 천하를 담을 그릇이 못되었던 것이다. 천하 쟁패에서 항우는 결국 유방에게 패해 자결한다. 자신의 성공을 뽐내고 싶어 천하를 차지할 수 있는 절호의 기회를 버린 항우의 소인근성이 비극을 자초한 화근이었다.

山부수

섬〔島〕나라 제주도의 한라산(山)은 산봉우리〔峯〕 높이가 1,947m의 큰 산〔岳〕으로 각종 동식물이 서식하고 있다. 특히 한라산 벌〔蜂〕꿀과 귤 등은 제주의 특산품으로 알려져 있다. 최근에는 오랜 풍화와 침식작용으로 백록담 암벽의 붕괴〔崩〕현상이 발생하자 국가에서 역학 조사를 실시했다.

山

山, 총 3획

뫼 산 | 평지보다 썩 높이 솟아 있고 바위 같은 것이 있으며, 만물을 길러내는 땅덩이의 모습.

山水(산수), 泰山(태산), 名山大刹(명산대찰), 樂山樂水(요산요수), 人山人海(인산인해), 疊疊山中(첩첩산중), 智者樂水仁者樂山(지자요수인자요산)

岳

山, 총 8획

큰 산 악, 높은 산 악 | '山+嶽(악)'으로, 산[山] 위에 또 산[丘]이 높이 솟은 모양.

岳母(악모), 岳丈(악장), 雲岳(운악), 山岳(산악), 岳陽樓歌(악양누가)

島

山, 총 10획

섬 도 | '山+鳥(조)'로, 바다 가운데 사람의 왕래가 있는 산[山].

島配(도배), 島嶼(도서), 島夷(도이), 孤島(고도), 減死島配(감사도배)

崩

山, 총 11획

산 무너질 붕, 임금 죽을 붕 | '山+朋(붕)'으로, 산[山]이 위로부터 아래로 무너짐.

崩壞(붕괴), 崩御(붕어), 崩城之痛(붕성지통)

峯

山, 총 10획

산봉우리 봉 | '山+夆(봉)'으로, 산[山]의 가장 높은 꼭대기.

峯頭(봉두), 峯頂(봉정), 峯尖(봉첨), 孤峯(고봉), 萬壑千峰(만학천봉)

蜂

虫, 총 13획

벌 봉 | '虫+夆(봉)'으로, 날아다며 독으로 사람을 쏘는 곤충[虫].

蜂起(봉기), 蜂蠟(봉랍), 蜂蜜(봉밀), 蜂巢(봉소), 蜂屯(봉둔), 蜂房水渦(봉방수와)

阜부수 – 阝

요임금 시대
허유와 소부

요임금〔陶〕 시절 해마다 황하가 범람하자, 임금은 온 땅〔陸〕을 뒤져서라도 평소 덕망이 높기로 유명한 은사(隱士) 허유를 찾아 그를 천자로 삼으려 했다. 그러나 허유는 그 말을 듣고는 남모르게〔陰〕 기산 언덕〔陵〕 쪽에 숨어 살았다. 그래도 임금의 요구가 계속되자, 허유는 물가에 가서 귀를 씻으니, 그의 무리〔隊〕 중 한 사람인 소부가 소를 몰고 가다가 허유의 행동을 보고 그 연유를 묻자 "더러운 말을 들었다."며 자초지종을 설명했다. 이에 소부는 한 술 더 떠 위쪽으로 소를 몰고 올라가 물을 먹이며, "더러워진 귀를 씻은 물을 소에게 먹일 수 없다"고 했다.

陸

阜, 총 11획

육지 륙, 뭍 륙(육) | '阝+坴(륙)'으로, 높고 평평한 땅[阜].

陸橋(육교), 陸軍(육군), 陸運(육운), 陸風(육풍), 陸地行船(육지행선)

陰

阜, 총 11획

그늘 음, 음기 음, 몰래 음, 세월 음, 생식기 음 | '阝+侌(음)'으로, 언덕[阝]에 가려 햇볕이 들지 않음.

陰刻(음각), 陰氣(음기), 陰德(음덕), 陰謀(음모), 綠陰芳草(녹음방초)

陵

阜, 총 11획

언덕 릉, 업신여길 릉 | '阝+夌(릉)'으로, 땅이 융기하여 높아진 언덕[阜].

陵碑(능비), 陵辱(능욕), 陵園(능원), 陵寢(능침), 陵谷之變(능곡지변)

隊

阜, 총 12획

떨어질 추[=墜], 무리 대, 군대 대 | '阝+㒸(수)'로, '墜'와 통용. 높은 언덕[阜]에서 흙이 무너져 내림.

隊商(대상), 隊列(대열), 隊伍(대오), 隊長(대장), 隨衆逐隊(수중축대)

隱

阜, 총 17획

가릴 은, 숨을 은, 은퇴할 은 | '阝+㥯(은)'으로, 산언덕[阝]에 가려 작은 물체가 보이지 않음.

隱居(은거), 隱匿(은닉), 隱密(은밀), 隱身(은신), 子爲父隱(자위부은)

陶

阜, 총 11획

겹친 언덕 도, 질그릇 도, 요임금 도 | '阜+匋(도)'로, 요임금이 질그릇 굽고 생활하던 곳[阝].

陶器(도기), 陶冶(도야), 陶然(도연), 陶瓦(도와), 無我陶醉(무아도취)

넓은 습지 마당(場)에서 양지음지(陽地陰地)를 가리지 않고 잘 자라는 버드나무〔楊〕는 가늘고 긴 가지를 가지고 있으며 바람에도 잘 날린〔揚〕다. 어떤 이는 한자의 자원으로 관련지어 마치 펴지〔暢〕는 옆모습이 창자〔腸〕 같다고 설명하기도 한다.

陽

阜, 총 12획

볕 양, 양기 양, 드러낼 양 | '阝+昜(양)'으로, 햇볕이 잘 드는 높다란 언덕[阜].

陽刻(양각), 陽界(양계), 陽光(양광), 陽狂(양광), 斜陽(사양), 洛陽紙價(낙양지가), 陰地轉陽地變(음지전양지변)

楊

木, 총 13획

버들 양 | '木+昜(양)'으로, 냇가에서 잘 자라는 버드나무[木]

楊柳(양류), 楊枝(양지), 白楊(백양), 楊布之狗(양포지구)

場

土, 총 12획

마당 장, 곳 장 | '土+昜(양)'으로, 신에게 제사를 올리는 광장[土].

場內(장내), 場面(장면), 場外(장외), 科場(과장), 一場春夢(일장춘몽)

腸

肉, 총 13획

창자 장 | '月+昜(양)'으로, 대장, 소장 등 우리 몸[月]의 육관(肉管).

腸壁(장벽), 腸液(장액), 灌腸(관장), 斷腸(단장), 刮腸洗胃(괄장세위)

揚

手, 총 12획

날릴 양, 오를 양 | '扌+昜(양)'으로, 손[扌]으로 물건을 들어 날림.

揚名(양명), 揚水(양수), 揚揚(양양), 揭揚(게양), 得意揚揚(득의양양), 海不揚波(해불양파)

暢

日, 총 14획

화창할 창, 통할 창, 펼 창 | '申+昜(양)'으로, 아름다운 마음을 내면에 간직하면 신체 밖에 퍼져[申=伸] 나타남.

暢達(창달), 暢茂(창무), 暢懷(창회), 流暢(유창), 萬化方暢(만화방창)

지식 샘터 **아주 가까운 거리**

五十步百步(오십보백보) / 一衣帶水(일의대수) / 咫尺之間(지척지간) / 指呼之間(지호지간)

『손자병법』에 격리(隔離)하여 대치하고 있는 적을 함정〔陷〕에 떨어뜨리기〔墮〕 위해서는 "겉으로 웃고 속으로 칼을 품으며 믿어 편하게 하여 남몰래 도모한다."고 했다.

을지문덕 장군이 수(隋)나라 우중문에게 보낸 시도 이 같은 전술의 일종이다.

"귀신같은 책략은 하늘의 이치를 다했고, 오묘한 꾀는 땅의 이치를 깨우쳤네, 싸움에서 이긴 공이 이미 높으니, 만족함을 알고 그만두기를 이르노라."

장군의 계략은 이웃〔隣〕 가까이에 진을 친 수나라 우중문을 높이〔隆〕고 자기를 낮추어 불쌍하게〔憐〕 여길 수 있도록 유도하면서 고구려의 작전에 빠져 의심 없이 따를〔隨〕 수 있도록 함이었다.

隨

阜, 총 16획

따를 수 | '辶+隋(수)'로, 뒤에서 앞을 따르며 천천히 걸어감[辶].

隨伴(수반), 隨時(수시), 隨意(수의), 隨筆(수필), 隨珠彈雀(수주탄작)

墮

土, 총 15획

무너질 타, 떨어질 타 | '土+隋'로, 싸움에 패하여 성[土]이 이미 무너짐[隋].

墮落(타락), 墮淚(타루), 墮胎(타태), 怠惰(태타), 墮其術中(타기술중)

鄰

阜, 총 15획

이웃 린 | '邑+粦(린)'으로, 다섯 집이 모여 생활하는 다정한 마을[阝].

隣家(인가), 隣交(인교), 隣近(인근), 隣保(인보), 事大交隣(사대교린), 疑隣人之言(의린인지언)

憐

心, 총 15획

불쌍히 여길 련 | '忄+粦(린)'으로, 마음[忄]에 불쌍함을 느낌.

憐憫(연민), 憐情(연정), 憐恤(연휼), 可憐(가련), 搖尾乞憐(요미걸련)

隆

阜, 총 12획

풍성하게 클 륭, 높을 륭, 성할 륭 | '生+降(강)'으로, 산같이 중앙이 높게 불쑥 솟아 나옴[生].

隆起(융기), 隆盛(융성), 隆崇(융숭), 隆昌(융창), 隆冬雪寒(융동설한)

陷

阜, 총 11획

빠질 함, 함정 함 | '阜+臽(함)'으로, 높은 곳[阜]에서 아래 구덩이에 떨어져 빠짐.

陷落(함락), 陷壘(함루), 陷沒(함몰), 陷城(함성), 摧堅陷陣(최견함진)

隔

阜, 총 13획

막힐 격, 멀리할 격 | '阝+鬲(격)'으로, 언덕[阜]으로 인해 길이 가로막힘.

隔年(격년), 隔離(격리), 隔世(격세), 隔遠(격원), 隔世之感(격세지감), 隔靴搔癢(격화소양)

지식 샘터 **사이 좋은 부부**

琴瑟之樂〔금슬지락 ; 琴瑟相樂(금슬상락), 琴瑟相和(금슬상화)〕 / 百年佳約(백년가약) / 百年偕老(백년해로) / 夫唱婦隨(부창부수) / 如鼓琴瑟(여고금슬) / 鴛鴦之契(원앙지계)

隔靴搔癢(격화소양) : 신발을 신은 채 가려운 곳을 긁는다는 뜻으로, 일을 하느라고 애는 무척 쓰되 정곡을 찌르지 못하여 안타까움을 비유한 말.

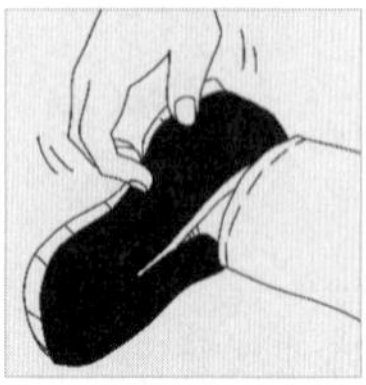

격혜소양(隔鞋搔痒)·격화파양(隔靴爬痒)이라고도 한다. 불가에서 많이 쓰인 말로 《오등회원(五燈會元)》·《속경덕전등록(續景德傳燈錄)》·《무문관(無門關)》 등의 송(宋)·명(明)나라 때 지어진 불서(佛書)에서 유래를 찾아볼 수 있다. 명(明)나라 승려 원극거정(圓極居頂)이 지은 《속전등록(續傳燈錄)》에는 "당에 올라 비를 잡고 침상을 두드리니, 신을 신고 가려운 곳을 긁는 것과 같다.〔上堂更或拈帚敲牀, 大似隔靴搔痒.〕"라는 구절이 있다. 이처럼 격화소양은 요점을 제대로 파악하지 못한 채 헛수고만 하여 문제를 해결하지 못하는 것을 의미하는 고사성어이다. 같은 의미에서 《장자(莊子)》에 나온 말로 '온갖 애를 쓰나 아무런 보람이 없다.'는 뜻의 노이무공(勞而無功), 도로무공(徒勞無功)이나 '머리가 가려운데 발뒤꿈치를 긁는다.'는 뜻의 두양소근(頭痒搔跟), 슬양소배(膝痒搔背) 등의 고사성어가 있다.

田부수

조선시대 남자〔男〕는 전답(田畓)에 머무르며〔留〕 일을 하거나 갑옷〔甲〕을 입고 군대에 갔으며, 여자는 남자와 다르〔異〕게 집안 일 꾸려가는 것을 주로 하였다.

田 田, 총 5획

밭 전 | 곡식을 심는 밭과 밭둑이 열 지어 있는 모양.

田畓(전답), 田獵(전렵), 田野(전야), 田園(전원), 瓜田李下(과전이하), 求田問舍(구전문사), 南田北畓(남전북답), 藍田生玉(남전생옥), 泥田鬪狗(이전투구)

男 田, 총 7획

사내 남, 아들 남 | '田+力'으로, 밭[田]에서 부지런히 힘써[力] 일하는 사람.

男妹(남매), 男爵(남작), 男裝(남장), 男便(남편), 男負女戴(남부여대), 善男善女(선남선녀), 男兒須讀五車書(남아수독오거서)

畓 田, 총 9획

논 답 | '水+田'으로, 물[水]을 대어 농사를 짓는 논[田].

畓穀(답곡), 乾畓(건답), 天水畓(천수답), 門前沃畓(문전옥답)

留 田, 총 10획

머무를 류, 묵을 류 | '田+丣(류)'로, 도중에 멈추거나 일시적으로 어떤 곳에 묵음[田].

留念(유념), 留保(유보), 留宿(유숙), 留置(유치), 豹死留皮(표사유피)

甲 田, 총 5획

갑옷 갑, 첫째 갑, 껍질 갑 | 초목의 씨가 처음 발아될 때 그 껍질을 이고 있는 모양.

甲冑(갑주), 甲科(갑과), 甲富(갑부), 還甲(환갑), 山水甲山(산수갑산), 乙丑甲子(을축갑자)

異 田, 총 12획

나눌 이, 다를 이, 이상할 이, 의심할 이 | '廾+畀'로, 두 손[廾]으로 물건을 들어 사람들에게 나누어 줌[畀].

異見(이견), 異例(이례), 異變(이변), 異俗(이속), 大同小異(대동소이), 於異阿異(어이아이)

지식 샘터 **좋은 기회**

勿失好機(물실호기) / 千載一遇(천재일우) / 風雲之會(풍운지회)

사우디아라비아 머디나의 한 주유소에서 주유(油) 중 차에 불이 났다. 불은 삽시간에 번졌고, 차량에 있던 사람은 재빠르게 내려 피신했으며, 주변 사람들이 소화기를 뽑아〔抽〕 들고 달려와 있는 힘을 다해〔畢〕 진화했다. 원인은 전원 장치 이상으로 밝혀졌지만, 만일 초동 진압에 실패하여 소방차가 경적(笛)을 울리며 출동했다고 한다면 주유소는 물론이요 주변 상가 집〔宙〕들까지도 큰 피해를 입었을 것이다.

由 由

田, 총 5획

말미암을 유, 까닭 유 | '등잔불', '열매', '술단지'[由] 모양.

由來(유래), 由緖(유서), 由緣(유연), 經由(경유), 自由自在(자유자재)

油 油

水, 총 8획

물 이름 유, 기름 유 | '氵+由(유)'로, 공안현(公安縣) 서쪽에서 발원하여 장강(長江)으로 유입하는 강물[氵].

油然(유연), 油田(유전), 油脂(유지), 油紙(유지), 油頭粉面(유두분면)

抽 抽

手, 총 8획

뽑을 추 | '扌+由←留(류)'로, 손[扌]으로 뽑아 올리거나 제거함.

抽出(추출), 抽象(추상), 抽利(추리), 抽身(추신), 抽象的(추상적), 抽出物(추출물), 抽籤制(추첨제)

笛 笛

竹, 총 11획

피리 적 | '竹+由(유)'로, 구멍이 일곱 개 뚫린 대[竹]로 만든 관악기.

笛聲(적성), 警笛(경적), 汽笛(기적), 牧笛(목적), 萬波息笛(만파식적)

宙 宙

宀, 총 8획

집 주, 때 주, 하늘 주 | '宀+由(유)'로, 배와 수레[宀]처럼 순환 반복 왕래하는 것.

宇宙船(우주선), 宇宙萬物(우주만물), 等方宇宙(등방우주)

畢 畢

田, 총 11획

그물 필, 다할 필, 마칠 필 | '田+華'로, 새나 토끼를 사냥[田]할 때 쓰는 그물망[華].

畢竟(필경), 畢納(필납), 畢生(필생), 畢業(필업), 吾事畢矣(오사필의)

경외(敬畏)의 존재인 천지[乾坤]와 인간이 하나의 기운으로 통한다는 '천인감응설'은 유학을 국교로 하는 조선시대에 있어서는 매우 중요한 의미를 지녔다. 때문에 거듭[申]되는 가뭄이나 홍수, 심지어 천둥 번개[電]조차도 임금으로부터 백성에 이르기까지 정신(精神)적 신장(伸張)을 위한 수신으로 강요되었다.

申

田, 총 5획

펼 신, 지지 신, 거듭 신 | 관리가 몸을 거듭 잘 단속하여 아침 정사를 폄.

申請(신청), 申飭(신칙), 申師任堂(신사임당)

伸

人, 총 7획

펼 신, 기지개 켤 신 | '亻+申(신)'으로, 사람[亻]이 몸을 굽히고 폄.

伸長(신장), 伸張(신장), 伸志(신지), 伸縮(신축), 伸冤雪恥(신원설치)

神

示, 총 10획

하느님 신, 천신 신, 귀신 신, 정신 신, 신통할 신 | '示+申(신)'으로, 만물을 창조한 하느님이 위력을 보임[示].

鬼神(귀신), 神靈(신령), 神奇(신기), 神妙(신묘), 怪力亂神(괴력난신), 天佑神助(천우신조), 花中神仙(화중신선), 天知神知我知子知(천지신지아지자지)

坤

土, 총 8획

땅 곤, 여자 곤 | '土+申'으로, 만물이 땅[土]위에서 정성스레 길러짐[申].

坤德(곤덕), 坤道(곤도), 坤殿(곤전), 坤道(곤도), 別有乾坤(별유건곤)

電

雨, 총 13획

전기 전, 번개 전 | '雨+申'으로, 비구름[雨] 속에 음기와 양기가 부딪쳐 나는 불빛[申].

電擊(전격), 電氣(전기), 電機(전기), 電燈(전등), 電光朝露(전광조로)

畏

田, 총 9획

싫어할 외, 두려울 외 | '由+虎'로, 귀신의 머리[由]와 호랑이[虎]의 발톱은 사람들이 무서워하고 싫어함.

畏敬(외경), 畏懼(외구), 畏友(외우), 畏怖(외포), 君子三畏(군자삼외), 後生可畏(후생가외)

土부수

1613년 사액 서원인 경북 포항시 오천면에 있는 오천서원은 1588년 정습명과 정몽주를 추모하기 위해 창건한 서원이다. 이 서원은 토담〔土墻〕으로 둘러져 있으며, 관리 소홀로 담장에 금이 가 무너지려〔壞〕는 곳이 상당수 있었다. 또 탑(塔) 모양의 유허비는 서원에서 좀 떨어진 구정리에서 2009년 포은학회 회원들이 발견한 것이다. 회원들은 이같은 문제점을 지적하며 정부의 문화재 보존 정책의 집행(執行)에 대해 회의감(懷疑感)마저 든다고 주장했다.

土 土

土, 총 3획

흙 토 | 초목 등 만물의 싹이 돋아 나오는[丨] 땅[二].

土官(토관), 土器(토기), 土窟(토굴), 土壁(토벽), 捲土重來(권토중래), 積土成山(적토성산)

墻 墻

土, 총 16획

담 장 | '土+嗇'으로, '牆'의 속자. 창고[嗇]나 집 따위를 흙[土]으로 쌓아 만든 담.

墻內(장내), 墻垣(장원), 土墻(토장), 板墻(판장), 路柳墻花(노류장화)

執 執

土, 총 11획

잡을 집 | '丮+幸(행)'으로, 죄인의 손에 형구를 채워 잡아둠[丮].

執權(집권), 執念(집념), 執刀(집도), 執務(집무), 固執不通(고집불통), 兩手執餠(양수집병)

塔 塔

土, 총 13획

탑 탑 | '土+荅(답)'으로, 흙[土]으로 쌓아 만든 돌탑이나 불당.

石塔(석탑), 佛塔(불탑), 塔頭(탑두), 塔影(탑영), 積功之塔不隳(적공지탑불휴)

壞 壞

土, 총 19획

무너질 괴, 병들 회 | '土+褱(회)'로, 흙[土]더미가 무너짐.

壞亂(괴란), 壞滅(괴멸), 壞敗(괴패), 破壞(파괴), 天崩地壞(천붕지괴)

懷 懷

心, 총 19획

생각할 회 | '忄+褱(회)'로, 마음[忄]속에 늘 생각함.

懷古(회고), 懷柔(회유), 懷誘(회유), 懷疑(회의), 窮鳥入懷(궁조입회)

증자(B.C. 505~436)

노나라 임금이 어진〔賢〕 증자가 해진 옷을 입고 산다는 소문을 듣고 그에게 일부(一部) 지역의 봉토를 주려 했다. 증자는 견고(堅固)히 사양하며 말했다.

“제가 들으니, ‘남이 주는 것을 받는 사람은 항상 남을 두려워하고, 남에게 준 사람은 항상 남에게 교만하다.’고 합니다. 비록 임금께서 저에게 교만하게 대하지 않을지라도 제가 어찌 두려워하지 않을 수 있겠습니까?”

이는 임금이 준 땅에서 곡식을 재배(栽培)하며 불안과 긴장(緊張) 속에 사는 것보다 차라리 배고픔이 배가(倍加)된다 해도 마음 편안히 살겠다는 의지가 담긴 말이다.

培

土, 총 11획

북돋울 배, 가꿀 배 | ‘土+咅(부)’로, 제후가 봉(封)해 준 땅[土]을 잘 북돋고 가꿈.

培養(배양), 栽培(재배), 肥培(비배), 培材學堂(배재학당)

倍

人, 총 10획

어긋날 배, 갑절 배 | ‘亻+咅(부)’로, 사람[亻]이 서로 등짐.

倍加(배가), 倍數(배수), 倍額(배액), 倍版(배판), 倍道兼行(배도겸행)

部

邑, 총 11획

땅이름 부, 무리 부, 구분 부 | ‘阝+咅(부)’로, 감숙성(甘肅省) 부근의 지명[邑].

部隊(부대), 部落(부락), 部類(부류), 部署(부서), 部隊活動(부대활동)

堅

土, 총 11획

견고할 견, 굳셀 견 | ‘土+臤(간)’으로, 단단하게 굳어진[臤] 흙[土].

堅剛(견강), 堅固(견고), 堅實(견실), 堅忍(견인), 窮當益堅(궁당익견)

賢

貝, 총 15획

재기가 있어 재물 많을 현, 어질 현, 현명할 현 | ‘貝+臤(현)’으로, 재물[貝]의 관리를 잘하여 재화가 많음.

賢君(현군), 賢明(현명), 賢聖(현성), 賢淑(현숙), 愚問賢答(우문현답)

緊

糸, 총 14획

단단히 맬 긴, 팽팽할 긴, 긴요할 긴 | ‘糸 ← 絲+臤’으로, 오랏줄[糸]을 팽팽하게 당겨 견고하게 묶음[臤].

緊急(긴급), 緊密(긴밀), 緊迫(긴박), 緊要(긴요), 不緊之事(불긴지사)

사직단 '단군성전'에는 앉아〔坐〕있는 국민경모단군상과 좌석〔座〕 옆 벽〔壁〕 쪽에 단군〔檀〕 표준 영정이 봉안돼 있다. 그간 일제에 의해 폄하되고 훼손된 단군 사상을 계속 무관심으로 회피하기〔避〕보다는 이제 한국 정신의 단상(壇上)으로 끌어올려 승화·발전시켜야 할 것이다.

壇 壇

土, 총 16획

제단 단, 연단 단 | '土+亶(단)'으로, 제사를 지내기 위해 흙[土]을 높게 쌓은 단.

敎壇(교단), 論壇(논단), 文壇(문단), 佛壇(불단), 野壇法席(야단법석)

檀 檀

木, 총 17획

박달나무 단, 단군 단 | '木+亶(단)'으로, 강인하고 부드러운 가막살나무와 비슷한 나무[木].

檀君(단군), 檀紀(단기), 檀木(단목), 黑檀(흑단), 震檀(진단)

坐 坐

土, 총 7획

앉을 좌, 죄 입을 좌 | '留+土'로, 사람이 일정한 지역[土]에 머물러[留]있음.

坐禪(좌선), 坐視(좌시), 坐食(좌식), 坐罪(좌죄), 坐井觀天(좌정관천), 坐春風中(좌춘풍중)

座 座

首, 총 9획

자리 좌, 위치 좌, 지위 좌 | '广+坐(좌)'로, 집[广]에서 사람들이 앉는 데 쓰는 기구.

座談(좌담), 座席(좌석), 座中(좌중), 座標(좌표), 座脫立亡(좌탈입망)

壁 壁

土, 총 16획

벽 벽, 울타리 벽 | '土+辟(벽)'으로, 흙[土]으로 쌓은 담장.

壁報(벽보), 壁紙(벽지), 壁畵(벽화), 石壁(석벽), 面壁九年(면벽구년)

避 避

辵, 총 7획

피할 피 | '辶+辟(피)'로, 회피하여[辟] 돌아감[辶].

避難(피난), 避亂(피란), 避暑(피서), 忌避(기피), 死且不避(사차불피)

지식 샘터 **앞길이 유망함**

鵬程萬里(붕정만리) / 前途有望(전도유망 ; 前途洋洋(전도양양), 前途遙遠(전도요원)) / 前程萬里(전정만리) / 靑雲萬里(청운만리)

집〔堂〕을 잘 짓기 위해서는 좀 늦더라도 땅〔壤〕을 견고히 눌러〔壓〕 다지고 고르〔均〕는 기초공사를 튼튼히 해야 한다. 또 겉으로 보여주려는 가식보다는 내적 정성을 다하는 겸손한〔讓〕 자세로 가꾸어야 한다.

堂

土, 총 11획

집 당, 학교 당, 친족 당, 당당할 당 | '土+尙(상)'으로, 높은 터에 잘 지은 고옥(高屋).

堂上(당상), 法堂(법당), 祠堂(사당), 書堂(서당), 堂堂(당당), 堂狗風月(당구풍월), 威風堂堂(위풍당당), 糟糠之妻不下堂(조강지처불하당)

均

土, 총 7획

고를 균, 평평할 균 | '土+匀(균)'으로, 토지[土]를 두루 공평하게[匀] 분배함.

均一(균일), 均等(균등), 均割(균할), 均衡(균형), 陰陽相均(음양상균)

壓

土, 총 17획

무너질 압, 틈 막을 압, 누를 압, 진압할 압 | '土+厭(염)'으로, 흙[土]더미가 무너져 내림.

壓卷(압권), 壓倒(압도), 壓力(압력), 壓迫(압박), 泰山壓卵(태산압란)

壤

土, 총 20획

땅 양, 흙 양 | '土+襄(양)'으로, 밭을 갈아 단단한 흙[土]을 부드럽게 함.

土壤(토양), 擊壤(격양), 鼓腹擊壤(고복격양), 泰山不辭土壤(태산불사토양)

讓

言, 총 24획

사양 양, 겸손할 양, 꾸짖을 양 | '言+襄(양)'으로, 서로 겸손하게 말[言]하여 물리침.

讓渡(양도), 讓路(양로), 讓步(양보), 讓收(양수), 謙讓之德(겸양지덕)

鼓腹擊壤(고복격양) : "배를 두드리고 흙덩이를 친다."는 뜻으로, 배불리 먹고 흙덩이를 치는 놀이를 한다, 즉 매우 살기 좋은 시절을 말함.

《십팔사략(十八史略)》에 나오는 이야기이다. 고대(古代) 중국의 요(堯)임금과 순(舜)임금이 다스렸던 시대는 태평성대(太平聖代)라 부를 만큼 매우 살기 좋았던 때라고 전한다. 어느 날 요(堯)임금은 자기를 천자(天子)로 받들기를 원하는지, 또한 세상(世上)이 잘 다스려지고 있는지를 살피기 위해 평복(平服)을 입고 시찰을 했다. 이때 유행한 민요로 노인이 먹을 것을 입에다 물고서 배를 두드리고 흙덩이를 치면서, "해가 뜨면 들에 나가 일하고, 해 지면 들어와 쉬네. 샘을 파서 물을 마시고, 농사(農事)지어 내 먹는데, 임금의 힘이 어찌 미치리오." 라면서 흥겹게 노래를 부르고 있었다.

里부수

『논어』에 "어진 마을〔里〕이 아름다우니, 어진 마을을 택하고서도 어진 행동을 하지 않는다면 어찌 지혜롭다고 하리오?"라는 말이 있다. 이는 일례로, 어진마을 속〔裏〕에 살면서 이기적이고 충동(衝動)적인 언행은 자제하고, 신중(愼重)히 하며, 종자〔種〕를 파종하여 땅에 묻거나〔埋〕 식량〔糧〕을 수확할 때도 나만의 이익을 헤아려〔量〕 취하지 말아서 이념(理念)이 아닌 실천의 중요성을 일깨워 주는 말이기도 하다.

里 里

里, 총 7획

마을 리 | '田+土'로, 농토[田]와 기거(寄居)할 땅[土]이 있는 곳.

里門(이문), 里俗(이속), 鄕里(향리), 里程標(이정표), 鵬程萬里(붕정만리), 惡事千里(악사천리), 一瀉千里(일사천리), 無足之言飛于千里(무족지언비우천리)

埋 貍

土, 총 10획

묻을 매 | '土+里←貍(매)'로, 갑골문에 죽은 동물을 땅[土]속에 보이지 않게 파묻음.

埋立(매립), 埋沒(매몰), 埋伏(매복), 埋葬(매장), 埋頭沒身(매두몰신)

理 理

玉, 총 11획

옥 다듬을 리, 다스릴 리, 이치 리 | '玉+里(리)'로, 구슬[玉]을 갈고 닦음.

理念(이념), 理論(이론), 理髮(이발), 理事(이사), 連理枝(연리지)

裏 裏

衣, 총 9획

옷 안 리, 속 리 | '衣+里(리)'로, 몸 안쪽에 입는 옷[衣].

裏面(이면), 表裏(표리), 裏書(이서), 表裏不同(표리부동)

重 重

里, 총 9획

신중할 중, 거듭 중, 중요할 중, 무거울 중, 무게 중, 심할 중 | '壬+東(동)'으로, 뛰어난 사람[壬]은 일을 중후(重厚)하게 처리함.

重刊(중간), 重農(중농), 重量(중량), 重病(중병), 重複(중복), 重唱團(중창단), 愛之重之(애지중지), 重言復言(중언부언)

種 種

禾, 총 14획

씨 종, 종자 종, 심을 종 | '禾+重(중)'으로, 먼저 씨를 뿌리고 늦게 익는 벼[禾]의 종자.

種豚(종돈), 種痘(종두), 種類(종류), 種別(종별), 種瓜得瓜(종과득과)

衝

行, 총 15획

부딪칠 충, 요긴할 충 | '行+童(동)'으로, 사통오달(四通五達)[行]하는 길.

衝擊(충격), 衝激(충격), 衝突(충돌), 衝動(충동), 宿虎衝鼻(숙호충비), 樽俎折衝(준조절충)

量

里, 총 12획

헤아릴 량 | '重+日←曏(향)'으로, 물건의 경중(輕重)을 알기 위해 무게[重]를 잼.

計量(계량), 大量(대량), 分量(분량), 容量(용량), 車載斗量(거재두량)

糧

米, 총 18획

양식 량 | '米+量(량)'으로, 먼 길을 떠날 때 준비하는 식량[米].

糧穀(양곡), 糧食(양식), 糧政(양정), 軍糧(군량), 老少異糧(노소이량)

지식 샘터 **잘못한 자가 오히려 큰소리 침**

本末顚倒(본말전도) / 我歌君唱〔아가군창 ; 我歌査唱(아가사창)〕 / 越俎代庖〔월조대포 ; 越俎之罪(월조지죄), 越俎之嫌(월조지혐)〕 / 爲礪磨刀(위려마도) / 賊反荷杖(적반하장) / 主客顚倒〔주객전도 ; 客反爲主(객반위주)〕 / 喧賓奪主(훤빈탈주)

表裏不同(표리부동) : '겉과 속이 같지 않음'이란 뜻으로, 마음이 음흉(陰凶) 맞아서 겉과 속이 다름.

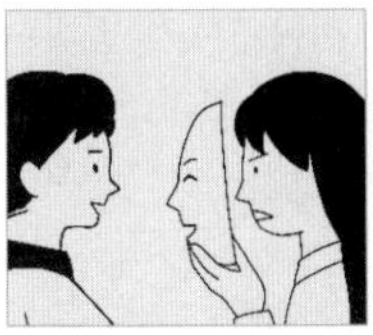

앞에서 보여지는 모습과 뒤에서 하는 생각이 일치하지 않는 것을 가리킨다. 흔히 겉은 훌륭해 보이나 속은 그렇지 못한 것, 앞에서는 복종하는 체하면서 뒤에서는 비방하고 배신하는 경우처럼 진실 되지 못한 속물적인 성품을 가리켜 사용하는 말이다. 유사성어로는 口蜜腹劍(구밀복검), 口有蜜腹有劍(구유밀복유검), 同床各夢(동상각몽), 同床異夢(동상이몽), 似是而非(사시이비), 似而非(사이비), 似而非者(사이비자), 笑裏藏刀(소리장도), 笑面虎(소면호), 笑中有劍(소중유검), 羊頭狗肉(양두구육), 陽奉陰違(양봉음위), 羊質虎皮(양질호피) 등이 있다.

口부수

서대문 형무소 역사관

얼마전 지금도 견고(堅固)한 모습으로 우뚝 선 서대문 형무소 역사관에 갔다. 조선인이 국가(國家)의 독립을 위해 싸우다 범법자로 몰려 잡혀 와 온갖 고문과 사형을 당한 곳, 죄수(罪囚)의 개인(個人) 독방부터 입던 옷 등을 둘러보며, 온정(溫情)이라고는 전혀 찾아볼 수 없는 일제의 잔악상만을 느끼게 했다.

國

口, 총 11획

나라 국 | '或+囗'으로, 무기[戈], 성[口], 영토[一], 국경[囗]을 뜻함.

國家(국가), 國歌(국가), 國交(국교), 國權(국권), 國手(국수), 亡國之歎(망국지탄), 盡忠報國(진충보국), 海東盛國(해동성국)

囚

口, 총 5획

가둘 수, 죄수 수 | '囗+人'으로, 사람[人]이 담장[囗] 안에 갇혀 있음.

獄囚(옥수), 罪囚(죄수), 無期囚(무기수)

溫

水, 총 13획

물 이름 온, 따뜻할 온, 부드러울 온, 익힐 온 | '氵+昷(온)'으로, 사천성(四川省) 합강현(合江縣)의 강 이름[氵].

溫暖(온난), 溫度(온도), 溫床(온상), 溫純(온순)

固

口, 총 8획

굳을 고, 견고할 고, 고집 고 | '囗+古(고)'로, 사면(四面)이 견고하게 둘러싸여[囗] 막혀 있음.

堅固(견고), 確固(확고), 固定(고정), 固着(고착)

個

人, 총 10획

낱 개, 한쪽 개 | '亻+固(고)'로, '箇'와 동자. 따로따로 한 사람[亻] 한 사람.

個人(개인), 個別(개별), 個性(개성), 個體(개체)

亡國之歎(망국지탄) : 나라가 망한 것에 대한 한탄.

麥秀之嘆(맥수지탄)을 가리킨다. 기자(箕子)가 은나라가 망한 후에도 옛 도읍의 궁궐터를 지나가다가 번화했던 옛 모습은 간데없고, 그 자리에는 보리와 기장만이 무성히 자람을 보고 한탄하여 시 한 수를 읊었다. 옛날에는 영화를 자랑하던 이 자리가 잡초 무성한 보리밭으로 변해 버린 것을 보고, 그 흥망성쇠(興亡盛衰)의 무상(無常)함에 금석지감(今昔之感)의 감회가 떠올랐기 때문일 것이다.

보리 이삭은 무럭무럭 자라나고〔麥秀漸漸兮(맥수점점혜)〕 벼와 기장도 윤기가 흐르는구나〔禾黍油油兮(화서유유혜)〕.
교활한 저 철부지가〔彼狡童兮(피교동혜)〕 내 말을 듣지 않았기 때문이다〔不與我好兮(불여아호혜)〕.

이 시에서 유래하여 고국(故國) 멸망(滅亡)의 탄식(歎息)을 '맥수지탄'이라 한다.

외적이 침입하면 저절로 울리는 낙랑의 자명고로 인(因)해 고구려의 공격 도모(圖謀)가 매회(回) 실패로 돌아가자, 고구려의 왕자 호동은 자명고를 없애기 위해 낙랑에 잠입했다. 그리고 미모의 낙랑공주와 혼인(婚姻) 약속에 성공한다. 고구려가 낙랑을 침공할 때 공주는 사랑을 위해 자명고를 찢었고 이 때문〔因〕에 낙랑은 멸망했으며 공주는 죽음을 당한다. 왕자 호동은 자신을 위해 곤경(困境)에 빠져 죽음을 당한 공주의 은혜(恩惠)를 잊지 않았고 그 넋을 달랜다.

因

口, 총 6획

원인 인, 인할 인 | '口+大'로, 큰[大]일은 반드시 튼튼한 기초 위에 만들어지며, 그 범위[口]를 넓혀도 같은 원리임.

因果(인과), 因習(인습), 因襲(인습), 因緣(인연), 因果應報(인과응보)

恩

心, 총 10획

은혜 은, 사랑 은 | '心+因(인)'으로, 마음[心]속으로 느끼는 고마움.

恩功(은공), 恩德(은덕), 恩師(은사), 恩賜(은사), 結草報恩(결초보은), 背恩忘德(배은망덕)

姻

女, 총 9획

시집 인, 시집갈 인 | '女+因(인)'으로, 여자[女]가 의지하고 생활해야 하는 신랑의 집.

姻弟(인제), 姻戚(인척), 姻兄(인형), 戚姻(척인), 姻家宴柿梨擅(인가연시리천)

咽

口, 총 9획

목구멍 인, 목멜 열, 삼킬 연 | '口+因(인)'으로, 입[口]안에서 기도(氣道)와 식도(食道)로 통하는 입속 깊은 곳.

嗚咽(오열), 呑咽(탄연), 耳鼻咽喉科(이비인후과)

圖

口, 총 14획

꾀할 도, 그림 도 | '口+啚'로, 어떤 대상[口]의 어려운 과제를 해결하려고 괴로워하고 헤아려 봄[啚].

圖面(도면), 圖謀(도모), 圖表(도표), 圖解(도해), 各自圖生(각자도생), 河圖洛書(하도낙서)

困

口, 총 7획

곤란할 곤 | '口+木'로, 집 담장[口] 둘레에 뽕나무[木]를 심음.

困境(곤경), 困窮(곤궁), 困難(곤란), 困憊(곤비), 困獸猶鬪(곤수유투)

回

口, 총 6획

돌 회, 돌아올 회 | 물이 소용돌이치면서 빙빙 도는 모양.

回甲(회갑), 回歸(회귀), 回轉(회전), 回診(회진), 九回之腸(구회지장)

邑부수 ㅡ 阝

해미읍성(海美邑城)은 조선 태종 14년 왜구로부터 나라〔邦〕를 방어하기 위해 성〔郭〕을 쌓기 시작해 세종 3년에 완성하였다. 동·남·서 세 방향에 문루가 있으며 두 개의 옹성과 동헌, 객사 두 동, 총안, 수상각 등이 있는 매우 큰 규모였으나 외침 등으로 대부분 사라져 시골〔鄕〕 동네로 변했으니 어찌〔那〕 탄식하지 않으리오. 근래에 동헌과 외국 사신이나 중앙에서 내려오는 관리들의 숙소로 사용되었던 객사만 복원해 놓았다. 객사는 사신들이 잠〔睡〕을 자거나 역참〔郵〕의 기능을 했을 것으로 추정된다.

邑 읍

邑, 총 7획

고을 읍 | '囗+卪'로, 선왕(先王)의 제도에 벼슬의 높고 낮음[卪]에 맞춰 봉역(封域)[囗]을 차등 배분함.

都邑(도읍), 邑內(읍내), 麥丘邑人(맥구읍인)

那 나

邑, 총 7획

나라 이름 나, 어찌 나 | '邑+冄(염)'으로, 사천성(四川省) 서쪽의 나라 이름[邑].

那落(나락), 那邊(나변), 那何(나하), 刹那(찰나), 那易等則(나역등칙)

邦 방

邑, 총 7획

나라 방 | '邑+丰(봉)'으로, 몇 개의 읍[邑]이 모여 나라를 이룸.

邦域(방역), 邦貨(방화), 邦畵(방화), 盟邦(맹방), 危邦不入(위방불입)

郭 곽

邑, 총 11획

성씨 곽, 성곽 곽, 나라 이름 곽 | '邑+享(향)'으로, 곽씨가 생활하던 고을[邑].

郭公(곽공), 內郭(내곽), 城郭(성곽), 外郭(외곽), 郭汾陽八字(곽분양팔자)

鄕 향

邑, 총 13획

시골 향 | 사람들이 모여 왕래하며 음식을 먹고 생활하는 2,500가(家).

鄕歌(향가), 鄕里(향리), 鄕俗(향속), 鄕愁(향수), 留鄕所(유향소), 入鄕循俗(입향순속), 無何有之鄕(무하유지향), 鄕閭有禮(향여유례)

지식 샘터 **스스로 어렵게 함**

自繩自縛(자승자박) / 自中之亂(자중지란) / 宿虎衝鼻(숙호충비)

郵

邑, 총 11획

역말 우, 역 우, 우편 우 | '阝+垂'로, 나라[邑]에서 변경 지방[垂]에 공문서를 전달하기 위해 설치한 정사(亭舍).

郵官(우관), 郵送(우송), 郵政(우정), 郵票(우표), 杜郵戮(두우륙)

睡

目, 총 13획

졸 수, 잠잘 수 | '目+垂'로, 앉아서 눈[目]을 감고 잠.

睡魔(수마), 睡眠(수면), 午睡(오수), 昏睡(혼수), 半睡半醒(반수반성)

지식 샘터 **군자의 태도**

見利思義(견리사의) / 見危致命(견위치명) / 大義滅親(대의멸친) / 大智若愚(대지약우) / 不偏不黨(불편부당) / 殺身成仁(살신성인) / 先公後私(선공후사) / 先憂後樂(선우후락) / 泣斬馬謖(읍참마속) / 清廉潔白(청렴결백) / 釣而不網(조이불망) / 秋毫不犯(추호불범)

入鄕循俗(입향순속) : 그 고장에 가서는 그 고장의 풍속을 따르라는 뜻.

그 나라에 들어가는 사람은 그 고장의 풍속을 따른다[入其國者 從其俗]. 《회남자(淮南子)》〈제속편〉의 이야기이다. 그러나 이와 비슷한 문구는 다른 여러 문헌에서도 찾을 수 있다. 특히 《중용(中庸)》에서는 "부귀에 처하여서는 부귀를 행하고, 빈천(貧賤)에 처하여서는 빈천을 행하고, 오랑캐에 처하여서는 오랑캐에서 행하고, 환란에 처하여서는 환란을 행한다.[素富貴行乎富貴, 素貧賤行乎貧賤, 素夷狄行乎夷狄, 素患難行乎患難.]"라고 하였다. 이것은 혼란했던 춘추전국시대의 중국인들에게는 자연스러운 현상이었을지도 모른다. 어제는 같이 노(魯)나라의 국민이었는데, 오늘은 초(楚)나라의 시민이 될 수도 있었던 당시의 급박했던 현실을 반영한 것으로 보인다. 이와 유사한 것으로 '국경 경계에 들어서면 그 나라의 금할 것을 물어보라[入竟問禁]'는 말이 있다. 서양에도 '로마에 가면 로마법을 따르라.'는 말이 있다.

邑, 冂부수

조광조가 낭랑한 목소리로 책〔冊〕을 읽자, 이에 반한 처녀가 창피를 무릅〔冒〕쓰고 담 넘어 행랑〔廊〕으로 들어오자 조광조는 회초리로 종아리를 때려 재삼(再三) 다짐을 받고 돌려보냈다. 그녀는 잘못을 뉘우쳤고, 훗날 다른 집으로 시집을 갔다. 기묘사화 때 그 남편〔郞〕이 조광조를 해치려 하자 그녀가 젊은 시절 일을 이야기하며 그를 해치지 못하게 했다고 한다.

郞

邑, 총 10획

정자 이름 랑, 사내 랑, 남편 랑 | '阝+良(량)'으로, 춘추시대 노나라 근읍(近邑)[邑].

郞君(낭군), 郞徒(낭도), 郞子(낭자), 新郞(신랑), 江郞才盡(강랑재진)

廊

广, 총 13획

행랑 랑 | '广+郞(랑)'으로, 큰집 아래에 딸린 양쪽 곁채 집[广].

舍廊(사랑), 行廊(행랑), 廊廟(낭묘), 畵廊(화랑), 俯仰廊廟(부앙낭묘)

冂

冂, 총 2획

멀 경 | 읍 밖을 교, 교 밖을 야, 야 밖을 임, 임 밖을 '冂'이라 하여 '먼 곳의 경계'를 의미함.

再

冂, 총 6획

두 재, 거듭 재 | '一+冓'로, 쌓아 올린 것[冓] 위에 다시 하나[一]를 더 쌓아 올림.

再嫁(재가), 再建(재건), 再考(재고), 再發(재발), 非一非再(비일비재)

冊

冂, 총 5획

책 책 | 죽간(竹簡)을 엮어 놓은 모양으로, 제후가 왕께 나아가 받는 부명(符命)을 뜻하며, 후에 죽목간판(竹木簡版)의 문서를 지칭함.

冊曆(책력), 冊立(책립), 冊封(책봉), 冊床(책상), 黑冊公事(흑책공사)

冒

冂, 총 9획

무릅쓸 모 | 눈동자[眼睛] 위의 머리 부분에 모자(帽子)를 쓰고 앞으로 나감.

冒犯(모범), 冒充(모충), 冒瀆(모독), 僭冒(참모), 冒沒廉恥(모몰염치)

VI 인공물

의류·식류

糸 巾 衣 皮 革 米 香 食 肉 血 鹵

糸	系	縣	絲	約	累	練	經	糾	素	綠	細
	係	懸	聯			鍊	輕 徑	叫 收			

緣	絹	綿	索	巾	市	帶	帝	布	希	帥	師
		錦			姊 肺				稀		

席	帳	衣	表	衰	補	皮	革	米	粟	精	粧
		依			捕			迷			

香	食	飮	飢	飾	養	肉	育	腹	能	胃	膚
							棄	複	態 罷	謂	

肥	肖	腦	胸	胡	肩	血	衆	鹵	鹽
	削 消	惱		湖					

糸 부수

울산 마두희 축제

'마두희'는 조선시대 울산 고을〔縣〕의 큰 줄〔糸, 絲〕다리기 행사로, 1900년대 초까지 이어〔系, 係, 聯〕졌으나 일제강점기 주민이 모이는 것이 통제되면서 명맥이 끊겼다. 울산 중구는 2012년부터 전통을 되살리고, 주민 화합을 위해 큰 새끼줄을 막대 양쪽에 걸어〔懸〕 서로 자기편으로 힘을 합해 당기는 마두희 축제를 재연하고 있다.

糸 (糸, 총 6획)

실 사 | 가는 실을 꼬아 한 타래 묶어 놓은 모양.

系 (糸, 총 7획)

이을 계, 계통 계, 혈통 계 | '糸+丿(별)'로, 전서는 '[illegible]'. 손[爪]으로 실[絲]을 이음.

系圖(계도), 系統(계통), 系譜(계보), 系列(계열), 系圖小說(계도소설)

係 (係, 총 9획)

맬 계, 이를 계, 관계할 계, 조직 단위 계 | '亻+系(계)'로, 사람[亻]의 목 부위를 끈으로 묶음.

係累(계루), 關係(관계), 係員(계원), 係長(계장), 關係妄想(관계망상)

縣 (糸, 총 16획)

매달 현, 고을 현 | '県+系'로, 머리를 베어 거꾸로[県] 나무에 끈[系]으로 매달아 놓음.

縣監(현감), 縣令(현령), 縣治(현치), 郡縣(군현), 戶封八縣(호봉팔현)

懸 (心, 총 20획)

마음에 걸릴 현, 매달 현, 걸 현 | '心+縣(현)'으로, 본자는 '縣'. 머리를 매달아 놓은 것을 보니 마음[心]에 걸림.

懸隔(현격), 懸賞(현상), 懸案(현안), 懸崖(현애), 口若懸河(구약현하)

絲 (糸, 총 12획)

실 사, 줄 사 | '糸+糸'로, 누에고치에서 나온 가는 실[糸].

絹絲(견사), 麻絲(마사), 綿絲(면사), 毛絲(모사), 一絲不亂(일사불란)

聯 (耳, 총 17획)

이을 련 | '耳+絲'로, 귀[耳]가 뺨에 연이어 있듯, 실[絲]이 끊어지지 않고 이어짐.

壁聯(벽련), 頸聯(경련), 柱聯(주련), 鉤聯(구련), 蘇聯(소련), 聯邦(연방)

우리말 속담에, “글〔經〕 스승은 얻기 쉬우나 사람 스승은 얻기 어렵다.”는 말이 있다. 책을 누적(累積)하여 읽은 글자 스승은 구하기 쉬우나 도를 닦아〔練, 鍊〕 득도한 참 스승은 구하기 어렵다는 말이다. 세상사는 길〔徑〕에서 지식에 머물러 가벼운〔輕〕 문자 스승은 만날 수 있지만, “아침에 도를 깨달으면 저녁에 죽어도 좋다.”는 심정으로 깨달음을 얻은 참 스승은 만나기 어려운 것이다.

累 累

糸, 총 11획

여러 루, 거듭 루 | ‘糸+田←畾(뢰)’로, 동자는 ‘纍’. 실타래[糸]가 여러 개 포개진 것.

累加(누가), 累計(누계), 累積(누적), 累增(누증), 欣奏累遣(흔주누견)

練 練

糸, 총 15획

마전할 련, 익힐 련, 단련할 련 | ‘糸+柬(간)’으로, 생피륙[糸]을 삶거나 빨아 볕에 바램.

練磨(연마), 練武(연무), 練兵(연병), 練絲(연사), 非熟練工(비숙련공)

鍊 鍊

金, 총 17획

불릴 련, 단련할 련, 수련할 련 | ‘金+柬(간)’으로, 쇠[金]를 불에 달궈 두드림.

鍊金(연금), 鍊丹(연단), 鍊磨(연마), 鍊鐵(연철), 精金百鍊(정금백련)

經 經

糸, 총 13획

날실 경, 경서 경, 글 경, 경영할 경 | ‘糸+巠(경)’으로, 베 짤 때 물줄기처럼 늘어진 날실[糸].

經過(경과), 經國(경국), 經理(경리), 經世(경세), 經緯(경위), 經國大業(경국대업), 經國之士(경국지사), 經天緯地(경천위지), 牛耳讀經(우이독경)

輕 輕

車, 총 14획

수레 가벼울 경, 가벼울 경, 업신여길 경, 경솔할 경 | ‘車+巠(경)’으로, 전쟁에 빨리 달릴 목적으로 만든 가벼운 수레[車].

輕重(경중), 輕視(경시), 輕率(경솔), 輕減(경감), 輕擧妄動(경거망동), 問鼎輕重(문정경중), 一寸光陰不可輕(일촌광음불가경)

徑 徑

彳, 총 10획

지름길 경, 길 경, 빠를 경 | ‘彳+巠(경)’으로, 사람이 겨우 걸어 다닐[彳] 정도의 작은 길.

直徑(직경), 半徑(반경), 周徑(주경), 捷徑(첩경), 盤溪曲徑(반계곡경)

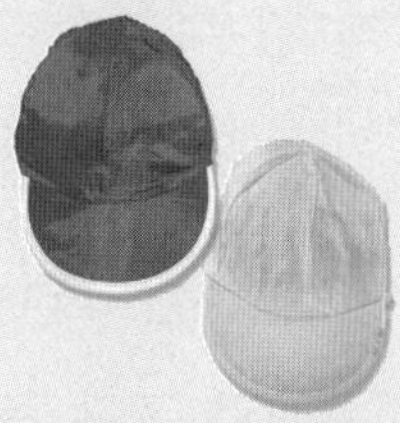

어린 시절 초등학교 운동회에서 청〔綠〕군과 백〔素〕군으로 나누어 목이 터져라〔叫〕 응원했던 기억들이 새롭다. 사람들은 왜 하필 청군과 백군으로 이름했을까? 수록(收錄)된 글들을 규합(糾合)해 보면 아주 세세(細)하고 다양하다. 이 중 설득력 있는 말은 오행에서 유래한 동쪽은 청색, 서쪽은 백색이라는 주장인듯하다.

素

糸, 총 10획

흰 빛깔의 비단 소, 흴 소, 바탕 소, 본디 소 | '垂+糸'로, 촘촘히 짠[垂] 광택이 나고 윤기가 있는 하얀 비단[糸].

素服(소복), 素因(소인), 素描(소묘), 素朴(소박), 素質(소질)

綠

糸, 총 14획

푸를 록, 초록빛 록 | '糸+彔(록)'으로, 푸른색과 황색을 띤 비단[糸].

綠豆(녹두), 綠林(녹림), 綠肥(녹비), 綠陰(녹음)

細

糸, 총 11획

가늘 세, 작을 세 | '糸+田←囟(신)'으로, 가늘고 미세한 실[糸].

細心(세심), 細則(세칙), 微細(미세), 詳細(상세)

糾

糸, 총 8획

얽힐 규, 살필 규, 모을 규, 탄핵할 규 | '糸+丩(구)'로, 새끼줄[糸]의 여러 가닥이 서로 얽혀져 있음.

紛糾(분규), 糾明(규명), 糾合(규합), 糾率(규솔)

叫

口, 총 5획

부르짖을 규, 울 규 | '口+丩(구)'로, 큰 소리[口]로 부르거나 욺.

絶叫(절규), 叫吟(규음), 叫喚(규환)

收

攴, 총 6획

거둘 수, 잡을 수 | '攵+丩(구)'로, 곡식 등을 손으로 잡고 두드려[攵] 수확함.

收穫(수확), 收錄(수록), 收復(수복), 收拾(수습)

부부의 연(緣)이 닿아 백년가약(佳約)을 맺는 혼례식을 청사초롱이라 한다. 조선 후기 실학자 이익은 대로 틀을 하고 깁〔絹, 錦〕을 씌워 내부에 면(綿)으로 줄〔索〕을 꼰 면사(綿絲)로 기름등잔을 넣어 만든 등롱을 고안하여 혼례에 사용할 것을 권장하였다. 1844년에 편찬된 《사례편람》에서는 사혼례에 2~4개의 초롱을 사용했다고 기록하고 있다. 혼례식에 청사초롱이 쓰이게 된 것은 조선 후기부터이다. 이때부터 청사초롱은 곧 혼례식을 의미하게 되었다. 청사초롱은 신랑이 가마를 타고 신부 집을 떠날 때와 신부가 가마를 타고 시집올 때 길을 비추어주는 것으로 사용했는데, 초롱대신 횃불을 쓰기도 하였다.

緣 緣

糸, 총 15획

가선 연, 가 연, 인연 연, 연줄 연 | '糸+彖(단)'으로, 실[糸]로 의복의 가장자리를 싸서 돌린 선.

緣故(연고), 緣由(연유), 緣分(연분), 奇緣(기연), 緣木求魚(연목구어)

絹 絹

糸, 총 13획

명주 견 | '糸+肙(연)'으로, 보릿대 색을 띤 비단[糸].

絹織物(견직물), 人造絹(인조견), 零絹殘墨(영견잔묵)

索 索

糸, 총 10획

동아줄 삭, 쓸쓸할 삭, 찾을 색 | '宋+糸'로, 무성한[宋] 잎과 줄기로 만든 굵은 동아줄[糸].

索引(색인), 索居(삭거), 索道(삭도), 索漠(삭막), 枯魚銜索(고어함삭)

約 約

糸, 총 9획

묶을 약, 약속 약, 간략히 할 약, 절약할 약 | '糸+勺(작)'으로, 실[糸]을 서로 매듭지어 묶음.

約束(약속), 約分(약분), 約定(약정), 約婚(약혼), 節約(절약), 百年佳約(백년가약)

綿 綿

糸, 총 14획

솜 면, 이어질 면, 자세할 면 | '糸+帛'으로, 명주실[糸]로 짠 직물[帛]. ※ 綿은 하얀 솜의 뜻을 가지게 되었으며, 綿絮는 속칭 면화(棉花)라 함.

綿絲(면사), 純綿(순면), 綿綿(면면), 綿密(면밀), 周到綿密(주도면밀)

錦 錦

金, 총 16획

비단 금 | '帛+金(금)'으로, 한(漢)나라 때 하남(河南)의 양읍(襄邑)에서 짠 오색의 현란한 비단[帛].

錦囊(금낭), 錦衣玉食(금의옥식), 錦衣還鄉(금의환향)

巾부수

당나라 현종은 고모와 사촌누이〔姉〕를 죽이고 황제(皇帝)의 자리에 오른 임금이다. 중국 서안은 현종이 양귀비를 대동(帶同)하고 함께 즐기던 시절 번창한 도시(都市)다. 양귀비는 왕의 폐부(肺腑)까지 사로잡으며 총애를 받았으며, 그 힘을 빌어 친척들의 부패가 극에 달했다. 이로 인해 안록산의 난이 발발하자 국가에서는 포고(布告)령을 내려 난을 진압하였으며, 결국 756년 현종의 근위군에 의해 그녀는 비극적인 최후를 맞는다.

市 (巾, 총 5획)

저자 시, 도시 시 | '冂+㇖+之(지)'로, 담장[冂]이 있으며, 물건을 매매하기[㇖] 위해 가는 곳.

市場(시장), 市價(시가), 市長(시장), 市政(시정), 門前成市(문전성시)

姉 (女, 총 8획)

손위 누이 자 | '女+巿(불)'로, 자매 중 먼저 태어난 여자[女] ※ 巿(불) : '巾+一'로, 제복(祭服) 앞면에 무릎 부분을 가리는 천[巾]과 허리 혁대[一]에서 슬갑 불, 무성할 불

姉兄(자형), 姉妹(자매), 肺腑(폐부), 兄弟姉妹(형제자매)

肺 (肉, 총 8획)

허파 폐 | '月+巿(불)'로, 오장(五臟) 중 가장 크며 호흡할 때 항상 쉬지 않고 개폐(開閉)하는 장(臟).

역학(易學)에서 '金, 木, 水, 火, 土'는 '肺, 肝, 腎, 心, 脾'로 '肺'는 金臟임.

如見心肺(여견심폐)

布 (巾, 총 5획)

베 포, 펼 포, 베풀 보 | '巾+父(부)'로, 모시풀로 짠 베[巾].

布告(포고), 布敎(포교), 布木(포목), 布帳(포장), 布施(보시), 季布一諾(계포일락), 白骨徵布(백골징포), 布衣之交(포의지교)

帝 (巾, 총 9획)

임금 제 | '二(←上)+朿(자)'로, 천하를 살피는 왕[上].

帝王(제왕), 帝位(제위), 帝威(제위), 帝政(제정), 蜀帝化杜鵑(촉제화두견)

帶 (巾, 총 11획)

띠 대, 찰 대, 데리고 대 | 긴 옷을 입고 허리에 띠를 겹으로 감아 맨 모양.

帶劍(대검), 帶同(대동), 帶狀(대상), 冠帶(관대), 一衣帶水(일의대수)

촉한의 유비는 희대(希代)의 국사 제갈량을 삼고초려 끝에 얻어 군사(軍師)로 삼고 삼국통일에 희망(希望)의 불씨를 당긴다. 제갈량은 군사가 되어 자리〔席〕에 연연하지 않고 충정을 다했고, 늘 백성의 마음을 헤아려 그들의 편에서 법도를 정비했다. 군량 수송 문제로 자신을 속인 유비의 최측근 이엄을 일벌백계해 법치를 실행했고, 군령을 어긴 장수(將帥) 마속을 베고 장막(帳幕)에서 눈물을 흘리며 공평무사의 전형을 보여주기도 했다.

希 希

巾, 총 7획

바랄 희, 드물 희 | '爻+巾'로, 여러 실을 섞어 수놓은[爻] 천[巾]으로, 그 수효가 적어 귀함.

希求(희구), 希冀(희기), 希望(희망), 抱炭希涼(포탄희량)

稀 稀

禾, 총 12획

드물 희, 성길 희, 적을 희 | '禾+希(희)'로, 벼[禾] 폭을 드물게 심음.

稀貴(희귀), 稀代(희대), 稀微(희미), 稀薄(희박), 稀世之才(희세지재)

帥 帥

巾, 총 9획

차는 수건 솔/세, 장수 수 | '巾+𠂤'로, 허리에 차는 수건[巾].

元帥(원수), 將帥(장수), 統帥(통수), 子帥以正孰敢不正(자솔이정숙감부정)

師 師

巾, 총 10획

군사 사, 뭇사람 사, 스승 사 | '𠂤 ← 堆+帀'으로, 작은 언덕[𠂤]이 사방으로 둘러싸인[帀] 곳의 2,500인의 무리.

師君(사군), 師團(사단), 師徒(사도), 師範(사범), 德無常師(덕무상사)

席 席

巾, 총 10획

자리 석 | '巾+庶(서)'로, 앉을 때 자리 밑에 까는 좋은 비단[巾]으로 만든 깔개.

席捲(석권), 席次(석차), 客席(객석), 缺席(결석), 坐不安席(좌불안석)

帳 帳

巾, 총 11획

휘장 장, 장막 장, 장부 장 | '巾+長(장)'으로, 천[巾]으로 길게 드리워진 막.

帳幕(장막), 帳簿(장부), 揮帳(휘장), 帳記(장기), 面帳牛皮(면장우피)

衣부수

조선 중기 문신 박수량은 형조판서 등 38년 동안 임금을 보좌(補佐)하는 고위직을 두루 거쳤지만, 서울에 의거(依據)할 집 한 칸도 갖지 못했다. 그가 노쇠(老衰)하여 64살 일기로 세상을 떠나자, 명종은 청백리의 죽음을 슬퍼하면서 서해 바다에서 빗돌을 골라 하사했다. 자손들은 "그의 의식주(衣食住)에 대한 청백한 삶을 글로 표현(表現)하여 비문에 새기면 오히려 그 청렴에 누를 끼친다."며 백비를 세웠다. 임금의 하사품도 무시하지 않고 선대의 유언도 지켜, 양쪽 모두의 뜻을 백비로 포착(捕捉)하여 조선 유일의 명 작품을 탄생시킨 것이다.

衣

衣, 총 6획

옷 의 | 옷의 양쪽 소매와 좌우의 옷깃이 서로 덮고 있는 모양.

衣冠(의관), 衣帶(의대), 衣類(의류), 衣服(의복), 綠衣使者(녹의사자), 斑衣之戲(반의지희), 衣冠之盜(의관지도), 天衣無縫(천의무봉)

依

人, 총 8획

의지할 의 | '亻+衣(의)'로, 사람[亻]은 추위나 품위 등을 옷에 의지함.

依據(의거), 依舊(의구), 依例(의례), 依支(의지), 輔車相依(보거상의)

表

衣, 총 8획

웃옷 표, 겉 표, 나타낼 표, 모범 표 | '衣+毛(모)'로, 상의에 입는 털[毛]이나 가죽으로 만든 웃옷[衣].

表決(표결), 表記(표기), 表裏(표리), 表面(표면), 德爲人表(덕위인표)

衰

衣, 총 획

도롱이 사, 쇠할 쇠, 상복 최 | 蓑와 동자. 풀[草]이나 종려나무[棕]껍질로 만든 비옷[衣].

衰弱(쇠약), 老衰(노쇠), 衰退(쇠퇴), 衰殘(쇠잔), 衰服(최복), 榮枯盛衰(영고성쇠)

補

衣, 총 12획

기울 보 | '衤+甫(보)'로, 헤진 옷을 기워 완전한 옷으로 만듦.

補佐(보좌), 補講(보강), 補導(보도), 補償(보상), 亡牛補牢(망우보뢰), 補過拾遺(보과습유)

捕

手, 총 10획

잡을 포 | '扌+甫(보)'로, 도망가는 사람을 손[扌]으로 붙잡음.

捕虜(포로), 捕縛(포박), 捕繩(포승), 捕捉(포착), 掩目捕雀(엄목포작)

皮, 革, 米부수

EU와 OECD의 농촌 개혁(改革) 정책은 2008년 세계 경제위기로부터 시작되었다. 농업이 경제 위기 때마다 미궁(迷宮)으로 빠지지 않고 어떻게 지속적으로 발전할 수 있는가에 대해 보다 정밀(精密)히 연구하기 위해서이다. 결론적으로 농촌이 이제 쌀〔米〕 등 곡식〔粟〕 중심에서 탈피하여 동물의 고기나 뿔, 가죽〔皮〕, 특용작물 등 다양화로 단장(丹粧)하여 경제적 효과를 높일 수 있도록 변해야 한다는 것이다.

皮

皮, 총 5획

가죽 피, 껍질 피, 가죽 비 | '又+爲(위)'로, 손[又]으로 짐승의 가죽을 벗기어 취함.

皮骨(피골), 皮封(피봉), 皮膚(피부), 皮下(피하), 鹿皮(녹비), 鹿皮鞋(녹비혜), 面張牛皮(면장우피), 皮之不存毛將安傅(피지부존모장안부)

革

革, 총 9획

가죽 혁, 고칠 혁 | 짐승의 털을 제거하고 만든 가죽.

革帶(혁대), 革命(혁명), 革新(혁신), 革罷(혁파), 小人革面(소인혁면)

米

米, 총 6획

쌀 미, 곡식 미 | 쌀의 낟알이 사방으로 퍼지는 모양.

白米(백미), 米穀(미곡), 米粒(미립), 米粟(미속), 米壽(미수), 秖糠及米(지강급미)

迷

辵, 총 10획

헤맬 미, 미혹할 미 | '辶+米(미)'로, 혼란스러워 어디로 갈지[辶] 망설임.

迷宮(미궁), 迷路(미로), 迷信(미신), 金迷紙醉(금미지취)

粟

米, 총 12획

조 속, 곡식 속 | '襾+米'로, 과일의 열매[襾]처럼 벼와 기장의 빻기 전의 곡식[米] 낟알.

粟米(속미), 粟膚(속부), 黍粟(서속), 滄海一粟(창해일속)

精

米, 총 14획

깨끗할 정, 정성 정, 자세할 정, 정밀할 정 | '米+靑(청)'으로, 쌀[米] 중 좋은 쌀만을 가려냄.

精潔(정결), 精巧(정교), 精氣(정기), 精力(정력), 勇猛精進(용맹정진), 精神一到何事不成(정신일도하사불성)

粧

米, 총 12획

단장 장, 치장 장 | '米+庄←壯(장)'으로, 분[米]으로 곱게 모양을 내기 위해 매만져 꾸밈.

粧鏡(장경), 粧飾(장식), 濃粧(농장), 淡粧(담장), 七寶丹粧(칠보단장)

香, 食부수

향료(香料)는 음식(飮食)의 좋지 않은 냄새를 없애거나 맛을 돋우는데 쓰이며, 맛깔스럽게 장식(粧飾)하기 위함 등 다양한 효과를 내는 데 사용한다. 또 먹기 어려운 보양식(補養食)의 맛을 중화시키거나 다이어트용으로 소식이나 굶음〔飢〕의 효과를 유도하기 위함도 있다.

香

香, 총 9획

향기 향 | '禾←黍+日←甘'으로, 기장밥[黍]의 맛[甘]이 향기로움.

香囊(향낭), 香爐(향로), 香料(향료), 香水(향수), 偸香(투향), 天香國色(천향국색)

食

食, 총 9획

밥 식, 먹을 식, 밥 사, 기를 사 | '皀+亼(집)'으로, 쌀로 밥을 지으니 고소한 냄새[皀]가 남.

食客(식객), 食糧(식량), 食料(식료), 食率(식솔), 食言(식언), 疏食(소사), 簞食瓢飮(단사표음), 伴食宰相(반식재상), 蠶食(잠식), 蠶室(잠실)

飮

食, 총 13획

마실 음, 물 먹을 음 | '欠+㱃(염)'으로, 입을 벌리고[欠] 물을 마심.

飮毒(음독), 飮馬(음마), 飮食(음식), 飮泣(음읍), 飮河滿腹(음하만복)

飢

食, 총 11획

주릴 기 | '食+几(궤)'로, 음식[食]을 먹지 못해 배 속이 궤처럼 비어 있음.

飢餓(기아), 飢寒(기한), 飢渴(기갈), 飢饉(기근), 人飢己飢(인기기기)

飾

食, 총 14획

닦을 식, 꾸밀 식 | '人+巾+食(식)'으로, 동자는 '拭'. 사람[人]이 수건[巾]으로 겉을 닦음.

假飾(가식), 修飾(수식), 裝飾(장식), 虛飾(허식), 內虛外飾(내허외식)

養

食, 총 15획

기를 양 | '食+羊(양)'으로, 정성을 다하여 만든 음식[食]을 바침.

養老(양로), 修養(수양), 養育(양육), 養蠶(양잠), 養虎後患(양호후환)

지식 샘터 **뜻밖의 이로움**

一石二鳥(일석이조) / 一擧兩得(일거양득)

肉부수

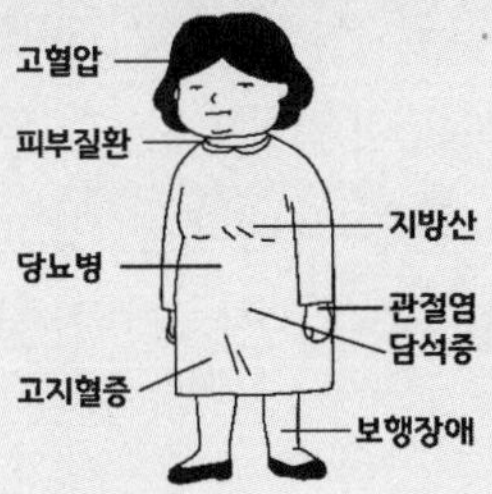

살〔肉〕이 쪄〔肥〕 뚱뚱하고 배〔腹〕 나온 사람은 추운 겨울에는 겹옷〔複〕을 입어 체온을 높이거나 모자와 머플러 등을 착용하여 머리와 목 등의 피부〔膚〕를 보호하는 것이 좋다. 또 체중 감량을 포기(抛棄)하지 말고 꾸준히 노력하여 건강한 신체를 육성(育成)할 필요가 있다.

肉

肉, 총 6획

고기 육 | 크게 썬 조수(鳥獸)의 고깃덩어리 모양.

肉薄(육박), 肉聲(육성), 肉眼(육안), 肉彈(육탄), 骨肉相殘(골육상잔), 髀肉之嘆(비육지탄)

育

肉, 총 8획

기를 육 | '𠫓+肉(육)'으로, 불순(不順)한 아이[𠫓]를 가르쳐 착하게 기름.

育林(육림), 育苗(육묘), 育兒(육아), 仰事俯育(앙사부육)

棄

木, 총 12획

버릴 기 | '廾+華+㐬'으로, 정상적으로 태어나지 못한 사생아나 불효자[㐬]를 삼태기[華]에 담아 양손[廾]으로 들어다 버림.

棄却(기각), 棄權(기권), 棄兒(기아), 遺棄(유기), 自暴自棄(자포자기)

腹

肉, 총 13획

배 복 | '月+复(복)'으로, 사람의 배[月←肚]가 넉넉하고 큼.

腹膜(복막), 腹案(복안), 腹痛(복통) 空腹(공복), 口腹之計(구복지계), 心腹之人(심복지인), 抱腹絶倒(포복절도), 割肉充腹(할육충복), 含哺鼓腹(함포고복)

複

衣, 총 14획

겹옷 복 | '衣+复(복)'으로, 안팎으로 중첩되게 입은 겹옷[衣] 모양.

複道(복도), 複利(복리), 複寫(복사), 複線(복선), 複雜多端(복잡다단)

膚

肉, 총 15획

살갗 부 | '肉+盧(로)'로, '臚'와 동자. 식물의 껍질, 동물의 살갗[肉].

膚淺(부천), 膚學(부학), 身體髮膚(신체발부), 雪膚花容(설부화용)

肥

肉, 총 8획

살찔 비 | '月+巴←卩'로, 몸[卩]에 살[肉]이 찜.

肥大(비대), 肥滿(비만), 肥肉(비육), 肥沃(비옥), 天高馬肥(천고마비), 秋高馬肥(추고마비)

선 요가는 신체의 생리학적 구조와 기능(機能)에 바탕을 두고 심신의 긴장을 이완시키고 척추를 비롯한 사지의 운동을 통해 근육의 탄력을 키워준다. 또 온갖 잡념을 삭감(削減)하거나 소멸(消滅)시켜 기(氣)의 순환을 원활히 한다. 이는 몸을 유연하게 하면서도 탁기를 방면〔罷〕하는 요가의 모양〔態〕을 닮은〔肖〕 명상체조라고도 말한다.

能

肉, 총 10획

곰 능, 능할 능 | '肉+㠯(이)'로, 다리가 사슴과 비슷한 곰 모양.

能力(능력), 能率(능률), 能辯(능변), 能熟(능숙), 能小能大(능소능대)

態

心, 총 14획

태도 태 | '能+心'으로, 마음속[心] 생각이나 자기의 재능[能]을 밖으로 나타냄.

狂態(광태), 嬌態(교태), 舊態(구태), 變態(변태), 千態萬象(천태만상), 花容月態(화용월태)

罷

网, 총 15획

내쫓을 파, 방면할 파, 그만둘 파 | '能+网'으로, 유능한[能] 사람도 법망[网]에 걸리면 그 직책을 수행하지 못하게 됨.

罷免(파면), 罷市(파시), 罷業(파업), 罷場(파장), 欲罷不能(욕파불능)

肖

肉, 총 7획

닮을 초, 작을 초 | '肉+小(소)'로, 후손이 선조의 모습[肉]과 유사함.

肖像(초상), 不肖(불초), 不肖子息(불초자식)

削

刀, 총 9획

깎을 삭, 빼앗을 삭 | '刂+肖(초)'로, 칼집에서 칼[刂]을 빼어 물건을 깎음.

削減(삭감), 削髮(삭발), 削除(삭제), 添削(첨삭), 刻肌削骨(각기삭골)

消

水, 총 10획

사라질 소, 불 끌 소, 삭일 소 | '氵+肖(초)'로, 물[氵]이 아직 바닥이 난 것은 아니지만 곧 다 없어짐.

消滅(소멸), 消費(소비), 消息(소식), 消耗(소모), 雲消霧散(운소무산)

지식 샘터 **흔한 일**

茶飯事(다반사) / 兵家常事(병가상사) / 非一非再(비일비재) / 人之常情(인지상정)

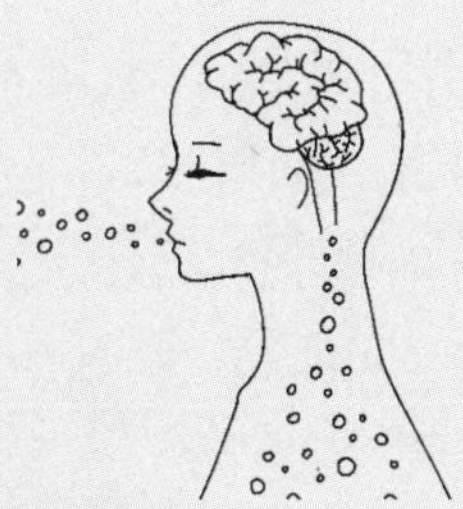

뇌〔腦〕호흡은 우리 몸 안에 깃든 생명의 리듬을 통해 어깨〔肩〕, 위장(胃腸), 가슴〔胸〕속의 괴로움〔惱〕까지도 사라지게 하여 호수(湖水)처럼 넓고 건강한 인간으로 다시 태어나게 하는 수련법이다. 노력도 하지 않고, 어찌〔胡〕 불가능하다고만 말할〔謂〕 수 있겠는가.

腦 肉, 총 13획

뇌 뇌, 정신 뇌 | '月+𡿺'로, 본자는 '𦡦'. 사람의 몸[肉] 중 중추신경 계통 가운데 머리뼈 안에 있는 뇌수(腦髓)[𡿺].

腦回(뇌회), 腦力(뇌력), 腦裏(뇌리), 腦髓(뇌수), 腦死(뇌사), 肝腦塗地(간뇌도지)

惱 心, 총 12획

괴로워할 뇌, 괴로울 뇌 | '忄+𡿺(뇌)'로, 원망하는 마음[忄]으로 괴로워함.

惱殺(뇌쇄), 苦惱(고뇌), 煩惱(번뇌), 百八煩惱(백팔번뇌)

胸 肉, 총 10획

가슴 흉 | '月+匈(흉)'으로, 많은 것을 생각하고 포용하는 가슴[肉].

胸中(흉중), 肺胸(폐흉), 胸部(흉부), 胸算(흉산), 成竹胸中(성죽흉중)

胡 肉, 총 9획

턱밑 살 호, 어찌 호, 수할 호, 오랑캐 호, 나라 이름 호, 성씨 호 | '月+古(고)'로, 소의 목 밑에 늘어진 살[肉].

胡馬(호마), 胡地(호지), 胡亂(호란), 胡笛(호적), 胡馬依北風(호마의북풍)

湖 水, 총 12획

호수 호 | '氵+胡(호)'로, 관개용(灌漑用)으로 쓰기 위해 물[氵]을 막은 큰 방죽.

江湖(강호), 人工湖(인공호), 自然湖(자연호), 江湖之樂(강호지락)

肩 肉, 총 8획

어깨 견 | '戶+月'로, 몸통[月]에서 팔로 이어지는 신체 부위[戶]

肩胛(견갑), 肩骨(견골), 肩章(견장), 比肩(비견), 比肩隨踵(비견수종)

胃 肉, 총 9획

밥통 위 | '肉+囷'으로, 먹은 밥알[囷]이 위 속[月]에 있는 모양.

胃腸(위장), 胃臟(위장), 胃癌(위암), 胃痛(위통), 脾胃難定(비위난정)

謂 言, 총 16획

말할 위 | '言+胃(위)'로, 잘못을 하면 형벌과 죄가 있음을 알림[言].

可謂(가위), 無謂(무위), 所謂(소위), 稱謂(칭위), 天命之謂性(천명지위성)

血, 鹵부수

대중(大衆)을 위해 존재하는 공직자의 청렴의식은 소금〔鹽〕과 피〔血〕처럼 없어서는 안 될 소중한 것이다. 3%의 소금은 바닷물을 썩지 않게 하고, 우리 몸의 8%를 차지하는 피는 건강과 생명을 유지하는 중요한 역할을 한다. 그러므로 공직자는 대중을 위해 소금과 피의 역할을 해야 하지 않을까?

血

血, 총 6획

피 혈, 핏줄 혈 | '一+皿'으로, 제사상에 올린 짐승의 피[一]가 그릇[皿]에 있는 형상.

血管(혈관), 血氣(혈기), 血淚(혈루), 血壓(혈압), 屍山血海(시산혈해) 鳥足之血(조족지혈)

衆

血, 총 12획

무리 중, 많은 사람 중 | '目+乑'으로, 여럿이 모여 한 동아리를 이룬 사람들[三人←乑]의 눈[目].

衆論(중론), 衆評(중평), 衆知(중지), 公衆(공중), 博施濟衆(박시제중), 烏合之衆(오합지중), 衆口鑠金(중구삭금), 衆人環視(중인환시)

鹽

鹵, 총 24획

소금 염 | '鹵+監(감)'으로, 바닷물을 끌어들여 일광과 배수를 잘 살펴[監] 만든 소금[鹵].

鹽飯(염반), 鹽分(염분), 鹽田(염전), 食鹽(식염), 刻畫無鹽(각화무염)

烏合之衆(오합지중) : 까마귀 떼와 같이 질서 없는 무리라는 뜻. 갑자기 모인 조직도 훈련도 없이 모인 군세(軍勢). 어중이떠중이, 맹목적으로 모여든 무리들. 군율도 통일성도 없는 군중.

《후한서》에 다음과 같은 이야기가 있다. 전한(前漢) 말에 국호를 신(新)이라 하고 스스로 황제(皇帝)가 된 왕망(王莽)은 정치에 실패하여 각지에서 반란이 일어났다. 이때, 유수(劉秀)는 왕망의 군사를 물리치고 유현(劉玄)을 황제로 세워 한(漢)나라를 회복했는데, 반란자 가운데 왕랑(王郞)이란 자가 있어 성제의 아들 유자여(劉子輿)를 자처하며 군사를 모아 천자라 일컬었다. 이에 유수(劉秀)가 토벌에 나섰는데, 그의 덕망을 사모한 장수 경감(耿弇)이 유수에게로 가는 도중 부하 두 장수 손창(孫倉)과 위포(衛包)가 왕랑에게로 가려 했다. 그러자 경감은 칼을 뽑아 들고 "왕랑이란 자는 원래 도적인데, 스스로 유자여라 하면서 황제를 사칭하고 난을 일으켰다. 내가 장안에 가서 엄선한 정예군으로 공격하면 왕랑의 군사 같은 오합지중을 짓밟기란 마른 나무 가지를 꺾는 것과 같아서 왕랑을 반드시 사로잡을 것이다. 너희가 도리를 모르고 적과 한패가 된다면 얼마 가지 않아 일족이 몰살을 당할 것이다."라 말했다. 그날 밤, 그들은 끝내 왕랑에게로 도망치고 말았지만 경감은 뒤쫓지 않았다. 서둘러 유수의 토벌군에 합류하여 많은 무공을 세우고 건위대장군(建威大將軍)에 임명되었다.

집

宀 穴 广 高 豆 片 匕 斗 弋 用 耒 几 戶 門

宀	家	安	宴	守	客	害	宿	審	官	寶	宣
		案			額	割 憲	縮		管 館		
寬	寫	富	容	定	寒	宮	宅	宗	宜	寅	察
		副 幅 福			塞		托	崇		演	
完	穴	突	窓	窮	竊	空	广	庚	度	底	庸
院									渡	低 抵	
庶	廣	康	廉	府	庾	高	爿	片	豆	豈	豊
	擴 鑛			腐		稿					體 禮
匕	北	化	斗	弋	式	用	耒	耕	几	凡	戶
	背	貨 花	科 料		試	備				汎	
房	門	間	閏	開	關	閉					
	問 聞	簡	潤								

宀 부수

시민단체에서 고안(考案)한 '안락(安樂)하고 행복한 가정(家庭)'이란 프로젝트는 엄격한 심사(審査)를 거쳐 선정된 지역 현안 과제이다. 오늘 뉴스에는 그 홍보를 위해 질서를 준수(遵守)하며 가두 행진을 하는 광경과 행복한 가정을 초청하여 연회(宴會)를 베푸는 장면이 소개되었다.

宀

宀, 총 3획

집 면 | 집의 겉모양을 그린 것.

家

宀, 총 10획

집 가 | '宀+豕←豭(가)'로, 자녀를 낳고 생활하며 사는 집[宀].

家系(가계), 家計(가계), 家豚(가돈), 家禮(가례), 家給人足(가급인족), 自家撞着(자가당착), 傳家之寶(전가지보), 鄭家奴歌詩(정가노가시)

宴

宀, 총 10획

편안할 연, 잔치 연 | '宀+妟(안)'으로, 집[宀] 안에서 편안히 생활함.

宴樂(연락), 宴會(연회), 壽宴(수연), 饗宴(향연), 宴安酖毒(연안짐독)

守

宀, 총 6획

관원 원, 지킬 수, 살필 수 | '宀+寸'으로, 관원(員)[宀]이 법도[寸]에 따라 일을 집행함.

固守(고수), 守備(수비), 守錢奴(수전노), 創業守成(창업수성)

審

宀, 총 15획

살필 심, 밝힐 심 | '宀+釆'으로, 덮어 가려져 있는 것[宀]을 모두 분별하여[釆] 자세히 밝힘.

審査(심사), 豫審(예심), 再審(재심), 審問(심문), 博學審問(박학심문)

安

宀, 총 6획

편안할 안 | '宀+女'로, 여자[女]가 집[宀] 안에 있음.

安價(안가), 安康(안강), 安樂(안락), 安否(안부), 安堵(안도), 苟安偸生(구안투생), 安不忘危(안불망위), 安分知足(안분지족), 安心立命(안심입명)

案

木, 총 10획

책상 안, 생각할 안, 계획 안 | '木+安(안)'으로, 나무[木]로 만든 궤 모양의 책상.

案席(안석), 考案(고안), 案件(안건), 案內(안내), 擧案齊眉(거안제미)

공자는 "가혹한 정치는 호랑이보다 사납다."고 했다. 만일 정부에서 경기변동 등 객관적(客觀的) 지표나 국민의 기본권을 보장한 헌법(憲法)을 초월하여 세액(稅額)을 가혹하게 할당(割當)한다면 그 해(害)는 맹수인 호랑이보다 심할 수 있다.

客 宀, 총 9획

손님 객, 사람 객 | '宀+各(각)'으로, 남의 집[宀]에 일시적으로 머무는 사람.

客觀(객관), 客死(객사), 客地(객지), 顧客(고객), 百年之客(백년지객), 主客顚倒(주객전도)

額 頁, 총 18획

이마 액, 현판 액, 수량 액 | '頁+客←各(각)'으로, 얼굴[頁]의 눈썹 위로부터 머리털이 난 아래까지 부분.

廣額(광액), 額面(액면), 額字(액자), 金額(금액), 銅頭鐵額(동두철액)

害 宀, 총 10획

해칠 해, 손해 해 | '宀+口+丯(개)'로, 말[口]은 화란(禍亂)을 일으키는 실마리이며, 집[宀]의 잠자리에서도 항상 생각이나 해를 끼침.

害毒(해독), 害惡(해악), 害鳥(해조), 害蟲(해충), 陰柔害物(음유해물)

割 刀, 총 12획

나눌 할, 벨 할, 비율 할 | '刂+害(해)'로, 칼[刂]로 물체를 베어 나눔.

割據(할거), 割當(할당), 割腹(할복), 割愛(할애), 群雄割據(군웅할거)

憲 心, 총 16획

민첩할 헌, 법 헌, 본뜰 헌, 가르칠 헌, 시호 헌, 기뻐할 헌 | '目+心+害(해)'로, 민첩하게 눈[目]으로 보고 마음[心]으로 통함.

憲法(헌법), 憲兵(헌병), 憲章(헌장), 憲政(헌정), 憲法裁判所(헌법재판소)

群雄割據(군웅할거) : 많은 영웅들이 각각 한 지방에 웅거(雄據)하여 세력을 과시하며 서로 다투는 상황을 이르는 말. 여러 영웅이 세력을 다투어 땅을 갈라 버티고 있음.

황하 중류의 유역에 국한됐던 중원문명권이 춘추전국시대를 거치며 중국 전역으로 퍼져나갔다. 정치 체제가 문명의 확산을 따라가지 못한 채 군웅할거(群雄割據)시대가 된 것이다. 그러나 천하를 통일한 진왕은 "제후들을 각지에 존속시키면 안 된다."라 했다. 천하를 다스리는 데 있어서 어쩌면 당연한 일이었다. 호칭 또한 제후들이 왕이라 했으니, 자신도 왕이니 모순이라고 여겨, 왕이란 칭호도 고치고 싶어 중신들에게 협의토록 명한다. 마침내 토의 끝에 "태황이라 등…" 여러 호칭을 내놓았다. 그러나 자기가 생각하는 칭호는 아니었다. 일찍이 사용한 자들이 있었기 때문이다. 그는 전혀 때묻지 않은 새로운 칭호를 원했다. "삼황과 오제를 합친 이름으로 황제(皇帝)가 좋을 것이다." 이 '황제'는 군웅할거(群雄割據) 시대의 종지부를 찍으며 새 칭호를 탄생시켰다.

아들 백금이 노나라 땅에 봉해져 공관(公館)을 떠나게 되자 주공(周公)이 말했다. "나는 한 번 머리 감을 때 세 번이나 머리카락을 거머쥐고, 한 번 밥을 먹을 때 세 번 음식을 뱉으면서 천하의 현명한 사람들을 놓치지 않으려고 했다." 이는 관리(官吏)된 자는 자나〔宿〕깨나 늘 어진 사람을 찾기 위해 부지런히 노력해야 하며, 인재를 보배〔寶〕처럼 받들어 관리(管理)하는 삶의 실천을 농축(濃縮)한 말이다.

宿

宀, 총 11획

잘 숙, 오랠 숙, 여관 숙, 별 수 | '宀+夙(숙)'으로, 오래 머물러 잠자고 생활하는 집[宀].

宿命(숙명), 宿泊(숙박), 宿所(숙소), 星宿(성수), 風餐露宿(풍찬노숙), 東家食西家宿(동가식서가숙)

縮

糸, 총 17획

오그라들 축, 다스릴 축, 바를 축 | '糸+宿(숙)'으로, 오그라들어 어지럽게 헝클어진 실[糸].

縮圖(축도), 縮小(축소), 縮刷(축쇄), 濃縮(농축), 舌卷囊縮(설권낭축)

官

宀, 총 8획

관청 관, 벼슬 관 | '宀+𠂤←堆'로, 임금을 섬기는 관리들[堆]이 일하는 집[宀].

官界(관계), 官權(관권), 官紀(관기), 官能(관능), 微官末職(미관말직), 官尊民卑(관존민비)

管

竹, 총 14획

피리 관, 대로 만든 악기 관, 대롱 관, 관리 관, 집 관 | '竹+官(관)'으로, 대[竹]로 만든 길이가 1척, 둘레가 1촌인 여섯 구멍의 악기.

鐵管(철관), 管區(관구), 管理(관리), 管掌(관장), 管轄(관할), 管中窺豹(관중규표), 管中之天(관중지천), 管鮑之交(관포지교), 以管窺天(이관규천), 坐井觀天(좌정관천)

館

食, 총 17획

집 관, 객사 관 | '食+官(관)'으로, 관청에 온 손님이 먹고[食] 자고 생활할 수 있도록 만든 집.

館舍(관사), 館員(관원), 公館(공관), 別館(별관), 館閣堂上(관각당상)

寶

宀, 총 20획

보배 보 | '宀+玉+貝+缶(부)'로, 어느 집[宀]에서나 보배로 여기는 옥[玉]과 패물[貝].

寶駕(보가), 寶鑑(보감), 寶劍(보검), 寶庫(보고), 文房四寶(문방사보)

유관의 너그러운〔寬〕 성품을 선양(宣揚)할 수 있는 한 사실(寫實)을 살펴〔察〕보자.

유관이 어느 날 관청〔院〕에 가기 위해 완벽(完璧)하게 치장한 것을 보고, 그의 부인이 여자 종을 시켜 고깃국을 받드는 척 엎드려 조회복을 더럽히게 했다. 이때 그는 조금도 언짢은 표정 없이 "국에 네 손은 데지 않았느냐?"며 도리어 여종을 염려한다.

寬

宀, 총 15획

너그러울 관 | '宀+萈(환)'으로, 긴 뿔 염소[萈]가 다닐 정도로 넓고 큰 집[宀].

寬大(관대), 寬待(관대), 寬容(관용), 寬厚(관후), 水寬魚大(수관어대)

宣

宀, 총 9획

알릴 선, 펼 선, 베풀 선 | '宀+亘(선)'으로, 천자가 대궐[宀]에서 하교(下敎)를 내림.

宣撫(선무), 宣誓(선서), 宣揚(선양), 宣言(선언), 到處宣化堂(도처선화당)

寫

宀, 총 15획

옮겨 놓을 사, 베낄 사 | '宀+舃(석)'으로, 집[宀]에서 물건을 이쪽에서 저쪽으로 옮겨 놓음.

寫本(사본), 寫實(사실), 寫眞(사진), 謄寫(등사), 心腹輸寫(심복수사)

察

宀, 총 14획

살필 찰 | '宀+祭(제)'로, 제사를 지낼 때 빠진 것이 없는지 자세히 살펴봄[宀].

視察(시찰), 觀察(관찰), 診察(진찰), 省察(성찰), 聆音察理(영음찰리)

完

宀, 총 7획

완전할 완 | '宀+元(원)'으로, 필요한 것이 모두 갖추어져 모자람이나 흠이 없는 집[宀].

完備(완비), 完璧(완벽), 完全(완전), 完快(완쾌), 完璧歸趙(완벽귀조)

院

阜, 총 10획

집 원, 관청 원 | '阝+完(완)'으로, 사방이 담장[阝][垣牆]으로 둘러싸인 견고한 집.

院內(원내), 院長(원장), 醫院(의원), 病院(병원), 院內總務(원내총무)

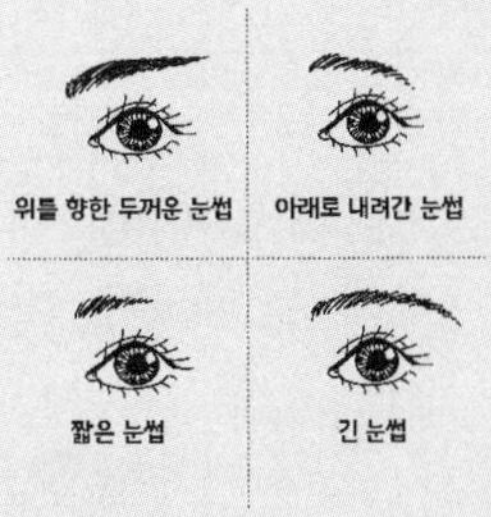

관상(觀相)은 상을 보아 운명 재수를 판단하여 미래에 닥쳐올 흉사를 예방하고 복을 부르려는 점법의 하나이다. 이 관상법에 대해 부자〔富〕가 되는 복〔福〕된 관상은 이미 정(定)해져 있는가, 아니면 얼굴〔容〕의 크기나 이마의 폭〔幅〕만으로도 그 범위를 판정할 수 있는가, 또는 어느 것이 주(主)이고 부차적(副次的)인가 등 그 의견이 분분하다.

富 富

宀, 총 12획

부자 부, 넉넉할 부, 가멸 부 | '宀+畐(복)'으로, 재물이 충분히 비축되어 있는 집[宀].

富强(부강), 富貴(부귀), 富商(부상), 富裕(부유), 富貴浮雲(부귀부운), 陶走猗頓富(도주의돈부)

副 副

刀, 총 11획

쪼갤 복, 버금 부, 둘째 부 | '刂+畐(복)'으로, 물건을 칼[刂]로 나누어 쪼갬.

副官(부관), 副本(부본), 副詞(부사), 副使(부사), 名實不副(명실불부)

幅 幅

巾, 총 12획

너비 폭, 폭 폭 | '巾+畐(복)'으로, 베와 비단[巾]의 너비인 폭.

廣幅(광폭), 大幅(대폭), 滿幅(만폭), 半幅(반폭), 大幅的(대폭적), 全幅的(전폭적)

福 福

示, 총 14획

갖춰질 복, 복 복, 상서로울 복 | '示+畐(복)'으로, 선(善)을 행하는 사람은 복이 갖춰져[示] 모든 일이 순하게 잘됨.

福券(복권), 福德(복덕), 福音(복음), 福祿(복록), 壽福康寧(수복강녕), 轉禍爲福(전화위복)

容 容

宀, 총 10획

받아들일 용, 담을 용, 용서 용, 얼굴 용 | '宀+谷(곡)'으로, 도량[宀]이 커 남의 어떤 말도 잘 수용함.

容貌(용모), 容器(용기), 容納(용납), 容量(용량), 容恕(용서), 阿諛苟容(아유구용)

定 定

宀, 총 8획

편안할 정, 정할 정, 결정할 정 | '宀+正'으로, 집[宀]에서 제사 지내는 것을 바르게[正] 하니 편안함.

改定(개정), 決定(결정), 定義(정의), 定員(정원), 會者定離(회자정리)

G7 국가들의 집〔宅, 宮〕의 실내 온도는 시골 변두리〔塞〕 뿐 아니라 도시에서도 우리나라에 비해 겨울은 춥고〔寒〕 여름은 덥다. 그 이유는 무엇일까? 한 여행 전문가의 말에 의탁(依托)하면, 실내·외의 온도 차가 크면 신체 면역력이 떨어져 건강에 좋지 않다는 과학적 근거 때문이라고 한다.

寒

宀, 총 12획

찰 한 | '宀+茻+人+冫'으로, 날씨가 추워 집[宀] 안에 얼음[冫]이 어는 경우, 사람들[人]은 잡풀[茻]을 깔아 덮고 생활함.

寒波(한파), 寒氣(한기), 寒害(한해), 寒心(한심), 歲寒三友(세한삼우)

塞

土, 총 13획

막을 색, 변방 새, 요새 새 | '土+寒'로, 집의 차가운 곳[寒]을 흙[土]으로 막음.

塞源(색원), 閉塞(폐색), 要塞(요새), 塞翁禍福(새옹화복)

宮

宀, 총 10획

집 궁, 궁궐 궁 | '宀+呂←躳(궁)'으로, 사람[躳]이 늘 거처하고 사는 집[宀].

宮闕(궁궐), 宮庭(궁정), 迷宮(미궁), 龍宮(용궁), 九重宮闕(구중궁궐)

宅

宀, 총 6획

집 택, 댁 댁, 터질 탁 | '宀+乇(탁)'으로, 사람이 몸을 의지하고 생활하는 집[宀].

宅地(택지), 家宅(가택), 古宅(고택), 舍宅(사택), 媤宅(시댁), 徙宅忘妻(사택망처)

托

手, 총 6획

밀 탁, 수제비 탁, 맡길 탁, 의지할 탁, 받침 탁 | '扌+乇(탁)'으로, 손[手]으로 밀어서 엶.

依托(의탁), 托生(탁생), 托故(탁고), 受托(수탁), 三從之托(삼종지탁)

塞翁禍福(새옹화복) : 한때의 이(利)가 장래에는 도리어 해가 되기도 하고, 화가 도리어 복이 되기도 함.

같은 의미로, 새옹득실(塞翁得失), 새옹지마(塞翁之馬)가 있다. 《회남자》에 이에 대한 이야기가 있다. 옛날 중국의 북쪽 변방에 한 노인이 살고 있었는데, 어느 날 이 노인이 기르던 말이 멀리 달아나 버렸다. 마을 사람들이 이를 위로하자, 노인은 "오히려 복이 될지 누가 알겠소." 라 말했다. 몇 달이 지난 어느 날 그 말이 한 필의 준마를 데리고 돌아왔다. 마을 사람들이 이를 축하하자, 노인은 "도리어 화가 될는지 누가 알겠소." 라며 불안해 했다. 그런데 어느 날 말 타기를 좋아하는 노인의 아들이 그 준마를 타다가 떨어져 다리가 부러졌다. 마을 사람들이 이를 걱정하며 위로하자, 노인은 "이것이 또 복이 될지 누가 알겠소." 라며 태연하게 받아들이는 것이었다. 그로부터 1년이 지난 어느 날 마을 젊은이들은 싸움터로 불려 나가 대부분 죽었으나, 노인의 아들은 말에서 떨어진 후 절름발이였기 때문에 전쟁에 나가지 않아 죽음을 면하게 되었다.

전통사회에서 종손(宗孫)은 의당(宜當) 삼가〔寅〕 존숭(尊崇)되었다. 그러나 오늘날에는 그 책임과 역할은 그대로 지속되고 그 사회적 지위는 급격히 떨어져 종손이 연설(演說)처럼 협조를 부탁해도 따르지 않는 경우가 많아 어려움에 봉착하기도 한다.

宗

宀, 총 8획

종묘 종, 마루 종, 종교 종 | '宀+示'로, 선조가 같은 씨족의 신주를 모시고 존숭을 보이는[示] 집[宀].

宗家(종가), 宗廟(종묘), 宗敎(종교), 宗社(종사), 盤石之宗(반석지종)

崇

山, 총 11획

산 높을 숭, 높일 숭, 공경할 숭 | '山+宗(종)'으로, 산[山]이 크고 높음.

崇古(숭고), 崇拜(숭배), 崇尙(숭상), 崇仰(숭앙), 敬神崇祖(경신숭조)

宜

宀, 총 8획

마땅할 의, 알맞을 의 | '宀+且←多'로, 사당[宀] 등에서 제향을 지낼 때 그릇에 제물을 많이 함[多].

宜當(의당), 適宜(적의), 時宜(시의), 便宜(편의), 宜家之樂(의가지락)

寅

宀, 총 11획

삼갈 인, 동관(同官) 인, 셋째 지지 인 | 종지뼈를 베는 형벌을 당함. ※ 갑골문에서는 '화살이 표적에 맞는 모양'으로 보기도 함.

寅方(인방), 寅時(인시), 丙寅洋擾(병인양요)

演

水, 총 획

긴 물줄기 연, 설명할 연, 연습할 연 | '氵+寅(인)'으로, 물[氵]이 유유히 길게 흘러감.

演說(연설), 演習(연습), 演劇(연극), 演技(연기), 黃昏演說(황혼연설)

丙寅洋擾(병안양요) : 흥선(興宣) 대원군(大院君)의 천주교(天主敎) 탄압(彈壓)으로 고종(高宗) 3년(1866)에 프랑스 함대(艦隊)가 강화도(江華島)를 침범(侵犯)한 사건(事件).

조선(朝鮮) 고종(高宗) 3년 병인(1866)년에 천주교도(天主敎徒)를 박해(迫害)한 사건(事件). 러시아로부터 통상(通商) 요청(要請)을 받았을 때, 대원군(大院君)이 천주교(天主敎)를 이용하여 프랑스의 힘을 빌려 하다가, 뜻대로 안 되자 서양 학문 배척의 명을 내리고, 교도(敎徒)인 남종삼, 홍봉주 등과 프랑스 선교사(宣敎師) 베르네 등을 죽이고 팔도에 영을 내려 교도(敎徒)를 학살했음. 이로 말미암아 병인양요(丙寅洋擾)가 일어났다.

穴부수

윤회가 여관에 투숙하였는데, 주인집 아이가 큰 진주를 가지고 나와 놀다가 뜰에 떨어뜨렸다. 이때 곁에 있던 거위가 달려들어 돌연(突然) 그것을 삼켜버렸다. 창문(窓門)으로 아이가 진주를 가지고 논 것만을 본 주인은 진주가 보이지 않자, 공연(空然)히 공이 절취(竊取)한 것으로 의심하여 관청에 알리려 했다. 공이 궁색(窮塞)한 처지가 되자, "저 거위도 나의 곁에 매어 주시오."라 했다. 다음 날 아침 그 구슬이 거위의 똥구멍〔穴〕에서 나오니, 주인이 부끄러워 사과하였다.

穴

穴, 총 5획

구멍 혈 | '宀+八(팔)'로, 고대 원시인들이 혈거 생활을 하던 집[宀].

穴居(혈거), 孔穴(공혈), 空穴(공혈), 巖穴(암혈), 牛入鼠穴(우입서혈)

突

穴, 총 9획

갑자기 돌 | '穴+犬'으로, 개구멍[穴]에서 개[犬]가 갑자기 밖으로 뛰어나옴.

突發(돌발), 突然(돌연), 突進(돌진), 激突(격돌), 曲突徙薪(곡돌사신)

窓

穴, 총 11획

창문 창 | '穴+悤(총)'으로, 바람이나 햇볕을 통하게 만든 구멍[穴].

窓口(창구), 窓門(창문), 窓戶(창호), 窓邊(창변), 北窓三友(북창삼우)

窮

穴, 총 15획

다할 궁 | '穴+躳(궁)'으로, 동굴[穴]이 다한 끝.

窮究(궁구), 窮理(궁리), 窮僻(궁벽), 窮狀(궁상), 窮八十(궁팔십), 窮鼠囓猫(궁서설묘), 窮餘之策(궁여지책), 窮無所不爲(궁무소불위), 山盡水窮(산진수궁)

竊

穴, 총 22획

훔칠 절 | '穴+米+虫'로, 굴[穴]속에 저장해 놓은 쌀[米]을 벌레[虫]가 먹음.

竊盜(절도), 竊取(절취), 竊念(절념), 鼠竊狗偸(서절구투)

空

穴, 총 8획

구멍 공, 빌 공, 하늘 공, 부질없을 공 | '穴+工(공)'으로, 땅을 파서 구멍을 만듦.

空間(공간), 空拳(공권), 空想(공상), 空席(공석), 空前絶後(공전절후), 赤手空拳(적수공권), 空手來空手去(공수래공수거)

广 부수

도교 속신에는, 음력 경신일(庚申日)에 인체 속의 삼시충이 사람의 수면 중에 천상으로 건너〔渡〕가 사명도인에게 인간의 죄과를 말하면 그를 헤아려〔度〕 벌을 내린다고 하였다. 저속(低俗)한 일처럼 보이지만, 한국을 비롯한 중국과 일본 등지에서는 이날 염불 등을 하면서 삼시충이 하늘에 올라가는 것을 막기〔抵〕 위해 밤새도록 자신의 저면(底面)에 쌓인 나쁜 잘못을 반성하는 관습이 행해졌다. 이런 모임을 경신회(庚申會), 이 날 지키는 일을 수경신(守庚申)이라 한다.

庚

广, 총 8획

천간 경, 갚을 경, 단단할 경 | '干+廾+冖'로, 절굿공이[干]를 두 손[廾]으로 잡고 있는 모양.

庚辰(경진), 三庚(삼경), 庚加米(경가미), 庚戌國恥(경술국치)

度

广, 총 9획

법도 도, 잴 도, 정도 도, 헤아릴 탁 | '又+庶(서)'로, 사람들이 손[又]으로 길이 측정의 표준을 삼음.

制度(제도), 度量(도량), 度數(도수), 角度(각도), 忖度(촌탁), 度外視(도외시), 蔭敍制度(음서제도), 上守吏制度(상수리제도)

渡

水, 총 12획

건널 도, 건넬 도 | '氵+度(도)'로, 냇물[氵]을 건널 때 그 깊이와 넓이 등을 헤아리며 건넘.

渡江(도강), 渡美(도미), 渡來(도래), 渡世(도세), 無面渡江(무면도강)

底

广, 총 8획

그칠 저, 밑 저, 속 저 | '广+氐(저)'로, 머물러 사는 집[广].

底力(저력), 底流(저류), 底面(저면), 底邊(저변), 方底圓蓋(방저원개)

低

人, 총 7획

값 쌀 저, 숙일 저, 낮을 저 | '亻+氐(저)'로, 값이 떨어져 사람[亻]이 머리를 아래로 숙이고 있음.

高低(고저), 低級(저급), 低能(저능), 低俗(저속), 低首下心(저수하심)

抵

手, 총 8획

막아낼 저, 거스를 저, 당할 저 | '扌+氐(저)'로, 손[扌]으로 밀어내어 서로 막음.

抵抗(저항), 抵觸(저촉), 抵當(저당), 大抵(대저), 抵死爲限(저사위한)

크리스티안 위르겐센 톰센

고고학에서 말하는 시대구분의 명칭으로, 광의(廣義)의 철기시대는 인류가 철(鐵)〔鑛〕을 이용하여 도구를 사용하기 시작한 이후를 말한다. 이러한 삼시대법은 덴마크를 중심으로 하는 스칸디나비아에서 시작되었다. 처음에는 의미 없는 저렴(低廉)하고 용렬(庸劣)한 연구라 비난을 받기도 했지만, 톰센(Thomsen)은 1836년에 간행된 덴마크 국립박물관 안내 책자에 무기와 도구를 만드는데 사용된 도구가 돌, 청동 및 철의 순서로 계승되었다고 설명하였고, 그의 제자 월사에(Worsaae)는 이를 보완·확대(擴大)하기 위해 발굴 대상을 정리하면서 선사시대를 석기시대, 청동기시대, 철기시대로 나누는 삼시대법을 완성시켰다. 이러한 삼시대법은 곧바로 유럽을 넘어 세계 여러〔庶〕 지역으로 파급되었다.

庸

广, 총 11획

쓸 용, 떳떳할 용, 어리석을 용, 어찌 용 | '庚+用'으로, 먼저 한 일을 다시 고쳐서[庚] 씀[用].

中庸(중용), 登庸(등용), 庸劣(용렬), 庸君(용군), 昏庸無道(혼용무도)

庶

广, 총 11획

여러 서, 많을 서, 첩의 아들 서 | '广+炗←光'으로, 집[广]에서 불빛[光]이 있는 곳에 사람들이 무리지어 있음.

庶務(서무), 庶民(서민), 庶羞(서수), 庶政(서정), 庶幾中庸(서기중용)

廉

广, 총 13획

청렴할 렴, 값쌀 렴, 살필 렴 | '广+兼(겸)'으로, 집[广]에서 청렴하고 검소하게 생활함.

廉恥(염치), 廉價(염가), 廉探(염탐), 廉問(염문), 寡廉鮮恥(과렴선치)

廣

广, 총 15획

큰집 광, 넓을 광, 널리 광 | '广+黃(황)'으로, 궁전처럼 큰 집[广].

廣場(광장), 廣大(광대), 廣漠(광막), 廣告(광고), 心廣體胖(심광체반)

擴

手, 총 18획

넓힐 확 | '扌+廣(광)'으로 손[扌]으로, 작은 것을 벌려 크게 함.

擴大(확대), 擴散(확산), 擴充(확충), 擴張(확장), 擴大再生産(확대재생산)

鑛

金, 총 23획

쇳돌 광, 광석 광 | '金+廣(광)'으로, 광산에서 캐낸 광물질[金].

鑛山(광산), 鑛脈(광맥), 鑛物(광물), 鑛穴(광혈), 鑛物資源(광물자원)

广, 高부수

입사 시험에서 면접 비중을 높이〔高〕는 것은 자기소개서 원고〔稿〕가 제대로 쓰여 있는지, 건강(健康) 등 그 사람의 진면목(面目)을 알고자 하기 때문이다. 한 회사의 경우는 우리 회사 창고〔府, 庾〕 매장은 둘러보았습니까? 부패(腐敗)한 식품에 대해 항의가 있을 경우 어떻게 하겠습니까? 등 현실적 문제를 질문하기도 한다.

康

广, 총 11획

겨 강, 즐거워할 강, 편안할 강 | '禾+米+庚(경)'으로, 벼[禾]의 낟알[米]을 벗긴 껍질.

健康(건강), 康寧(강녕), 安康(안강), 平康(평강), 康衢煙月(강구연월)

庾

广, 총 12획

곳집 유 | '广+臾(유)'로, 지붕이 없이 들에 곡식 단 등을 쌓아두는 곳[广].

庾積(유적), 金庾信傳(김유신전)

高

高, 총 10획

높을 고 | '㒳+冂+口'로, 멀리까지 보기 위해 높은 지대[冂+口]에 지은 누대[㒳] 모양.

高架(고가), 高價(고가), 高尙(고상), 高揚(고양), 高官大爵(고관대작), 高談峻論(고담준론), 氣高萬丈(기고만장)

稿

禾, 총 15획

볏짚 고, 원고 고 | '禾+高(고)'로, '稾'와 동자. 나무가 마르듯, 벼[禾]가 잘 말라 익음.

稿料(고료), 稿人(고인), 稿葬(고장), 稿草(고초), 稿索捕虎(고삭포호)

府

广, 총 8획

관청 부, 창고 부 | '广+付(부)'로, 문서를 보관하는 집[广].

政府(정부), 府庫(부고), 府尹(부윤), 幕府(막부), 春府大人(춘부대인)

腐

肉, 총 14획

썩을 부 | '肉+府(부)'로, 고기[肉]가 창고에 오래 보관되어 있어 썩음.

腐敗(부패), 腐心(부심), 防腐(방부), 陳腐(진부), 流水不腐(유수불부)

豆, 片부수

이방원이 예(禮)를 갖추어 정몽주를 초대하여 제기〔豆〕에 풍성(豊盛)한 음식을 차리고 술을 건내며 먼저 노래를 불렀다.

"이런들 어떠〔豈〕하리 저런들 어떠하리, 만수산 드렁칡이 얽혀진들 어떠하리, 우리도 이같이 얽혀 백 년까지 누리리다." "이 몸〔體〕이 죽고 죽어 일백 번 고쳐 죽어, 백골이 진토되어 넋이라도 있고 없고, 임 향한 일편(一片)단심이야 가실 줄이 있으랴."

豆 (豆, 총 7획)

제기 두, 콩 두 | 고대 음식을 담은 그릇으로 위는 그 뚜껑을, 가운데는 용기를, 아래는 받침을 상형.

豆腐(두부), 豆油(두유), 豆乳(두유), 豆太(두태), 種豆得豆(종두득두)

豈 (豆, 총 10획)

개가(凱歌)할 개, 즐길 개, 어찌 기 | '豆+微(미)'로, 전쟁에서 군사가 돌아오면 조상에게 승전을 알리는 의식[豆]의 '연주가'.

豈敢(기감), 豈不(기불), 豈敢毁傷(기감훼상)

豐 (豆, 총 13획)

풍성 풍 | 본자는 '豐'으로, 의식행사에 음식을 풍성히 담아 놓은 제기 모양.

豊年(풍년), 豊登(풍등), 豊滿(풍만), 豊富(풍부), 時和豊年(시화풍년)

體 (骨, 총 23획)

몸 체 | '骨+豊(풍)'으로, 12개 인체[頂, 面, 頤, 肩, 脊, 臀, 肱, 手, 股, 臂, 脛, 足]의 총 명칭.

體格(체격), 體系(체계), 體得(체득), 體面(체면), 五體投地(오체투지)

禮 (示, 총 18획)

예의 례, 인사 례 | '示+豊(풍, 례)'로, 신[示]을 섬겨 복[豊]을 비는 의식을 행함.

禮物(예물), 禮拜(예배), 禮遇(예우), 禮讚(예찬), 束脩之禮(속수지례), 餘不備禮(여불비례), 虛禮虛飾(허례허식)

片 (片, 총 4획)

조각 편 | '木'을 반으로 쪼갠 것.

片刻(편각), 片簡(편간), 片鱗(편린), 片貌(편모), 一片丹心(일편단심)

匕부수

변화〔化〕가 곧 성공이라는 말이 있다. 만일 재화(財貨)를 잘못 투자하여 패배(敗北)의 쓴맛을 경험했다면 마음의 상처를 하루 빨리 치유하고 그 배경(背景) 문제 등 실패 원인을 면밀히 분석하여 발상의 대전환을 꾀한다면 성공을 꽃〔花〕 피울 수 있다.

"생각이 변하면 행동이 바뀌고, 행동이 변하면 습관이 바뀌고, 습관이 변하면 인격이 바뀌고, 인격이 변하면 운명이 바뀐다."고 하지 않았던가?

北 

匕, 총 5획

배신할 배, 달아날 배, 북녘 북 | 두 사람이 서로 어그러져 등을 맞대고 있는 형상.

北極(북극), 北伐(북벌), 北緯(북위), 敗北(패배), 白首北面(백수북면)

背 

肉, 총 9획

등 배, 배반할 배 | '月+北(배)'로, 등뼈[脊]를 서로 맞대고 있는 사람[肉].

背景(배경), 背信(배신), 背反, 背叛(배반), 面從腹背(면종복배)

化 

匕, 총 4획

될 화, 변화 화 | '亻+匕'로, 가르침을 받아 변화된[匕] 사람[亻]. ※'匕'는 '亻'이 거꾸로 된 것으로 '化'의 초기 글자. 사람이 거꾸로 뒤집혀 변한 모양.

化石(화석), 化育(화육), 化合(화합), 感化(감화), 開化(개화), 歸化(귀화), 橘化爲枳(귤화위지), 千變萬化(천변만화)

貨 

貝, 총 11획

재물 화 | '貝+化(화)'로, 돈[貝]으로 바꿀 수 있는 재보(財寶)의 총칭.

貨物(화물), 貨視(화시), 貨主(화주), 貨車(화차), 奇貨可居(기화가거)

花 

艸, 총 8획

꽃 화 | '艸+𠂹'로, 본자는 '華'. 나무나 풀[艸]에 꽃[𠂹]이 핌.

花冠(화관), 花壇(화단), 花代(화대), 花郎(화랑), 解語花(해어화), 花中王(화중왕), 錦上添花(금상첨화), 落花流水(낙화유수), 百花齊放(백화제방), 花中君子(화중군자)

斗, 弋부수

말〔斗〕로 곡식의 양을 재듯, 학교에서 형식적(形式的)이고 관행적으로 보는 시험(試驗)이지만 그 학과(學科)의 적응 여부를 헤아리는〔料〕 척도가 된다.

斗

斗, 총 4획

말 두 | 십 승(十升)의 도구로 자루가 있는 것. ※ 금문에서는 북두형(北斗形)의 모양으로 봄.

斗星(두성), 斗牛(두우), 大斗(대두), 泰斗(태두), 泰山北斗(태산북두)

科

禾, 총 9획

과정 과, 과목 과, 조목과, 근본 과 | '禾+斗'로 말[斗]로 곡식[禾]의 양을 헤아림.

科客(과객), 科擧(과거), 科目(과목), 科場(과장), 金科玉條(금과옥조)

料

斗, 총 10획

헤아릴 료, 재료 료 | '米+斗'로, 쌀[米]의 양을 말[斗]로 헤아림.

料金(요금), 料量(요량), 料理(요리), 稿料(고료), 鼻元料簡(비원요간)

式

弋, 총 6획

법 식, 예식 식 | '工+弋(익)'으로, 물체를 재는 자[工]는 그리거나 재는 것의 법이 됨.

式年(식년), 式禮(식례), 式場(식장), 式辭(식사), 應行格式(응행격식)

試

言, 총 13획

쓸 시, 시험할 시, 비교할 시 | '言+式(식)'으로, 재능·실력·지식 따위의 수준이나 정도를 일정한 절차[言]를 사용하여 알아봄.

試掘(시굴), 試圖(시도), 試鍊(시련), 考試(고시), 嘗試之計(상시지계)

泰山北斗(태산북두) : 중국 제일의 명산인 태산(泰山)과 북두성(北斗星)이라는 뜻으로, 학문 · 예술 분야의 대가. 태산과 북두칠성을 여러 사람이 우러러보듯이, 남에게 존경(尊敬)받는 뛰어난 존재.

《당서》에 다음과 같은 이야기가 있다. 당송팔대가(唐宋八大家) 중의 한 사람인 한유(韓愈)는 두 살에 고아(孤兒)가 되었으나, 각고의 노력(努力) 끝에 25세에는 진사(進士)가 되었고, 차츰 벼슬이 올라 드디어 경조윤(京兆尹) 겸 어사대부(御史大夫)에까지 이르렀다. 그가 죽은 뒤 조정에서는 예부상서(禮部尙書)를 증(贈)하고, 시호(諡號)를 문(文)이라 했다. 한유는 벼슬살이를 할 때에 궁중에서 일어나는 여러 가지 폐단을 상소하여 황제의 노여움을 사기도 했는데, 특히 '논불골표(論佛骨表)'를 지어 통렬히 간했으므로 조주자사(潮州刺史)로 좌천되기도 했다. 또 글의 모범을 선진(先秦)에 구하고, 육조(六朝) 이래의 사륙(四六)변려의 숙폐(宿弊)를 타파하려 했다. 이 때문에 당서(唐書) 한유전(韓愈傳)에는 "당(唐)나라가 일어난 이래로, 한유는 육경(六經)의 글로 모든 학자들의 도사(導師)가 되었으니, 그가 죽은 뒤 그 학문이 점점 융성하여 학자들은 모두 그를 태산북두(泰山北斗)처럼 존경했다."고 기록되어 있다.

用, 耒부수

쟁기[耒]는 논과 밭을 가는[耕] 데 소를 메어 사용(用)하는 농기구이다. 기계화 영농 이전에는 농촌에서 반드시 갖추어[備]야 할 필수 농기구였다.

用

用, 총 5획

쓸 용 | '卜+中'으로, 점을 쳐서[卜] 적당한 것[中]을 시행함. ※ '用'은 '桶'의 본자. 나무판으로 만든 원형의 통에서 '쓰다'의 뜻이 됨.

用具(용구), 用例(용례), 用務(용무), 用兵(용병), 節用而愛人(절용이애인)

備

人, 총 12획

미리 준비할 비, 갖출 비 | '亻+葡(비)'로, 신중한 사람[亻]은 미리 일을 예견하여 잘 대비하여 갖춤.

備考(비고), 備忘(비망), 備置(비치), 備品(비품), 備盡事情(비진사정)

耒

耒, 총 6획

쟁기 뢰 | 거친 땅을 갈아 일구는 데 사용하는 나무로 만든 기구.

耕

耒, 총 10획

밭갈 경, 고를 경 | '耒+井(정)'으로, 쟁기[耒]로 밭을 갊.

耕讀(경독), 耕耘(경운), 耕作(경작), 耕地(경지), 耕者有田(경자유전), 晝耕夜讀(주경야독)

晝耕夜讀(주경야독) : 낮에는 농사짓고 밤에는 공부한다는 뜻으로, 바쁜 틈을 타서 어렵게 공부함을 이르는 말.

《소학》에 晝耕夜讀手不釋卷(주경야독수불석권)이라는 말의 준말이다. 유사어로는 청경우독(晴耕雨讀), 즉 갠 날에는 밖에 나가 농사일을 하고, 비 오는 날에는 책을 읽는다는 뜻으로, 부지런히 일하면서 틈나는 대로 공부함을 이르는 말이다.

조선시대 선비는 약관(弱冠) 20세까지는 공부에 전념했지만 20세가 넘어 성인이 되면 일을 해야 했다. 낮에는 농사짓고 밤에 틈을 내어 주경야독(晝耕夜讀)하는 것이 일상이었다. 하지만 선비 중에는 땀을 흘려 일해야 하는 대낮에 책만 읽거나 노는 자들이 있었으니, 이들을 일러 불한당(不汗黨), 즉 '땀 흘리지 않는 사람들'이라 칭했다. 오늘날에는 '사회에 폐를 끼치는 파렴치한 떼강도' 같은 사람을 칭하지만, 그 원조는 '일하지 않는 사람들'이란 말에서 유래하였다.

실학자 정약용은 '경세지표'에서 '국가가 나눠주는 것을 직(職), 백성들이 받은 것을 업(業)'이라 했다. 백성이 국가에 대한 의무를 수행하는 것이 직업이란 뜻이다. 서양도 비슷하다. 장 칼뱅에서 막스 베버로 이어진 프로테스탄트 윤리 개념인 '(신이 정해준) 소명으로서의 직업'은 가장 유명한 표현이다. 주어진 직업에 최선을 다하는 것이 신의 뜻이자 구원으로 가는 길이란 말이다.

几, 戶부수

감기 환자가 있을 경우, 지혜로운 사람은 가족 건강을 위해 무릇[凡] 방(房) 문[戶]을 자주 연다. 이는 보이지 않지만 범주(汎舟)처럼 떠돌아다니는 바이러스 세균이나 먼지 등을 밖으로 내 보내고 신선한 공기를 유입하기 위해서다.

几 

几, 총 2획

안석 궤 | '机'와 동자. 앉을 때 기대는 역할을 하는 기구인 안석 모양.

几席(궤석), 几案(궤안)

凡 

几, 총 3획

모두 범, 무릇 범 | '二+及'으로, 천지[二]의 모든 것을 포괄하여[及] 말함.

凡例(범례), 凡夫(범부), 凡事(범사), 凡俗(범속), 凡聖不二(범성불이)

汎 

水, 총 6획

뜰 범, 떠돌 범, 넓을 범 | '氵+凡(범)'으로, 물[氵] 위에 떠 흘러가는 모양.

汎論(범론), 汎愛(범애), 汎舟(범주), 汎稱(범칭), 汎國民的(범국민적)

戶 

戶, 총 4획

지게 호 | 집안의 생명과 재산을 보호해 주는 역할을 하는 '문'. 외문 짝문을 상형함. ※ 외문짝은 '戶', 두문은 '門'이라 함.

戶口(호구), 戶別(호별), 戶籍(호적), 戶主(호주), 家家戶戶(가가호호)

房 

戶, 총 8획

방 방 | '戶+方(방)'으로, 집의 정실(正室) 좌우에 있는 작은 방[戶].

房內(방내), 房貰(방세), 房錢(방전), 空房(공방), 獨守空房(독수공방)

獨守空房(독수공방) : 빈방에서 혼자 잠이란 뜻으로, 부부(夫婦)가 서로 별거(別居)하여 여자가 남편(男便) 없이 혼자 지냄을 뜻함.

옛적 궁녀는 임금의 은총을 입지 못하면 평생 독수공방으로 일생을 마쳤다. 백거이(白居易)의 '상양백발인(上陽白髮人)'이란 시는 궁녀를 노래한 것이다. 그 전반부만 살펴보자.

"상양궁의 궁녀여! 상양궁의 궁녀여! 홍안은 이미 늙고 백발만 무성하네. 푸른 옷의 감사가 궁문을 지키니 상양궁에 갇힌 지 세월이 얼마였던가? 현종 말년에 처음으로 뽑히어 열여섯에 입궐하여 지금 육십이라네. 함께 뽑힌 궁녀가 백여 명이었으나 시들고 늙어 죽어 이 몸만 남았네. 옛적 슬픔 삼키며 친척과 이별할 제 수레에 오르는 나를 울지 말라 달래며, 입궐하면 총애 받으리라. 얼굴이 부용 같고 젖가슴 옥과 같아서라고 했네. 미처 황제의 눈에 들기도 전에 이미 양귀비의 눈 흘김을 받아 그녀의 질투로 상양궁에 갇혀 일생을 독수공방으로 지냈다네. 독수공방하자니 가을밤은 길고 기네." 〈후략〉

門부수

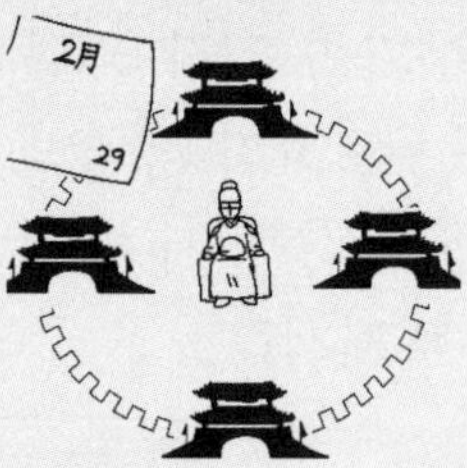

조선시대 윤달[閏]에는 임금이 4대문 밖을 나가지 않았고, 공문(孔門)의 책에, "들은[聞] 것을 마음에 새기지 않고 그대로 남에게 바로 전할 뿐 조금도 제 것으로 만들지 못한 학문(學問)"이라 했으며, 맹자도 "사람들의 병폐는 다른 사람의 스승이 되는 것을 좋아하는 데 있다."고 했는데, 이 모두는 남에게 보이기 위한 위선보다 내면의 윤택(潤澤)함을 중시한 말이다.

門

門, 총 8획

문 문, 문 앞 문 | '戶+戶'로, 두 기둥에 달린 문[門]. 문에서는 안과 밖의 소리를 모두 들을 수 있음.

門客(문객), 門徒(문도), 門樓(문루), 門閥(문벌), 門下(문하), 門外漢(문외한), 登龍門(등용문), 于公門(우공문), 杜門不出(두문불출), 禍福無門(화복무문), 笑門萬福來(소문만복래)

問

口, 총 11획

물을 문, 찾을 문 | '口+門(문)'으로, 입[口]으로 질문하거나 예를 갖추어 방문함.

問答(문답), 問病(문병), 問安(문안), 問責(문책), 記問之學(기문지학), 問道於盲(문도어맹), 不問可知(불문가지), 不問曲直(불문곡직)

聞

耳, 총 14획

들을 문 | '耳+門(문)'으로, 귀[耳]로 들어 그 소리를 알아들음.

見聞(견문), 探聞(탐문), 聽聞(청문), 新聞(신문), 多聞博識(다문박식), 百聞不如一見(백문불여일견)

閏

門, 총 12획

윤달 윤 | '門+王'으로, 고대 천자[王]가 종묘에서 제사를 지낼 때 윤달에는 평달과 달리 문[門] 안에 지냄. ※ 복사(卜辭) 초기에 13월이라는 윤달을 둠.

閏年(윤년), 閏月(윤월), 閏餘成歲(윤여성세)

潤

水, 총 15획

윤택할 윤 | '氵+閏(윤)'으로, 물[氵]이 넉넉히 흘러 내려감.

潤氣(윤기), 潤色(윤색), 潤澤(윤택), 潤筆(윤필), 肥己潤身(비기윤신)

杜門不出(두문불출) : 문을 닫고 밖으로 나가지 않음. 즉 집에만 박혀 있으면서 결코 바깥출입을 하지 않는 모습.

두문동(杜門洞)은 경기도 개풍군 광덕산 서쪽의 골짜기를 이르는 말로, 고려 말기의 유신(遺臣)들이 조선에 반대하여 벼슬살이를 거부하고 은거하여 살던 곳이다. 이성계가 역성혁명을 일으킨 뒤 1392년 7월 16일에 공양왕의 선위 형식을 빌려 조선 국왕에 즉위하자, 고려의 유신 72인이 끝까지 고려에 충성을 다하고 지조를 지키며 이른바 부조현(不朝峴)이라는 고개에서 조복을 벗어던지고 이곳에 들어와 새 왕조에 출사하지 않았다. 이때 조선 왕조는 두문동을 포위하고 고려 충신 72인을 불살라 죽였다고 전해지고 있다. 두문동에 관한 기록은 조선 순조 때 당시 72인의 한 사람인 성사제(成思齊)의 후손이 그의 조상에 관해 기록한 《두문동실기(杜門洞實記)》가 남아서 전해지고 있다. '두문불출'이라는 말은 여기서 비롯된 것이며, 그 당시 많은 선비들이 은거함에 따라 이를 두문동이라고 부르는 곳도 여럿 있다. 한편 두문불출은 중국의 《국어(國語)》와 《사기(史記)》에도 나오는데, 고사성어가 아니라 일반 문장에 사용되었다.

관공서의 관문(關門) 옆에는 문을 열고〔開〕 닫는〔閉〕 시간(時間)이나 출입할 때 주의 사항 등이 간략(簡略)히 적힌 안내문이 있다.

間

門, 총 12획

사이 간, 동안 간, 염탐꾼 간 | '門+月'로, '閒'과 동자. 문[門]틈으로 달빛[月]이 들어오는 것.

間隔(간격), 間色(간색), 間言(간언), 間接(간접), 間諜(간첩), 夢寐之間(몽매지간), 咫尺之間(지척지간), 倉卒之間(창졸지간)

簡

竹, 총 18획

대쪽 간, 책 간, 편지 간 | '竹+閒(간)'으로, 대쪽[竹]에 새겨 놓은 글.

簡單(간단), 簡略(간략), 簡拔(간발), 簡素(간소), 太史之簡(태사지간)

開

門, 총 12획

열 개, 시작할 개 | '門+幵'으로, 문[門]을 거는 빗장을 평평하게[幵] 내려놓음.

開墾(개간), 開刊(개간), 開國(개국), 開明(개명), 開物成務(개물성무), 天地開闢(천지개벽)

關

門, 총 19획

닫을 관, 빗장 관, 관문 관 | '門+𢇇(관)'으로, 문[門]에 빗장을 걸어 단단히 잠금.

關鍵(관건), 關係(관계), 關聯(관련), 關稅(관세), 關與(관여), 關節(관절), 關鍵(관건), 運數所關(운수소관)

閉

門, 총 11획

닫을 폐 | '門+才'로, 문[門]을 닫아 빗장을 걸어 놓음[才].

閉關(폐관), 閉鎖(폐쇄), 閉店(폐점), 閉廷(폐정), 閉月羞花(폐월수화)

倉卒之間(창졸지간) : 미처 어찌할 수 없는 순식간.

너무나 급작스러워 어찌할 수 없는 순간을 가리키는 표현이다. 줄여서 '창졸간'이라고 자주 쓴다. 흔히 "창졸간에 일어난 일이라 나로서도 어쩔 수 없었다."라 표현한다. 창(倉)은 '창고(倉庫)'란 의미로 주로 쓰이는데, 여기서는 '급하다'는 의미로 쓰였다. 졸(卒, 군사 졸, 무리 졸)도 병졸이라는 의미로 주로 쓰이지만 이때는 '갑자기'란 의미로 쓰였다. 창졸(倉卒)은 '창고를 지키는 병사'가 아니라 '어찌할 겨를이 없는 갑작스러움'이란 의미인 것이다.

흙·돌

缶 臼 瓦 酉 皿 鬲

- 缶
- 缺: 決 快 訣
- 臼
- 興
- 與: 擧 譽
- 舊
- 瓦
- 酉: 酒 醫
- 配
- 皿
- 益
- 監: 濫 藍 鑑 覽
- 盜
- 盡

금속

亅 鼎 工

- 亅
- 事
- 了
- 予: 序 野
- 工: 功 江 攻 貢 紅
- 巧
- 左: 佐
- 巨: 拒 距
- 差

털·실 가공

聿 网

- 聿
- 肅
- 网
- 罪
- 罰
- 羅
- 署
- 罔

缶부수

"깨진 거울은 비출 수 없다."는 말이 있다. 이는 부부가 흠결(欠缺)로 인해 결별(訣別)하는 경우 재결합은 어렵다는 뜻이다. 결혼은 자기만의 쾌락(快樂)이 아닌 상대에 대한 배려와 사랑을 전제로 한다. 만일 서로 이기적 사심으로 일관한다면, 이는 결렬(決裂)의 단초가 된다.

缶 

缶, 총 6획

장군 부 | 술, 간장 따위의 액체를 담는 데 쓰는 사기그릇.

甲骨文

金文

缺 

缶, 총 10획

그릇 깨질 결, 이지러질 결, 모자랄 결 | '缶+夬←決(결)'로, 와부(瓦缶) 등의 기물(器物)이 깨짐.

缺勤(결근), 缺席(결석), 缺損(결손), 缺食(결식), 金甌無缺(금구무결)

決 

水, 총 7획

물 이름 결, 터질 결, 끊을 결, 이별할 결 | '氵+夬(결)'로, 여강[氵]에 있는 물이 터져 대별산으로 흘러 내려감.

決斷(결단), 決裂(결렬), 決死(결사), 決算(결산), 決河之勢(결하지세)

快 

心, 총 7획

쾌할 쾌, 빠를 쾌 | '忄+夬(쾌)'로, 몸이 건강하고 마음[忄]이 상쾌함.

快擧(쾌거), 快刀(쾌도), 快樂(쾌락), 快諾(쾌락), 快犢破車(쾌독파거)

訣 

言, 총 11획

헤어질 결, 끊을 결, 비결 결 | '言+決(결)'로, 관계나 교제를 영원히 끊음을 말함[言].

訣別(결별), 生別(생별), 訣要(결요), 擊蒙要訣(격몽요결)

快犢破車(쾌독파거) : 기세 좋은 송아지는 이따금 제가 끄는 수레를 깨뜨린다는 뜻으로, 난폭한 소년은 장차 큰 인물이 될 가능성이 있음을 비유한 말.

성질이 거센 송아지는 이따금 제가 끄는 수레를 파괴하나 자라서는 반드시 장쾌한 소가 된다는 뜻으로, 행동이 거친 아이가 장차 큰 인물이 될 가능성이 있음, 어렸을 때의 성품이나 소행만으로는 어떤 사람의 장래를 속단할 수 없다는 말.

臼부수

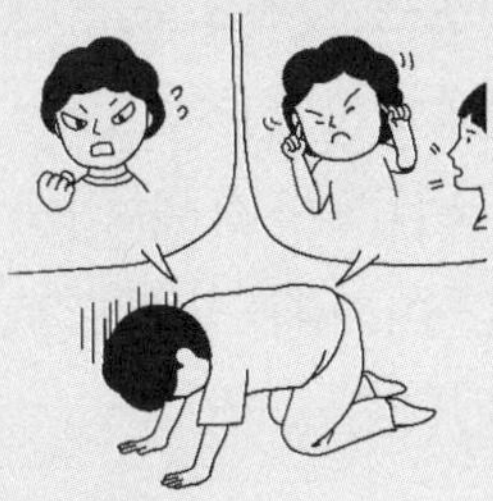

실패하는 사람의 특징을 보면, 감정 조절을 못하여 잘 흥분(興奮)하고, 옛〔舊〕 추억에 젖어 과거의 행복만을 그리워한다. 또 친한 사람의 무리에 속해 안주하려 하며, 어려운 일을 만나면 그 가능 여부(與否)를 생각지 않고 바로 손을 들어〔擧〕 포기하고, 남의 예언(譽言)에 인색한 경향이 있다.

臼

臼, 총 6획

절구 구 | 곡식 따위를 넣고 절굿공이로 빻거나 찧을 수 있게 속이 오목한 절구통 모양.

臼杵(구저), 臼齒(구치)

興

臼, 총 16획

일어날 흥, 흥할 흥 | '舁+同'으로, 양손으로 마주 들어[舁] 힘을 합하여[同] 일어남.

興亡(흥망), 興味(흥미), 興奮(흥분), 興盛(흥성), 咸興差使(함흥차사)

舊

臼, 총 18획

수리부엉이 구, 오랠 구, 옛 구 | '雈+臼(구)'로, 사람들이 꺼리고 업신여기는 수리부엉이[雈]가 오래 머무름. ※'雈'는 새 머리털과 뿔을 형용.

舊故(구고), 舊都(구도), 舊面(구면), 舊式(구식), 因舊遵行(인구준행)

與

臼, 총 14획

무리 여, 같은 무리 여, 좋아할 여, 친할 여, 줄 여 | '舁+与(여)'로, 여럿이 모여 한 동아리를 이룬 사람들이 어떤 일이나 물건을 마주 들어 줌[舁].

與件(여건), 與黨(여당), 與否(여부), 與信(여신), 與民同樂(여민동락), 豎者不足與謀(수자부족여모)

擧

手, 총 18획

들 거 | '手+與(여)'로, 여러 사람이 힘을 합하여 양손[手]으로 들어 올림.

擧手(거수), 擧事(거사), 擧行(거행), 擧國(거국), 一擧兩得(일거양득)

譽

言, 총 21획

기릴 예, 칭찬할 예, 명예 예 | '言+與(여)'로, 여러 사람이 한 일을 칭찬하여 말함[言].

譽望(예망), 譽聞(예문), 譽言(예언), 譽歎(예탄), 落落之譽(낙락지예)

瓦, 酉부수

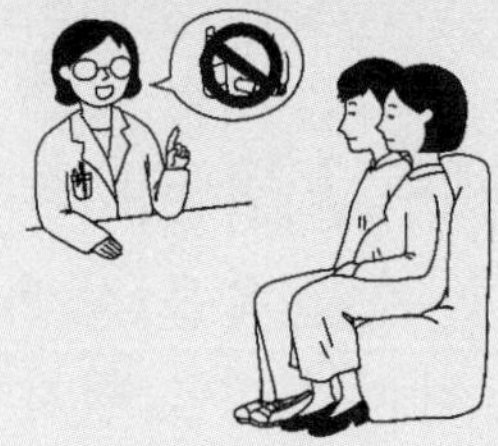

산부인과 의사〔醫〕는 여자가 임신하면 술〔酉, 酒〕이나 담배를 금하고, 짝〔配〕인 남편도 이에 협조해야 태아가 건강하다고 한다. 남자는 '농장지경', 여자는 '농와지경'이라 하는데, 장은 구슬이요, 와(瓦)는 본래 '기와'를 뜻하나 여기에서는 실을 감는 '실패'를 말한다.

瓦 (瓦, 총 5획)

기와 와 | 지붕에 얹은 기와가 서로 겹쳐 있는 모양.

瓦家(와가), 瓦鷄(와계), 瓦器(와기), 瓦全(와전), 弄瓦之喜(농와지희)

酉 (酉, 총 7획)

익을 유, 술 유, 열째 지지 유[닭 유] | 잘 익은 술이 술병에 담겨있는 모양.

酉生(유생), 酉時(유시), 酉方(유방), 酉月(유월), 酉山筆記(유산필기)

酒 (水, 총 10획)

술 주 | '氵+酉(유)'로, 술[氵]이 든 술병.

酒家(주가), 酒客(주객), 酒量(주량), 酒興(주흥), 求漿得酒(구장득주), 豚蹄一酒(돈제일주), 酒池肉林(주지육림)

醫 (酉, 총 18획)

병 고칠 의, 의원 의 | '酉+殹'로, 술[酉] 힘을 빌려 환자의 병을 치료하는[殹] 장인.

醫科(의과), 醫療(의료), 醫務(의무), 醫師(의사), 先病者醫(선병자의)

配 (酉, 총 10획)

짝 배, 나누어 줄 배 | '酉+己(기)'로, 술[酉]과 여자 또는 음주(飮酒)와 여색은 짝.

配匹(배필), 配給(배급), 配當(배당), 配達(배달), 天定配匹(천정배필)

酒池肉林(주지육림) : 술이 연못을 이루고 고기가 숲을 이룬다는 뜻으로, 호화롭고 사치스런 주연(酒宴)을 비유하는 말.

《사기(史記)》〈은본기(殷本紀)〉에 "주왕(紂王)은 술을 좋아하고 여자도 좋아하였다. 특히 달기(妲己)라는 여자를 사랑하여 그녀의 말은 무엇이나 들어 주었다. …그는 사구(沙丘)에 큰 놀이터와 별궁을 지어 두고 많은 들짐승과 새들을 거기에 놓아길렀다. …술로 못을 만들고 고기를 달아 숲을 만든 다음〔以酒爲池懸肉爲林(이주위지현육위림)〕남녀가 벌거벗고 그 사이에서 밤낮없이 술을 퍼마시며 즐겼다."고 하였다.

《십팔사략(十八史略)》에는 걸(桀)에 대해서도 같은 내용을 말하고 있다. "고기는 산처럼 쌓이고, 포는 숲처럼 걸려 있었으며, 술로 만든 못에는 배를 띄울 수가 있었고, 술지게미가 쌓여서 된 둑은 십 리까지 뻗어 있었다. 한 번 북을 울리면 소가 물을 마시듯 마시는 사람이 삼천 명이나 되었다. 그것을 보고 말희(末喜)는 좋아했다."

皿부수

선인들이 보여〔覽〕 준 귀감(龜鑑)이 담긴 말 중에, "소인이 국가에 공익(公益)을 남겼다면 그에게 돈은 주어도 벼슬을 주어서는 안 된다."고 했다. 이는 청출어람(靑出於藍)의 뛰어난 재능을 가진 사람이라도 소인의 품성은 고칠 수 없음을 경계한 말이다. 즉 소인에게 벼슬을 주면, 국가 권력의 힘을 빙자하여 그 사적 이익을 챙겨 공적 도적(盜賊)이 되거나 정치적 보복을 남발(濫發)하여 그 피해의 범위가 다함〔盡〕이 없기 때문이다.

皿 (皿, 총 5획)

그릇 명 | 제기와 같이 굽이 달린 음식을 담는 용기 모양.

益 (皿, 총 10획)

많을 익, 더할 익, 이로울 익 | '水+皿'으로, 그릇[皿] 위로 물[水]이 넘침.

益壽(익수), 益甚(익심), 益蟲(익충), 益鳥(익조), 徒勞無益(도로무익), 益者三友(익자삼우)

盜 (皿, 총 12획)

훔칠 도, 도적질 할 도 | '次+皿'으로, 남의 물건[皿]을 탐내어[次] 자기 것으로 삼음.

盜掘(도굴), 盜難(도난), 盜伐(도벌), 盜犯(도범), 掩耳盜鈴(엄이도령)

盡 (皿, 총 14획)

다할 진 | '皿+㶳(신)'으로, 그릇[皿]에 물건이 아무것도 남아 있지 않음.

盡力(진력), 盡心(진심), 盡日(진일), 極盡(극진), 一網打盡(일망타진), 縱橫無盡(종횡무진)

監 (皿, 총 14획)

볼 감, 살필 감 | '臥+皿←䘓(감)'으로, 엎드려[臥] 낮은 데를 향해 내려다봄.

監禁(감금), 監督(감독), 監房(감방), 監修(감수), 米櫃大監(미궤대감)

濫 (水, 총 17획)

넘칠 람, 함부로 람 | '氵+監(감)'으로, 물[水]이 넘쳐 범람함.

濫讀(남독), 濫發(남발), 濫伐(남벌), 濫伐(남벌), 濫觴(남상)

藍

艸, 총 18획

쪽 람 | '艸+監(감)'으로, 옷감의 푸른색 염료 재료인 쪽 풀[艸].

藍青(남청), 伽藍(가람), 甘藍(감람), 青出於藍(청출어람)

鑑

金, 총 22획

큰 동이 감, 거울 감 | '金+監(감)'으로, 쇠[金]로 만든 큰 물동이.

鑑別(감별), 鑑查(감사), 鑑賞(감상), 龜鑑(귀감), 殷鑑不遠(은감불원), 前車可鑑(전거가감)

覽

見, 총 21획

볼 람 | '見+監(감)'으로, 내가 사물을 보는 것[見]과 남에게 내가 보임을 당하는 것.

觀覽(관람), 遊覽(유람), 展覽(전람), 便覽(편람), 萬機親覽(만기친람)

지식 샘터 **우정(友情)**

知音〔지음 ; 知音知己(지음지기)〕 / 肝膽相照(간담상조) / 管鮑之交(관포지교) / 交友以信(교우이신) / 膠漆之交(교칠지교) / 其利斷金(기리단금) / 其臭如蘭(기취여란) / 金蘭之交〔금란지교 ; 金蘭之契(금란지계)〕 / 金石之交(금석지교) / 斷金之交(단금지교) / 莫逆之友(막역지우) / 忘年之友(망년지우) / 刎頸之交(문경지교) / 伯牙絕絃〔백아절현 ; 斷琴之交(단금지교)〕 / 朋友有信(붕우유신) / 貧賤之交(빈천지교) / 水魚之交(수어지교) / 魚水之交(어수지교) / 知己之友(지기지우) / 竹馬故友(죽마고우) / 芝蘭之交(지란지교) / 葱竹之交(총죽지교) / 布衣之交(포의지교)

青出於藍(청출어람) : 푸른색이 쪽에서 나왔으나 쪽보다 더 푸르다는 뜻으로, 제자가 스승보다 나은 것을 비유하는 말.

《순자(荀子)》〈권학편(勸學篇)〉에 "학문은 그쳐서는 안 된다〔學不可以已(학불가이이)〕. 푸른색은 쪽에서 취했지만 쪽빛보다 더 푸르고〔青取之於藍而青於藍(청취지어람이청어람)〕, 얼음은 물이 이루었지만 물보다도 더 차다〔氷水爲之而寒於水(빙수위지이한어수)〕." 학문이란 끊임없이 계속되는 것이므로 중도에 그쳐서는 안 된다는 뜻이다. 푸른색이 쪽빛보다 푸르듯이, 얼음이 물보다 차듯이 면학을 계속하면 스승을 능가하는 학문의 깊이를 가진 제자도 나타날 수 있다는 말이다. 여기서 제자가 스승보다 뛰어나다는 뜻인 '청출어람(青出於藍)'이 나왔으며, '출람(出藍)'이란 말도 여기서 비롯된 말이다. 또 이러한 재주 있는 사람을 '출람지재(出藍之才)'라고 한다. 비록 제자일지라도 열심히 하면 얼마든지 스승을 능가할 수 있음을 강조한 순자의 주장을 구체적으로 보여주는 예가 있다. 북조(北朝) 북위(北魏)의 이밀(李謐)은 어려서 공번을 스승으로 삼아 학문을 했다. 그는 학문의 발전 속도가 매우 빨라 열심히 노력한 결과 몇 년이 지나자 스승의 학문을 능가하게 되었다. 공번은 이제 그에게 더 이상 가르칠 것이 없다고 생각하고 도리어 그를 스승으로 삼기를 청했다. 그러자 친구들은 그의 용기를 높이 사고 또 훌륭한 제자를 두었다는 뜻에서 청출어람(青出於藍)이라고 칭찬했다. 우리 속담에 '나중 난 뿔이 우뚝하다.'는 말이 있는데, 이는 출람지재(出藍之才), 출람지예(出藍之譽) 등과 함께 청출어람과 같은 뜻으로 사용되는 말이다.

亅 부수

야합(野合)이라는 말은 정상적인 순서(順序)를 거쳐 일〔事〕을 종료(終了)하지 않고 남모르게 적당히 주고〔予〕받는 것을 뜻한다.

亅 亅, 총 1획

갈고리 궐 | 갈고리를 거꾸로 놓은 모양.

事 亅, 총 8획

벼슬아치 사, 일 사 | '史+之(지)'로, 역사[史]를 기록하는 일을 함.

事件(사건), 事君(사군), 事大(사대), 事理(사리), 多事多難(다사다난), 萬事如意(만사여의), 人間萬事(인간만사), 繪事後素(회사후소), 修人事待天命(수인사대천명)

了 亅, 총 2획

마칠 료, 깨달을 료 | '子-一'로 '子'에서, 어린아이가 팔이 없는 모양.

完了(완료), 修了(수료), 猝猝了當(졸종요당)

予 亅, 총 4획

줄 여, 나 여 | 손으로 물건을 서로 밀어 주는 모양.

予奪(여탈), 與奪(여탈), 施予(시여), 欲取先予(욕취선여)

序 广, 총 7획

담 서, 차례 서, 차례 매길 서 | '广+予(여)'로, 집[广]의 동과 서에 있어 내외를 구분하는 담.

序曲(서곡), 序論(서론), 序幕(서막), 序文(서문), 長幼有序(장유유서)

野 里, 총 11획

들 야, 비천할 야 | '里+予(여)'로, 고을[里]의 들 밖을 뜻함.

野談(야담), 野黨(야당), 野蠻(야만), 野望(야망), 野卑(야비), 狼子野心(낭자야심)

지식 샘터 **분노**

叫天呼地(규천호지) / 悲憤慷慨(비분강개) / 逆鱗(역린) / 天人共怒(천인공노) / 含憤蓄怨(함분축원)

工부수

6·25전쟁 최대 격전지인 낙동강(江) 방어선에서는 참전용사와 학도병, 유엔군이 온몸을 바쳐〔貢〕 공격(攻擊)하는 북한군 14개 사단을 막아냈다. 이때 강물은 붉은〔紅〕 핏빛이었으며, 탄알이 떨어지자 농기구나 공구(工具) 등으로 싸웠다 한다. 이 전투는 결국 인천상륙작전의 성공(成功)을 보장하고, 아군이 반격작전으로 전환할 수 있는 발판을 마련케 했다.

工

工, 총 3획

장인 공 | 도구를 사용하여 직선[矩]이나 원[規] 그리는 일을 직업으로 하는 사람.

工科(공과), 工巧(공교), 工夫(공부), 工藝(공예), 同工異體(동공이체)

功

力, 총 5획

공 공 | '力+工(공)'으로, 힘써[力] 노력하여 나라를 바로 세움.

功過(공과), 功德(공덕), 功勞(공로), 功利(공리), 功虧一簣(공휴일궤), 論功行賞(논공행상)

江

水, 총 6획

물 이름 강, 강 강 | '氵+工(공)'으로, 중국 장강(長江) 즉 양자강.

江南(강남), 江村(강촌), 江湖(강호), 渡江(도강), 錦繡江山(금수강산)

攻

攴, 총 7획

칠 공 | '攵+工(공)'으로, 장인이 물체를 두드림[攵].

攻擊(공격), 攻駁(공박), 攻勢(공세), 攻守(공수), 遠交近攻(원교근공)

貢

貝, 총 10획

바칠 공 | '貝+工(공)'으로, 공들여 만든 재화[貝] 또는 기물(器物) 등을 윗사람에 바침.

貢擧(공거), 貢納(공납), 貢物(공물), 貢士(공사), 稅熟貢新(세숙공신)

紅

糸, 총 9획

붉을 홍 | '糸+工(공)'으로, 직물[糸]이 백색과 붉은색이 섞여 울긋불긋함.

紅淚(홍루), 紅裳(홍상), 紅顔(홍안), 紅塵(홍진), 萬丈紅塵(만장홍진), 花無十日紅(화무십일홍)

호리지차(毫釐之差)라는 말은 미세한 차이를 뜻하지만, 그 활용 면에서 보면, 처음에는 미세한 차이지만 나중에는 크게〔巨〕벌어져 그 거리(距離)를 가늠하기 어렵다는 문구에 사용한다. 묘(巧)하게도 일이 그 초기 단계의 도움〔左, 佐〕이 잘못되어 후일에는 결국 천리의 차이가 되는 경우가 많다.

巧

工, 총 5획

공교할 교, 교묘할 교 | '工+丂(교)'로, 물건을 만드는[工] 솜씨가 교묘함[技也 從工丂聲].
※ 技也 : 手部曰技, 巧也『段注』.

巧妙(교묘), 巧詐(교사), 巧言(교언), 巧拙(교졸), 巧取豪奪(교취호탈)

差

工, 총 10획

어긋날 차 | '左+𠂹←乖'로, 어긋나[左] 서로 만나지 않음[𠂹].

差減(차감), 差異(차이), 差別(차별), 隔差(격차), 雲泥之差(운니지차), 天壤之差(천양지차), 千差萬別(천차만별)

左

工, 총 5획

왼 좌, 도울 좌 | '𠂇+工'으로, 왼손[𠂇] 또는 왼편에서 서로 도와 일[工]을 함.

左相(좌상), 左右(좌우), 左遷(좌천), 左遷(좌천), 左顧右眄(좌고우면), 左之右之(좌지우지)

佐

人, 총 7획

도울 좌, 버금 좌, 다음 좌 | '亻+左(좌)'로, 왕을 보좌하여 나라를 균등하게 잘 다스림[亻].

佐吏(좌리), 佐命(좌명), 補佐(보좌), 王佐(왕좌), 王佐之材(왕좌지재)

巨

工, 총 5획

클 거 | 곡척(曲尺)의 큰 자[工]를 손으로 잡고 있음.

巨家(거가), 巨物(거물), 巨富(거부), 巨商(거상), 巨卿之臣(거경지신)

拒

手, 총 8획

막을 거, 물리칠 거 | '止+巨(거)'로, '歫'와 동자. 어떤 일을 하지 못하도록[止] 막음.

拒否(거부), 拒逆(거역), 拒絶(거절), 抗拒(항거), 螳螂拒轍(당랑거철)

距

足, 총 12획

며느리발톱 거, 떨어질 거 | '足+巨(거)'로, 닭의 날카로운 며느리발톱[足]. ※ 며느리발톱 : 새끼발톱 뒤에 덧달린 작은 발톱. 짐승의 뒤쪽에 달린 발톱.

距離(거리), 距骨(거골), 距戰(거전), 距爪(거조), 相距(상거), 聖人相距(성인상거)

聿 부수 – 肀, 网 부수 – 罒, 冈, 罓

16세기 조광조는 요순의 세상을 만들기 위해 경연에서 중중에게 왕도정치의 필요성을 총망라(網羅)하여 진언하였다. 그러나 터무니없게도 '주초위왕'이라 쓰인 나뭇잎 글 때문에 죄인(罪人)으로 몰려, 관서(官署)에서 내린 사약의 벌(罰)을 받고 숙청(肅淸)됨으로써, 춘추필법(春秋筆法)으로 무장된 그 경연 정치의 꿈은 망극(罔極)의 한을 남기고 사라지고 만다.

聿 聿

聿, 총 6획

붓 율 | '肀+一'로, 한 손으로 붓[肀]을 잡고 글[一]을 씀.

肅 肅

聿, 총 12획

엄숙할 숙, 공경할 숙, 숙청할 숙 | '肀+𣶒'으로, 깊은 연못[𣶒]을 건너는 것[肀]처럼, 맡은 일을 매우 공경하고 엄숙히 임함.

肅軍(숙군), 肅拜(숙배), 肅殺(숙살), 肅然(숙연), 自肅自戒(자숙자계)

网 网

网, 총 5획

그물 망 | 물고기나 새를 잡는 그물 모양.

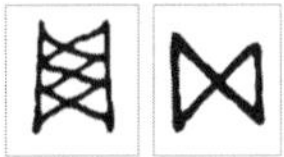

甲骨文　金文

罪 罪

网, 총 13획

고기 그물 죄, 허물 죄, 죄 죄 | '罒+非(비)'로, 대나무로 만든 물고기를 잡는 그물[网].

罪過(죄과), 罪人(죄인), 輕罪(경죄), 斷罪(단죄), 席藁待罪(석고대죄)

罰 罰

网, 총 14획

벌줄 벌, 죄 벌 | '刀+詈'로, 작은 범법(犯法) 행위를 한 사람에게 꾸짖음[詈]으로 주는 형벌[刀].

罰金(벌금), 罰酒(벌주), 罰則(벌칙), 賞罰(상벌), 蒲鞭之罰(포편지벌)

羅 羅

网, 총 19획

그물 칠 라, 벌일 라, 비단 라 | '罒←网+維'로, 새를 잡기 위해 실[糸]로 짠 새[隹] 그물[网]을 침.

羅列(나열), 網羅(망라), 羅網(나망), 羅州(나주), 羅雀掘鼠(나작굴서), 門前雀羅(문전작라)

署 署

网, 총 14획

관청 서, 대리 서, 서명 서 | '网+者(자)'로, 법망[网]으로 사람을 대하는 부서.

署理(서리), 署名(서명), 官公署(관공서), 署名捺印(서명날인)

罔 罔

网, 총 8획

그물 망, 없을 망 | '冂←网+亡(망)'으로, 달아나는[亡] 짐승을 잡기 위해 그물[网]을 침.

罔罟(망고), 罔極(망극), 罔民(망민), 罔測(망측), 罔極之恩(망극지은)

무기·형구

刀 戈 斤 士 矛 干 弓 矢 辛

刀	分	列	刃	利	制	別	則	前	刷	初
	粉	裂		梨	製		側			
	貧	烈					測			
	寡	例								
	紛									

剛	券	刺	戈	或	戌	戒	戊	戲	戚	成
鋼	拳			惑	威	械	茂	劇		城
綱				域	滅	賊		據		誠
										盛

我	斤	新	斥	士	壬	壽	壯	矛	干	年
餓	所		訴	仕	任		莊	務	刊	
	斯			志	賃		裝	霧	肝	
	近			誌	淫				岸	
	兵								旱	
	祈								汗	
									杆	

平	幸	弓	張	弘	弟	弗	弱	引	弔	强
評					第	佛				
						拂				
						費				

矢	短	知	矣	辛	辯	辨
		智				

刀부수 - 刂, ⺈

농협 하나로유통의 후원금으로 전국 '떡국떡 썰기 대회'가 서울 중구에서 있었다. 이날 썰린 떡은 경제적으로 소득이 적은〔寡〕 가난한〔貧〕 이웃을 위한 '떡국 나눔〔分〕 행사'에 사용될 예정이다. 이 대회의 참가자들은 칼〔刀〕로 주어진 분량의 떡 대를 썰었고, 끝마무리로 어지러이〔紛〕 떨어진 가루〔粉〕까지도 남김 없이 깨끗이 정리하였다.

刀

刀, 총 2획

칼 도 | 병기로 사용하는 칼의 모양.

果刀(과도), 軍刀(군도), 短刀(단도), 寶刀(보도), 快刀亂麻(쾌도난마)

分

刀, 총 4획

나눌 분 | '八+刀'로, 칼[刀]로 물건을 나눔[八].

分揀(분간), 分科(분과), 分團(분단), 分斷(분단), 天生緣分(천생연분)

粉

米, 총 10획

가루 분 | '米+分(분)'으로, 얼굴에 바르는 분가루[米].

粉匣(분갑), 粉骨(분골), 粉末(분말), 粉面(분면), 落英繽粉(낙영빈분)

貧

貝, 총 11획

가난할 빈 | '貝+分'으로, 재물[貝]을 나누니[分] 양이 적어짐.

貧困(빈곤), 貧窮(빈궁), 貧富(빈부), 貧弱(빈약), 貧者一燈(빈자일등), 貧則多事(빈즉다사), 家貧孝子出(가빈효자출), 安貧樂道(안빈낙도), 家貧思良妻(가빈사양처)

寡

宀, 총 14획

적을 과 | '宀+頒'으로, 집[宀]에 있는 재물을 나누니[頒] 그 분량이 적음.

寡頭(과두), 寡默(과묵), 寡婦(과부), 寡慾(과욕), 兩寡分悲(양과분비)

紛

糸, 총 10획

말꼬리 전대 분, 어지러울 분 | '糸+分(분)'으로, 말꼬리에 매단 사마직물(絲麻織物)[糸].

紛糾(분규), 紛亂(분란), 紛紛(분분), 紛失(분실), 諸說紛紛(제설분분)

지식 샘터 **마지막 완성**

大佛開眼(대불개안) / 畵龍點睛(화룡점정)

배〔梨〕를 칼〔刃 : 칼날〕로 깎아 만든 즙은 예사(例事)롭게 넘기기 쉬운 기침이나 열렬(烈烈)히 강연하여 목에 균열(龜裂)이 생긴 기관지 계열(系列)의 질환에 이롭〔利〕다고 한다.

刃 (刀, 총 3획)

칼날 인 | '刀+丶'으로, 견고한 칼[刀]의 칼날[丶]을 강조한 모양.

刃傷(인상), 刀刃(도인), 白刃(백인), 自刃(자인), 兵不血刃(병불혈인)

利 (刀, 총 7획)

이로울 리 | '刀+和'로, 칼[刂]을 적절히[禾←和] 잘 사용함.

利權(이권), 利器(이기), 利殖(이식), 利尿(이뇨), 見利思義(견리사의), 薄利多賣(박리다매), 漁父之利(어부지리), 利用厚生(이용후생), 朝名市利(조명시리)

梨 (木, 총 11획)

배 리 | '木+利(리)'로, 봄에 흰 꽃이 피고 가을에 누런 열매가 여는 나무[木].

梨園(이원), 梨花(이화), 山梨(산리), 梨不如菁(이불여청)

列 (刀, 총 6획)

나눌 렬, 벌릴 렬, 줄 렬, 항오 렬 | '刀+歹←㱜(렬)'로, 칼[刀]로 물건을 나눔[分解也 從刀㱜聲].

列强(열강), 列擧(열거), 列席(열석), 列傳(열전), 所經列邑(소경열읍)

裂 (衣, 총 12획)

찢을 렬, 터질 렬 | '衣+列(렬)'로, 옷[衣]을 만들기 위해 재단한 헝겊 조각.

裂傷(열상), 決裂(결렬), 龜裂(균열), 分裂(분열), 目眥盡裂(목자진열)

烈 (火, 총 10획)

세찰 렬 | '灬+列(렬)'로, 불[灬]이 세차게 탐.

烈女(열녀), 烈烈(열렬), 烈婦(열부), 烈士(열사), 憂心烈烈(우심열렬), 秋霜烈日(추상열일)

例 (人, 총 8획)

본보기 례, 법식 례, 조목 례 | '亻+列(렬/례)'로, 사람[亻]들의 사례를 비교하여 본보기로 삼음.

例規(예규), 例年(예년), 例文(예문), 例事(예사), 考例施賞(고례시상)

속담에 "열 길 물속은 알아도 한 길 사람 속은 모른다."는 말이 있다. 이는 극히 제한(制限)적인 제품(製品)일지라도 곧〔則〕그 좋고 나쁨을 분별(分別)할 수 있으며, 열 길의 물 깊이도 잴〔測〕수 있으나 곁〔側〕에 있는 사람의 속마음은 알기 어렵다는 것이다.

別 刀, 총 7획

분별 별, 다를 별, 나눌 별 | '冎+刂'로, 칼[刂]로 살을 발라내어 뼈[冎]와 분류함.

別居(별거), 別故(별고), 別途(별도), 別味(별미), 惜別(석별), 教外別傳(교외별전), 夫婦有別(부부유별)

則 刀, 총 9획

법칙 칙, 곧 즉 | '貝+刂'로, 재물[貝]을 일정한 법칙과 등급에 따라 칼[刂]로 나눔.

校則(교칙), 罰則(벌칙), 法則(법칙), 變則(변칙), 然則(연즉), 衣食足則知榮辱(의식족즉지영욕), 必死則生必生則死(필사즉생필생즉사)

側 人, 총 11획

곁 측 | '亻+則(측)'으로, 가운데가 아닌 옆에 있는 사람[亻].

側近(측근), 側面(측면), 側目(측목), 側室(측실), 輾轉反側(전전반측)

測 水, 총 12획

잴 측 | '氵+則(측)'으로, 물의 깊은 곳까지 그 깊이를 잼.

測量(측량), 測地(측지), 測定(측정), 測候(측후), 以指測海(이지측해)

制 刀, 총 8획

만들 제, 억제할 제 | '未+刂'로, 칼[刂]로 재료를 적절히 잘라 맛있는[未←味] 음식을 만듦.

制度(제도), 制服(제복), 制壓(제압), 制約(제약), 先則制人(선즉제인)

製 衣, 총 14획

지을 제, 만들 제 | '衣+制(제)'로, 옷감을 재단하여 옷[衣]을 만듦.

製鋼(제강), 製圖(제도), 製鍊(제련), 製法(제법), 製品販賣(제품판매)

必死則生 必生則死(필사즉생 필생즉사) : "죽고자 하면 살고, 살고자 하면 죽는다."는 뜻으로, 이순신 장군의 임진왜란 임전훈(臨戰訓).

오자(吳子)의《오자직해(吳子直解)》〈치병 제삼(治兵 第三)〉에서, "무릇 군대가 싸우는 전쟁터는 죽음이 있는 곳이니, 죽기를 각오하면 살 것이요, 살기를 바라면 죽을 것이다.〔吳子曰, 凡兵戰之場, 止屍之地, 必死則生, 幸生則死.〕"라 말했다. 이순신 장군이 말한 "죽고자 하면 살고, 살고자 하면 죽는다.〔必死則生, 必生則死.〕"는 '행생(幸生)'을 '필생(必生)'으로 바꾼 것이다.

김이포 제철소

전(前)근대사회에서 철(鐵)(鋼)은 농기, 무기, 인쇄(印刷) 등 사용 폭이 제한적이었으나 근대화 초(初)기부터 철강 산업은 국가발전의 기강(紀綱)으로 자리 잡았다. 우리나라 최초의 제철소는 1918년 일제가 황해도에 세운 김이포 제철소다. 이후 1942년 청진 제철소 등 여러 개의 군소 제철공장들이 건설됐지만 대부분 군수용 제품을 생산했으며, 일제의 태평양전쟁 조달 목적으로 활용됐다. 해방 이후는 1968년에 포항제철이 첫 삽을 뜨면서부터 활성화되었고 정부차원에서는 이를 강경(剛勁)하게 추진할 지도자가 필요했다.

前

刀, 총 9획

앞 전 | '止+舟'로, 배[舟]를 타면[止] 배가 앞으로 나감.

前功(전공), 前科(전과), 前途(전도), 前略(전략), 前途洋洋(전도양양), 前途遙遠(전도요원)

刷

刀, 총 8획

긁을 쇄, 청결할 쇄, 정돈할 쇄, 쓸 쇄, 닦을 쇄, 인쇄할 쇄 | '刂+㕞(쇄)'로, 물체를 깨끗이 다듬어 정돈함.

刷新(쇄신), 印刷(인쇄), 縮刷(축쇄), 曲面印刷(곡면인쇄)

初

刀, 총 7획

처음 초 | '刀+衣'로, 옷[衣]을 만들 때 칼[刀]로 옷감을 자르는 일부터 시작함.

初面(초면), 初步(초보), 初旬(초순), 初夜(초야), 初志一貫(초지일관)

剛

刀, 총 10획

굳셀 강, 억셀 강 | '刂+岡(강)'으로, 굳세고 억센 것을 힘들여 칼[刂]로 끊음.

剛健(강건), 剛果(강과), 剛柔(강유), 剛毅(강의), 剛毅木訥(강의목눌)

鋼

金, 총 16획

담금질한 쇠 강, 굳셀 강, 강철 강 | '金+岡(강)'으로, 쇠[金]를 담금질하여 단단하게 함.

鋼玉(강옥), 鋼鐵(강철), 鋼筆(강필), 純鋼(순강), 鋼鐵婚式(강철혼식)

綱

糸, 총 14획

벼리 강, 대강 강, 다스릴 강 | '糸+岡(강)'으로, 그물의 위쪽 코를 꿰어 잡아당기게 된 굵고 튼튼한 줄[糸].

綱紀(강기), 綱領(강령), 綱目(강목), 綱常(강상), 君爲臣綱(군위신강), 夫爲婦綱(부위부강), 父爲子綱(부위자강)

刀, 戈부수

석전 놀이

유득공의 『경도잡지』에, 삼문 밖 아현 사람들이 떼를 이루어 편을 가른 다음 만리현 위에서 서로 소리를 지르며 자극(刺戟)하면 자기도 모르게 여기에 유혹(誘惑)되어 몽둥이로 찌르고, 혹(或)은 돌을 던지며 달려들어 주먹〔拳〕으로 싸우는 등 집단 접전이 벌어졌는데, 이를 변전이라 한다. 문서〔券〕로 기록된 것은 없지만, 속설에는 삼문 밖 편이 이기면 기내(경기도 안)가 풍년이 들고, 아현 편이 이기면 다른 지역이 풍년든다 하여, 용산과 마포 지역(地域)의 사람들이 아현 쪽을 도왔다고 한다.

刺 (刀, 총 8획)

찌를 자[척], 가시 자, 헐뜯을 자 | '刂+朿(자)'로, 칼[刂]로 찔러 직접 상처를 입힘. ※'자살'로도 읽을 수 있음.

刺客(자객), 刺戟(자극), 刺繡(자수), 謁刺(알자), 刺殺(척살), 懸頭刺股(현두자고)

券 (刀, 총 8획)

계약서 권, 문서 권, 증서 권 | '刀+𢍏(권)'으로, 칼[刀]로 글자 등을 새겨 훗날 증표로 삼는 문서.

文券(문권), 旅券(여권), 證券(증권), 債券(채권), 黃券赤軸(황권적축)

拳 (手, 총 10획)

주먹 권 | '手+𢍏(권)'으로, 손가락을 움켜쥔 손[手].

拳鬪(권투), 拳銃(권총), 拳法(권법), 空拳(공권), 隻手空拳(척수공권)

或 (戈, 총 8획)

나라 역, 혹 혹, 혹시 혹 | '口+戈+一'로, 백성[口]과 군대[戈], 땅[一]에서 국가를 뜻함.

或問(혹문), 或是(혹시), 或曰(혹왈), 間或(간혹), 多言或中(다언혹중)

惑 (心, 총 획)

미혹할 혹 | '心+或(혹)'으로, 마음[心]에 의혹이 생겨 어지러움.

惑星(혹성), 惑世(혹세), 迷惑(미혹), 不惑(불혹), 惑世誣民(혹세무민)

域 (土, 총 11획)

나라 역, 지경 역 | '土+或'으로, 나라[或]의 땅[土].

領域(영역), 域內(역내), 域外(역외), 域中(역중), 域外調達(역외조달)

戈부수

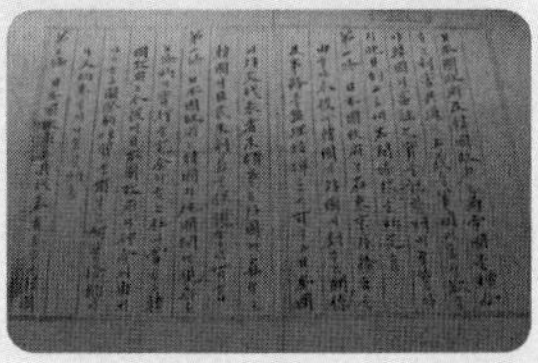

경술(庚戌)년 8월 29일은 일제가 대한제국을 강제로 위협(威脅)하여 그 통치권을 일본에 양여한 날이다. 이 조약이 공포되어 대한제국의 국권이 소멸(消滅)되자, 이의 부당함을 반박하고 경계(警戒)할 겨를도 없이 을사조약이 체결되어 대한제국의 통치권이 실질적으로 일제에게 도적(盜賊)질 당함으로써 37년이라는 일제강점기의 형틀[械]에 갇히게 된다.

戌 (戈, 총 6획)

열한 번째 지지 술 | '戌+一(일)'로, 사람을 살상(殺傷)하는 도끼[戌] 모양.

戌時(술시), 戊戌(무술), 戌方(술방), 戌戌(술술), 戌末(술말), 戌兵(술병), 戌正(술정), 戌座(술좌), 戌初(술초), 戌葵(술규)

威 (女, 총 9획)

위엄 위, 거동 위, 위협할 위 | '女+戌'로, 도끼를 들고 있는 것[戌]처럼 위엄 있는 시어머니[女].

威力(위력), 威勢(위세), 威壓(위압), 威嚴(위엄), 狐假虎威(호가호위)

滅 (水, 총 13획)

불 꺼질 멸, 멸할 멸, 죽을 멸 | '氵+烕(멸)'로, 물[氵]로 불을 완전히 모두 끔.

滅亡(멸망), 滅門(멸문), 滅種(멸종), 擊滅(격멸), 滅門之禍(멸문지화)

戒 (戈, 총 7획)

경계할 계 | '廾+戈'로, 두 손[廾]으로 창[戈]을 잡고 경계를 섬.

戒愼(계신), 戒嚴(계엄), 警戒(경계), 十戒(십계), 一罰百戒(일벌백계)

械 (木, 총 11획)

형틀 계 | '木+戒(계)'로, 죄인의 수족을 매는 나무[木]로 만든 형구(刑具). ※ 桎梏 : 차꼬와 수갑이란 뜻으로, 즉 속박(束縛)이라는 뜻.

器械(기계), 機械(기계), 械繫(계계), 機械之心(기계지심)

賊 (貝, 총 13획)

도둑 적 | '戈+則(칙)'으로, 창[戈]으로 상대를 해(害)쳐 재물을 빼앗는 것을 꺼리지 않음.

賊魁(적괴), 賊窟(적굴), 賊盜(적도), 賊臣(적신), 亂臣賊子(난신적자), 斯文亂賊(사문난적)

연극(演劇)은 배우가 특정한 연희(演戲)의 장소에서 관객을 앞에 두고 극본 속의 인물로 분장하여 몸짓·동작·말로써 창출해 내는 인간 예술이다. 대학의 연극영화과 실습장에서는 위험하고 혐오감을 주는 물품(칼, 창〔戈〕, 오물 등)의 사용을 금지하고, 무성(茂盛)하게 꾸미어 이에 의거(依據)한 무대 예술도 자제한다.

戈

戈, 총 4획

창 과 | 끝이 평평한 창[戟] 모양을 상형함.

戈劍(과검), 干戈(간과), 兵戈(병과), 止戈(지과), 倒置干戈(도치간과)

戊

戈, 총 5획

다섯째 천간 무, 물건 무성할 무 | '戊'은 월(鉞)의 초문. 어금니가 초승달처럼 생긴 도끼 모양.

戊辰(무진), 戊戌(무술), 戊午史禍(무오사화)

茂

艸, 총 9획

무성할 무 | '艸+戊(무)'로, 풀[艸]이 무성히 자람.

茂林(무림), 茂盛(무성), 茂才(무재), 繁茂(번무), 策功務實(책공무실)

戲

戈, 총 16획

놀 희, 희롱할 희 | '戈+䖇(희)'로, 병기[戈]를 들고 무위(武威)를 자랑함.

戲曲(희곡), 戲劇(희극), 戲弄(희롱), 遊戲(유희), 矮人看戲(왜인간희)

劇

刀, 총 15획

심할 극, 연극 극 | '刂+豦(거)'로, 칼[刂]로 장난을 매우 심하게 함.

劇團(극단), 劇烈(극렬), 劇論(극론), 劇本(극본), 農時方劇(농시방극)

據

手, 총 16획

의거할 거 | '扌+豦(거)'로, 손[扌]으로 지팡이를 짚고 몸을 의지함.

據點(거점), 根據(근거), 論據(논거), 依據(의거), 據理責之(거리책지)

중국 복건성의 산악지대에 분포하는 주택 토루는 주민의 안전과 대외적 방위력을 갖추기 위해 완성(完成)한 집합주택이다. 정성(精誠)을 다해 흙으로 만든 4~5층 원형 건물은 마치 물건을 담는〔盛〕 둥근 그릇 모양으로 아랫부분 2~3층은 창이 없이 흙벽의 두께가 1미터 이상에 달하여 하나의 작은 성(城)처럼 건축되었다. 이 용도는 나〔我〕 홀로 외롭게 살거나 굶주린〔餓〕 사람 없이 다함께 생활하는 공동체 공간으로 우리 겨레〔戚〕의 두레와도 그 성격이 유사하다.

戚

戈, 총 11획

도끼 척, 겨레 척 | '戉+尗(숙)'으로, 어금니가 초승달처럼 생긴 작은[戉] 도끼.

戚里(척리), 戚臣(척신), 近戚(근척), 內戚(내척), 遽篨戚施(거저척이)

成

戈, 총 7획

이룰 성 | '戊+丁(정)'으로, '戊'는 '중궁(中宮)' 즉 중앙에 위치한 '土'로 만물을 기르고 완성하는 흙.

成功(성공), 成熟(성숙), 成業(성업), 成長(성장), 成蹊(성혜), 技成眼昏(기성안혼), 綠葉成陰(녹엽성음), 桃李不言下自成蹊(도리불언하자성혜)

城

土, 총 10획

성 성 | '土+成(성)'으로, 백성들이 편안히 잘 살 수 있도록 토석(土石)[土]으로 성을 둘러쌓음.

城郭(성곽), 城樓(성루), 城門(성문), 城壁(성벽), 孤城落日(고성낙일)

誠

言, 총 14획

정성 성 | '言+成(성)'으로, 말[言]과 행동이 부합(符合)되어 진실함.

誠實(성실), 誠心(성심), 誠忠(성충), 積誠(적성), 至誠感天(지성감천)

盛

皿, 총 12획

담을 성 | '皿+成(성)'으로, 제사를 올리기 위해 곡식[黍稷]을 그릇[皿]에 담아 놓음.

盛況(성황), 盛年(성년), 盛事(성사), 盛衰(성쇠), 珍羞盛饌(진수성찬), 興亡盛衰(흥망성쇠)

我

戈, 총 7획

나 아 | '𠂆+戈'로, 끝이 톱처럼 생긴 긴 자루가 달린 창[戈]을 가지고 있음[𠂆←大, 垂].

我軍(아군), 我執(아집), 忘我(망아), 無我(무아), 物我一體(물아일체)

餓

食, 총 16획

주릴 아, 굶주릴 아 | '食+我(아)'로, 먹을 것[食]이 없어 주림.

餓鬼(아귀), 餓死(아사), 飢餓(기아), 凍餓(동아), 餓死之境(아사지경)

斤부수

조정이 온통 일본의 정명가도(征明假道)로 임금을 비롯하여 근신(近臣)들까지도 어찌할 바〔所〕를 모르고 있을 때, 조헌은 옥천에서 상경하여 '일본 사신의 목을 베고 일본의 침략에 대비하여 국방력을 강화하라.'며 도끼〔斤〕를 앞에 두고 소(訴)를 올려 임금의 결단을 빌〔祈〕었다. 도끼는 나무를 베거나 병기〔兵〕로 사용되는 도구이지만, 어떤 문제의 그〔斯〕 잘못을 배척(排斥)하거나 신선(新鮮)한 결단을 촉구하는 강한 상징성이 있기 때문이다.

斤

斤, 총 4획

도끼 근 | 나무를 베는 데 쓰는 도끼.

斤量(근량), 斤斧(근부), 萬斤(만근), 千斤(천근), 千斤萬斤(천근만근)

所

戶, 총 8획

나무 베는 소리 소, 바 소, 곳 소 | '斤+戶(호)'로, 도끼[斤]로 나무를 찍을 때 나는 소리.

所感(소감), 所見(소견), 所期(소기), 所得(소득), 計無所出(계무소출), 罔知所措(망지소조), 無所不爲(무소불위), 爲鬼所笑(위귀소소)

斯

斤, 총 13획

쪼갤 사, 이 사 | '斤+其(기)'로, 도끼[斤]로 나무 등을 쪼갬.

挾斯(협사), 俄羅斯(아라사), 於斯之間(어사지간)

近

辶, 총 8획

가까이 근, 가까울 근, 근처 근 | '辶+斤(근)'으로, 서로 가까이하며[辶] 친하게 지냄.

近親(근친), 遠近(원근), 近視(근시), 近侍(근시), 近墨者黑(근묵자흑), 近朱者赤(근주자적), 不可近不可遠(불가근불가원)

兵

八, 총 7획

병기 병, 병사 병 | '斤+廾'으로, 두 손[廾]으로 무기[斤]를 들고 있음.

兵科(병과), 兵器(병기), 兵法(병법), 兵務(병무), 兵家常事(병가상사)

祈

示, 총 9획

빌 기 | '示+斤(근)'으로, 천재지변이 있으면 신에게 잘못을 아뢰고 복을 구함[示].

祈求(기구), 祈禱(기도), 祈願(기원), 祈祝(기축), 祈快癒(기쾌유), 祈完快(기완쾌)

新 𣂺

斤, 총 13획

새로울 신 | '斤+亲(신)'으로, 연장[斤]으로 쓸 새 나무[木]를 취함.

新規(신규), 新綠(신록), 新聞(신문), 新鮮(신선), 白頭如新(백두여신), 送舊迎新(송구영신)

斥

斤, 총 5획

넓힐 척, 물리칠 척, 엿볼 척, 망볼 척 | '广+屰(역)'으로, 옛집[广]을 새롭게 고쳐 넓힘.

斥賣(척매), 退斥(퇴척), 斥和(척화), 排斥(배척), 衛正斥邪(위정척사)

訴

言, 총 12획

하소연할 소 | '言+斥(척)'으로, 이전(以前)의 억울함을 말함[言].

誣訴(무소), 冤訴(원소), 讒訴(참소), 訴狀(소장), 呼訴無處(호소무처)

지식 샘터 **미래의 대비**

居安思危(거안사위) / 曲突徙薪(곡돌사신) / 鍊磨長養(연마장양) / 先病服藥(선병복약) / 安居危思(안거위사) / 安不忘危(안불망위) / 有備無患(유비무환)

近墨者黑(근묵자흑) : "먹을 가까이하면 검어진다."는 뜻으로, 나쁜 사람을 가까이하면 그 버릇에 물들기 쉽다는 말.

먹을 가까이하다 보면 자신도 모르게 검어진다는 뜻으로, 사람도 주위 환경에 따라 변할 수 있다는 것을 비유한 말이다. 훌륭한 스승을 만나면 스승의 행실을 보고 배움으로써 자연스럽게 스승을 닮게 되고, 나쁜 무리와 어울리면 보고 듣는 것이 언제나 그릇된 것뿐이어서 자신도 모르게 그릇된 방향으로 나아가게 된다는 것을 일깨운 성어다. 중국 서진(西晉) 때의 문신·학자인 부현(傅玄)의 〈태자소부잠(太子少傅箴)〉에 다음과 같은 글이 있다. "무릇 쇠와 나무는 일정한 형상이 없어 겉틀에 따라 모나게도 되고 둥글게도 된다. 또 틀을 잡아주는 도지개가 있어 도지개에 따라 습관과 성질이 길러진다. 이런 까닭으로 주사(朱砂)를 가까이 하면 붉게 되고, 먹을 가까이하면 검게 된다[故近朱者 赤近墨者黑(고근주자적 근묵자흑)]. 소리가 조화로우면 울림이 맑고, 형태가 곧으면 그림자 역시 곧다." 주변 환경의 중요성을 강조한 한자성어로는 '귤화위지(橘化爲枳)·남귤북지(南橘北枳)', '맹모삼천지교(孟母三遷之敎)', '마중지봉(麻中之蓬)·봉생마중(蓬生麻中)', '일부중휴(一傅衆咻)' 등이 있다.

士부수

선비〔士〕 정신은 장엄(莊嚴)한 절개와 꾸밈〔裝〕 없는 청빈을 입지(立志)로 삼아 검약과 절제를 실천하는 씩씩한〔壯〕 기상이라 기록〔誌〕되어 있다. 이 정신은 벼슬〔仕〕하는 사람뿐 아니라 조선 사회 저변에 확산되어 우리 민족의 품성이 되었다.

士

士, 총 3획

선비 사 | '一+十'으로, 시작[一]에서 끝[十]까지 일을 능숙히 잘하는 사람. 초기 금문은 도끼 모양.

士官(사관), 士氣(사기), 士兵(사병), 士卒(사졸), 士氣衝天(사기충천), 二桃殺三士(이도살삼사)

仕

人, 총 3획

배울 사, 벼슬할 사 | '亻+士'로, 나랏일을 맡아 다스리는 자리에 가려는 사람[亻]은 배워 유능한 선비[士]가 되어야 함.

仕官(사관), 仕道(사도), 奉仕(봉사), 出仕(출사), 仕非爲貧(사비위빈)

志

心, 총 7획

뜻 지 | '心+之(지)'로, 마음[心]이 가는[之] 곳.

志望(지망), 志士(지사), 志節(지절), 志操(지조), 玩物喪志(완물상지), 青雲之志(청운지지)

誌

言, 총 14획

기록할 지 | '言+志(지)'로, 말한[言] 것을 기록함.

誌面(지면), 誌文(지문), 日誌(일지), 雜誌(잡지), 消息誌(소식지)

壯

士, 총 7획

씩씩할 장 | '士+爿(장)'으로, 뜻이 크고 씩씩한 선비[士].

壯觀(장관), 壯年(장년), 壯途(장도), 壯烈(장렬), 老益壯(노익장), 豪言壯談(호언장담)

莊

艸, 총 11획

풀 무성할 장, 별장 장, 꾸밀 장 | '艸+壯(장)'으로, 풀[艸]이 무성하게 큼.

莊嚴(장엄), 莊園(장원), 莊重(장중), 老莊(노장), 莊周之夢(장주지몽)

裝

衣, 총 13획

꾸밀 장 | '衣+壯(장)'으로, 옷을 안에 입고 겉옷[衣]을 잘 꾸미어 입음.

裝甲(장갑), 裝備(장비), 裝飾(장식), 裝塡(장전), 武裝蜂起(무장봉기)

외국인 노동자 150명을 상대로 실시한 설문조사 결과를 보면, 가장 큰〔壬〕 불만은 품삯〔賃〕을 주지 않은 경우, 성적 수치심을 유발하는 음란(淫亂)한 행위, 맡긴〔任〕 일을 제대로 못한다며 폭력을 가하는 행위, 목숨〔壽〕을 위협하는 힘든 일을 강요하는 순이었다.

壽

士, 총 14획

장수할 수, 목숨 수 | '老+𠃬(수)'로, 사람이 오래 살아 늙음[老].

壽命(수명), 壽門(수문), 壽福(수복), 壽宴(수연), 十年減壽(십년감수), 延年益壽(연년익수)

壬

士, 총 4획

클 임, 아홉째 천간 임 | '임신한 사람' 또는 실을 감는 '방적 기구의 모양'.

壬年(임년), 壬方(임방), 壬午(임오), 壬人(임인), 辛壬士禍(신임사화)

任

人, 총 6획

도타울 임, 맡을 임, 맡길 임 | '亻+壬(임)'으로, 성실하게 맡은 바 책무를 다하는 사람[亻].

任官(임관), 任免(임면), 任務(임무), 任用(임용), 任重道遠(임중도원)

賃

貝, 총 13획

품삯 임 | '貝+任(임)'으로, 사람을 고용하여 일을 시키고 돈[貝]을 줌.

賃金(임금), 賃貸(임대), 賃借(임차), 勞賃(노임), 無賃乘車(무임승차)

淫

水, 총 11획

적실 음, 음란할 음, 간사할 음 | '氵+𡈼(음)'으로, 물[氵]이 점차 적셔 들어감.

淫亂(음란), 淫蕩(음탕), 浸淫(침음), 天無淫雨(천무음우)

任重道遠(임중도원) : 인(仁)으로 임무(任務)를 삼으니 무겁고, 이를 죽을 때까지 실천해야 하니 그 노정(路程)은 멀다는 말.

《논어(論語)》〈태백(泰伯)篇〉에 증자(曾子)는 "선비는 마음이 넓고 너그러우며 뜻이 굳세지 않으면 안 된다. (왜냐하면) 짐은 무겁고 갈 길이 멀기 때문이다.〔曾子曰(증자왈), 士不可以不弘毅(사불가이불홍의), 任重而道遠(임중이도원).〕"라 말했다. 《한시외전(韓詩外傳)》에는 "임중도원한 사람은 장소를 가리지 않고 실천하며, 집이 가난하고 늙은 어버이를 모신 사람은 지위를 가리지 않고 벼슬을 한다.〔任重道遠者, 不擇地而息, 家貧親老者, 不擇官而仕.〕"라 했다. 증자의 말을 좀 더 구체적으로 설명하면 "인(仁)으로써 자기 책임을 삼으니 그 책임이 무겁고, 죽은 뒤에 그만둘 것이니 그 가는 길이 멀다.〔仁以爲己任, 不亦重乎, 死而後已, 不亦遠乎.〕"는 의미다.

矛, 干부수

신라 말 직무(職務) 태만 등 정치 기강이 문란해지면서 선량한 백성들이 더 많은 세금을 부담하게 되는 모순(矛盾)이 발생하자 이에 대한 불평(不平)이 날로 커져만 갔다. 이후 불만 세력을 아우른 세력가들이 호족으로 등장하면서 천년(千年) 통일신라는 점차 안개[霧] 정국으로 변해갔다. 다행[幸]히 늦게나마 그 문제점을 평가(評價)하고 이를 바로잡으려 노력했으나 끝내 멸망하고 말았다.

矛

矛, 총 5획

창 모 | 병거(兵車)에 세우는 두목이 쓰는 자루가 긴 창.

矛戟(모극), 矛盾(모순), 戈矛(과모), 杖矛(장모), 自己矛盾(자기모순), 矛盾撞着(모순당착)

務

力, 총 11획

힘쓸 무 | '力+敄(무)'로, 전력[力]을 다하여 일에 힘씀.

務望(무망), 激務(격무), 兼務(겸무), 勤務(근무), 君子務本(군자무본), 務實力行(무실역행)

霧

雨, 총 19획

안개 무 | '雨+務(무)'로, 땅에 발생한 수증기[雨]가 물체를 가리어 덮은 것.

霧散(무산), 霧消(무소), 霧笛(무적), 濃霧(농무), 五里霧中(오리무중)

年

干, 총 6획

해 년 | '禾+千(천)'으로, 매년 잘 익은 벼[禾]를 한 번 수확함. ※ 갑골, 금문에는 사람이 볏단[禾]을 등에 지고 있는 모습으로 봄.

年鑑(연감), 年功(연공), 年例(연례), 年輪(연륜), 謹賀新年(근하신년), 年年歲歲(연년세세)

幸

干, 총 8획

다행 행 | '屰+夭'로, 임금의 덕화를 입어 죽음[夭]을 면함[逆].

幸冀(행기), 幸福(행복), 幸運(행운), 多幸(다행), 三生有幸(삼생유행)

平 平

干, 총 5획

평평할 평, 곧을 평 | '亏+八'로, 말할 때 입김[亐]이 똑바로 퍼져[八] 나감. ※ 물의 평면에 뜬 수초의 모양.

平交(평교), 平均(평균), 平國(평국), 平亂(평란), 常平倉(상평창), 平地波瀾(평지파란), 蕩蕩平平(탕탕평평)

評 評

言, 총 12획

품평 평, 품평할 평, 바로잡을 평 | '言+平(평)'으로, 공평하고 이치에 맞게 논평함[言].

評價(평가), 評論(평론), 評議(평의), 評點(평점), 群盲象評(군맹상평)

지식 샘터 **말의 쓰임 방법**

甘言利說(감언이설) / 東問西答(동문서답) / 獅子吼(사자후) / 語不成說(어불성설) / 於異阿異(어이아이) / 言語道斷(언어도단) / 有口無言(유구무언) / 衆口難防(중구난방) / 衆口鑠金(중구삭금) / 重言復言(중언부언) / 緘口無言(함구무언) / 豪言壯談(호언장담)

五里霧中(오리무중) : 짙은 안개가 5리나 끼어 있는 속에 있다는 뜻으로, 무슨 일에 대(對)하여 방향이나 상황을 알 길이 없음을 이르는 말. 일의 갈피를 잡기 어려움.

《후한서(後漢書)》〈장해전(張楷傳)〉에 후한(後漢) 순제(順帝) 때 장해(張楷)라는 사람을 소개하고 있다. 장해는 뛰어난 학문과 인품을 갖추어서 많은 사람들의 존경을 받았다. 왕은 "장해를 불러 오너라. 그에게 벼슬을 주어 나라를 더욱 평화롭게 다스리고 싶구나."라 말하며, 그의 가르침을 받고자 했다. 그러나 장해는 아프다는 핑계를 대며 벼슬길에 나서지 않았고 끝내 고향으로 돌아갔다. 그의 집은 따르는 무리들로 늘 문전성시를 이루었으며, 그는 학문뿐만 아니라 도술(道術)도 능해서 5리나 안개를 퍼지도록 하는 '오리무'를 만들었다. 어느 날 안개를 삼리까지 만들 줄 아는 사람이 '오리무'를 배우기 위해 장해를 찾아왔다. 하지만 장해는 몸을 피하고 만나 주지 않았다. 그 사람은 장해가 만들어 놓은 '오리무' 속에서 헤맬 뿐이었던 것이다.

干부수

보릿고개〔岸〕는 지난 가을에 수확한 양식은 바닥이 나고 보리는 미처 여물지 않은 5~6월, 즉 농가에 식량사정이 매우 어려워 진땀〔汗〕을 흘리며 극복하는 고비를 말한다. 만일 이때 가뭄〔旱〕이 심하면 흉년과 더불어 폐·간〔肝〕 등 속 질병이 많아져 죽는 자도 속출했다.
정부는 이 어려움을 마음에 새기〔刊〕며 1970대 초부터 다수확 품종개량 등 경제개발 5개년 계획에 간여(干與)하였다.

干

干, 총 3획

방패 간, 막을 간 | 범하는 것을 막는 것으로 끝이 두 갈래로 갈라진 창 모양.

干戈(간과), 干滿(간만), 干犯(간범), 干城(간성), 干名犯義(간명범의), 干城之材(간성지재), 干將莫耶(간장막야)

刊

刀, 총 5획

새길 간, 책 펴낼 간 | '刂+干(간)'으로, 칼[刂]로 글자를 새김.

刊行(간행), 旣刊(기간), 發刊(발간), 續刊(속간), 不干之書(불간지서), 萬世不刊(만세불간)

肝

肉, 총 7획

간 간 | '月+干(간)'으로, 인체의 중요 내장[肉]의 하나인 간. ※ 金木水火土 → 肺肝腎心脾를 오장(五臟)이라 함.

肝腦(간뇌), 肝膽(간담), 肝要(간요), 肝油(간유), 肝膽相照(간담상조)

岸

山, 총 8획

언덕 안 | '屵+干(간)'으로, 물가에 닿아 있는 높은 산언덕[屵].

海岸(해안), 江岸(강안), 對岸(대안), 沿岸(연안), 對岸之火(대안지화), 傲岸不遜(오안불손)

旱

日, 총 7획

가물 한 | '日+干(간)'으로, 날[日]이 가물어 비가 오지 않음.

大旱慈雨(대한자우), 久旱逢甘雨(구한봉감우)

汗

水, 총 6획

땀 한 | '氵+干(간)'으로, 몸에서 나오는 찝찔한 액체[氵].

汗腺(한선), 發汗(발한), 汗蒸(한증), 汗汗(한한), 汗牛充棟(한우충동)

弓부수

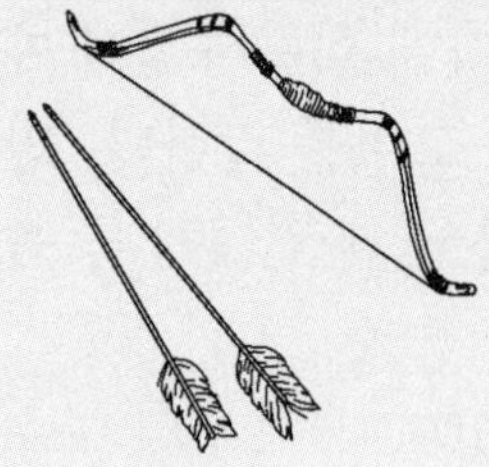

활〔弓〕은 주로 수렵이나 전투용으로 사용되었지만 의례(儀禮)나 심신수련 등에도 쓰였다. 활은 끌어〔引〕당길〔張〕 때 큰 소리〔弘〕가 나며, 연약(軟弱)한 나무로 만들어 잘 휘면서도 강(强)하여 부러지지 않는다. 고대 풍장을 실시할 경우 동물의 접근을 막아 사체를 보호하기 위해 활을 사용하였는데, 이를 뜻하는 한자가 조(弔)자이다.

弓

弓, 총 3획

활 궁 | 옛사람 휘(揮)가 만든 것으로, 가까운 데서 멀리 닿을 수 있는 활.

弓弩(궁노), 弓馬(궁마), 弓師(궁사), 弓術(궁술), 傷弓之鳥(상궁지조)

張

弓, 총 11획

당길 장, 늘일 장, 베풀 장 | '弓+長(장)'으로, 활[弓]시위를 길게 잡아당김.

擴張(확장), 緊張(긴장), 伸張(신장), 誇張(과장), 虛張聲勢(허장성세)

弘

弓, 총 5획

활 소리 홍, 넓을 홍, 넓힐 홍 | '弓+厶←肱(굉)'으로, 활[弓]을 쏠 때 크게 나는 활시위의 진동 소리.

弘文(홍문), 弘報(홍보), 弘益(홍익), 弘道(홍도), 弘益人間(홍익인간)

弱

弓, 총 10획

약할 약, 어릴 약 | 활[弓]처럼 굽는 연약한 나무[橈曲]와 깃털[毛氂][彡]의 부드러움.

弱骨(약골), 弱冠(약관), 弱年(약년), 弱勢(약세), 弱肉强食(약육강식), 抑强扶弱(억강부약)

引

弓, 총 4획

끌 인 | '弓+丨'으로, 활[弓]시위[丨]를 끌어당기는 모습.

引繼(인계), 引渡(인도), 引導(인도), 引例(인례), 面引廷爭(면인정쟁), 我田引水(아전인수)

弔

弓, 총 4획

조문할 조, 슬퍼할 조, 불쌍히 여길 조 | '人+弓'으로, 사람[人]이 활을 가지고 죽은 시체에 모이는 짐승을 몰아내는 것.

弔歌(조가), 弔客(조객), 弔辭(조사), 弔喪(조상), 弔民伐罪(조민벌죄)

強

弓, 총 12획

강할 강 | '虫+弘(홍)'으로, 쌀 속에 사는 강인한 바구미[虫].

强要(강요), 强健(강건), 强硬(강경), 强骨(강골), 强弩之末(강노지말), 年富力强(연부역강)

뜨거운 태양이 내리쬐이고 비바람이 떨쳐〔拂〕도 늘 변함없는〔弗〕 돌부처〔佛〕, 그래서 사람들은 그 돌부처를 공경〔弟=悌〕의 제일(第一) 대상으로 삼았다. 이 때문에 어려운 일을 당하면 아무리 먼 곳에 살아도 비용(費用)을 들여서까지 참배를 했는데, 과연 이것이 의미있는 일이었을까도 생각해 볼 필요가 있다.

弟

弓, 총 7획

차례 제, 순할 제, 아우 제, 공경 제 | 창의 칼날 밑 자루를 가죽 끈으로 차례차례 감아 묶음. ※ 창의 칼날 밑 자루를 끈으로 묶은 모양.

弟嫂(제수), 弟子(제자), 徒弟(도제), 師弟(사제), 庶弟(서제), 實弟(실제), 難兄難弟(난형난제), 四海兄弟(사해형제)

第

竹, 총 11획

차례 제 | '竹+弟'로, 죽간(竹簡)[竹]의 선후[弟].

第一(제일), 甲第(갑제), 科第(과제), 及第(급제), 飛簾及第(비렴급제)

弗

弓, 총 5획

아니 불 | '丿+乀+韋'로, 가죽 끈[韋]으로 어그러진 것[丿+乀]을 묶음. 또는 '여러 개의 화살을 끈으로 묶은 모양'.

弗豫(불예), 弗治(불치), 弗貨(불화), 造次不離(조차불리)

佛

人, 총 7획

방불할 불, 부처 불, 어길 불 | '人+弗(불)'로, 실제 사람[人]과 거의 비슷함.

佛家(불가), 佛歌(불가), 佛經(불경), 佛供(불공), 鬼面佛心(귀면불심)

拂

手, 총 8획

털 불, 떨칠 불, 거스를 불, 도울 불 | '扌+弗(불)'로, 손[扌]으로 세게 침.

拂拭(불식), 拂下(불하), 支拂(지불), 換拂(환불), 拂鬚塵(불수진), 法家拂士(법가필사)

費

貝, 총 12획

쓸 비, 소비할 비 | '貝+弗(불)'로, 재화(財貨)[貝]를 써서 없앰.

所費(소비), 費用(비용), 徒費脣舌(도비순설)

難兄難弟(난형난제) : "누구를 형이라 아우라 하기 어렵다."는 뜻으로, 누가 더 낫다고 할 수 없을 정도로 서로 비슷함. 사물의 우열을 가리기 어렵다는 말.

후한(後漢) 말 학자 진식(陳寔)은 그의 아들 진기(陳紀), 진심(陳諶)과 더불어 세 군자(君子)라 불리어졌다. 진기의 아들 진군(陳群)도 역시 뛰어난 수재로 재상 자리에 올랐었다. 진군이 어렸을 때 어느 날 진심의 아들 진충(陳忠)과 놀다가 서로 자기 아버지의 공적과 덕행을 논했는데, 서로 자기 아버지가 낫다고 하여 결말을 짓지 못하여 할아버지인 진식에게 물으니, "형이 낫다고 하기도 어렵고, 아우가 낫다고 하기도 어렵구나."라 답했다.

矢, 辛부수

바위에 박힌 화살

지식〔知〕과 지혜〔智〕의 차이점은 무엇일까? 지식의 원천은 학문이고 지혜의 원천은 분변력(分辨力)이며, 지식은 추론적이고 지혜는 직관적이다. 지식은 이론적이고, 지혜는 실제적인 면에서 더 잘 나타난다. 우리가 삶의 과정에서 간신(艱辛)의 난제를 만났을 때, 지식은 '의지와 상관없는 맹목적 변론(辯論)으로 급급'하지만 지혜는 '의지를 주도적으로 활용하여 유의미한 정신 활동'을 추구하게 한다. 그렇다면 입석시(立石矢)는 지식일까 지혜일까?

矢

矢, 총 5획

화살 시 | 윗부분은 화살촉, 아래쪽은 살대 및 깃을 나타낸 화살 모양.

弧矢(호시), 嚆矢(효시), 棘矢(극시), 鼠矢(서시), 立石矢(입석시), 已發之矢(이발지시)

短

矢, 총 12획

짧을 단 | '矢+豆(두)'로, 곧고 바른 화살[矢]로 사물의 장단(長短)을 잼.

短歌(단가), 短期(단기), 短慮(단려), 短文(단문), 護短(호단), 高枕短命(고침단명)

矣

矢, 총 7획

어조사 의 | '矢+厶 ← 以(이)'로, 곧고 바른 화살[矢][語已詞也 從矢以聲].

甑已破矣(증이파의)

知

矢, 총 8획

알 지 | '矢+口'로, 화살[矢]처럼 민첩, 정확히 알아서 입[口]으로 말함.

知覺(지각), 知己(지기), 知能(지능), 知命(지명), 知己(지기), 知音(지음), 冷暖自知(냉난자지), 良知良能(양지양능), 不知不識間(부지불식간)

智

日, 총 12획

지혜 지, 슬기 지 | '日 ← 白+亏+知'로, 동자는 '𥏼'. 말한 것을 듣고[亏] 바로 시비를 분별하여[知] 입으로 말함[白].

智謀(지모), 智慧(지혜), 姦智(간지), 機智(기지), 大智若愚(대지약우)

지식 샘터 **고향의 그리움**

看雲步月(간운보월) / 望雲之情(망운지정) / 思鄕之心(사향지심) / 首丘初心(수구초심) / 越鳥巢南枝(월조소남지)

辛

辛, 총 7획

큰 죄 신, 매울 신, 괴로울 신 | '一+辛'으로, 둥근 끌 모양으로 끝이 매우 뾰쪽하고 예리한 경면(黥面)의 형구(刑具).

辛苦(신고), 辛辣(신랄), 辛味(신미), 艱辛(간신), 千辛萬苦(천신만고)

辯

辛, 총 21획

말 잘할 변 | '辡+言'으로, 사건의 진위(眞僞)를 따져[辡] 말[言]을 잘함.

詭辯(궤변), 辯論(변론), 辯士(변사), 辯舌(변설), 懸河之辯(현하지변)

辨

辛, 총 16획

분별할 변 | '刂+辡(변)'으로, 칼[刂]로 물체를 가르듯 시비(是非)를 분별함.

辨理(변리), 辨明(변명), 辨駁(변박), 辨別(변별), 魚魯不辨(어로불변), 咫尺不辨(지척불변)

지식 샘터 오만하고 무례함

各自爲政(각자위정) / 奸惡無道(간악무도) / 見利忘義(견리망의) / 輕擧妄動(경거망동) / 輕佻浮薄(경조부박) / 極惡無道(극악무도) / 恬不爲愧(염불위괴) / 妄自尊大(망자존대) / 傍若無人(방약무인) / 背恩忘德(배은망덕) / 山鷄夜鶩(산계야목) / 嘗糞之徒(상분지도) / 松都契員(송도계원) / 晏子之御(안자지어) / 眼下無人(안하무인) / 傲慢不遜〔오만불손 ; 傲慢無道(오만무도), 傲慢無禮(오만무례)〕 / 唯我獨尊(유아독존) / 人面獸心(인면수심) 天方地軸(천방지축) / 破廉恥漢(파렴치한) / 回賓作主(회빈작주) / 厚顔無恥(후안무치)

懸河之辯(현하지변) : 급경사를 흐르는 물처럼 거침없이 잘하는 말.

《진서(晉書)》〈곽상전(郭象傳)〉에 있는 이야기이다. 서진(西晉)의 학자 곽상(郭象)은 어려서부터 재능이 탁월하여 주위 사람들의 칭송을 받았으며, 일상생활 속의 모든 현상에 대한 깊은 사색을 즐겼다. 그는 성인(成人)이 되어서도 노장(老莊)의 학설을 좋아하여 그에 관한 연구와 집필을 계속하였다. 곽상은 그 당시 조정으로부터 관직을 맡아줄 것을 부탁받은 적이 한두 번이 아니었지만 학문 연구에 뜻을 두고 있었으므로 모두 사양하였다. 그러나 한번은 더 이상 거절하지 못하고 황문시랑(黃門侍郞)이라는 직책을 맡게 되었다. 그는 관직생활에 있어서도 매사를 이치에 맞게 분명하게 처리하였고, 다른 사람들과 어떤 문제에 대한 깊이 있는 토론을 좋아했다. 토론을 할 때마다 그의 말이 논리 정연하고 언변이 뛰어난 것을 지켜보던 왕연(王衍)은 이렇게 칭찬의 말을 했다.

"곽상이 말하는 것을 들으면 마치 산 위에서 곧장 떨어지는 물줄기가 그치지 않음과 같다.〔聽象語, 如懸河瀉水, 注而不竭.(청상어 여현하사수 주이불갈)〕"고 하였다.

이동

車 舟 方

車	軍	輿	軒	輸	輝	輪	載	舟	航	船
陣	運			愈		倫	裁		抗	沿
庫	揮					論	栽			鉛
連							鐵			
蓮							哉			
範										

般	方	旗	旋	族	旅	施	於
盤	防						
	妨						
	訪						
	芳						

車부수

병법의 전범(典範) 중 하나는 창고(倉庫)의 군수물자나 식량 등을 수레〔車〕에 실어 신속하게 진지(陣地)에 옮기는 일이다. 뛰어난 전략가는 이 같은 기미를 미리 알고 상대 수레의 연결(連結) 통로를 막아 그를 궁지에 몰아넣기도 했다.

車, 총 7획

수레 거 | 수레의 교자와 굴대, 두 바퀴를 그린 것.

車庫(차고), 車道(차도), 車輛(차량), 車馬(거마), 車魚之歎(거어지탄)

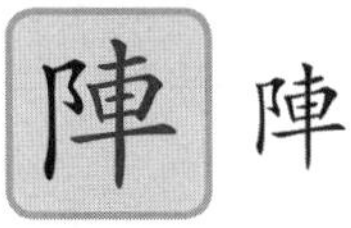

阜, 총 10획

진 진, 진칠 진 | '阜+車'로, 군사들의 대오(隊伍)를 배치한 것[車], 또는 그 대오가 있는 곳[阜].

陣頭(진두), 陣營(진영), 陣中(진중), 陣痛(진통), 背水之陣(배수지진)

广, 총 10획

곳집 고 | '广+車'로, 병거(兵車)[車]를 넣어 두는 높다랗게 지은 집[广].

庫房(고방), 庫子(고자), 國庫(국고), 金庫(금고), 九經庫(구경고), 創氏庫氏(창씨고씨)

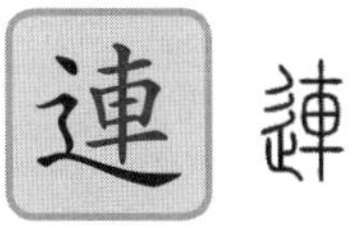

辵, 총 11획

잇닿을 련, 이을 련 | '辶+車'로, 각기 끌고 가는[辶] 수레[車]가 연이어짐.

連結(연결), 連帶(연대), 連絡(연락), 連累(연루), 連想(연상), 連署(연서), 合縱連橫(합종연횡)

竹, 총 15획

법 범 | '車+笵(범)'으로, 전쟁이나 먼 길을 떠날 때 수레[車]가 출발하기 전에 도로의 신에게 제사를 올림.

範例(범례), 範圍(범위), 範疇(범주), 廣範(광범), 洪範九疇(홍범구주)

合從連橫(衡)(합종연횡) : 중국 전국시대의 최강국인 진(秦)과 연(燕)·제(齊)·초(楚)·한(韓)·위(魏)·조(趙)의 6국 사이의 외교 전술. 공수(攻守) 동맹의 뜻.

B.C. 4세기 말 여러 나라를 유세하고 있던 소진(蘇秦)은 우선 연(燕)에, 이어서 다른 5국에게 진나라 밑에서 쇠꼬리가 되기보다는 차라리 닭의 머리가 되자고 설득하여, 6국을 종적(縱的)으로 연합시켜 서쪽의 강대한 진나라와 대결할 공수동맹을 맺도록 하였다. 이것을 합종(合從 : 縱)이라 한다. 뒤에 위나라 장의(張儀)는 합종은 일시적 허식에 지나지 않으며 진을 섬겨야 한다고, 6국을 돌며 연합할 것을 설득하여 진(秦)이 6국과 개별로 횡적 동맹을 맺는 데 성공하였다. 이것을 연횡(連衡 : 橫)이라고 한다. 그러나 진은 합종을 타파한 뒤 6국을 차례로 멸망시켜 중국을 통일하였다.

고대 전쟁에서 북소리는 장수가 병사들을 지휘(指揮)하는 수단이자 군(軍)의 사기를 더욱〔愈〕 북돋는 중요한 도구였다. 북을 한 번 울리면 병사들은 대형으로 줄을 서며, 두 번 울리면 수레〔轝, 軒〕에 군수물자를 실어〔輸〕 운반(運搬)하는 자세를 갖추고, 세 번 울리면 적진을 향해 전진하며, 네 번 울리면 빨리 걷고, 다섯 번 울리면 급히 달려가 적과 맞서 싸웠다. 북과 관련된 고사로 일고작기(一鼓作氣)가 있다. "북을 한 번 두드려 병사들의 사기를 높인다."는 뜻으로, 그 속뜻은 어떤 일을 할 때 처음에 기세를 올려 단숨에 처리한다는 말이다.

輿 車, 총 17획

수레 여, 가마 여, 멜 여, 들 여, 많을 여 | '車+舁(여)'로, 사람이 타는 가마[車]를 네 사람이 힘을 모아서 드는 것.

輿論(여론), 輿望(여망), 輿地(여지), 肩輿(견여), 杯水輿薪(배수여신)

軒 車, 총 10획

수레 헌, 높을 헌, 오를 헌, 훨훨 나는 모양 헌, 껄껄 웃는 모양 헌, 춤추는 모양 헌, 추녀 헌, 집 헌 | '車+干(간)'으로, 사람이 타는 작은 수레[車].

軒頭(헌두), 軒燈(헌등), 軒昂(헌앙), 軒檻(헌함), 軒軒丈夫(헌헌장부)

輸 車, 총 16획

실어 낼 수, 실어 보낼 수 | '車+兪(유)'로, 수레[車]로 짐을 실어 나름.

輸送(수송), 輸入(수입), 輸出(수출), 輸血(수혈), 十輸其一(십수기일)

愈 心, 총 13획

더욱 유, 병 나을 유 | '心+兪(유)'로, 어떤 일이 전보다 더 좋아짐을 마음으로[心] 느낌.

愈愈(유유), 快愈(쾌유), 愈出愈怪(유출유괴)

軍 車, 총 9획

군사 군, 진칠 군 | '冖←包+車'로, 병거(兵車)[車] 4천인을 내는 군대가 생활하는 곳[包].
※ 금문에 '冖+車'로, 수레[車]를 놓고 막사[冖] 안에서 생활함.

軍犬(군견), 軍國(군국), 軍紀(군기), 軍氣(군기), 烏將軍(오장군), 孤軍奮鬪(고군분투), 獨不將軍(독불장군), 千軍萬馬(천군만마)

지식 샘터 **뜬소문**

街談巷說〔가담항설 ; 街談巷語(가담항어)〕 / 道聽塗說(도청도설) / 流言蜚語(유언비어) / 無稽之言(무계지언)

運

辶, 총 13획

운반할 운, 운전할 운, 돌 운, 길 운 | '辶+軍(군)'으로, 수레에 짐을 실어 옮김[辶].

運動(운동), 運命(운명), 運搬(운반), 運算(운산), 運否天賦(운부천부)

揮

手, 총 12획

날아 오를 휘, 움직일 휘, 지휘할 휘, 휘두를 휘 | '扌+軍(군)'으로, 훨훨 날도록 손[扌]을 움직여 도와줌.

揮淚(휘루), 揮毫(휘호), 發揮(발휘), 指揮(지휘), 一筆揮之(일필휘지)

지식 샘터 **자연을 즐김**

江湖煙波(강호연파) / 江湖閑情(강호한정) / 晩秋佳景(만추가경) / 武陵桃源(무릉도원) / 別有天地(별유천지) / 山紫水明〔산자수명 ; 山明水麗(산명수려)〕 / 煙霞日輝(연하일휘) / 淸風明月(청풍명월)

獨不將軍(독불장군) : 혼자서는 장군(將軍)을 못한다는 뜻으로, 남의 의견을 무시하고 혼자 모든 일을 처리하는 사람의 비유. 혼자서는 다 잘할 수 없으므로 남과 협조해야 한다는 뜻을 담고 있는 말.

주로 따돌림을 받는 '외로운 사람'이란 의미로 사용한다. 그 뜻이 변해서 혼자서는 장군이 될 수 없다, 즉 남과 협조하면서 살아가야 한다는 뜻을 갖고 있기도 한다. 독불장군을 인용한 한 글을 보자. "비록 독불장군으로나마 내 가정 안에서라도 옳다고 생각하는 대로 살고 식구들에게 영향을 끼치면 결국에 가선 이 세상을 변화시킬 수 있는 작은 힘이 되지 않겠습니까?" 이는 따돌림을 받고 외톨이가 된 사람이나, 무슨 일이든 혼자서 처리하는 사람의 의미로 사용된 것이다. 그러나 '작은 힘'이라는 단어 속에는 혼자서는 장군이 될 수 없으므로 협조해야 한다는 의미도 함축되어 있다. 흔히 독불장군의 전형으로 항우를 든다. 《사기》〈항우본기〉를 보면, "항우가 패주하여 오강에 이르렀을 때, 항우가 웃으며 말하길, 강동의 자제 팔천인이 같이 건너 서쪽으로 왔는데, 지금 나 홀로 돌아간다면 어찌 부끄러운 마음이 없겠습니까?〔獨不愧於心乎(독불괴어심호)〕"라는 글이 있다. 이 글에서도 패장으로서 독불장군적 삶을 후회하는 의미도 함축되어 있다.

아! 통재(痛哉)라. 조선의 멸망이여! 역사의 수레〔輪〕바퀴에서 빛나는〔輝〕 태평성대를 만드는 첫째 조건은 인재를 기르고 활용할 줄 아는 지도자의 역량이라 논(論)하는 사람들이 많다. 텃밭에 좋은 종자를 때에 맞춰 재배(栽培)하고, 비단을 재단(裁斷)하여 곤룡포를 만들 듯, 인재를 길러 세상의 큰 수레 위에 적절히 적재(積載)함은 지도자의 무리〔倫〕를 뛰어넘는 통치력에서 시작된다. 리더십의 부재는 결국 나라를 망하게 한다.

輝 輝

車, 총 15획

빛날 휘 | '光+軍(군)'으로, 煇와 동자. 어둠을 밝히는 찬란한 빛[光].

輝煌(휘황), 光輝(광휘), 發輝(발휘), 輝煌燦爛(휘황찬란)

輪 輪

車, 총 15획

바퀴 륜, 수레 륜 | '車+侖(륜)'으로, 수레[車]에 바퀴살이 있음. ※ '輪廓(윤곽)'에서 '廓'자는 '둘레 곽'으로 사용이 되었으나 '廓大(확대)'로 쓰이면 '클 확'으로 음과 뜻이 바뀜.

輪姦(윤간), 輪廓(윤곽), 輪讀(윤독), 輪舞(윤무), 苦輪之海(고륜지해), 隻輪不返(척륜불반)

倫 倫

人, 총 10획

무리 륜, 인륜 륜, 떳떳할 륜, 차례 륜, 비등할 륜 | '亻+侖(륜)'으로, 사람[亻]을 태운 수레가 쭉 일렬로 줄지어 있음.

倫紀(윤기), 倫理(윤리), 倫匹(윤필), 絶倫(절륜), 三綱五倫(삼강오륜)

論 論

言, 총 15획

말할 론 | '言+侖(륜)'으로, 말[言]을 하여 문제를 적절히 해결함.

論客(논객), 論據(논거), 論功(논공), 論駁(논박), 空理空論(공리공론), 甲論乙駁(갑론을박), 名論卓說(명론탁설), 卓上空論(탁상공론)

載 載

車, 총 13획

실을 재 | '車+𢦏(재)'로, 수레[車]를 타거나 짐을 실음.

揭載(게재), 滿載(만재), 積載(적재), 千載一遇(천재일우)

裁 裁

衣, 총 12획

마름질할 재, 지을 재 | '衣+𢦏 ← 𢦏(재)'로, 천을 가위질하여 옷[衣]을 지음.

裁可(재가), 裁決(재결), 裁斷(재단), 裁量(재량), 量體裁衣(양체재의)

栽

首, 총 9획

담틀 재, 심을 재 | '木+𢦏(재)'로, '초목[木]을 심는 것' 또는 '나무[木]를 잘라 만든 토담틀.

栽培(재배), 栽植(재식), 培栽(배재), 植栽(식재), 盆栽(분재), 栽插(재삽), 輪栽(윤재), 移栽(이재)

哉

口, 총 9획

어조사 재, 시작할 재 | '口+𢦏(재)'로, 실질적인 뜻은 없고, 다만 글자와 글자[言] 사이의 보조 역할로만 씀.

快哉(쾌재), 痛哉(통재), 哉生魄(재생백), 天何言哉(천하언재)

지식 샘터 **자연을 좋아함**

物外閒人(물외한인) / 煙霞痼疾(연하고질) / 樂山樂水(요산요수) / 雲中白鶴(운중백학) / 悠悠自適(유유자적) / 吟風弄月(음풍농월) / 泉石膏肓〔천석고황 ; 膏肓之疾(고황지질)〕/ 風月主人(풍월주인)

卓上空論(탁상공론) : 탁자 위에서만 펼치는 헛된 논설이란 뜻으로, 실현성이 없는 허황된 이론을 일컬음.

'탁상공론(卓上空論)'. 현실성이나 실천 가능성이 없는 허황(虛荒)한 이론이란 뜻이다. 탁상공론의 대표적인 말로 고려공사삼일(高麗公事三日)이라는 말이 있다. "고려(高麗)의 정책이나 법령은 사흘 만에 바뀐다."는 뜻으로, 탁상공론으로 추진하여 한 번 시작한 일이 오래 계속되어 가지 못함을 비유하는 말이다. 《세종실록》에 평안도 도절제사에게 전지하기를, "…대저 처음에는 근면하다가도 종말에 태만해지는 것이 인지상정이며 더욱이 이것은 동쪽 사람들의 깊은 병이다. 그러므로 속담에 말하기를 '고려공사삼일'이라고 하는데, 진실로 이 말은 헛된 것이 아니다.…" 하였다.〔傳旨平安道都節制使…大抵 始勤終怠, 人之常情 尤是東人之深病, 故諺曰, 高麗公事三日, 此語 誠不虛矣… 세종실록 권제73, 세종 18년 윤6월 23일(정해).〕

《어우야담》에는 조선공사삼일이라는 말이 있다. 유성룡(柳成龍)이 도체찰사(都體察使)가 되어 각 읍(邑)으로 문서를 보낼 일이 있었는데, 문서가 이미 완성되자 역리(驛吏)에게 여러 고을에 전달되도록 맡겼다. 사흘이 지난 뒤 다시 그 문서를 거두어 장차 그것을 고치려 하니, 역리가 그 문서를 바로 가지고 이르렀거늘, 공이 꾸짖어 말하였다. "너는 어찌하여 글을 받은 지 사흘이 지났는데도, 아직도 각 고을에 나누어주지 않았느냐?" "속담에 '조선의 공사는 사흘 만에 바뀐다〔朝鮮公事三日〕.' 하고 하니, 제가 사흘 뒤에 다시 바뀔 것을 알고, 오늘까지 미루었습니다." 이에 공이 말하기를, "이 말이 세상을 경계할 만하니, 내 잘못이다."라 했다.

舟부수

한선(韓船)은 우리나라만의 독특한 구조와 모양을 갖춘 배〔舟, 航, 船〕를 말한다. 일반적(一般的)으로 우리 배의 밑부분은 평평한 특징을 가지고 있는데, 이는 조석 간만의 차가 심한 서남해안에 적응하기 위함이다. 배 밑이 평평한 배는 거센 파도도 자연스럽게 막아〔抗〕 헤치며 연안(沿岸)의 밀물을 타고 갯가로 들어와서 간조인 썰물 때는 그대로 갯바닥에 편하게 앉을 수도 있기 때문이다. 이러한 구조를 '평저선 구조'라 한다. 구슬 모양의 납〔鉛〕 1개를 대야〔盤〕의 물 위에 띄우면 가라앉지만 납을 망치로 두드려 넓게 펴서 물위에 놓으면 뜨는 것도 이 원리에 해당한다.

舟

舟, 총 6획

배 주 | 공고와 화적이 나무를 깎아 배를 만들고, 나무를 꺾어 노를 만들어 강을 건넜으니 통하지 않은 곳이 없었음.

舟車(주거), 舟軍(주군), 刻舟(각주), 孤舟(고주), 麥舟(맥주), 吳越同舟(오월동주)

航

舟, 총 10획

배 항, 건널 항 | '舟+亢(항)'으로, '斻'과 동자. 뗏목과 배[舟]를 이용하여 강을 건넘.

航空(항공), 航路(항로), 航運(항운), 航程(항정), 梯山航海(제산항해)

抗

手, 총 7획

막을 항 | '扌+亢(항)'으로, 손[扌]으로 막음.

抗拒(항거), 抗告(항고), 抗訴(항소), 抗議(항의), 不可抗力(불가항력)

船

舟, 총 11획

배 선 | '舟+㕣(연)'으로, 큰 나무를 연결한 자연의 배를 '兪', 인공으로 만든 배[舟]를 '船'이라 함.

船歌(선가), 船價(선가), 船頭(선두), 船舶(선박), 破釜沈船(파부침선)

沿

水, 총 8획

따를 연 | '氵+㕣(연)'으로, 물길[水]을 따라 아래로 흘러 내려감.

沿道(연도), 沿邊(연변), 沿海(연해), 沿革(연혁), 沿屍(연시), 沿岸海(연안해)

鉛

金, 총 13획

납 연 | '金+㕣(연)'으로, 푸른빛이 도는 금붙이[金]라는 뜻으로, '납'을 달리 이르는 말.

鉛管(연관), 鉛筆(연필), 亞鉛(아연), 鉛版(연판), 鉛刀一割(연도일할)

般 

舟, 총 10획

돌 반, 옮길 반, 즐길 반, 일반 반 | '舟+殳'로, 물러나 배[舟]를 운전하여 돌림[殳].

般樂(반락), 般般(반반), 般師(반사), 般若(반야), 古今一般(고금일반), 走逐一般(주축일반)

盤 

皿, 총 15획

쟁반 반, 대야 반, 즐길 반, 돌 반 | '皿←木+般(반)'으로, '槃'과 동자. 물건을 담는 둥글납작한 나무[木]로 만든 그릇.

盤石(반석), 磐石(반석), 盤松(반송), 基盤(기반), 杯盤狼藉(배반낭자)

지식 샘터 **자연과의 일체**

物我一體〔물아일체 ; 物我一如(물아일여)〕 / 主客一體(주객일체) / 胡蝶之夢〔호접지몽 ; 莊周之夢(장주지몽)〕 / 渾然一體(혼연일체) / 混融一體(혼융일체)

杯盤狼藉(배반낭자) : 잔과 그릇들이 이곳저곳에 어지러이 깔려 있는 모습. 술자리의 어지러운 뒤끝을 가리키는 표현.

전국시대 제나라에 순우곤(淳于髡)이란 대신이 있었다. 언젠가 그가 나라에 큰 공을 세우자 왕이 그에게 술을 하사하였습니다. 그러면서 이렇게 묻는다. "선생은 술을 얼마나 마시면 취합니까?" "신은 한 말을 마셔도 취하고, 한 섬을 마셔도 취합니다." 의아해진 왕이 되묻는다. "한 말을 마시고 취하는 사람이 어찌 한 섬을 마실 수 있단 말입니까?" 이에 순우곤이 답한다. "대왕께서 제게 술을 내려주실 때 곁에 관원과 어사가 자리하고 있다면 두려운 마음에 엎드려 술을 마시니 한 말도 채 마시기 전에 취하고 말 것입니다. 만일 제 어버이께 귀한 손님이 오셔 옷깃을 여미고 꿇어 앉아 술을 대접하게 되면 두 말을 채 넘기지 못하고 취할 것입니다. 만일 친한 벗이 오랜만에 찾아와 담소를 즐기는 자리라면 다섯 말은 족히 마셔야 취할 것입니다. 만일 마을에 모임이 있어 남녀가 섞여 술을 주고받고 손을 잡고 노니는 자리라면 여덟 말은 족히 마셔야 취할 것입니다. 날이 저물어 남녀가 함께 자리하고 신발은 서로 뒤섞이며 술잔과 그릇이 어지러이 흩어지고〔杯盤狼藉〕, 촛불은 꺼진 채 여주인의 엷은 비단옷에 손이 닿으면 향기가 진동을 합니다. 이런 자리라면 한 섬을 마셔도 취하기 힘들 것입니다. 따라서 '술이 극도에 이르면 어지럽고, 즐거움이 극에 이르면 슬픔에 닿는다.'고 하는데, 모든 일이 이와 같다고 할 것입니다." 순우곤의 말에 크게 깨달은 왕은 대답한다. "모든 사물이 극에 달하면 안 된다는 공의 말씀에 깊이 공감하는 바요."

方부수

경남 함안군 강주 마을은 몇 해 전만 하더라도 전형적인 지방(地方)시골이었다. 이제는 3회 해바라기 꽃〔芳〕 축제를 하면서 일본 등 세계 각지의 사진작가와 관광객까지 방문(訪問)하는 명소가 되었다. 또 찬반의 공방(攻防)도 없이 주민 모두가 수용하여 여러 깃발〔旗〕을 나부끼며 벌이는 장례행렬도 관광자원의 방해물(妨害物)이 되지 않았다.

方

方, 총 4획

배 나란히 세울 방, 널조각 방, 모 방, 방위 방 | 두 개의 배 머리를 하나로 묶은 배 모양.

方今(방금), 方法(방법), 方案(방안), 方舟(방주), 方寸已亂(방촌이란)

防

阜, 총 7획

둑 방, 막을 방 | '阝+方(방)'으로, 홍수의 예방이나 저수(貯水)를 목적으로 둘레를 돌이나 흙 따위로 높이 쌓아 막은 언덕[阜].

防共(방공), 防壁(방벽), 防犯(방범), 防毒(방독), 衆口難防(중구난방)

妨

女, 총 7획

해로울 방 | '女+方(방)'으로, 여자[女]로 인해 남자가 해로움을 당함.

妨害(방해), 無妨(무방), 妨害物(방해물), 妨工害事(방공해사), 也自無妨(야자무방)

訪

言, 총 11획

물을 방, 찾을 방, 방문할 방 | '言+方(방)'으로, 널리 여러 방안을 찾아 물음[言].

訪問(방문), 來訪(내방), 尋訪(심방), 歷訪(역방), 戶別訪問(호별방문)

芳

艸, 총 8획

꽃다울 방 | '艸+方(방)'으로, 향초[艸]가 꽃을 피워 향기로움을 발산함.

芳卉(방훼), 芳藿(방곽), 芳衾(방금), 芳薇(방미), 芳年(방년), 流芳百世(유방백세)

旗

方, 총 14획

기 기 | '㫃+其(기)'로, 장수가 사용하는 곰 그림을 넣은 깃발[㫃]. ※ 호랑이나 곰의 그림을 그려 넣어 용맹무적(勇猛無敵)함을 상징함.

旗幟(기치), 旗幅(기폭), 旗艦(기함), 校旗(교기), 偃旗息鼓(언기식고)

북방 민족(民族)이 왜 전쟁을 좋아할까. 이는 기후조건이 춥고 땅이 거칠어 농사지을 환경이 좋지 않았고, 생활 시설(施設) 또한 열악했으므로, 이를 확보하기 위해 무리〔旅〕 지어 약탈을 자행했던 것이다. 심지어(甚至於) 지도자들은 이 같은 단점을 침략을 위한 도구로 끌어들여 전쟁 선풍(旋風)을 조장하기도 했다.

旋 

方, 총 11획

돌 선, 돌아올 선, 돌릴 선 | '㫃+疋'로, 깃발[㫃]을 따라 병사들이 행진[疋]함.

旋盤(선반), 旋師(선사), 旋律(선율), 旋風(선풍), 凱旋將軍(개선장군), 旋乾轉坤(선건전곤)

族 

方, 총 11획

화살 족, 겨레 족 | '㫃+矢'로, 깃발[㫃] 아래에 놓인 한 묶음의 화살[矢].

族譜(족보), 族屬(족속), 族姪(족질), 族親(족친), 權門世族(권문세족)

旅 

方, 총 10획

군사 려, 나그네 려, 무리 려 | '㫃+從'로, 깃발[㫃] 아래 다 함께[從] 모인 군사들.

旅客(여객), 旅館(여관), 旅券(여권), 旅團(여단), 逆旅乾坤(역려건곤)

施 

方, 총 9획

나부낄 시, 베풀 시 | '㫃+也(야)'로, 깃발[㫃]이 바람에 펄럭이는 모양.

施賞(시상), 施設(시설), 施政(시정), 施主(시주), 東施效顰(동시효빈), 西施捧心(서시봉심)

於 

方, 총 8획

어조사 어 | 까마귀[烏]를 뜻하는 '烏'자의 생략형.

於是乎(어시호), 甚至於(심지어), 見堯於墻(견요어장), 游於釜中(유어부중)

지식 샘터 **학문의 태도**

曲學阿世(곡학아세) / 敎學相長(교학상장) / 磨斧作針(마부작침) / 亡羊之歎(망양지탄) / 聞一知十(문일지십) / 發憤忘食(발분망식) / 不恥下問(불치하문) / 水滴石穿(수적석천) / 盈科後進(영과후진) / 溫故知新(온고지신) / 日就月將(일취월장) / 自强不息(자강불식) / 刺股懸梁(자고현량) / 切磋琢磨(절차탁마) / 走馬加鞭(주마가편) / 靑出於藍(청출어람) / 螢雪之功(형설지공) / 換骨奪胎(환골탈태) / 後生可畏(후생가외)

VII 부호

부호 부수

丶 丨 丿 亠 亡 匚 冖 襾

丶	主	丹	丨	中	丿	久	乎	之	乃	乘
	住 注 往 柱			仲 忠 患			呼			

亠	京	交	亦	亭	享	亨	亥	亡	匚	區
	涼 掠 就 諒	校 郊 效 較	跡	停	敦		刻 核 該	忘 忙 盲 望 妄 茫		驅 鷗

匹	冠	冥	西	要
				腰

、부수

긴 가뭄에 마을 주민(住民)은 식수난에 힘들었고, 농장 주인(主人)은 타들어가는 밭작물에 단심(丹心)은 녹아갔다. 물 공급차의 왕래(往來)만을 주목(注目)했지만 생활용수마저도 턱없이 부족하다. 인간 생활에서 물은 없어서는 안 될 큰 기둥〔柱〕임에 틀림없다.

、

、, 총 1획

구절 찍을 주, 점 주, 불똥 주 | 끊어져 정지함의 표시로 '、'를 표시함.

主

、, 총 5획

등불 주, 주인 주 | '王+、(주)'로, 등잔불[王]의 심지가 타는[、] 모양.

主幹(주간), 主客(주객), 主管(주관), 主觀(주관), 烏孫公主(오손공주), 無主空山(무주공산)

住

人, 총 7획

살 주, 머무를 주 | '亻+主(주)'로, 일정한 곳에 사람들[人]이 머물러 생활함.

住居(주거), 住民(주민), 住所(주소), 住宅(주택), 去住兩難(거주양난)

注

水, 총 8획

물 댈 주 | '氵+主(주)'로, 여러 가지 목적을 위해 농경지 등에 물[氵]을 인공적으로 공급하는 일.

注目(주목), 注文(주문), 註釋·注釋(주석), 孤注一擲(고주일척)

往

彳, 총 8획

갈 왕 | '彳+㞷(왕)'으로, 서로 왕래(往來)[彳]함.

往年(왕년), 往復(왕복), 往昔(왕석), 往診(왕진), 極樂往生(극락왕생)

柱

木, 총 9획

기둥 주 | '木+主(주)'로, 상량(上樑)을 떠받히는 주(主)된 나무[木].

柱脚(주각), 柱頭(주두), 柱梁(주량), 柱聯(주련), 擊柱動樑(격주동량), 膠柱鼓瑟(교주고슬), 四柱八字(사주팔자), 柱石之臣(주석지신)

丹

、, 총 4획

붉을 단, 모란 단 | '井+、'으로, 파군(巴郡) 남월(南越)에서 산출되는 붉은 돌.

丹砂(단사), 丹誠(단성), 丹藥(단약), 丹粧(단장), 牡丹(모란), 盲者丹青(맹자단청)

丨부수

장보고는 중국(中國) 사람들이 신라인들을 붙잡아 당나라 노예로 파는 것을 보고 근심〔患〕 걱정이 되어 신라로 돌아온다. 그는 흥덕왕에게 이 사실을 고하고 완도에 청해진을 만들어 중국 해적으로부터 신라 사람들을 지키고 당나라와 일본 사이의 중개(仲介)무역을 활성화하여 해상왕국을 건설한다.

丨

丨, 총 1획

뚫을 곤 | 세로로 선[丨]을 하나 그린 것으로, 위아래를 '꿰뚫다', '꿰다'의 뜻.

駐屯(주둔), 駐車場(주차장)

中

丨, 총 4획

가운데 중 | '口+丨'으로, 아래에서 위로 물체[口]의 내부를 통한 것[丨].

中斷(중단), 中道(중도), 中毒(중독), 中性(중성), 囊中之錐(낭중지추), 囊中取物(낭중취물), 杯中蛇影(배중사영), 釜中之魚(부중지어), 眼中之釘(안중지정)

仲

人, 총 6획

버금 중, 가운데 중 | '亻+中'으로, 장유(長幼) 중 중간[中] 위치에 있는 사람[人]. ※ 伯, 仲, 叔, 季는 장소(長少)의 차례.

仲介(중개), 仲媒(중매), 仲父(중부), 仲裁(중재), 伯仲之間(백중지간)

忠

心, 총 8획

공경할 충, 정성 충, 충성 충 | '心+中(중)'으로, 마음[心]을 다하여 공경히 실천함.

忠告(충고), 忠誠(충성), 忠臣(충신), 忠信(충신), 事君以忠(사군이충)

患

心, 총 11획

근심 환, 질병 환 | '心+毌(훤)'으로, 근심이 마음[心]속에 자리 잡고 있음.

患難(환난), 患部(환부), 患候(환후), 病患(병환), 木梗之患(목경지환)

囊中之錐(낭중지추) : 주머니 속의 송곳이라는 뜻으로, 뾰족한 송곳은 가만히 있어도 반드시 뚫고 비어져 나오듯이 뛰어난 재능을 가진 사람은 남의 눈에 띔을 비유하는 말.

《사기(史記)》〈평원군우경열전(平原君虞卿列傳)〉에, 조(趙)나라 공자 평원군이 식객 수천 명의 숙식을 제공하며 거느리고 있었는데, 진(秦)나라가 조나라의 수도 한단을 포위하자 평원군을 초나라에 보내 도움을 요청하도록 하였다. 평원군은 이에 식객과 제자 중 용맹하고 학식 있는 자 20명을 선발하는데, 19명은 채우고 마지막 한 명을 고민하고 있을 때 모수(毛遂)가 자기를 스스로를 추천하며 앞으로 나왔다. 평원군은 "현명한 선비가 세상에 있는 것과 비유하자면 주머니 속에 있는 송곳과 같아서 그 끝이 금세 드러나 보이는 법이오.〔夫賢士之處世也, 譬若錐之處囊中, 其末立見.〕"라 하며, 빈객으로 있은 지 3년이나 되었으나 들은 적 없는 모수를 거절하였다. 이에 모수는 "저는 오늘에야 당신의 주머니 속에 넣어달라고 부탁드리는 것입니다. 저를 좀 더 일찍 주머니 속에 있게 했더라면 그 끝만이 아니라 송곳 자루까지 밖으로 나왔을 것입니다."라 하였다. 일행과 함께 한 모수는 초나라에 가 동맹관계의 교섭에 큰 활약을 보였다.

丿부수

'철학이 있다'는 것은 이에〔乃〕 '가치 있는 선택 능력'이 갖추어졌음을 의미한다. 또 의미 있는 삶을 실천하기 위한 '생각 있는 움직임'이 오래도록〔久〕 존재하는 것이다. 즉, 늘 의미 있는 목표와 호응(呼應)하여 가〔之〕면서, 어떤 외압에도 편승(便乘)하지 않고 확호(確乎)한 '선택된 가치'를 완수하는 실천력이다.

丿 

丿, 총 1획

삐침 별 | 오른쪽 위에서 왼쪽 아래로 삐쳐 내린 모양.

久 

丿, 총 3획

오랠 구 | 사람의 등 부위를 오래도록 뜸[灸]하는 것처럼, 양쪽 정강이 뒤쪽에서 가지 못하도록 버티고 있음.

久遠(구원), 久旱(구한), 久懷(구회), 永久(영구), 曠日彌久(광일미구), 長久之計(장구지계)

之 

丿, 총 4획

갈 지 | 초목이 가지와 줄기가 땅 위로 점차 자람.

左之右之(좌지우지), 他山之石(타산지석), 螳螂之斧(당랑지부), 麥秀之嘆(맥수지탄), 誹謗之木(비방지목), 宋襄之仁(송양지인), 吮疽之仁(연저지인), 絜矩之道(혈구지도)

乃 

丿, 총 2획

이에 내, 너 내 | 기(氣)를 발설할 때 곧게 올라가지 못하고 구부러진 상태. 갑골문에서는 부인의 유방 측면으로 보기도 함.

乃父(내부), 乃者(내자), 人乃天(인내천), 乃武乃文(내무내문), 乃心王室(내심왕실)

乘 

丿, 총 10획

탈 승 | '大+木'으로, 갑골 · 금문에는 사람[大]이 나무[木] 위에 올라 있는 모습.

乘客(승객), 乘機(승기), 乘馬(승마), 乘除(승제), 山陰乘興(산음승흥), 牛換乘馬(우환승마)

乎 

丿, 총 5획

어조사 호 | 말하는 여운(餘韻)으로, 소리의 기운이 위로 떠오르는 모양.

乎哉(호재), 斷乎(단호), 確乎(확호), 出乎爾反乎爾(출호이반호이)

呼 

口, 총 8획

부를 호 | '口+乎(호)'로, 입[口] 밖으로 숨을 내쉬며 나오는 소리.

呼價(호가), 呼名(호명), 呼訴(호소), 呼應(호응), 呼父呼兄(호부호형)

亠부수

양풍(凉風)이 부는 가을에 서울〔京〕역사박물관에 갔다. 로비에서는 AP통신이 제공한 '6·25와 서울' 사진전이 열리고 있었다. 20여 점의 사진을 통해 믿기〔諒〕 어려울 만큼 침략(侵掠)의 참혹한 잔해와 아군의 서울 탈환 성취(成就) 등 잠시나마 당시의 상황을 되새겨볼 수 있는 계기가 되었다.

亠

亠, 총 2획

돼지 해 머리 | '돼지 해[亥]'자의 머리 부분.

京

亠, 총 8획

높은 언덕 경, 클 경, 서울 경 | '高+丨'으로, 사람이 만든 높은[丨] 언덕[高].

京觀(경관), 京畿(경기), 京城(경성), 京鄕(경향), 五日京兆(오일경조)

涼

冫, 총 10획

서늘할 량 | '氵+京(경)'으로, 속자는 '凉'. 겨울이 되어 날씨가 차가움[冫].

涼德(양덕), 涼味(양미), 涼風(양풍), 納涼(납량), 新涼燈火(신량등화)

掠

手, 총 11획

노략질할 략, 매질할 략 | '扌+京(경)'으로, 손[扌]으로 남의 재물을 강제로 빼앗음.

掠取(약취), 掠奪(약탈), 劫掠(겁략), 擄掠(노략), 掠奪農業(약탈농업)

就

尢, 총 12획

나아갈 취, 좇을 취, 이룰 취 | '京+尤'로, 보통과 다르게 더욱[尤] 높은 곳[京]을 향해 나아감.

就悚(취송), 就業(취업), 就任(취임), 就職(취직), 日就月將(일취월장)

諒

言, 총 15획

믿을 량, 진실로 량 | '言+京(경)'으로, 말[言]이 진실 되어 신의가 있음.

諒知(양지), 諒察(양찰), 諒燭(양촉), 諒解(양해), 深諒處之(심량처지)

지식 샘터 **목표를 이루기 위한 부단한 노력**

捲土重來(권토중래) / 磨斧作針(마부작침) / 粉骨碎身(분골쇄신) / 水滴穿石(수적천석) / 十伐之木(십벌지목) / 臥薪嘗膽(와신상담) / 愚公移山(우공이산) / 切齒腐心(절치부심)

파슨즈에 의하면, 학교[校]는 과거의 문화유산을 본받아[效] 그 사회의 유형을 유지시키며, 개인으로 하여금 변화하는 교외(郊外)에 적응할 수 있는 능력을 길러주고, 늘 과거와 비교(比較)하여 계획적으로 사회변화와 창조·개선을 이끌며, 국가 모든 구성원들과 잘 사귀어[交] 통합된 세상을 만들 수 있도록 하는 기능을 한다고 했다.

交

亠, 총 6획

사귈 교 | 사람[大]이 양쪽 다리를 서로 얽혀 교차한 모양.

交代(교대), 交流(교류), 交尾(교미), 交付(교부), 金石之交(금석지교), 斷金之交(단금지교), 刎頸之交(문경지교), 禮俗相交(예속상교), 貧賤之交不可忘(빈천지교불가망)

校

木, 총 10획

사람을 가두는 우리 교, 질곡(桎梏) 교, 학교 교 | '木+交(교)'로, 나무[木]로 엮어 사람이 나가지 못하도록 만든 우리.

校歌(교가), 校服(교복), 校庭(교정), 校訂(교정), 校訂本(교정본)

郊

邑, 총 9획

성 밖 교, 들 교 | '邑+交(교)'로, 국도(國都)[邑]에서 100리 떨어진 지역.

郊迎(교영), 郊外(교외), 近郊(근교), 郊勞(교로), 郊堡(교보), 郊原(교원), 郊墟(교허)

效

攴, 총 10획

본받을 효, 힘쓸 효 | '攵+交(교)'로, 남의 것을 본보기로 하여 따라 하려 힘씀[攵].

效果(효과), 效能(효능), 效率(효율), 效則(효칙), 百藥無效(백약무효)

較

車, 총 13획

차이(車耳) 각, 차체 각, 비교할 교 | '車+交(교)'로, '較'와 동자. 수레[車]의 좌우 널빤지 위에 댄 횡목(橫木)이 앞으로 꼬부라져 나온 부분 또는 수레 안에서 서 있을 때 잡는 곳.

較略(교략), 較然(교연), 計較(계교), 比較(비교), 長短相較(장단상교)

刎頸之交(문경지교) : '목을 벨 수 있는 벗'이라는 뜻으로, 생사(生死)를 같이할 수 있는 매우 소중한 벗.

《사기(史記)》〈염파인상여전(廉頗藺相如傳)〉에, 조(趙)의 혜문왕 때 인상여(藺相如)와 염파(廉頗)의 사귐을 소개하였다. 두 사람 모두 큰 공을 세웠지만 인상여를 경대부(卿大夫)에 임명하자, 염파의 불만은 대단했다. 이에 인상여는 염파와 마주치지 않으려고 자주 피하자, 그 이유를 묻는 부하에게 "진(秦)나라가 공격하지 못하는 이유는 나와 염장군이 있기 때문이다. 우리 둘이 서로 헐뜯고 싸운다면 나라가 위태로워질 것이다."라 말했다. 염파는 그 이야기를 전해 듣고 자기 옷을 벗어 살을 드러내고 곤장을 지고 인상여의 집에 이르러 "비천한 사람이 장군의 너그러움이 이와 같음을 알지 못했다."라 단죄를 청하니, 이를 계기로 마침내 인상여와 염파가 문경지우를 맺게 되었다.

삶에서 가장 큰 가치란 무엇일까? 또〔亦〕 행복의 정자(亭子)에 머무르기〔停〕 위한 삶은 물질적 부(富)인가, 정신적 만족인가? 늘 우리는 원형이정(元亨利貞)의 원칙에서 그 수단과 목적은 바르게 가고 있는지 삶의 자취〔跡〕를 관조해 볼 필요가 있다.

亨

亠, 총 7획

드릴 향, 형통할 형, 삶을 팽 | 그릇에 제물을 성대히 담아 올리는 모양.

亨通(형통), 亨嘉(형가), 元亨利貞(원형이정), 萬事亨通(만사형통)

亦

亠, 총 6획

또 역, 클 역(혁) | '大+丶+丶'로, 사람[大]의 좌우 겨드랑이[丶+丶].

亦是(역시), 亦然(역연), 盜亦有道(도역유도)

跡

足, 총 13획

자취 적 | '足+亦(역)'으로, '迹'과 동자. 사람이나 동물 등이 남긴 발자국[足].

追跡(추적), 古跡(고적), 軌跡(궤적), 人跡(인적), 名勝古跡(명승고적), 化工之跡(화공지적)

亭

亠, 총 9획

정자 정 | '高+丁(정)'으로, 진(秦), 한(漢)대에 현도(縣道) 10리마다 백성이 편안히 쉴 수 있도록 만든 누각[高].

亭閣(정각), 亭子(정자), 亭主(정주), 旅亭(여정), 植松望亭(식송망정)

停

人, 총 11획

머무를 정 | '亻+亭(정)'으로, 정사(亭舍)에 사람[亻]이 머무름.

停刊(정간), 停車(정거), 停年(정년), 停留(정류), 馬不停蹄(마부정제)

지식 샘터 **가난 속의 풍류**

簞食瓢飮(단사표음) / 簞瓢陋巷(단표누항) / 貧而無怨(빈이무원) / 安分知足(안분지족) / 安貧樂道(안빈낙도)

해몽의 핵심(核心)은 무엇일까? '밭에서 돼지〔亥〕들이 꿀꿀 거리는 꿈'을 꾸었다면, 이는 뜻밖의 횡재에 해당(該當)하며, '새끼 돼지를 사는 꿈'은 적은 돈을 얻었지만 그 돈으로 큰 재물을 누리〔享〕는 암시다. '온 식구가 돼지를 타고 대궐로 들어가는 꿈'은 새집으로 이사를 가서 돈독(敦篤)하게 살며 잠시〔刻〕 동안에 큰 재물이 불어 부자가 되는 꿈이라 한다.

享

亠, 총 8획

제사 지낼 향, 누릴 향 | '高+日'로, 사당[高]에서 제물을 올리는 사람이 신이 흠향할 수 있도록 익은 제물을 바치는 모양[日].

享年(향년), 享樂(향락), 享福(향복), 享祀(향사), 安享富貴(안향부귀)

敦

攴, 총 12획

성낼 돈, 도타울 돈, 힘쓸 돈, 혼자 잘 퇴 | '攵+享(향)'으로, 꾸짖고 문책함[攵].

敦篤(돈독), 敦睦(돈목), 敦厚(돈후), 孟軻敦素(맹가돈소)

亥

亠, 총 6획

돼지 해 | '二+乙'로, 한 쌍의 남녀[二]가 어린아이를 안고 다독이는 모습[乙].

亥年(해년), 亥時(해시), 亥坐(해좌), 乙亥(을해), 己亥邪獄(기해사옥)

刻

刀, 총 8획

새길 각, 잠시 각 | '刂+亥(해)'로, 칼[刂]로 물체에 새김.

刻字(각자), 刻薄(각박), 頃刻(경각), 漏刻(누각), 刻骨難忘(각골난망), 刻骨痛恨(각골통한), 刻舟求劍(각주구검)

核

木, 총 획

나무껍질로 만든 행담 개, 씨 핵, 중심 핵, 세포 핵 | '木+亥(해)'로, 나무[木]껍질로 만든 상자.

核果(핵과), 核心(핵심), 核子(핵자), 細胞核(세포핵), 核分裂(핵분열)

該

言, 총 13획

군호 해, 맞을 해, 모두 해, 갖출 해, 마땅히 해 | '言+亥(해)'로, 군중(軍中)에서 약속한 말[言].

該當(해당), 該博(해박), 當該(당해), 博該(박해), 該當案(해당안)

1597년 이순신이 이끄는 수군이 망망(茫茫) 대해(大海) 명량에서 12척의 전선으로 일본의 330척과 맞서 싸워 적선을 격파한다. 이를 본 일본 해군이 패주하여 모두 바삐〔忙〕 달아〔亡〕나니, 이것이 잊을〔忘〕 수 없는 명량해전이다. 《이충무공전서》에 선조에 올린 글을 보면, "임진년부터 지금까지 5~6년 동안 적이 감히 충청, 전라도를 망령(妄靈)되이 곧장 돌진해오지 못했던 것은 우리 수군이 길을 막았기 때문입니다. 이제 저에게 전선이 아직도 12척이나 남아 있습니다. 있는 힘을 다해 항거해 싸우면 오히려 이길 수 있습니다. 이제 만일 맹목적(盲目的)으로 수군을 모두 폐하여 버린다면, 적이 바라〔望〕는 바대로 되어 충청도를 거쳐 한강에까지 곧바로 진격하여 갈 것입니다. 바로 그것이 제가 걱정하는 바입니다. 그리고 또 전선은 비록 적지만, 제가 죽지 않는 이상 적이 감히 우리를 업신여기지 못할 것입니다."라 쓰여 있다.

亡 

亠, 총 3획

달아날 망, 망할 망 | '入+乚'으로, 사람[入]이 숨을 수 있는 곳[乚]으로 달아남.

亡國(망국), 亡靈(망령), 亡命(망명), 亡夫(망부), 多岐亡羊(다기망양), 亡子計齒(망자계치)

忘 

心, 총 7획

잊을 망 | '心+亡(망)'으로, 생각[心]이 나지 않음[亡].

忘却(망각), 忘身(망신), 忘失(망실), 忘我(망아), 忘機(망기), 見利忘義(견리망의), 得魚忘筌(득어망전), 忘年之交(망년지교), 徙家忘妻(사가망처), 寤寐不忘(오매불망)

忙 

心, 총 6획

바쁠 망 | '忄+亡(망)'으로, 빨리 끝내려는 마음[心]으로 일 따위를 몰아 부침[亡].

忙殺(망쇄), 多忙(다망), 煩忙(번망), 奔忙(분망), 忙中有閑(망중유한)

盲 

目, 총 8획

맹인 맹 | '目+亡(망)'에서, 눈[目]에 눈동자가 없음[亡].

盲目(맹목), 盲信(맹신), 盲啞(맹아), 盲人(맹인), 盲者正門(맹자정문), 盲人直門(맹인직문), 盲人瞎馬(맹인할마)

望

月, 총 11획

바랄 망 | '亡+朢(망)'에서, 밖으로 달아난[亡] 사람이 본래 있던 곳으로 돌아가기를 바람.

望見(망견), 望臺(망대), 望樓(망루), 望鄕(망향), 望夫石(망부석), 戴盆望天(대분망천), 得隴望蜀(득롱망촉), 望雲之情(망운지정), 望塵莫及(망진막급), 倚閭之望(의려지망)

茫

艸, 총 10획

아득할 망, 멍할 망 | '水+芒(망)'으로, 물[水]이 푸르고 아득히 이어진 모양.

茫漠(망막), 茫茫(망망), 茫然(망연), 滄茫(창망), 茫然自失(망연자실)

妄

女, 총 6획

속일 망, 망령될 망, 허망할 망 | '女+亡(망)'으로, 거짓으로 남[女]을 현혹함.

妄動(망동), 妄靈(망령), 妄發(망발), 妄想(망상), 誇大妄想(과대망상)

지식 샘터 **부부의 도리**

擧案齊眉(거안제미) / 百年偕老(백년해로) / 夫唱婦隨(부창부수) / 夫婦有別(부부유별) / 女必從夫(여필종부) / 偕老同穴(해로동혈)

得隴望蜀(득롱망촉) : 농서 지방을 얻고 나니 촉 지방이 탐난다는 말로, 사람의 욕심은 끝이 없음을 가리키는 말.

《후한서(後漢書)》〈광무기(光武紀)〉에서 비롯된 말이다. 후한 광무제(光武帝)가 낙양(洛陽)을 도읍으로 한(漢)을 재건했을 무렵의 일이다. 전한 말 중국은 장안을 점거한 적미적(赤眉賊)의 유분자(劉盆子)를 비롯하여, 농서의 외효(隗囂), 촉의 공손술(公孫述), 수양(睢陽)의 유영(劉永), 노강(盧江)의 이헌(李憲), 임치(臨淄)의 장보(張步) 등이 할거(割據)하고 있었는데, 그중 몇몇은 스스로 황제라고 일컬을 정도로 세력이 컸다. 한을 재건한 광무제는 이들을 하나씩 모두 토벌하고 농서와 촉만 아직 복속시키지 못하고 있었다. 그중 세력이 약한 외효는 광무제와 공손술 간에 양다리 외교로 명맥을 유지하려 했으나 실패하고, 외효가 죽자 그 아들이 광무제에게 항복함으로써 마침내 농서도 후한의 손에 들어왔다. 이때 광무제가 한 다음과 같은 말에서 득롱망촉이라는 말이 비롯되었다. "두 성이 함락되거든 곧 군사를 거느리고 남쪽으로 촉나라 오랑캐를 쳐라. '사람은 만족할 줄 몰라 이미 농서를 평정했는데 다시 촉 땅을 바라게 되는구나〔人固不知足, 旣平隴復望蜀(인고부지족 기평농부망촉)〕.'"

匚부수

경남 남해군 이동면 신전마을 구내(區內) 다리 난간에 어디에서 몰려〔驅〕왔는지 수십 마리의 갈매기〔鷗〕가 짝〔匹〕들을 데리고 자연을 즐기는 듯 휴식을 취하고 있다.

匚

匚, 총 2획

감출 혜 | '匸+一'로, 굽은 샛길은 어떤 것을 가리어[一] 숨길[乚] 수 있음.

匹

匚, 총 4획

필 필, 짝 필 | '匸+八(팔)'로, 고대 베[布帛][匸]의 길이를 재는 단위로 1필[一匹]은 4장[四丈].

匹馬(필마), 匹敵(필적), 配匹(배필), 馬匹(마필), 匹夫無罪(필부무죄), 泰山鳴動鼠一匹(태산명동서일필)

區

匚, 총 11획

숨길 우, 지경 구 | '匸+品'으로, 많은 물건[品]을 일정한 자리에 숨겨둠[匸].

區區(구구), 區內(구내), 區別(구별), 區分(구분), 區區不一(구구불일)

驅

馬, 총 21획

몰 구 | '馬+區(구)'로, 목적지를 향해 말[馬]을 몰아 달림.

驅步(구보), 驅使(구사), 驅逐(구축), 驅蟲(구충), 乘勝長驅(승승장구)

鷗

鳥, 총 22획

갈매기 구 | '鳥+區(구)'로, 머리와 몸은 대체로 희며, 등은 담회색, 다리·부리는 녹황색을 띠는 물올빼미처럼 새긴 새[鳥].

鷗鷺(구로), 鷗盟(구맹), 鷗洲(구주), 驅鶴(구학), 海翁好鷗(해옹호구)

지식 샘터 **고생과 경험의 풍부**

老馬之智(노마지지) / 萬古風霜(만고풍상) / 山戰水戰(산전수전) / 雨露風霜(우로풍상)

冖부수, 襾부수 – 西, 覀

제주도의 숨은 명소로 알려진 탐라신화공원은 제주의 주요〔要, 腰〕 신화 속 이야기를 소재로 하여 갓〔冠〕을 쓰거나 산발한 모습 등 각양각색으로 조각된 신들의 모습을 접해볼 수 있는 장소다. 비가 오는 날이면 서쪽〔西〕 나라인 저승〔冥〕 세계의 운치도 느껴볼 수 있는 곳이기도 하다.

冠 

冖, 총 9획

관 관, 갓 관 | '冖+寸+元(원)'으로, 품계[寸]에 따라 머리 위에 덮어[冖] 쓰는 관.

冠帶(관대), 冠略(관략), 冠禮(관례), 冠網(관망), 冠蓋相望(관개상망)

冥 

冖, 총 10획

어두울 명, 그윽할 명, 숨을 명, 저승 명, 하늘 명, 바다 명(=溟) | '日+六+冖(멱)'으로, 음력 16[日+六]일이 되면 만월(滿月)이 비로소 가려지며[冖] 이지러지기 시작하여 점차 어두워짐.

冥福(명복), 冥想(명상), 冥利(명리), 幽冥(유명), 冥冥之志(명명지지)

西 

襾, 총 6획

깃들 서, 서녘 서 | 새가 보금자리 위에 앉아 있는 모양. ※ 갑골문은 새 둥지의 모양[鳥巢之形]으로 봄.

西歐(서구), 西洋(서양), 東問西答(동문서답), 可東可西(가동가서), 唐突西施(당돌서시)

要 

襾, 총 9획

허리 요, 허리 띠 요, 허리에 감을 요, 모을 요, 중요 요, 구할 요, 원할 요, 얻을 요, 잡을 요, 통괄할 요, 생략할 요, 사복(思服) 요, 반드시 요 | 사람[女]이 양손으로 자기의 허리를 잡고 있는[襾←臼] 모양.

要綱(요강), 要件(요건), 要求(요구), 要緊(요긴), 要路(요로), 要望(요망), 要領(요령), 不要不急(불요불급), 要言不煩(요언불번)

腰 

肉, 총 13획

허리 요 | '月+要(요)'로, 갈빗대 아래부터 엉덩이까지의 잘록한 부분[肉].

腰劍(요검), 腰帶(요대), 腰折(요절), 腰痛(요통), 柳眉蜂腰(유미봉요)

지식 샘터 **변화무쌍한 미래**

塞翁之馬〔새옹지마 ; 北叟失馬(북수실마), 塞翁得失(새옹득실), 塞翁禍福(새옹화복)〕 / 轉禍爲福(전화위복)

[인용 자료 출처]

10쪽_ 전성부원군이준선생영정(全城府院君李準先生影幀) 〈문화재자료 제81호, 출처 : 문화재청〉

11쪽_ 탕왕(湯王) 〈대만국립고궁박물관 소장〉

14쪽_ 송시열 초상(宋時烈 肖像) 〈국보 제239호, 국립중앙박물관 소장〉

16쪽_ 천자문(千字文) 〈보물 제1659호, 출처 : 문화재청〉

19쪽_ 촉석루(矗石樓) 〈문화재자료 제8호, 경남 진주시 본성동에 위치, 출처 : 문화재청〉

20쪽_ 성호사설(星湖僿說) 〈청구기호 : 古 091-2, 출처 : 국립중앙도서관〉

23쪽_ 조조(曹操) 〈삼재도회(三才圖會) 인물권(人物卷)〉

28쪽_ 훈민정음(訓民正音) 用字例 〈국보 제70호, 국립한글박물관 소장, 출처 : 문화재청〉

29쪽_ 거창구연서원관수루(居昌龜淵書院觀水樓) 〈시도유형문화재 제422호, 경남 거창군에 위치, 출처 : 문화재청〉

32쪽_ 김일손(金馹孫) 거문고 〈보물 제957호, 출처 : 문화재청〉
수덕사유물(修德寺遺物, 거문고) 〈문화재자료 제192호, 출처 : 문화재청〉

33쪽_ 의견비(義犬碑) 〈시도민속문화재 제1호, 전북 임실군에 위치, 출처 : 문화재청〉

36쪽_ 만해한용운심우장(萬海韓龍雲尋牛莊) 〈시도기념물 제7호, 서울 성북구 성북로에 위치, 출처 : 문화재청〉

37쪽_ 당태종(唐太宗, 李世民) 〈출처 : 위키백과〉

44쪽_ 베토벤 〈요제프 칼 슈타이어가 그린 루트비히 판 베토벤의 초상화(1820), 출처 : 위키백과〉

59쪽_ 단군상(곡성 단군전) 〈등록문화재 제228호, 전남 곡성군 곡성읍에 위치, 출처 : 문화재청〉

61쪽_ 조선태조어진(朝鮮太祖御眞) 〈국보 제317호, 어진박물관 소장, 출처 : 문화재청〉

67쪽_ 사마광(司馬光) 〈대만국립고궁박물관 소장〉

76쪽_ 화성능행도 병풍(華城陵幸圖 屛風) 〈보물 제1430호, 출처 : 국립고궁박물관〉

82쪽_ 송남잡지(松南雜識) 〈규장각 도서 소장〉

106쪽_ 고려도자 청자상감운학문매병 〈원판번호 420001, 국보 68호, 간송미술관 소장, 출처 : 국립중앙박물관〉

132쪽_ 화성능행도 병풍(華城陵幸圖 屛風) 〈보물 제1430호, 출처 : 국립고궁박물관〉

133쪽_ 경복궁 광화문 앞 해태 〈경복궁 사적 제117호, 서울특별시 종로구 세종로에 위치, 출처 : 국립중앙박물관〉

149쪽_ 한고조 유방(漢高祖 劉邦) 〈만소당죽장화전(晩笑堂竹莊畫傳), 출처 : 위키백과〉

154쪽_ 박지성 〈2010년 8월 22일 풀럼전에서의 박지성, 출처 : 위키백과〉

155쪽_ 노량해전 〈출처 : 현충사관리소〉

156쪽_ 요한 볼프강 폰 괴테(Johann Wolfgang von Goethe), 토머스 로버트 맬서스(Thomas Robert Malthus) 〈출처 : 위키백과〉

167쪽_ 3·1 독립선언서 〈등록문화재 제664-2호, 출처 : 문화재청〉

168쪽_ 남한산성 행궁(南漢山城 行宮) 〈사적 제480호, 출처 : 문화재청〉

170쪽_ 동국통감(東國通鑑) 〈소장품번호 : 구5105, 출처 : 국립중앙박물관〉

171쪽_ 계영배(戒盈杯) 〈출처 : 전주전통문화연수원〉

175쪽_ 경국대전 권3(經國大典 卷三) 〈보물 제1521호, 출처 : 문화재청〉

180쪽_ 전봉준 <1894년 12월 체포되어 한성부로 압송되는 전봉준, 출처 : 勞働經濟社 「映像が語る日韓併合史」より°〉

189쪽_ 사직단 대문(社稷壇 大門) 〈보물 제177호, 서울 종로구 사직동에 위치, 출처 : 문화재청〉

192쪽_ 양귀비(楊貴妃) 〈정가당문고미술관(靜嘉堂文庫美術館) 소장, 출처 : 위키백과〉

196쪽_ 청주 송인수 묘소 및 신도비(清原 宋麟壽 墓所 및 神道碑) 〈시도기념물 제131호, 충청북도 청주시 상당구에 위치, 출처 : 문화재청〉

201쪽_ 퇴계 이황 선생 동상 〈서울 용산구 남산공원에 위치, 출처 : 위키백과〉

222쪽_ 광복군 청년공작대 〈출처 : Japanese book "Japan-Korea Annexation and Korean Independence Movement" published by Roudoukeizai Sha.〉

232쪽_ 무용총(舞踊塚) 수렵도 〈중국 길림성에 위치, 2004년에 유네스코 세계유산으로 등록, 출처 : 위키백과〉
《단원풍속도첩(檀園風俗畵帖)》, 활쏘기(射弓) 〈보물 제527호, 출처 : 국립중앙박물관〉

240쪽_ 정선필 인왕제색도(鄭敾筆 仁王霽色圖) 〈국보 제216호, 출처 : 문화재청〉

241쪽_ 손권(孫權) 〈염립본의 제왕역대도권 중 손권 부분, 보스턴 미술관 소장〉

262쪽_ 장수향교 대성전(長水鄕校 大成殿) 〈보물 제272호, 전북 장수군 장수읍에 위치, 출처 : 문화재청〉

280쪽_ 자물쇠(鎖鑰) 〈유물번호 : 고궁214, 출처 : 국립고궁박물관〉

284쪽_ 《단원풍속도첩(檀園風俗畵帖)》, 신행길 〈보물 제527호, 출처 : 국립중앙박물관〉

287쪽_ 許由巢父圖屛風(허유소부도병풍) 〈동경국립박물관 소장〉

291쪽_ 《단원 풍속도첩》, 논갈이 〈보물 제527호, 출처 : 국립중앙박물관〉

292쪽_ 메디나(Medina) 주유소 화재 〈출처 : 유튜브〉

295쪽_ 증자(曾子) 〈대만국립고궁박물관 소장〉

296쪽_ 단군성전 〈출처 : 종로구청(2018년 3월 15일)〉

300쪽_ 서대문형무소(西大門刑務所) 〈사적 제324호, 서울 서대문구 현저동에 위치, 출처 : 문화재청〉

302쪽_ 서산 해미읍성(瑞山 海美邑城) 〈사적 제116호, 충남 서산시 해미면에 위치, 출처 : 문화재청〉

306쪽_ 마두희 축제 〈출처 : 울산마두희축제(http://www.ulsanmaduhee.co.kr)〉

307쪽_ 공자(孔子) 〈대만국립고궁박물관 소장〉

309쪽_ 《단원 풍속도첩》, 신행길 〈보물 제527호, 출처 : 국립중앙박물관〉

329쪽_ 크리스티안 위르겐센 톰센(Christian Jürgensen Thomsen) 〈출처 : 위키백과〉

345쪽_ 낙동강 전투 〈출처 : 위키백과〉

352쪽_ 겸이포 제철소 〈일제 강점기 시대에 설치된 미쓰비시 겸이포 제철소, 출처 : 國書刊行會 「目でみる昔日の朝鮮」より°〉

354쪽_ 을사조약 문서 〈출처 : (CC BY-SA)RYU Cheol@Wikimedia〉

356쪽_ 복건성(福建省, 푸젠성) 〈출처 : 유네스코(whc.unesco.org/en/documents/121140)〉

중고생·공무원 한문 학습 기본서
역사·철학·문화를 스토리텔링으로 엮은
1800자 한자

초판 1쇄 발행 2019년 1월 25일
초판 2쇄 발행 2022년 10월 20일

지은이 | 송영일
삽 화 | 강지현
발행자 | 김동구
디자인 | 이명숙·양철민
발행처 | 명문당(1923. 10. 1 창립)
주 소 | 서울시 종로구 윤보선길 61(안국동)
우체국 010579-01-000682
전 화 | 02)733-3039, 734-4798, 733-4748(영)
팩 스 | 02)734-9209
Homepage | www.myungmundang.net
E-mail | mmdbook1@hanmail.net
등 록 | 1977. 11. 19. 제1~148호

ISBN 979-11-88020-75-1 (13710)
20,000원